처음 읽는 서양 철학사

처음 읽는
서양
철학사

개정증보판

서양의 대표 철학자 40인과 시작하는 철학의 첫걸음

안광복 지음

어크로스

"인간은 뒤틀린 목재Crooked Timber와 같다."

이 말은 이마누엘 칸트가 했다고 알려져 있다. 인간의 본성은 뒤틀린 나무와 같기에 그 자체로는 쓸 수가 없다. 때문에 끊임없이 깎고 다듬어야 제대로 된 목재가 될 수 있다. 철학은 '엘리트들의 필수 소양'으로 여겨진다. 그러나 접근성이 떨어지는 학문이기도 하다. 어려운 용어와 복잡한 논증으로 가득한 탓이다. 왜 철학자들은 어려운 말들로 골치 아픈 논의들을 펼쳤을까?

집요하고 정교한 논의는 자신의 아픔을 해결하려는 과정에서 펼쳐지곤 한다. 철학의 이론들도 그렇다. 사상의 모든 논의들은 철학자들이 자신과 자기 시대의 문제를 깎고 다듬으며 해결해 가는 가운데서 나왔다. 왜 그랬는지를 알면 이해의 실마리가 잡히는 법이다.《처음 읽는 서양 철학사》는 이런 생각을 바탕으로 써 내려간 책이다.

책을 쓰는 데는 4년이 세월이 필요했다. 집필 기간 내내, 나는 서강대 로욜라 도서관에서 자료를 산더미처럼 쌓아 놓고 지냈다. 원고의 품질은 자료의 수준에 달려 있다. 최대한 많이 읽어 깊고 넓게 이해해야 내용의 완성도도 높아지기 때문이다. 그러나 집필에서는 더하기보다 빼기가 훨씬 어렵다. 글쓰기란 버리고 또 버리는 과정의 연속이다. 중요하지 않은 내용, 일반 독자들에게는 무의미한 정교한 논의 등등은 던져 버려야 한다. 원고 꼭지마다 뺄 수 있는 것은 모두 빼 버린 후 더 이상 버릴 수 없는 것들만 담았다. 한 사상가의 '정수'만 남긴 셈이다.

철학을 '처음 읽는' 독자를 위한 책인 만큼, 어려운 용어들을 일상의 말로 바꾸는 데에도 공을 들였다. 책에는 전문적인 낱말들이 거의 등장하지 않는다. 철학 개념을 쓰지 않고 이론을 설명하기란 톱 없이 나무를 베는 것만큼이나 힘들었다. 때문에 책을 읽으며 이해하기는 쉽지만 깊이가 얕다고 느끼는 독자도 있을지 모르겠다. 하지만 그렇게 느낀다면 이 책은 의도한 바를 이룬 셈이다. 흥미가 일어 철학자들이 직접 쓴 책들을 찾아 읽고 싶게 만드는 것, 《처음 읽는 서양 철학사》의 목적은 여기에 있다.

개정판을 내면서 38명의 철학자를 소개했던 이전 판에 에픽테토스와 한나 아렌트의 이야기를 더 담아 넣었다. 애초에 의도했던 40명을 10년 만에 채운 셈이다. 문맥이 어색하거나 표현이 어눌한 몇몇 곳도 손을 보았다. 그러나 30대 초반의 내가 품고 있던 철학자들에 대한 평가는 거의 손대지 않았다. 예를 들어, 40대 후반에 접어든 나의 눈에는 젊은 내가 써 놓은 쇼펜하우어에 대한 평가가 마음에 들지 않는다. 당시 나는 쇼펜하우어를 얼치기 철학도 정도로 여겼다. 반면, 지금의 나는 그를 프로이트만큼 비중 있는 사상가로 여긴다. 그럼에도 나는 내용을 바꾸지 않았다.

헤겔의 사상은 '늙은 헤겔'과 '젊은 헤겔'로 나뉜다. 비트겐슈타인의 철학도 '전기前期 비트겐슈타인'과 '후기後期 비트겐슈타인'으로 갈린다. 연륜年輪이 곧 현명함을 뜻하지는 않는다. 각 연령대마다 나름의 지혜가 있는 법이다. 나는 지금보다 젊었던 시절의 내가 내린 판단을 존중하려 한다. 바뀐 나의 생각과 평가는 40대에 쓴 책들, 《교과서에서 만나는 사상》 등에 나타나 있다. 세월을 잣대로 들이밀며 젊은 시절의 나를 폄하하고픈 생각은 없다.

마지막으로, 2000년 첫 원고에서부터 마지막 원고까지 섬세하게 챙겨 주신 독서평설 윤소현 편집장, 지금은 프리랜서로 활동 중인 최윤경 편집자에게 고마움을 전한다. 오랜 세월을 함께한 어크로스 김형보 대표, 그리고 벌써 세 권째 내 책을 함께 작업한 박민지 편집자에게도 감사를 드린다.

아무쪼록 10년 동안 30쇄 넘게 거듭 발행되며 널리 읽혔던 이 책이 앞으로도 오랫동안 사랑받았으면 좋겠다. 부족한 나에게 세상의 모든 지혜를 들려준 모든 철학자들에게 가장 깊은 감사를 드린다.

2017년 2월
안광복

철학으로 가는 첫걸음

첫 담임교사 시절, 나는 아이들과 참 많이도 싸웠다. 아이들은 우주만큼이나 이해하기 힘든 존재들이었다. 넥타이까지 매는 정장 스타일의 교복, 그런데도 왜 아이들은 죽어라고 와이셔츠 꽁무니를 내놓고 다닐까? 바지도 그렇다. 줄여서 엉덩이 선이 드러날 정도로 꼭 맞아야 만족이다. 그러면 무지 불편할 텐데도 말이다. 자기를 괴롭히는 아이와 짝하고 싶다는 친구들은 또 뭐란 말인가. 아이들과 함께한 하루하루는 두더지 잡기 게임 같았다. 한 녀석의 문제를 잡으면 다른 아이에게서 뭔가가 튀어나왔다. 그 아이가 저지른 일을 수습하면 다른 쪽이 엉망진창이었고.

그 후로 십 년이 흘렀다. 나는 여전히 학급을 맡고 있다. 물론 두더지 잡기 게임도 멈추지 않았다. 하지만 이제 내게 아이들은 이해하기 힘든 존재가 아니다.

"문제를 풀려면 문제만 바라보지 마라."

못이 박이도록 들은 선배 선생님들의 충고다. 아이의 손톱 물어뜯는 버릇을 고치고 싶은가? 손톱을 깨무는 습관 자체에 매달리면 결과는 100퍼센트 실패다. 벌주고 야단칠 때는 잠깐 그치겠지만, 조금만 관심이 소홀해져도 아이의 손톱은 다시 입술에 가 있을 테니까.

문제를 잡으려면 아이 전체를 바라보아야 한다. 아이가 불안한가? 부모와의 사이는 좋은가? 성적은 기대만큼 나오는가? 제일 큰 고민은 무엇인가? 하나하나 살피며 학생과 함께 고민을 갈무리하다 보면, 어느새 손톱 물어뜯는 습관은 사라져 버리고 없었다. 손톱이 맛있어서 쩝쩝 씹어 대는 사람은 없다. 이런 행동은 마음에 쌓이고 썩은 고민들이 바깥으로 나타난 '증상'일 뿐이다. 그러니 문제를 풀려면, 문제만 바라보지 마라. 사람을 알면 이해 못할 문제는 없다. 문제가 이해되면 답도 저절로 얻어질 테다.

담임교사들이 가슴에 새겨야 할 이 교훈은 철학에도 통한다. 철학자들은 참 이해하기 힘든 존재들이다. 이들은 별 쓸데없는 문제에 매달린다. 말은 또 왜 그리 어려운지. 존재, 본질, 형상, 보편자, 일자, 타자 등등. 낱말만 들어도 울렁증이 인다. 이런 생각으로 화가 치미는 이들에게 나는 이렇게 권하고 싶다.

"철학을 알려면 철학만 바라보지 마라."

문제를 모르면 답도 못 찾는다. 철학 사상을 이해하고 싶다면 철학자들의 삶을 먼저 꼼꼼하게 살펴보자. 그리고 철학자들이 왜 그런 고민을 했는지를 캐물어 보라. 그들의 고뇌를 내 고민처럼 느끼고 아파할 수 있을 때, 비로소 철학은 나에게 의미 있는 무엇이 된다.

철학자들의 사생활을 꼼꼼하게 되짚어 보자. 괴짜 같은 철학자들도 실은 평범한 사람들과 다를 바 없다. 인정받고 싶어 하고, 사랑을 꿈꾸며, 괴팍한 부모 때문에 고민한다. 때로는 변화를 꿈꾸기도 한다. 내 가슴속 고민을 철학자들의 삶 속에서 찾아보라. 짝사랑에 마음 태운다면, 키르케고르가 어떻게 연애했는지 알아보자. 교회 나가라고 들들 볶는 주변 사람들 때문에 짜증이 벌컥거린다면 아우구스티누스를 읽어라. 철학자들의 삶을 들여다보며 "아, 그래! 이건 내 고민과 똑같아!"라고 느껴지는 순간, 그때가 바로 나의 철학의 출발점이다. 비로소 철학이 내 삶에 쓸모 있는 무엇으로 다가올 것이다. 나는 이 책을 그런 밑그림 위에서 썼다.

《처음 읽는 서양 철학사》에 등장하는 철학자는 모두 38명이다. 원고를 매듭짓는 데는 3년 2개월이 걸렸다. 매달 한 명씩, 나는 인터뷰 전문 기자처럼 철학자들 한 사람 한 사람의 생활에 매달렸다. 그가 무슨 이야기를 했는지는 뒷전이었다. 일단 사람부터 알고 보자. 그러면 그가 하는 말도 저절로 이해될 것이다. 이런 '집필 철학'을 갖고 자료를 모았다.

그네들이 언제 태어나 어떻게 살았고 언제 죽었는지를 따라갈수록, 사상에 대한 궁금증이 절로 자라났다. 니체의 어린 시절을 읽다 보니, 이렇게 여자들 틈에서 자랐으면 남성 콤플렉스가 생기지 않을까 하는 물음표가 생겼다. 아니나 다를까. 그의 초인超人 사상에는 마초macho적인 무엇이 있다. 철학자의 삶에서부터 출발하면 생각의 결을 잡기 쉽다. 그러면 숨 막히게 어려워만 보였던 철학 이론도 머리에 술술 들어온다.

그래도 철학은 여전히 어렵다. 하지만 한 철학자의 생각 전체를 100

으로 보았을 때, 어려운 부분은 20뿐이다. 20이 어려운 이유는 내용을 정교하게 다듬으려 해서 그렇다. 나머지 80인 고갱이는 누구나 이해할 만하다. 한 철학자의 사상이 널리 퍼져 나가려면, 일단 그이의 말이 이해가 가야 한다. 그리고 사람들의 공감을 사야 한다. 책에 나오는 38명은 서양 철학의 대표 선수들이다. 그만큼 많은 사람들이 이해하며 가슴 절절하게 여겼다는 뜻이다. 숱한 사람들이 알아들은 내용을 나라고 이해 못 할 까닭이 있겠는가.

나는 이 책을 이해가 쉬운 80에 무게를 두고 썼다. 그러다 보니 20은 놓쳤다. 이 책에서 어려운 철학 용어들이 드문 이유다. 그만큼 내용의 정교함이 떨어져서 철학 전공자들의 눈에는 희미하고 애매해 보이는 부분도 있을 것이다. 그렇지만 이 책은 '처음 읽는' 서양 철학사라는 점을 기억해 주기 바란다. 처음부터 고급 차를 몬 사람은 나중에 새 차의 즐거움을 누릴 기회가 줄어든다. 이 책을 읽고 철학에 대한 입맛이 살아난다면, 그래서 더 깊이 있는 책을 찾게 되었다면 책의 목적은 이룬 셈이다.

꼭지마다 끝머리에는 '철학 실험실', '원전 속으로', '철학자의 뒤안길'을 디저트처럼 달아 놓았다. 철학을 위한 스파링 파트너를 만났다는 기분으로 몇 분이라도 간단히 씨름해 보면 좋겠다. 철학은 정신의 체조 mental gymnastic다. 생각거리들 하나하나에 답을 정연하게 정리하다 보면 생각 근육도 어느덧 튼실해질 것이다.

감사의 말을 전할 차례다. 목차에서 스무 번째 자리를 잡은 '칸트' 원고는 내가 철학 필자로 쓴 첫 번째 글이다(《고교독서평설》 2000년 1월호에 실렸다). 그리고 나머지는 《고교독서평설》에 〈인물철학사〉라는 이름으로 오랫동안 연재되었던 내용이다. 〈인물철학사〉 연재는 나에게 '강단 철학으로 쌓인 군살을 빼고 대중 철학 필자로 거듭나는' 수련 과정과 같았다. 거칠었던 초기 원고는 이승희 선생님과 윤소현 팀장의 지도로 조금씩 나아졌다. 이분들이 없었다면 지금도 나의 글솜씨는 헤겔보다 난해한 수준에서 헤매고 있을 터였다. 서정주 시인의 표현을 빌리자면, "나를 키운 건 8할이 윤소현 팀장이었다." 지금도 윤소현 팀장은 나의 원고를 제일 먼저 읽어주는 '나의 제1 독자'이다. 언제쯤 은혜를 갚을 날이 오는지, 고마움과 걱정이 앞선다.

김형보 주간 그리고 최윤경·최지연 씨에게도 감사를 드린다. 원고를 다듬는 데는 적잖은 시간이 걸렸다. 세 분은 성숙한 인격으로 한없이 늘어지는 마감과 끝없이 거듭되는 필자의 원고 수정을 견뎌 주셨다. 이렇게 훌륭한 편집자들을 만나기란 쉽지 않다.

철학교사모임의 윤석우, 권희정, 윤상철, 이용화, 이수석, 이종택, 정용휴, 주영기, 윤신혁, 문우일, 김병열, 김희영, 박호철, 박성근, 김면수 선생님은 정말 유능한 철학 선생님들이다. 책의 많은 부분은 이분들이 주신 가르침에서 아이디어를 얻었다.

책을 매듭짓는 지금, 은퇴하신 김완수, 정인재, 엄정식 은사님의 모습이 가슴 먹먹하게 다가온다. 나의 학생들은 내가 수업하는 모습에서 세 분의 모습을 발견하곤 한단다. 그만큼 사숙私塾했던 세 분이다. 은사님들의 건강하신 모습을 늘 볼 수 있었으면 하는 바람이다.

철학 교사로서의 삶은 철학하는 내게는 축복이다. 학생들 저마다가 안고 있는 문제는 나에게 깊은 철학 화두를 던진다. 그들이 없다면 나의 철학함은 한 발자국도 나아갈 수 없다. 어느 해보다도 풍성한 생각거리를 안겨 준 2007학년도 1학년 4반 친구들이여, 여러분들을 향한 담임선생님의 고마운 마음을 기억해 주기 바란다. 가르치고 배우고 글을 쓰고 상담하는 모든 철학 활동에 불편이 없도록 배려를 아끼지 않으셨던 김병택 전前 교장 선생님과 여러 중동 가족들께도 깊이 감사를 드린다.

책의 마지막을 다듬고 있는 오늘은 10월의 마지막 일요일이다. 결국 올해도 가족과 함께하는 일요일을 만들지 못할 듯하다. 이 순간에도 나를 위해 기도하고 계실 할머니, 삶의 모든 순간을 함께 해 주시는 아버지와 어머니, 장인, 장모님, 그리고 사랑하는 나의 두 형과 형수님, 조카들에게 따뜻한 마음을 전한다.

내년은 장조카 종훈이가 중학생, 그리고 나의 삶을 기쁨으로 가득 채워 주는 딸 지원이가 초등학생이 되는 해이다. 내 삶의 가장 큰 보석인 아내와, 늘 아빠의 가슴을 희망으로 부풀게 하는 아들 종석이와 함께 축하를 전한다. 이 책을 두 아이에게, 그리고 철학이 필요한 모든 사람들에게 바친다.

2007년 늦가을
안광복

차 례

신이 숨 쉬는 세계, 인간의 길은?
탈레스에서 토마스 아퀴나스까지

2부

과학과 신앙의 이중주, 탈출구는?
마키아벨리에서 칸트까지

───────────── ③부 ─────────────

절대정신에서 GAD 지수로, 철학의 해결사는?
헤겔에서 가다머까지

1부

신이 숨 쉬는 세계,
인간의 길은?

탈레스에서 토마스 아퀴나스까지

01

철학의 출발

탈레스

발밑의 웅덩이도 못 보는 사람

탈레스Thales, 기원전 624?~기원전 546는 흔히 '철학의 아버지'로 불린다. '아버지'라고 불리는 인물은 한 분야에서 가장 존경받는 원조이게 마련이다. 탈레스도 그렇다. 탈레스는 살아 있을 때 이미 고대 그리스의 7현인 중에서도 가장 위대한 사람으로 인정받았다.

유명인의 우스꽝스러운 실수는 재미있는 화젯거리가 되는 법. 철학의 아버지 탈레스도 오늘날까지 사람들 입에 오르내리는 '위대한 실수'를 저질렀다. 우주의 이치를 탐구하느라 하늘을 보면서 정신없이 걷다가, 그만 발밑의 웅덩이를 미처 보지 못하고 꼴사납게 넘어지고 만 것이다. 이것을 본 트라키아(발칸 반도 남

> **7현인**
>
> 고대 그리스 사회에서 현자로 꼽혔던 일곱 명을 말한다. 탈레스 · 비아스 · 피타코스 · 클레오브로스 · 솔론 · 킬론 · 페리안드로스가 주로 꼽히지만, 4세기경까지 7현인으로 꼽힌 지식인은 20명이 넘었다. 현존하는 가장 오래된 7현인의 명부는 플라톤의 《프로타고라스》에 나온다.

동부 지역) 출신 하녀가 큰 소리로 비웃으며 말했다.

"우주의 이치를 탐구한다는 분이 발밑의 웅덩이도 못 보다니요!"

철학의 아버지가 완전히 스타일 구긴 이 일화는 고상한 문제에만 매달리느라 현실에는 어두운 철학자들을 비판할 때 흔히 인용된다.

그러나 플라톤은 이 이야기를 오히려 철학자들의 진정한 면모를 내세우려고 자랑스럽게 소개하곤 했다. 발밑의 웅덩이도 보지 못했던 탈레스처럼 철학자란 재판이나 흥정, 일상의 세세한 일에는 어수룩하고 둔한 사람일지 모른다. 그러나 그들은 삶과 세계의 진정한 의미에 대해 끊임없이 생각한다. 이 같은 고민을 통해, 자신과 다른 사람들의 삶을 더 가치 있고 보람 있게 만든다. 무작정 아무 직장이나 들어가기보다, 자신의 삶과 목표에 대해 진지하게 고민하며 직업을 고를 때 더 많은 것을 얻듯이 말이다.

따라서 철학은 오래전부터 엘리트들이 배우는 필수 과목이 되어 왔다. 철학은 작은 이익에 매달린 나머지 삶의 근본적인 가치와 의미를 잃어버리는 일이 없도록 해 준다. 크고 넓게 세상의 의미를 탐구하고 바람직한 삶의 방향을 찾는 작업, 탈레스는 이러한 철학의 임무를 삶을 통해 보여 준 사람이었다.

철학의 탄생지, 밀레투스

새로운 일이 일어나는 데에는 주변 환경의 역할도 무시할 수 없다. 탈레스는 밀레투스Miletus 사람이었는데, 밀레투스는 그리스 본토가 아닌 소아시아(지금의 터키 지방) 개척지에 있던 도시 중의 하나였다. 역사

밀레투스의 원형 극장
최초의 철학은 무역의 중심지였던 항구 도시 밀레투스의 자유분방한 분위기 속에서 탄생했다.

와 전통을 자랑하는 도시보다는 새롭게 태어난 도시의 분위기가 자유로운 법, 밀레투스에서는 인습에 얽매인 그리스 본토 도시보다 훨씬 자유분방한 생활과 사고가 이루어졌다.

그뿐 아니라, 밀레투스는 다양한 문물이 쏟아져 들어오는 항구 도시이기도 했다. 그리스와 페르시아 사이의 무역 중심지로 물자가 풍부했고 엄청난 부자도 많았단다. 아마도 밀레투스의 분위기는 지금의 뉴욕과 비슷했을 것이다.

철학은 이런 분위기에서 태어났다. 생계에 쫓기는 사람은 삶과 세상의 진정한 의미에 대해 진지하게 생각할 여유가 없다. 하루하루 닥치는 일들을 해결하기에도 벅찬 탓이다. 또한, 일상에 너무 찌든 까닭에 현실에 대해 객관적인 판단을 내리기 어렵다. 따라서 삶과 세상의 진정한 의미를 고민하기 위해서는 절박한 일상으로부터 거리를 둘 수 있을 만큼 물질적·정신적 여유가 있어야 한다. 아리스토텔레스가 철학을 할수 있는 조건으로 '여유scholē'를 꼽은 이유다. 밀레투스의 경제적 성공은 이러한 '여유'를 가능하게 했다.

나아가, 항구 도시 밀레투스는 자유롭고 합리적인 생각을 중시하는 곳이었다. 항해를 하려면 날씨에 대한 지식과 배 모는 기술을 바탕으로 한 냉철한 판단이 필요하다. 또한 다른 지역에서 온 사람들을 상대로 이익을 남기려면 자신들만의 관습에서 벗어나 객관적이고 보편적으로 생각해야 할 필요가 있다. 당시 그리스 사람들은 세상사를 신에게 기대어 해석하는 경우가 많았다. 하지만 밀레투스 사람들은 스스로 곰곰이 생각하여 일의 원인을 밝히고 해결책을 구하곤 했다. 이처럼 철학은 '객관적인 입장에서 받아들일 만한 근거와 증명을 통해서만 세상을 이해하려고 한' 밀레투스 사람들 특유의 비판적인 태도에서 시작되었다.

만물의 근원은 물이다

'철학의 아버지' 탈레스에 대해서는 알려진 사실이 거의 없다. 지금 사람들이 탈레스의 출생과 성장 배경에 대해 알고 있는 지식이란 고작 조상이 페니키아(오늘날의 레바논을 중심으로 하여 시리아와 이스라엘의 일부 지역을 포함하는 지역의 고대 지명) 사람이라는 점, 그리고 밀레투스의 명문가 출신이라는 것 정도이다. 탈레스의 시대와 150년 남짓 차이 나는 아리스토텔레스조차도 탈레스에 대해 아는 바가 별로 없었다는 사실을 보면, 애초부터 그에 대한 기록은 많지 않았던 듯싶다.

탈레스가 '7현인' 중에서도 으뜸이었음에도 그에 대한 기록이 거의 남아 있지 않다는 사실이 의아하게 여겨질지 모르겠다. 하지만 당시 지식인들의 생활 태도를 보면 그다지 이상할 것도 없다. 요즘의 이름난 지식인들은 언론에 끊임없이 얼굴을 들이밀고 떠들어 대지만, 그 당시 지식인은 오히려 '침묵'을 미덕으로 여겼다. 침묵을 지키고 있다가 한두 마디 던진 말들은 곧 '금언金言'이 되어 여러 사람들에게 큰 영향을 미쳤다. 텔레비전, 라디오뿐 아니라 종이조차 없던 시대였으니, 긴 주장보다는 차라리 한두 마디의 의미심장한 말이 자신의 생각을 전하는 데 더 효과적이었을 터다.

탈레스도 이 점에서는 마찬가지였다. 철학의 아버지라는 그가 남긴 철학적 주장 가운데 지금까지 남아 있는 것은 '만물의 근원은 물이다'와 '지구는 물 위에 떠 있다', '세상의 모든 것은 신으로 가득 차 있다', 이 세 마디뿐이다.

그를 철학의 아버지로 불리게 한 말은 '만물의 근원은 물'이라는 주장이다. 과학이 발달한 지금에 와서는, 만물의 근원이 물이라는 주장은 의미 없는 엉터리일 뿐이다. 그러나 철학 역사로 볼 때 이 주장은 매우 가치 있다. 철학 역사에서 최초로 던져진, 눈에 보이는 여러 사물과 변화를 넘어 세계는 과연 무엇으로 되어 있는지에 답하는 본질적인 주장이기 때문이다.

종교도 세상은 과연 무엇인지, 그리고 존재의 의미는 무엇인지에 대해 물음을 던지고 해답을 찾으려 한다. 그러나 철학은 주장을 내놓는데 그치지 않는다. 논리와 합리적인 근거에 비추어 자신의 주장을 증명해 보이려 한다. 이 점에서 철학은 종교와 다르다. 종교는 '신이 세상을 이렇게 만들어 놓았다'라고 선언해 버리고 사람들에게 믿으라고 권하지만, 철학에서는 받아들일 만한 합리적인 설명이 없으면 어떤 주장도 받아들이지 않는다.

아리스토텔레스에 따르면 탈레스도 만물의 근원이 물이라는 주장에 대해 나름대로 증명을 시도했단다. 그러나 어떤 방법으로 증명을 해냈는지는 아리스토텔레스도 잘 알지 못했다. 학자들은 탈레스가 내놓았을 법한 증거를 크게 두 가지로 나누어 생각해 보곤 한다.

하나는, 탈레스의 이집트 유학 경험에서 근거를 찾는 입장이다. 이집트는 천문학 · 기상학 · 수학 · 항해술 등 모든 분야에서 앞선 문화 선진국이었다. 유능한 젊은이는 시대의 중심지로 모여들게 마련이다. 탈레스도 젊은 시절 이집트에서 배우고 활동했다. 이집트는 풍요로운 나일 삼각주에 근거를 두고 있다. 그리고 삼각주의 비옥한 토양은 나일 강의 홍수가 해마다 얼마만큼 대지를 적셔 주는가에 따라 넓이가 결정되었다. 따라서 이집트에 널리 퍼져 있던 물에 대한 숭배가 자연스럽게 그의 생각에 젖어 들었으리라 추측할 만하다. (그리스의 창조 신화도 물의 신 오케아노스에서 출발하지 않는가!)

다른 학자들은 탈레스가 일상을 주의 깊게 관찰했다는 사실에 주목한다. 탈레스는 신화에 기대어 세상을 해석했던 사람이 아니다. 그는 가능한 한 세상을 객관적으로 바라보며 만물의 근본 원리를 찾아보려 했다. 우리가 사는 세계를 성실하게 관찰해 볼 때, 만물의 근원이 물이라는 결론은 당연하다. 살아 있는 모든 동식물의 성장과 생명을 좌우하는 것은 물이다. 습기를 잃으면 모두 죽어 버리기 때문이다.

> **오케아노스**
> 그리스 신화에 나오는 물의 신으로 천공의 신 우라노스와 대지의 신 가이아 사이에서 태어난 티탄족 중 한 명이다.

물론, 지금에 와서 탈레스가 만물의 근원을 물이라고 한 이유가 무엇인지는 하나도 중요하지 않다. 철학 역사에서 의미 있는 점은 오직 그가 논리를 따져 사회에 퍼져 있는 믿음을 비판적으로 검토하고, 관찰 결과를 종합하여 세상의 근본적인 모습에 대해 결론 내리는 '철학적인 사고'를 했다는 사실뿐이다.

철학자도 돈을 벌 수 있다?

탈레스는 만물의 근본 원리를 깊이 있게 탐구한 철학자였지만, 결코 탁상공론만 하는 사람은 아니었다. 그는 대단히 실용적인 지식인이었다. 그 실용성은 현실 생활과 별 상관없어 보이는 수학 · 지질학 · 천문학 등과 같은 순수 학문에서 나왔다.

전해 오는 이야기에 따르면, 일찍이 하녀에게 망신을 당한 탈레스는 '철학자도 돈을 벌 수 있다(?)'는 사실을 증명하려고 사업을 벌였다. 한겨울에 올리브기름 짜는 기계를 모조리 싼값에 빌린 것이다. 사람들은 올리브 수확철도 아닌 한겨울에 기름 짜는 기계를 빌리는 덜 떨어진 인간에게 비웃음을 보냈다. 하지만 이듬해 큰 풍년이 들어 기름 짜는 기계의 임대료가 크게 올라 탈레스가 큰 이익을 보자, 사람들은 그의 식견에 감탄할 수밖에 없었다.

또, 탈레스는 큰곰자리를 보고 항해를 하던 그리스 뱃사람들에게 작은곰자리가 방향을 잡는 데 더 낫다는 사실을 알려 주기도 했다. 이것은 천문학과 기상에 대한 지식이 없으면 불가능한 일이다.

나아가 탈레스는 기하학과 수학을 연구해 피라미드의 높이를 재기도 했다. 이때 그는 그림자의 높이와 실제 사물의 크기를 비교하는 방법을 사용했다. 정치적으로도 대단한 수완가여서, 페르시아의 위협에 맞서 그리스 도시 국가들의 연합을 이끌어 내기도 했다.

페르시아
기원전 6세기 후반 고대 오리엔트 세계를 통일하여, 약 2세기 동안 중앙아시아에서 이집트에 이르는 넓은 지역을 지배했던 나라.

그러나 이 모든 일들을 정말 탈레스가 했는지는 의심스럽다. 탈레스 시대 그리스인들은 유명한 발명품들을 자신이 이름깨나 들어 본 현자가 만들었으리라 단정했던 탓이다. 분명한 사실은 탈레스가 결코 일상생활에 대해 무지하고 무능한 사람이 아니었다는 점이다. 그를 지금의 관점에서 평가하자면, 돈 못 버는 학문이라며 외면받는 순수 학문이 어떻게 실생활에 도움이 되는지를 잘 보여 준 실용적 지식인이라 할 수 있지 않을까?

치열한 일상에서 한발 물러서기

탈레스의 삶에 대한 기록이 별로 남아 있지 않듯, 그의 죽음에 대해서도 알려진 사실은 거의 없다. 다른 이들의 풍자시로 미루어 볼 때, 그는 운동 경기장에서 경기를 구경하던 중 숨을 거둔 듯하다. 더위를 먹고 죽었다는 설도 있지만 군중에 깔려 죽었다는 주장도 있다. 소크라테스가 자신의 신념에 따라 초연하게 독배를 들이켠 것에 비하면, 철학의 아버지의 죽음은 그다지 철학적이지도 극적이지도 않다.

하지만 탈레스는 자신의 삶을 통하여 우리에게 아버지 말씀 같은 훈계를 준다. 많은 현대인들은 정신적 근시로 살아가고 있다. 끝없는 경쟁 가운데 상대를 이기려고 치열하게 살아가지만, 정작 세상의 의미는 무엇이고 진정 바람직한 삶은 무엇인지에 대해서는 별로 생각하지 않는다. 그 결과 치열한 노력과 경쟁 끝에 돌아오는 것은 대개 공허함과 허탈감뿐이다. 선진국 사람들의 삶의 만족도가 못사는 나라들보다 훨씬 낮다는 사실은 정신적 근시들의 영리함이 어떤 것인지를 잘 보여 준다.

탈레스는 철학의 아버지답게 우리에게 충고를 건넨다. 치열한 일상에서 한발 물러서서 넓고 깊게 세상과 삶에 대해 통찰해 보라. 무엇이 진정한 세상의 모습인지를 고민하고 나름의 결론을 내릴 때, 우리는 다람쥐가 쳇바퀴 위에서 경쟁하는 듯한 생활에서 벗어나 진정 가치 있는 삶을 살 수 있으리라. 탈레스는 우리에게 철학적 반성의 가치를 일깨운다.

**철학
실험실**

철학자 자격시험을 만든다면?

탈레스는 물웅덩이에 빠져 하녀의 비웃음을 샀다. "우주의 원리를 꿰뚫는다는 분이 눈앞 구덩이는 못 보시는군요!" 주변을 둘러보면, 탈레스만큼이나 뜬구름을 잡아 비웃음 사는 이들이 한둘은 있게 마련이다. 막연한 공상가와 진정한 철학자의 차이는 무엇일까? 만약 '철학자 자격시험'을 만든다면, 철학자가 되기 위해 갖추어야 할 요건은 무엇인가? '평가 기준'을 10개 이상 제시해 보자.

02

최초의 현실주의자와 이상주의자

헤라클레이토스 & 파르메니데스

현실주의와 이상주의

　지도를 보고도 길을 찾을 수 없을 때, 사람들의 반응은 크게 둘로 나뉜다. 하나는 지도를 탓하는 부류이다. 이들은 10년이면 강산도 바뀐다는데, 몇 년 전에 산 지도가 맞을 리 없다고 결론 내린다. 그러곤 새로운 지도를 구하거나 사람들에게 물어 물어 가던 길을 간다. 두 번째 부류는 지도보다는 오히려 지형을 탓한다. 옛날엔 분명 이랬는데 강산이 또 바뀌었다고 하면서 말이다. 그리고 꼼꼼하게 지도에 자신들이 가는 길을 기록하며 나아간다. 언젠가는 잘못된 길을 바로잡아 지도에 그려진 대로 제대로 된 길을 꼭 내고야 말겠다고 결심하면서.

　철학자들도 두 부류로 나눌 수 있겠다. 상황이 바뀌면 자신의 철학적 견해도 그에 걸맞게 바꾸는 사람들이 있는 반면, 자기 견해에 따라 현실을 뒤엎으려는 사람들도 있다. 앞의 사람은 현실주의자이고, 뒤의 사람은 이상주의자이다. 현실주의자가 현실에 맞추어 지도를 고쳐 나가는 이들이라면 이상주의자는 미리 그려진 지도에 맞추어 현실을 바꾸는 자들이다. 물론, 여기서 지도란 세상을 보는 틀, 곧 철학을 말한다. 헤라클레이토스Herakleitos, 기원전 540?~기원전 480?와 파르메니데스Parmenides, 기원전 515?~기원전 445?는 세상을 보는 두 개의 큰 지도, 곧 현실주의와 이상주의라는 철학의 원형을 만든 사람들이다.

어두운 철학자, 헤라클레이토스

그 시대 사람들이 대부분 그렇듯, 헤라클레이토스가 언제 태어나서 죽었는지는 확실하지 않다. 오랜 세월이 흐르는 동안 자료가 없어지기도 했지만, 당시 역사가들은 인생의 전성기에만 주목했을 뿐 태어나고 죽는 등의 하찮은 개인사에는 별 관심이 없었던 탓도 크다. 아무튼 그는 밀레투스와 더불어 고대 그리스 최대의 무역 도시였던 에페소스Ephesos에서 태어났단다. 끊임없이 물자와 인구가 움직이는 에페소스의 환경은 '만물은 흐른다'라는 유명한 그의 철학적 결론에 적지 않은 영향을 끼쳤으리라.

헤라클레이토스는 제사장 자리를 대대로 물려받을 만큼 대단했던 에페소스 명문가 출신이다. 그는 귀족적인 성향을 지닌 조금은 괴팍한 사람이었단다. 그는 무지한 민중에 대한 혐오를 조금도 숨기지 않았다. '세상에 악한 사람은 많고 선한 사람은 적다. 대개는 짐승처럼 자기 배만 채우려 들기 때문이다'라는 둥, '민중들은 서투른 시인을 믿고 천민들을 스승으로 삼는다'라는 둥 사람들에게 끊임없이 조소를 퍼부었다. 심지어 자신보다 현명한 사람은 없다는 확신에 차 있어, 토론을 하다가도 "잠깐! 나 자신에게 물어보고 다시 이야기합시다."라고 말하며 스스로에게만 자문을 구했단다.

이런 사람이었으니 당시 에페소스의 민주적인 정치 제도를 곱게 보았을 리 없다. 맏이였던 그는 당연히 물려받아야 할 최고 제사장 자리를 동생에게 물려주고, 자신은 아르테미스 신전에서 아이들과 주사위 놀이나 하면서 시간을 보냈다. 그 이유가 걸작이다. 아이들 놀이가 정치보다 더 제대로 돌아가기 때문이란다. 심지어 '제대로 된 정치를 위해서 시민들은 모두 목매달아 죽어야 한다. 그리고 수염도 안 난 애송이들에게 정치를 맡겨야 한다'며 수위를 한참 넘는 독설과 야유도 서슴지 않았다.

그럼에도 헤라클레이토스는 나중에 플라톤이 말한 '철학자가 될 만한 조건'을 모두 갖추고 있었다. 첫째, 귀족이었던 그는 생계 걱정에서 벗어나 조용히 사색할 여유가 있었다. 둘째, 세상일에서 한발 물러서 있었으므로 당장의 이해관계를 떠나 모든 일의 근본을 깊이 바라볼 수 있었다. 줄곧 어두운 얼굴로 깊은 사색에 잠겨 있었기에, 그는 '어두운 사람'이라 불리곤 했다.

같은 강물에 두 번 발 담글 수는 없다

어두운 철학자 헤라클레이토스가 파악한 세계의 본질은 무엇일까? 바로 '만물은 흐른다'라는 것이다. 그는 '같은 강물에 두 번 발 담글 수

어두운 철학자, 헤라클레이토스
오른쪽에 시무룩한 표정을 짓고 있는 사람이 헤라클레이토스다. 그는 줄곧 어두운 얼굴로 깊은 사색에 잠겨 있었기에 '어두운 사람'이라 불리곤 했다. • 루벤스(Peter Paul Rubens), 〈데모크리토스와 헤라클레이토스〉(1603).

는 없다'라는 유명한 말을 남겼다. 강물도 흘러가지만 나도 또한 변한다. 세상 모든 것이 끊임없이 변하고 움직인다.

게다가 그는 '투쟁은 만물의 아버지'라는 말도 했다. 세상에 변하지 않는 것은 없다. 그뿐 아니라 세상 모든 것은 대립하고 투쟁하는 가운데 의미를 갖는다. 피곤이 휴식을 즐겁게 하고 배고픔이 없으면 배부름도 없다. 이렇듯, 모든 것은 대립되는 다른 쪽과의 투쟁 속에서만 의미가 있다.

세상은 타오르는 '불'과 같다. 움직이지 않는 불을 생각할 수 없듯이 세상은 끊임없이 변하며 움직이고 있다. "세계는 불타오르기도 하고 꺼져 가기도 하는 영원히 살아 있는 불이다." 헤라클레이토스가 남긴 말이다.

　하지만 세상이 아무렇게나 서로 싸우며 흘러가지는 않는다. 막 싸우는 듯한 이종 격투기에도 따라야 할 규칙이 있다. 무질서하게 흘러가는 듯한 세상일도 우주의 섭리, 곧 로고스에 따라 이루어진다. 우주는 1만 800년을 주기로 불에서 나와 다시 불로 돌아가는 커다란 순환 과정을 밟고 있다.

　세상이 이렇다면 우리 인간은 어떻게 해야 할까? 우리는 이성을 통해 아무렇게나 쌓인 쓰레기 더미 같은 세상 속에 숨겨져 있는 이치, 곧 로고스를 찾아내야 한다. 그러면 세상의 조화로움과 아름다움을 알게 될 것이다. 로고스의 관점에서, 곧 신의 관점에서 바라보면 세상은 언제나 선하고 정의롭다. 하지만 사람들은 정의를 불의라고 여기는가 하면 어떤 사람들은 불의를 정의로 생각한다.

　헤라클레이토스는 《자연에 관하여》라는 책을 썼다. 하지만 몇몇 단편들, 곧 조각난 문장들만 전해져 온다. 게다가 귀족인 헤라클레이토스는 '천한 것들', 곧 일반 독자들의 수준을 처음부터 고려하지 않았다. 그는 신탁神託 수준의 애매한 표현으로 악명이 높았다. 심지어 소크라테스조차 그를 제대로 이해하기 위해서는 '솜씨 좋은 델로스Delos(에게 해에 있는 키클라데스 제도에 위치한 섬) 잠수부가 필요하다'고 말할 정도였다.

　2,500년 전에도 난해했던 사람의 생각을, 몇 개 조각 글밖에 안 남은 지금에 와서 제대로 알 수는 없다. 하지만 남아 있는 조각 글과 후대의 해석을 모아 추측해 보건대 아마도 그의 주장은 앞서 본 내용 정도가 될 듯하다. 변하는 현실을 주의 깊게 바라보며 정의로움과 바람

> **로고스**
> (Logos) 사물의 존재를 한정하는 보편적인 법칙, 그리고 행위가 따라야 할 준칙을 인식하고 따르는 분별과 이성을 뜻한다.

직한 삶이 무엇인지 끊임없이 생각하는 자세, 이것이 헤라클레이토스가 강조하려는 바였다면 우리는 그를 최초의 현실주의자라 불러도 좋을 듯싶다.

있는 것은 있고, 없는 것은 없다

이제 파르메니데스를 살펴볼 차례다. 파르메니데스는 엘레아Elea(오늘날 이탈리아의 벨리아 지방) 사람이다. 엘레아는 에페소스와는 정반대의 도시였다. 지금도 한적한 시골 마을이지만, 당시에도 엘레아는 인구가 채 1,000명이 안 되는 소도시였단다. 그렇지만 후대의 스피노자가 다락방에 은둔하면서 정교하고 세련된 사유를 할 수 있었듯, 파르메니데스도 한적하고 조용한 시골 마을에서 매우 논리적이면서도 독특한 철학 이론을 내놓았다. 이 변방의 사색가는 이미 당시 최고의 문화 국가였던 아테네에까지 널리 알려질 만큼 유명한 학자였는데(25세의 소크라테스가 이 노철학자와 치열하게 논쟁한 기록이 전해 온다), 아쉽게도 생애에 대해서는 별로 알려져 있지 않다.

그가 주장한 내용은 무엇일까? 일단 심호흡을 하고 정신을 집중하기 바란다. 여러분은 지금부터 상식을 완전히 뒤집는 놀라운 발견을 하게 될 것이다. 말장난 같아 보이는 파르메니데스의 논변을 완전히 이해한다면 말이다.

파르메니데스에 따르면, '있는 것은 있고 없는 것은 없다'. 당연하다. 뭐 이런 말을 하나 싶을 정도다. 하지만 다음 말은 가히 충격적이다. '없는 것은 생각할 수조차 없다'. 사실 우리는 없는 것을 생각할 수 없다. '~이 없다'의 형태로 어림짐작할 뿐, '없음 자체'를 머리에 그릴 수는 없다. 우리가 생각할 수 있는 것은 '있는 것'뿐이다.

존재론

(ontology) 존재자 일반에 관한 학문. 라틴어로 'ontoligia'라고 하는데 이는 그리스어의 'on(존재자)'과 'logos(논)'의 합성어로 데카르트파의 철학자 J. 클라우베르크가 처음으로 썼다. 존재 문제를 그 자체로 분명히 한 최초의 사람이 바로 파르메니데스다.

그런데 없는 것이 없다면 세상에는 있는 것 하나밖에 존재하지 않는다. 왜냐하면 있는 것이 여러 개 있으려면 있는 것 사이에 허虛, 곧 없는 것이 있어야 하는데, 없는 것은 말 그대로 없기 때문이다. 따라서 세상에는 하나의 있는 것, 곧 '일자一者'만이 있을 뿐이다. 게다가 운동과 변화도 있을 수 없다. 허공이 있어야 움직일 수 있는 법, 하지만 앞서 논변이 증명하듯 허공은 없다. 그렇다면 운동도 없다.

머리가 복잡해서 한숨이 나올 터다. 하지만 의외로 이 말장난을 반박하기란 쉽지 않다. 그의 논증은 존재론이라는, 철학의 가장 중요한 분야를 낳았으며, 그 뒤 2,500여 년 동안 수많은 논쟁을 불렀다. 결국 파르메니데스가 이 논증을 통해 보여 주려 했던 것은, 세상의 참모습은 눈앞에 보이는 그대로가 아니라는 점이다. 냉철한 논리의 눈으로 볼 때 세상은 하나의 존재일 뿐이다.

파르메니데스는 헤라클레이토스가 쓴 책과 제목이 같은 〈자연에 관하여〉라는 시를 남겼는데, 그중 일부만이 전해 온다. 그는 이 시에서 진리의 길(존재의 길)과 믿음의 길(비존재의 길)을 매우 엄숙한 어조로 구분하고 강조한다.

젊은 파르메니데스가 태양의 신에 인도되어 마차를 타고 밤, 암흑의 집에서 벗어나 큰길을 가다가 진리의 길과 허위의 길이 나뉘는 지점에

도달하나, 정의의 여신의 인도를 받아서 전자, 곧 진리의 길을 택한다.

우리는 눈에 보이는 항상 변하는 세계를 진짜라고 받아들인다. 하지만 파르메니데스는 이것은 단순한 믿음일 뿐이라고 말한다. 다시 말해 허위라는 의미다. 진리의 길을 따라 냉철한 이성으로 세상을 바라보면, 세계는 결국 커다란 존재 하나일 뿐이다. 따라서 그는 눈앞에 보이는 세계를 거짓이라 규정하며 눈을 감아 버린다. 그리고 이성과 논리를 통해 파악된 세계가 진짜라고 굳게 믿는다. 이 점에서 그를 세상을 자기의 생각에 맞추려는 사람, 곧 이상주의자라고 여겨도 좋을 듯싶다. 그것도 아주 극단적인 이상주의자라고 말이다. 실제로 철학의 역사를 보면, 감각과 현실 세계를 경멸하고 이성적 사고를 중시하는 철학의 전통은 파르메니데스 철학에서 뿌리를 찾을 수 있다.

라이벌이자 생각의 동반자

헤라클레이토스와 파르메니데스는 철학 역사에서 줄곧 라이벌 관계였다. 한 사람은 세상을 끊임없이 변한다고 보았고 한 사람은 고정불변하다고 보았으니 타협점이 없는 셈이다. 아울러 이들의 주장은 생각의 씨앗 역할을 해서, 이 둘을 기초로 철학의 역사는 각각 다른 방향으로 가지를 쳐 나갔다. 헤라클레이토스 계통은 변화와 감각을 중시하는 쪽으로, 파르메니데스 계통은 영원불변한 진리와 이성을 절대시하는 쪽으로 생각을 넓혀 갔다. 어떤 의미에서 이 둘의 싸움은 지금도 계속되고 있다.

하지만 이 둘에게도 공통점이 있다. 깊은 생각을 통해, 눈에 보이는 것 뒤에 숨어 있는 세상의 본질을 꿰뚫어 보려 했다는 점이다. 드러난 것에 집착하지 않고, 순간의 이해관계에도 얽매이지 않으며, 객관적이고 차분한 마음으로 세상의 본질을 정확히 알려는 자세. 철학자는 이런 자세로 세상을 바라보고 해석하려는 사람이다. 그 점에서 이 둘은 진정한 철학자다. 논쟁에는 감정적인 흥분이 따라붙게 마련이다. 이를 못 이겨 자신이 옳지 않다는 것을 알고 있으면서도 상대방의 주장을 인정하지 못하고 고집을 부리는 사람이 있다면, 이 두 철학자의 냉철한 자세를 떠올리며 마음을 다잡아야 할 터다. 진리는 결국 모두를 이롭게 하는 까닭이다.

헤라클레이토스와 파르메니데스의 단편들

헤라클레이토스와 파르메니데스의 글들은 온전한 형태로 남아 있지 않다. 몇몇 구절들이 파편처럼 전해 올 뿐이다. 학자들은 이를 '단편'이라 부른다. 그네들의 대표적인 단편들 몇 개를 살펴보자.

• 헤라클레이토스
"모든 것은 운동한다. 아무것도 가만히 머물러 있지 않다. 우리는 같은 강물에 두 번 다시 발을 들여 놓을 수 없다."
"신神들, 인간들 중 누구도 이 우주를 만들지 않았다. 다만, 적절히 켜지고 적당히 꺼지는 영원히 살아 있는 불이 있었다. 이 불은 지금 있고 앞으로도 있을 것이다."

• 파르메니데스
"모든 것은 존재로 가득 차 있다."
"모든 것은 빛과 어두움으로 똑같이 가득 차 있다."

03

지혜를 낳는 산파

소크라테스

나는 내가 모른다는 사실만 알 뿐

소크라테스Socrates, 기원전 470?~기원전 399만큼 못생긴 사람을 찾기란 쉽지
않다. 그가 살던 시대에도 '소크라테스를 닮았다'는 말은 대단히 못생
겼다는 뜻이었다. 수학에 뛰어난 재능을 보인 한 젊은이가 이 말을 듣
고 정색하며 반박했다는 기록이 남아 있을 정도다. 반대로 '소크라테스
같이 생각한다'는 말은 예전이나 지금이나 진지하고 철학적임을 나타
내는 표현으로 쓰이곤 한다. 확실히 그는 여러 면에서 '철학함'의 교과
서 같은 인물이다.

소크라테스는 한 번도 자신의 생각을 책으로 펴낸 적이 없다. 소크라
테스의 사상이라고 할 만한 것이 과연 있었는지도 의문이다. 그는 단지
시장 거리를 누비며 끊임없이 사람들과 대화하고 사색했을 뿐이다. 소

크라테스는 단지 자신이 '진리에 대해 아무것도 모른다'라는 사실만을 깨달았을 따름이다. 그러나 바로 이 점이 그를 '철학함'의 교과서로 만들었다.

철학을 하는 목적은 지식을 얻는 데 있지 않다. 자신의 지식과 신념이 과연 제대로 되었는지, 의미 있는지를 검토하며 마음 깊숙이 박힌 독단과 선입견을 제거하는 데 있다. 편견과 독선을 두려워하는 마음으로 자신의 생각이 올바른지 고민하고, 이성적인 대화를 통해 더 나은 삶을 지향하는 것, 이것이 진정으로 철학하는 이들의 자세이다. 소크라테스는 이런 태도로 평생을 살았다.

건강한 육체에 깃든 건전한 정신

소크라테스는 기원전 470년경, 그리스에서 가장 번화한 도시국가였던 아테네에서 태어났다. 아버지 소프로니코스는 석공이었고 어머니 파이나레테는 아이를 잘 받기로 유명한 산파였다. 부모의 직업에서 알 수 있듯, 그는 귀족이 아니었다. 그렇지만 흔히 알려진 대로 굉장히 가난하게 살았던 것 같지는 않다. 어린 시절에는 아버지가 꽤 알려진 석공이었고 어머니가 맞벌이를 하는 상황이었으니 생활이 쪼들렸을 이유는 없었다.

기록에 따르면 소크라테스는 여러 차례 큰 전투에 참가했다. 아테네 군대에서는 시민인 병사들이 필요한 장비를 자기 돈으로 사서 갖추어야 했다. 돈이 많은 사람은 말을 사서 기병으로 출전했다. 그보다 못한 중산층은 갑옷과 투구를 사서 중장갑 보병으로, 그것도 살 돈이 없는 사람들은 돌팔매질하는 병사로 전쟁에 나갔다. 소크라테스는 주로 중장갑 보병으로 전투에 참가했다. 이 사실로 미루어 볼 때, 맨발에 초라한 옷차림으로 유명한 소크라테스의 고유 복장은 가난이 아니라 욕심 없는 생활 태도에서 비롯된 듯하다.

소크라테스의 못생긴 얼굴은 어렸을 때부터 장안의 화제였단다. 소크라테스 조각상을 보면 알 수 있듯, 확실히 그는 못생겼다. 몹시 거친 피부에 개구리같이 툭 튀어나온 눈, 두꺼운 입술에 주저앉은 코, 이런 독특한 생김새는 사람들의 관심을 끌기에 충분했다. 그러나 주위 사람들이 아무리 놀려도 소크라테스는 밝고 건강하기만 했다.

그는 자신의 용모에 대한 우스갯소리를 즐기기까지 했다. 자기 눈은 사방을 잘 볼 수 있도록 툭 튀어나왔으며, 길고 똑바른 코보다 뭉툭한 코가 냄새를 더 잘 맡는다고 자랑하여 주변을 웃기기까지 했다. 게다가 그는 타고난 건강 체질이었다. 중년의 나이에도 한겨울에 맨발로 행군하고 얇은 겉옷만 걸치고 다녔는데도 별 탈이 없었다. 심지어 나이 칠십에 독약을 마시고도 너무 건강한 나머지 독기가 퍼지지 않아 감옥 안을 걸어 다녀야 했다는 일화까지 전해진다. 건강한 육체에 깃든 건전한 정신, 어린 시절부터 소크라테스가 평생 동안 간직했던 모습이다.

이보다 더 현명한 사람 있습니까?

정상적인 아테네 시민의 삶을 살았다면, 소크라테스는 아마도 아버지의 뒤를 이어 석공이 되었으리라. 아테네의 파르테논 신전을 비롯한 아크로폴리스 유적은 그가 2~30대를 보낼 무렵에 지어졌다. 그렇다면

남아 있는 건물 중 어느 부분은 석공 일을 배우던 젊
은 소크라테스의 작품일지 모른다. 그러나 그가 석공
으로 알려졌다는 이야기는 어디에도 나오지 않는다.
아마도 그에게는 돌을 쪼아 멋있게 조각하는 재주는
없었나 보다. 그의 숨겨진 진짜 재주는 정신을 모아 아름다운 대화를
만들어 내는 것이었다.

당시 아테네는 페리클레스라는 현명한 정치가의 지도 아래 최고의
번영을 누리고 있었다. 정치와 경제가 안정되면 문화도 발전하는 법.
수많은 지혜로운 이들이 아테네로 모여들었다. 게다가 아테네는 민주
주의의 본고장이다. 시민들은 아침부터 저녁까지 끊임없이 토론을 즐
겼고, 그 결과가 국가의 정책과 여러 재판에 직접 영향을 미치곤 했다.
따라서 아테네 시민으로 살아가려면 조리를 갖추어 설득력 있게 말하
는 기술이 무엇보다 중요했다. 그래서 주목받던 사람들이 이른바 '소피
스트Sophist'들이다.

소피스트는 변호사와 논술 강사, 철학자를 합쳐 놓은 듯한 이들이었
다. 이들은 재판에서 벌어지는 논쟁이나 연설에 필요한 기술을 가르쳤
으며, 때에 따라서는 법정에 직접 서기도 하면서 돈을 벌었다. 이들에
게 진리란 상대적일 수밖에 없었다. 돈을 주는 쪽에 따라 어느 경우에
는 갑이, 어느 경우에는 을의 입장이 진리라고 주장할 수밖에 없었던
탓이다. 따라서 소피스트들은 절대적으로 옳은 진리란 아예 없거나 인
간으로서는 알 수 없으며, 옳고 그름은 자신이 처한 입장에 따라 달라
진다고 주장했다. '인간은 만물의 척도'라는 프로타고라스의 말은 소피
스트들의 생각을 잘 드러내 준다.

그런가 하면 자연철학자라 불리는 철학자들도 아테네로 모여들었다. 이들은 자연현상이 어떻게 이루어지며 세상의 본질은 무엇인지를 탐구했다. 어떤 이는 세상의 본질이 '물'이라 하고 어떤 이는 '불'이라 하며, 또 어떤 이는 '원자'라고 주장하면서 자연의 이치를 탐구하는 데 몰두했다. 특히 아낙사고라스 같은 자연철학자는 '지구는 둥글고 허공에 떠 있다'라는 파격적인 주장을 해 아테네를 온통 시끄럽게 만들었단다. 이 점에서 보면, 자연철학자들이 시민들에게 끼친 영향도 소피스트 못지않게 컸던 듯싶다.

프로타고라스

(Protagoras, 기원전 485?~기원전 414) 고대 그리스 철학자. 절대적 진리의 존재를 부인하고 상대주의를 표방했다.

아낙사고라스

(Anaxagoras, 기원전 500?~기원전 428) 그리스 자연철학자로 생성·소멸이란 것을 부정했다. 만물은 처음부터 있었고, 그 혼합과 분리가 있을 뿐이라고 주장하였다.

소크라테스는 여느 젊은이들처럼 법정과 시장 거리를 누비며 소피스트들의 논변을 듣고 배웠을 것이다. 또한 그는 자연철학자인 아낙사고라스의 제자에게 철학을 배우기도 했다. 그런 그가 인간의 일을 판정할 때의 기준이 왜 자연을 연구할 때처럼 절대적이지 않은지를 고민한 것은 당연했다. 만약 사람들 사이의 갈등을 판정해 줄 절대적인 진리가 있다면, 나아가 그 진리가 이끄는 대로 살아간다면, 사람들은 훨씬 행복해질 터다. 소크라테스가 알고 싶어했던 것은 바로 이런 진리였다.

소크라테스는 현명하다고 알려진 사람들을 붙잡고 과연 이런 진리가 무엇인지, 어떻게 하면 얻을 수 있는지 끊임없이 묻고 다녔다. 그러나 결과는 실망스러웠다. 누구도 소크라테스가 던진 물음에 해답을 주지 못했다. 물음을 던지면 던질수록 실제로 그들은 아무것도 모르면서 아는 척하고 있다는 사실만 드러나곤 했다.

이런 가운데 소크라테스가 깨달음을 얻는 사건이 일어났다. 그때 델피Delphi에는 아폴론 신을 모시는 신전이 있었다. 사람들은 큰 행사나 사건이 있을 때마다 이곳에 가서 사제에게 신탁을 받곤 했다. 한번은 소크라테스의 친구 카이레폰이 델피 신전에 가서 이 세상에 소크라테스보다 더 현명한 사람이 있는지 물어보았다. 대답은 '없다'였다. 처음에 소크라테스는 그 말을 믿지 않았다. 그래서 자신보다 현명한 사람을 찾기 위해 끊임없이 묻고 다녔다.

델피 신전의 기둥에는 '너 자신을 알라Gnothi seauton'라는 글귀가 새겨져 있었단다(지금은 이 말이 소크라테스가 한 것으로 잘못 알려져 있다). 이 명구는 소크라테스가 왜 가장 현명한 사람인지를 꿰뚫어 설명해 준다. 소크라테스 자신이 알고 있던 유일한 사실은 '자신이 진리에 대해 아무것도 모른다'는 것뿐이었다. 그러나 바로 이 점 때문에 그는 가장 현명한 사람이었다. 현명해 보이는 이들도 소크라테스와 마찬가지로 아무것도 몰랐지만, 자신이 진리를 알고 있다고 확신하고 있었다. 하지만 그릇된 확신은 험한 산길을 마치 길을 다 안다는 듯 눈을 가리고 성큼성큼 걷는 일만큼이나 위험하다. 그리하여 소크라테스는 석공 일을 완전히 그만두고 사람들의 무지를 깨우치는 데 일생을 걸기로 했다.

지혜를 낳는 산파

소크라테스는 매우 용감한 사람이었다. 그는 포티다에아 공략전에서 위험을 무릅쓰고 부상당한 전우를 구출해 냈으며, 일리온 전투에서는 다른 병사들이 모두 도망친 가운데 병사로서는 유일하게 남아 장군과 함께 태연하게 전쟁터를 걸어다녔다고 한다. 그는 이 용기를 사람들의 무지를 깨우쳐 주는 데 썼다.

'법을 잘 지켜야 한다' 같은 말은 누구나 지켜야 할 규범이다. 그러나 누구나 수긍하는 규범이라 해도 비판 없이 무조건 따르다가는 나쁜 결과를 낳을 수 있다. 예를 들어, 나라 법신에게 항상 기도를 올려야 한다는 조항이 있다고 하자. 그러면 법을 잘 지켜야 한다는 이유로 기도를 소홀히 한 아버지를 고발하는 것이 정의를 이루는 길일까? 또, 한 사람 남은 적군을 수백 명의 병사들이 용기를 발휘하여 죽이는 일은 과연 용기라 할 만할까? 우리는 정의와 용기가 과연 무엇인지를 고민한 뒤에야 비로소 참으로 정의로운 판단과 용기 있는 행동을 할 수 있다. 소크라테스가 끊임없이 사람들을 붙잡고 깨닫게 해 주려 했던 것은 바로 이 점이었다.

그러나 그는 소피스트들처럼 사람들을 모아 놓고 강연하거나 책을 쓰지 않았다. 그는 단지 만나는 사람마다 붙잡고 물어보았을 뿐이다. 그는 정의와 경건함과 용기 등을 안다고 확신하는 사람들에게 과연 그것이 무엇인지 정의해 달라고 부탁했다. 질문을 하면 할수록 사람들은 자신이 알고 있는 것이 실제로는 모순된 것이며 사실은 모르고 있다는 사실을 깨닫게 되었다. 이런 소크라테스의 방법을 학자들은 논박술(혹은 반어법)이라 부른다.

논박술은 소크라테스가 직접 상대방에게 틀렸음을 가르쳐 주지 않고, 상대방 스스로 생각하게 하여 자신의 믿음이 잘못된 것임을 깨닫게 만드는 방법이다. 이런 점에서 소크라테스는 자신을 '지혜를 낳는 산파'라고 부르기도 했다. 산파는 산모가 아이를 쉽게 낳도록 도울 뿐, 자신이 직접 아이를 낳지는 않는다. 마찬가지로 소크라테스도 지혜를 직접 가르쳐 주는 것이 아니라, 대화를 통해 상대방이 스스로 지혜를 깨닫도록 도와주었을 뿐이다. 그래서 소크라테스의 대화 방법을 '산파술'이라고도 한다.

이런 소크라테스의 행동이 시민들에게 항상 환영받은 것은 아니었다. 사람들은 언제나 자기가 듣고 싶은 이야기만을 들으려 한다. 듣기 싫은 물음만 골라 던지면서 자신의 무지를 깨닫게 하는 소크라테스가 만나고 싶은 사람이었을 리 없다. 그런데도 소크라테스는 사람들이 무지에 빠져 맹목적으로 행동하지 않도록 끊임없이 질문을 해댔다. 그는 스스로를 '아테네라는 혈통 좋은 큰 말馬이 졸지 않도록 끊임없이 깨물어 대는 등에(파리와 비슷하며 동물의 피를 빨아 먹는 곤충)'로 여겼다.

최초의 철학 순교자

소크라테스는 시간이 갈수록 점점 유명해졌다. 많은 젊은이들이 그의 산파술로 깨달음을 얻고 제자가 되었다. 플라톤도 그중 한 명이다. 심지어 어떤 젊은이들은 그를 흉내 내어 남을 가르치려고까지 했다. 유명해지면 스캔들도 많아지게 마련이다. 하루 종일 길바닥을 누비며 끊임없이 질문을 던지는 소크라테스의 모습이, 내막을 잘 모르는 사람들에게는 꽤나 우스꽝스럽게 보였나 보다. 아리스토파네스의 유명한 희곡《구름》에서 볼 수 있듯, 그는 당시 희극의 풍자 소재로 자주 등장했다. 이 희극에서 소크라테스는 헛소리를 떠들어 대는 사기꾼으로 그려진

> **아리스토파네스**
> (Aristophanes, 기원전 450?~기원전 385?) 고대 그리스의 대표적 희극 작가.

다. 그의 아내 크산티페가 세상에서 가장 지독한 악처惡妻로 떠오른 시기도 이 무렵이다.

소크라테스는 날이 갈수록 괴짜 수준을 넘어서 권력자들에게 위험인물로 여겨지기 시작했다. 그의 가르침은 젊은이들에게 권력자의 권위에 물음을 던지며 비판할 능력을 키워 주었기 때문이다. 마침, 아테네는

펠로폰네소스 전쟁

(기원전 431 ~기원전 404) 고대 그리스 도시국가의 양대 세력인 아테네와 스파르타가 각자의 동맹 도시를 이끌고 패권을 다툰 전쟁. 상업 도시 코린토스가 아테네의 압박을 받자 이를 스파르타에 호소하였고, 이것을 계기로 전쟁이 시작되었다.

펠로폰네소스 전쟁에서 스파르타에 지면서 쇠락의 길을 걷기 시작했다. 전쟁에서 승리한 스파르타는 아테네에 반민주주의자와 친스파르타 세력으로 꾸려진 30인 집권 체제를 세웠다. 스파르타를 등에 업고 권력을 쥔 이들은 소크라테스를 불러 젊은이들과 대화하지 말라고 명령했다. 하지만 그는 말을 듣지 않았다. 얼마 안 있어 다시 민주주의가 회복되자, 이번에는 새로 권력을 잡은 이들이 소크라테스에게 자신들에게 동참하라고 권했다. 소크라테스는 또다시 딱 잘라 거절했다. 불의와 타협하지 않고, 진리를 추구하는 자세를 널리 퍼뜨리려는 그의 태도는 권력자들에게 점점 큰 위협이 되었다.

결국 기원전 399년, 소크라테스는 세 명의 시민에게서 '젊은이들을 타락시키고 신을 믿지 않는다'라는 죄목으로 고소를 당하여 500인 법정에서 재판을 받았다. 사실 고소한 이들이 소크라테스를 굳이 처벌하려고 했던 것 같지는 않다. 그들은 소크라테스가 법정에서 쩔쩔매는 모습을 보이거나, 고소당했다는 사실에 놀라 가르침을 사제길 원했다. 그러나 법정에서 그가 보여 준 태도는 예상과 너무도 달랐다. 그는 결코 눈물로 애원하지 않았다. 오히려 당당하게 자신의 무죄를 주장했다. 이때 그의 변론 내용이 제자인 플라톤의 기록으로 지금까지 전해지고

독배를 받는 소크라테스

소크라테스는 아테네의 신들을 숭배하지 않고 청년들을 타락시켰다는 죄목으로 사형을 선고받았다. • 자크 루이 다비드(Jacques-Louis David), 〈소크라테스의 죽음〉(1787).

있다. 《소크라테스의 변명》이 바로 그것이다.

소크라테스가 보여 준 당당한 모습에 반감을 느꼈는지, 어리석은 아테네 사람들은 그에게 280 대 220으로 유죄를 선고했다. 형량이 내려질 때에도 소크라테스는 관대한 처벌을 빌기는커녕, 오히려 자신은 국가에 기여한 공로로 영빈관에서 평생 식사를 제공받아야 할 사람이라고 주장하여 배심원들에게 더 큰 분노를 샀다. 결국 이번에는 더욱 압도적인 차이로 사형을 언도받고 말았다.

하지만 그가 실제로 사형을 당하리라고 믿었던 사람은 많지 않았다. 당시의 유명인들은 보통 뇌물을 써서 탈출하곤 했으므로, 사형 선고는 단지 망신 주기에 지나지 않았다. 실제로 절친한 친구인 크리톤을 비롯해 여러 친구가 그를 탈출시키기 위해 돈을 모아 간수를 매수해 놓기도 했다. 그러나 소크라테스는 친구들의 탈출 제안을 단호히 거절했다. 평생 다른 이들에게 법을 지키라고 한 자신이 스스로 법을 어길 수는 없다는 이유에서였다. 결국 그는 독약을 마시고 숨을 거두었다. 그는 자신의 신념을 지키기 위해 죽음을 택한 최초의 철학의 순교자였다.

인류의 윤리 교사

소크라테스가 평생 동안 자신이 확실히 안다고 주장했던 것은 '나는 진리를 모른다'라는 말뿐이었다. 그의 시대나 지금이나 대부분 사람들은 수많은 편견과 선입관 속에서 자신의 지식이 옳다고 믿으며 별다른 비판 의식 없이 살아간다. 소크라테스는 우리에게 편견에서 빠져나와 세상을 객관적으로 바라보고, 지금 우리가 하고 있는 일이 진정 의미 있고 올바른 것인지 묻도록 권하고 있다. 소크라테스가 위대한 이유는 이러한 '철학하는 자세'에 있다. 그는 생애를 통해 '철학하는 삶'의 모범을 보여 주었다. 그는 비판 정신이 살아 있는 삶의 태도를 제시한, 인류를 위한 최초의 윤리 교사라 할 만하다.

소크라테스의 논박술

소크라테스는 논쟁의 달인이었다. 그의 논박술 elenchos은 '모순 contradiction'이라는 간단한 원칙에 기대어 있다. 상대방은 '예', '아니오'라는 짧막한 대답으로 소크라테스의 물음에 답해 나가다 보면, 어느새 자신의 주장이 어그러져 있음을 발견하게 된다. 소크라테스의 논박술 한 토막을 살펴보자.

"민중이란 누구인가?"
"가난한 사람입니다."
"가난한 사람이란 어떤 사람들인가?"
"필요한 만큼 돈이 없는 이들입니다."
"부자들도 늘 돈이 부족하다고 한탄한다. 그러면 부자도 가난한 사람들인가?"
"이 점에서는 그렇겠지요."
"민주주의는 민중 중심의 정치 제도이다. 그렇다면 민주주의는 가난한 사람을 위한 정치 제도인가, 부자를 위한 정치 제도인가?"
"모르겠습니다."

04

플라토닉 러브,
이데아를 추구하라

플라톤

플라토닉 러브, 소크라테스와 플라톤

아무리 뛰어난 사람이라도 부족한 점이 있게 마련이다. 그런데 가끔
은 뼈대 있는 집안 출신에다 머리 좋고 운동 잘하며 잘생기기까지 해서
도무지 흠잡을 데 없는 사람도 있다. 플라톤Platon, 기원전 427?~기원전 347이
그랬다. 그는 아테네 최고의 정치 명문가에서 태어났다. 아버지 아리스
톤은 아테네 왕가의 후예였다고 하며 어머니는 위대한 정치가 솔론의
후예였다. 그의 집안은 뼈대 있을 뿐 아니라 권력도 지니고 있었다. 지
금도 아테네 역사 기록에서 플라톤 친척들의 이름을
곧잘 찾아볼 수 있다.

플라톤은 레슬링 대회에서 세 번이나 우승했다는
기록이 남아 있을 만큼 운동에도 능했다. 플라톤이라

> **솔론**
>
> (Solon, 기원전 640?~기원전
> 560?) 아테네의 시인이자 정치
> 가. 아테네 민주주의의 기반을
> 닦았다.

호메로스

(Homeros, 기원전 800?~기원
전 750) 유럽 문학에서 가장 오
래된 서사시 《일리아스》와 《오
디세이아》의 작가.

는 이름은 '넓은 어깨'를 뜻한다. 이 점으로 볼 때, 그
는 체구도 무척 당당했던 듯싶다. 거기다가 지금까지
남아 있는 청년 시절의 조각상에서 보듯, 외모도 무척
이나 수려했다.

이런 청년에게 아테네의 엘리트 코스는 당연한 과정이었다. 정치 지
망생의 이력서에 군 경력이 빠지지 않는 법. 그는 기병으로 전쟁에 세
번이나 참가하여 훈장을 탔다. 정치가에게는 풍부한 감성과 남을 설득
하는 문학적 호소력도 필요하다. 문학에도 소질이 있었던 플라톤은 호
메로스 같은 시인의 작품을 열심히 읽고 공부했단다.

스무 살 되던 해, 이 엘리트 청년은 소크라테스를 만나는 충격적인
경험을 하게 된다. 전해 오는 이야기에 따르면, 이 조각상처럼 아름다
운 귀족 청년은 소크라테스에게 한눈에 반하고 말았다. 소크라테스는
'소크라테스 같다'는 말이 곧 못생겼다는 뜻으로 통할 정도로 외모가
추했는데도 말이다. '플라토닉 러브Platonic Love'라는 말은 남녀간의 정신
적인 사랑을 뜻한다. 플라톤에게서 비롯된 이 말은 지적으로 성숙한 성
인에 대한 소년의 정신적인 동경이라는 뜻에 더 가깝다. 플라톤은 소크
라테스에게 플라토닉 러브라 할 만한 감정을 느꼈다. 모두가 타락한 듯
한 아테네 현실에서 끊임없이 정의와 진리를 찾는 소크라테스의 모습
은, 젊은 정치 지망생 플라톤에게 진한 감동을 주었을 터다. 그는 소크
라테스의 제자가 되기로 결심했다. 그 뒤로 석수장이 출신의 못생긴 선
생과 걸출한 귀족 제자라는, 좀처럼 어울리지 않는 조합인 이 두 사람
은 8년 동안이나 붙어 다니며 진리를 구했다.

플라톤이 스물여덟 살 되던 해인 기원전 399년, 아테네 시민 500명

으로 구성된 법정은 젊은이들을 타락시키고 신을 모욕했다는 죄명으로 '누구보다도 정의롭던' 소크라테스에게 사형을 선고했다.

소크라테스의 죽음은 플라톤에게 엄청난 충격으로 다가왔다. 그는 가장 정의로운 이에게 사형 선고를 내린 아테네 민주주의에 대해 배신감을 느꼈다. 그에게 민주주의는 어리석은 다수의 어리석은 통치, 이상도 이하도 아니었다. 게다가 소크라테스의 수제자였던 자신의 안전도 위험한 상황이었다. 그는 아테네에서 도망쳐 나와 방랑길을 떠났다.

불변하는 완전한 본질, 이데아

아테네에서 빠져나온 뒤 플라톤이 어떻게 살았는지에 대한 기록은 별로 없다. 처음 3년 동안은 친구들과 그리스 남부의 메가라에 머물렀고 그 뒤 이집트 등을 여행했다는 정도의 이야기만 전해져 온다. 이 시기에 플라톤은 피타고라스학파 수학자들과 다른 여러 학자들을 만나면서 유명한 이데아Idea론을 만들어 갔다. 스승인 소크라테스가 추구했지만 명확하게 정의 내리지 않았던 절대 진리를 '이데아'라는 개념으로 구체화했던 것이다.

수학 지식은 영원하고 변하지 않는다. 예컨대, 우리는 모래 위에 수십 개의 정삼각형을 그릴 수 있다. 그러나 이 삼각형들은 엄밀한 의미에서 완전한 정삼각형은 아니다. 아무리 정교하게 그렸다고 해도 자세히 들여다보면 각 변의 길이나 각의 크기가 조금씩 다 다르다. 실제로 정삼각형의 정의에 딱 들어맞는 정삼각형은 사람의 손으로 그릴 수 없다. 또, 시간이 지나면 모래 위에 그린 정삼각형은 사라져 버린다. 그럼에도 우리는 여전히 정삼각형이 무엇인지 알고 있다. 이 정삼각형에 대한 지식은 세월이 흘러도, 다른 삼각형을 많이 보아도, 바뀌지 않는다. 이데아란 이러한 수학적 진리를 모든 사물에 확장시킨 것이다. 즉, 이데아란 객관적이고 불변하며 완전한 사물의 본질이다.

우리가 보고 느끼는 모든 사물에는 각각의 이데아가 있다. 말馬에는 말의 이데아가 있고, 개犬에는 개의 이데아가 있다. 우리가 일상에서 보는 사물들은 이데아를 대충 베낀 것에 지나지 않는다. 진정한 지식은 이성을 통해 이데아를 알았을 때에야 얻어진다.

그뿐 아니다. 구체적인 사물만이 아니라 '정의'나 '올바름' 같은 추상적인 것에도 이데아가 있다. 어떤 행동이 정의로운지 아닌지는 이익을 계산하거나 투표로 정할 수 있는 것이 아니다. 그 행동이 정의로움의 이데아를 따르고 있는가 아닌가에 따라 옳고 그름이 결정된다. 마찬가지로 국가도 유익함과 올바름의 이데아, 곧 선善의 이데아를 알고 있는 사람이 거기에 따라 통치를 할 때 정의로워진다.

선의 이데아를 가장 잘 아는 사람은 누구일까? 바로 철학자다. 민주주의라는 허울 아래 자신의 이익밖에 못 보는 어리석은 다수가 통치하는 사회는 결코 정의롭지 않으며 타락하게 마련이다. 올바름의 이데아를 알고 있는 철학자가 권력을 쥐고 통치할 때에만 비로소 사회는 정의로우며 이상 국가에 다다른다. 플라톤의 이런 생각을 '철인哲人 통치론'이라 부른다.

그런데 정의로운 국가와 개인은 서로 동떨어져 있지 않았다. 국가란 '큰 글자로 쓰인 인간'과 같다. 인간의 영혼은 이성, 기개氣槪, 욕망이라는 세 부분으로 이루어져 있다. 그리고 이성과 기개, 욕망이 제각

처음 읽는 서양 철학사

각 역할을 다했을 때 지혜, 용기, 절제의 덕(德)이 만들어진다. 이 세 가지 덕이 이루어져 질서가 잡힐 때 인간은 비로소 행복해진다. 국가도 마찬가지다. 국가에

서 이성에 해당하는 것은 통치자 계급(철인 왕)이며, 기개는 수호자 계급(군인), 욕망은 생산자 계급(농민 등)이다. 인간의 영혼처럼 국가도 이 세 계급이 질서를 찾을 때 정의가 실현된다. 이럴 때, 통치자 계급은 생산자 계급을 지배하고 수호자 계급은 통치자 계급을 따른다. 쉽게 말해 통치자는 지혜의 덕, 수호자는 용기의 덕, 생산자는 절제의 덕을 이루어 개인과 사회가 온전히 제 기능을 다하게 되면 정의가 이루어진다.

조국 아테네의 쇠락과 부패를 직접 본 플라톤은 더 극단적인 주장까지도 서슴지 않았다. 그는 사회가 썩는 이유를 사람들의 욕심 탓이라 보았다. 악은 아예 뿌리부터 잘라 버려야 한다. 적어도 사회 지도층만큼은 재산을 가져서는 안 된다. 아니, 가족도 있어서는 안 된다. 재산은 공동 소유여야 한다. 여기에는 우생학적인 배려도 있었다. 뛰어난 사람이 자손을 더 많이 남기도록 하기 위해 아내 공동 소유를 내세우기까지 했다. 심지어 플라톤은 장애인과 허약한 아이는 국가에서 공식적으로 죽여야 한다고 선언하기조차 했다. 이런 주장들은 지금도 플라톤을 '독재자'로 비난하는 좋은 근거가 된다.

철인 통치자 양성소, 아카데메이아

기원전 387년, 마흔 살의 플라톤에게 자신의 정치적 이상을 시험할 기회가 찾아왔다. 시라쿠사(시칠리아 섬의 동해안에 있는 곳으로, 고대 그리

스의 도시국가였음)의 통치자 디오니소스 1세의 처남 디온이 플라톤의 사상에 감명을 받아 그를 초청했던 것이다. 플라톤은 자신의 정치적 견해를 디오니소스 1세에게 적극적으로 펼쳤다. 그러나 시라쿠사의 독재자에게는 달갑지 않은 이야기였나 보다. 그는 결국 강제 추방을 당하고 말았다(노예로 팔려 갔다가 극적으로 구출되었다는 이야기도 있다). 그 뒤 플라톤은 두 번이나 더 시라쿠사에 찾아갔지만, 철인 통치론이 이 도시에서 실현되었다는 증거는 없다. 두 번의 방문 모두 추방으로 끝났을 따름이다.

시라쿠사에서 쫓겨난 뒤, 플라톤은 12년의 유랑을 마치고 아테네로 돌아왔다. 그동안 받은 마음의 상처 때문인지, 그는 이제 직접 정치에 참여하겠다는 뜻은 접었다. 대신, 아테네 근처 아카데모스 숲에 최고의 인재를 기를 학교를 열었다. 지역의 이름을 따서 학교의 이름을 '아카데메이아Akadēmeia'라고 했는데, 학술 기관 이름에 곧잘 쓰이는 '아카데미'라는 이름의 원조가 이 학교이다. 아카데메이아의 전통은 그 뒤로 900년 동안이나 이어졌다. 학교 정문에는 '기하학을 모르는 자는 이 문을 들어올 수 없다'라는 문구가 적혀 있었단다. 이는 플라톤의 교육관과 밀접한 관련이 있다.

아카데메이아에서 플라톤은 주로 대화를 통해 기하학, 철학 등을 가르쳤다. 그의 교육 목표는 철인 통치자를 기르는 데 있었다. 사회는 선의 이데아를 알고 있는 철학자가 다스릴 때에만 정의롭다. 이데아는 냉철한 이성을 갖춘 이들만 알 수 있다. 따라서 학생들에게는 이성을 키우는 기하학과 철학이 가장 필요한 학문이다. 정신을 흐트러뜨리며 감정을 자극하는 음악이나 시는 많이 가르치지 않는 편이 좋다. 예술은

처음 읽는 서양 철학사

토론하는 아카데메이아의 철학자들
플라톤은 아테네 근처 아카데모스 숲에 '아카데메이아'라는 이름의 학교를 열었다. 인재들을 모아 기하학, 철학 등을 가르치며 이들을 냉철한 지성과 덕을 갖춘 '철인 통치자'로 키워 내고자 했다. • 플라톤의 아카데미아를 묘사한 모자이크화(1세기경, 폼페이 유적에서 발굴).

온화한 성격을 기르는 수준에서 그쳐야 한다.

다른 한편으로, 플라톤은 신체 단련과 현실 참여도 중요하다고 역설한다. 한마디로 플라톤의 교육관은 '전인교육全人敎育'을 지향했다고 할 만하다. 이런 그의 교육관은 서양의 학교 교육에 큰 영향을 끼쳤다.

서양 철학은 플라톤 철학의 주석

기원전 347년, 플라톤은 여든 살의 나이로 눈을 감았다. 독배를 마셔야 했던 스승 소크라테스와는 달리 자연적인 죽음이었다. 그는 평생 결혼하지 않았고 자식도 없었다. 그 밖에 플라톤의 삶에 대한 기록은 거의 남아 있지 않다. 반면, 그가 쓴 35편이 넘는 '대화편'과 많은 편지들은 지금까지 온전한 형태로 전해진다. 플라톤의 철학 저술은 대부분 대화의 형태로 되어 있는데, 그런 글들을 대화편이라 한다.

플라톤은 기하학, 우주론, 변론술, 정치학, 음악 등 방대한 주제에 걸쳐 많은 저술을 남겼다. 그의 작품은 과거의 유물에 그치지 않는다. 2,500여 년이 지난 지금도 '철학하는 사람'이면 누구나 끊임없이 읽고 토론하는 교과서로 쓰이고 있다.

> **플라톤의 대화편**
> 크게 '전기 대화편'과 '후기 대화편'으로 나뉜다. 전기 대화편에는 《파이돈》, 《향연》, 《국가》 등이 있으며, 후기 대화편에는 《소피스테스》, 《정치가》, 《티마이오스》, 《법률》 등이 있다.
>
> **화이트헤드**
> (A. N. Whitehead, 1861~1947) 영국의 수학자이자 철학자. 《수학원리》를 저술하여 수학의 논리적 기초를 확립하였다.

20세기 철학자 화이트헤드는 '서양 철학은 플라톤 철학의 주석에 지나지 않는다'라는 말을 남겼다. 존재, 정의, 영혼 등 오늘날 철학에서 쓰이는 개념과 용어들이 플라톤에 의해 정착되었다 해도 지나친 말이 아니다. 그러나 플라톤이 오늘날에도 중요한 철학자인 더 큰 이유는 그가 던진 물음 그 자체에 있다.

정의롭지 못한 사회에서 사는 사람이 정의란 무엇인지, 왜 우리 사회는 정의롭지 못한지 의문을 갖는 것은 당연하다. 제대로 된 삶을 살려는 사람이라면 올바른 삶이란 어떤 것인지, 자신의 행동이 과연 올바른지에 대해 의문을 품게 마련이다. 이런 물음은 완전한 정의가 이루어지지 않는 한, 시대가 바뀌더라도 계속 터져 나올 것이다. 플라톤은 이런 물음들을 처음으로 이론적인 틀로 정리하고 논리적인 해답을 구했다.

모든 발전은 이미 있던 것에 대한 검토와 비판을 통해 이루어진다. 눈에 보이는 현실에 멈추지 않고 그 너머의 이데아를 추구한 플라톤 철학은 정의로운 삶과 사회로 도약하기 위한 사색의 발판으로서 여전히 훌륭하게 쓰이고 있다.

처음 읽는 서양 철학사

정의에 대한 긴 고민

'정의란 무엇인가?'라는 부제副題를 달고 있는 플라톤의《국가》는 분량이 600여 페이지가 넘는다. 롤스J. Rawls의《정의론》도 800페이지에 달하는 긴 호흡의 글이다. 그만큼 정의라는 주제가 다루기 까다롭고 어렵다는 이야기도 되겠다.

화이트헤드는 '서양 철학은 플라톤 철학의 주석에 불과하다'라는 말을 남겼다. 플라톤은 서양 사상의 모든 것을 설명할 수 있는 큰 뿌리라는 뜻이다. 또한,《국가》는 플라톤 철학의 고갱이를 담은 책이다. 이 책의 주제가 정의라는 점은 이 문제로 인류가 부대끼는 고민이 얼마나 큰지를 짐작하게 한다.

《국가》는 고담준론高談峻論을 나누는 소크라테스에 대한 트라시마코스라는 열혈 청년의 분노에 찬 연설로 시작된다. 그의 말을 한마디로 요약하자면 정의란 강자의 이익에 지나지 않는다는 거다. 힘센 자들이 자신들의 몫을 정당화하기 위한 명분으로 정의를 앞세웠다는 뜻이다. 힘든 세파에 시달려 본 사람들이라면 눈물이 쑥 나올 만큼 공감할 수 있는 감동적인 연설이다.《국가》는 3~4쪽 정도 되는 트라시마코스의 주장에 대한 정교한 반론이라 보아도 좋다. 그 반론은 600여 쪽이 넘을 만큼 방대해져 버렸다. 그만큼 정의는 철학자들에게 어렵고 힘든 화두이다.

행복에 이르는 중용의 길

아리스토텔레스

철학의 출제 포인트

시험을 잘 보려면 요령도 있어야 한다. 출제자들은 반드시 알아야 할 핵심을 문제로 내게 마련이다. 요령 있는 학생들은 출제 포인트를 제대로 짚어 가며 공부한다. 그렇지 못한 이들은 열심히 해도 성적 안 나오는 고달픈 부류이다.

철학 지식에 대한 시험을 본다면, 아리스토텔레스Aristoteles, 기원전 384~기원전 322는 가장 중요한 출제 포인트일 터다. 아리스토텔레스를 알면 서양 철학의 맥을 짚을 수 있는 까닭이다. 아리스토텔레스는 서양 사상의 뿌리인 고대 그리스 철학을 체계적으로 정리하고 비판했다. 그를 이해하면 그리스 철학 전체에 대한 감이 온다. 나아가, 그의 사상은 서양 중세 신학의 기초가 되었다. 그를 알면 기독교 사상도 상당 부분 정리되

처음 읽는 서양 철학사

는 이유다. 그뿐 아니다. 뉴턴과 데카르트를 비롯한 근대 사상은 아리스토텔레스에 대한 반박에서 시작되었다. 그래서 근대 사상을 알려면 먼저 아리스토텔레스를 파고들어야 한다.

또, 그가 연구한 분야는 논리학, 수사학, 생물학, 천문학, 철학, 신학에 이르기까지 매우 넓다. 아리스토텔레스의 저서 목록은 그 자체로 백과사전 같은 느낌을 준다. 실제로 철학이 중요 입시 과목인 프랑스 같은 나라에서 아리스토텔레스는 저주받을 사람으로 통한단다. 사상사에서 너무나 중요한 위치를 차지하기에 피해 가기 힘든 출제 포인트일뿐더러, 공부할 내용도 엄청나게 많은 탓이다.

의사의 아들로 태어난 철학자

아리스토텔레스는 기원전 384년, 그리스 북부 스타기라에서 태어났다. 그리스인들은 자기들 세계 바깥쪽 사람들을 모두 야만인으로 보았는데, 스타기라는 문명 세계보다는 야만 쪽에 가까운 촌동네였다. 그때 사람들은 이름을 부를 때 '아테네 사람 플라톤' 하는 식으로 출신 도시를 붙이곤 했다. '스타기라 사람'이라는 말이 주는 어감은 '시골 깡촌 출신' 정도였던 듯싶다. 하지만 아리스토텔레스는 가난하고 이름 없는 집안 출신이 아니었다. 아버지 니코마코스는 마케도니아의 어의였다. 뿐만 아니라, 의학의 신 아스클레피오스의 피를 이어받았다는 소문을 들을 만큼 실력과 인품이 뛰어났다.

고대 그리스 사회에서는 아버지의 직업을 아들이

> **아스클레피오스**
>
> 그리스 로마 신화에 나오는 의술의 신으로 죽은 사람도 되살릴 수 있었다고 전한다. 제우스는 인간이 그를 통해 불사의 능력을 얻을까 두려워 번개를 쳐 그를 죽였고, 그를 별로 바꾸어 뱀주인자리로 만들었다.

이어받곤 했다. 어린 시절 아리스토텔레스도 의사가 되기 위한 교육을 받았을 것이다. 그가 청년 시절 아스클레피오스 신전에 속한 의료단에서 활동했으리라고 추측하는 학자들도 있다. 그러나 그는 부모 복이 없었다. 열 살 무렵에 부모를 모두 병으로 잃고, 친척 손에 자랐으니 말이다.

"이 친구에게는 고삐가 필요해"

열일곱 살이 되었을 때, 시골 청년 아리스토텔레스는 철학 공부를 위해 '그리스의 학교'인 아테네로 떠났다. 어떤 기록에 따르면 그가 철학을 공부하게 된 이유는 아폴론 신의 계시 때문이란다. 하지만 이 이야기는 유명한 사람에게 흔히 따르게 마련인 후세에 지어낸 과장인 듯하다. 당시 철학이란, 어지간한 상류층 자제라면 한 번쯤 거치는 수련 과정이었다. 시골의 부유한 수재가 아테네에서 철학을 익힌다는 것은 지극히 상식적인 일이었다.

그는 아테네의 이름난 웅변 학교를 돌아다닌 끝에 플라톤이라는 최고의 학자가 가르치던 아카데메이아에 자리를 잡았다. 아리스토텔레스는 무척이나 공부를 열심히 해서 플라톤의 사랑을 한 몸에 받았다. 스승 플라톤은 "이 친구에게는 채찍이 아니라 고삐가 필요해."라는 말을 곧잘 했단다. 말리지 않으면 몸이 상할 정도로 학문에 몰두했다는 뜻이다. 나아가 플라톤은 놀랍도록 발전을 거듭하는 아리스토텔레스를 '아카데메이아의 정신'이라고까지 치켜세웠다.

아리스토텔레스는 무려 20여 년 동안 플라톤 곁에 머물며 공부했지만, 결국 이 아카데메이아의 정신은 플라톤의 최대 맞수가 되고 만다. 플라톤과 아리스토텔레스는 성격과 삶에서 서로 많이 달랐다. 플라톤은 명문 귀족의 후손이었던 반면, 아리스토텔레스는 부유했으나 평민 출신이었다. 또, 수학과 기하학에 몰두한 플라톤은 수학과 같이 완벽하고 정교한 세계를 이상적인 세상으로 꿈꾸었다. 반면, 의사의 아들로 생물학과 자연현상에 익숙했던 아리스토텔레스는 살아 움직이는 우리의 현재 삶에서 진리를 찾으려 했다. 플라톤이 이상주의자였다면 아리스토텔레스는 현실주의자였던 셈이다.

유명한 선생과 제자 사이가 동뜨면, 이를 둘러싼 뜬소문이 무성하게 퍼지곤 한다. 어떤 역사가들은 아리스토텔레스가 팔십 줄의 플라톤을 망신 주어 아카데메이아에서 쫓아내려 했다는 무시무시한(?) 소문을 전해 준다. 또 어떤 역사가는 플라톤이 "아리스토텔레스는 망아지가 자기를 낳아 준 부모를 차 버리듯 나를 버렸다."라고 탄식했다는 소식을 전한다. 2,000여 년이 흐른 지금에 와서 어디까지가 사실이고 어디까지가 소문인지 가리기란 쉽지 않다. 플라톤은 죽을 때 아카데메이아를 가장 뛰어난 제자 아리스토텔레스가 아닌 자신의 조카에게 물려주었다. 이 사실을 보면, 둘 사이에 갈등과 대립이 없지는 않았나 보다. 아리스토텔레스는 플라톤의 조카가 아카데메이아를 인수하자마자 주저 없이 아테네를 떠났다.

하지만 그는 끝까지 스승에 대한 존경심을 버리지 않았다. 남아 있는 그의 저서 어디에도 플라톤에 대한 과격한 공격은 찾아볼 수 없다. 플라톤을 비판할 때는 항상 정중한 예의가 느껴진다. 그의 《니코마코스 윤리

> **니코마코스 윤리학**
> 10권으로 된 아리스토텔레스의 저서로, 그의 아들 니코마코스가 편집하여 '니코마코스 윤리학'이라 불린다.

학》에 나오는 다음 구절은 스승과 논쟁하는 아리스토텔레스의 태도를
잘 보여 준다.

> 선善이 무엇인가를 탐구하는 데, 이것을 잘 생각해 보고 조금이라도
> 수상쩍다고 생각되는 곳을 샅샅이 들추어 내는 일은 필요하다. 그러나
> 이는 …… 친한 사람들(플라톤 학파)을 공격해야 하는 작업이기에 괴로
> 움을 준다. …… 그러나 우리는 철학자이기 때문에 …… 친구보다는 진
> 리를 존중하는 편이 더 한층 경건한 일이다.

행복을 향한 꾸준한 노력

아리스토텔레스는 아카데메이아를 떠나 아소스로 여행을 떠났다.
이제 그도 플라톤의 그늘에서 벗어나 선생으로서 독자적인 활동을 시
작한 것이다. 이곳에서 얻은 가장 큰 수확은 결혼이었다. 신부는 아소
스 군주의 딸이었는데, 이때 그의 나이는 이미 사십 줄에 접어들고 있
었다. 위대한 철학자 가운데는 행복한 결혼 생활을 한 사람이 많지 않
다. 스승인 플라톤은 평생을 독신으로 보냈고, 소크라테스는 악처의 대
명사인 크산티페와 산 것으로 유명하다. 그러나 아리스토텔레스는 죽
을 때까지 자상하고 친절한 남편이자 아버지였다. 이런 모습은 그가 남
긴 유언장에 잘 드러나 있다. 여기에서 그는 아내와 자식, 심지어 부리
던 노예들에게까지 섬세한 배려를 아끼지 않았단다.
또한 그는 패션 감각이 뛰어났던 철학자로 꼽힌다. 다리가 가늘고 눈
이 작으며 이야기를 할 때는 약간 더듬기는 했지만, 늘 화려한 의상과

보석으로 치장하고 최신 헤어스타일을 하고 있었다는 기록이 전해온다. 지금까지 남아 있는 그의 조각상에서도 어딘가 세련된 옷맵시가 느껴진다. 세련된 패션 감각은 그가 현실에 대한 관심을 잃지 않은 철학자였음을 보여 주는 사례라 하겠다. 현실주의적인 감각은 행복과 중용中庸을 강조하는 그의 윤리 이론에서도 잘 드러난다.

아리스토텔레스는 인간 삶의 목적은 행복이라고 말한다. 그런데 행복한 삶이란 결코 쾌락적이고 무절제하지 않다. 무절제한 삶은 결국에는 더 큰 고통만을 가져다준다. 행복은 쾌락과 도덕 사이의 균형을 잃지 않는 데서 온다. 이런 태도는 '중용'이라는 말로 요약될 수 있다. 중용이란 극단을 피한다는 뜻이다. 예를 들어, 용기는 무모와 비겁, 절제는 낭비와 인색, 긍지는 교만과 비굴의 중간이다. 이 중간, 곧 중용을 택하기 위해서는 먼저 무엇이 옳은지에 대한 이성적인 판가름이 중요하다. 그러나 이성적인 판단만으로 도덕적이고 행복한 사람이 되지는 않는다. '한 마리 제비가 왔다고 해서 봄이 온 것은 아니'듯, 꾸준한 노력과 의지로 중용의 태도가 몸에 배게 해야만 인간은 행복에 이른다. 즉 추상적인 생각과 이성적인 탐구뿐 아니라, 구체적인 실천이 있어야만 행복에 다다를 수 있다.

황태자의 스승이 되다

기원전 343년, 42세의 아리스토텔레스는 마케도니아의 열세 살 난 황태자 알렉산드로스의 스승이 된다. 아마도 아테네 유학생이라는 경력, 그리고 아버지가 마케도니아 궁전에서 일했다는 연줄이 작용했던 듯싶다. 이 소년은 뒷날 알렉산드로스 대왕이 되었다. 장차 세계를 손아귀에 넣을 성격 급하고 성취욕이 강한 소년에게 아리스토텔레스가 어떤 영향을 미쳤는지는 분명하지 않다. 《플루타르코스 영웅전》에 따르면, 알렉산드로스는 아리스토텔레스의 가르침에 감명을 받은 나머지 "저는 권력이나 영토를 넓히는 일보다는 선을 아는 데서 남들보다 뛰어나고 싶습니다."라고 말했단다. 하지만 이는 인사치레의 말 정도였던 듯하다. 절절한 고백이 무색하게도 알렉산드로스는 나중에 권력과 영토 확대에 더 관심이 많은 대왕이 되었으니까. 어쨌든 3년 뒤, 알렉산드로스는 정치 현장에 뛰어들어야 했기에 아리스토텔레스의 가르침도 자연스럽게 끝났다.

아리스토텔레스는 《정치학》에서 가장 이상적인 정치 형태는 어느 정도 재산과 상식을 가진 사람들, 즉 중산층이 다스리는 '중산中産 정치'라고 주장한다. 그의 중용은 정치 철학에도 통했다. 즉 지나친 부와 가난은 모두 극단적인 것으로, 정치를 할 때 올바른 판단을 내리기 어렵게 한다. 따라서 그 중간의 형태가 현실에서는 가장 바람직하다.

언뜻 보기에도 그의 정치사상은 황제가 모든 권력을 틀어쥐는 제국의 통치 철학과는 거리가 멀다. 어릴 때부터 군대에 바탕을 둔 강력한 대제국을 꿈꾸었던 알렉산드로스에게 그의 가르침이 별 영향을 미치지 못한 이유도 여기에 있지 않을까?

모든 일은 하나의 목적을 향한다

리케이오스

그리스 모든 신들 중 가장 널리 숭상되고 영향력 있는 신인 아폴론의 별칭. 이 별칭은 아마 그가 늑대에게서 양떼를 보호한 데서 비롯된 것으로 보인다.

알렉산드로스의 스승 자리에서 물러난 뒤, 아리스토텔레스는 아테네로 돌아왔다. 플라톤이 죽은 지 12년 만의 일이었다. 그러나 이 아카데메이아의 정신은 다시 아카데메이아로 돌아가지 않았다. 그는 양떼를 보호하는 신인 리케이오스를 모시는 신전 근처에 '리케이온'이라는 학당을 열었다. 그는 학생들과 함께 정원과 숲속을 거닐면서 학문을 했다. 여기서 그와 그의 제자들에게 소요학파逍遙學派라는 별명이 붙었다. 오래지 않아 학생들이 너무 많이 몰려든 까닭에 소요학파 무리는 한가롭게 거닐기를 포기하고 교실에 앉아서 수업하는 방법을 택하게 된다.

리케이온에서 학생들을 가르친 12년은 그의 학문적 삶에서 최고 절정기였다. 제자인 알렉산드로스는 스승의 연구비로 800달란트를 주었는데, 이 돈을 오늘날 가치로 환산하면 400만 달러에 이른단다. 풍부한 자금력을 바탕으로 그는 온갖 탐구를 했다. 리케이온은 수많은 연구원을 거느린 '아리스토텔레스 연구 센터'였던 셈이다. 의사의 아들답게 해부와 생물에 대한 연구를 계속했고, 나일 강 홍수의 원인을 찾으려고 대규모 탐사단을 보내기도 했으며, 천체에 대한 탐구도 소홀히 하지 않았다.

그러나 당시의 빈약한 과학 기술과 관찰 도구는 많은 오류를 낳았다. 그는 인간의 감정은 심장에 있으며 두뇌는 피를 식히는 기관에 지나지 않는다는 기묘한 결론을 내놓았다. 생쥐들은 소금통을 핥기만 해도 새끼를 밴다는 충격적인 사실을 발표하기도 했다. 따라서 오늘날에는 그가 발견한 과학적 사실(?)들을 별로 중요하게 여기지 않는다. 중요한 것은 그의 연구 자세다. 아리스토텔레스의 탐구 목적은 사실들을 있는 그대로 늘어놓는 데 있지 않았다. 그는 사실들이 일어나게 된 원인이 무엇인지를 밝히고, 그것이 지닌 의미를 밝히려고 했다. 아리스토텔레스가 철학자인 이유는 여기에 있다.

그는 세상이 단순히 기계적인 물리 법칙에 따라 움직인다고 보지 않았다. 인간 삶뿐만 아니라 세계도 의미와 목적에 따라 움직인다. 예컨대, 세포 하나의 활동은 그 자체로는 무의미해 보이지만 한 생명체의 생존이라는 관점에서 본다면 매우 큰 의미가 있다. 마찬가지로 아리스토텔레스는 세상의 모든 일은 하나의 목적을 향해 연관되어 있다고 본다. 이것은 세상 모든 것이 하느님의 의지와 목적 아래서 움직인다는 기독교적 세계관과도 통하는 면이 있다. 이러한 생각을 '목적론적 세계관'이라고 한다. 서양 중세에 그의 철학이 신학의 기초가 되었던 까닭을 엿볼 수 있다.

철학을 다시 욕되게 할 수는 없다

리케이온에서의 평온하고 안정된 연구는 기원전 323년, 알렉산드로스의 죽음과 함께 끝났다. 마케도니아의 지배에서 벗어난 아테네 사람들은 아리스토텔레스를 친마케도니아 세력으로 몰아 죽이려고 했다. 그에게 씌워진 죄목은 일찍이 소크라테스에게 주어졌던 신을 모독했다는 것이었다. 소크라테스와 달리 아리스토텔레스는 독배를 마시지 않았다. 그는 아테네 시민들에게 '철학을 다시 욕되게 하지 않기 위해' 탈출했다. 하지만 탈출한 지 두세 달도 못 되어 평생 따라다니던 위장병이 도져서 죽음을 맞고 만다. 한 해 동안에 그리스 최고의 지배자와 철학자가 동시에 사라져 버렸다.

아리스토텔레스의 사상은 이후 유럽에서 오랫동안 빛을 보지 못했다. 그의 사상은 10세기경 아라비아로 수출되어 오히려 그곳에서 더 활발히 연구되었다. 아리스토텔레스가 다시 유럽 무대에 등장한 것은 1225년, 아라비아어로 번역된 그의 책이 다시 라틴어로 옮겨지면서부터였다. 이때부터 토마스 아퀴나스라는 걸출한 기독교 학자를 통해 아리스토텔레스의 사상은 유럽 지성사의 기둥으로 자리 잡게 된다.

하지만 세계를 객관적인 물리 법칙에 따라 설명하는 근대 과학이 발달하면서 아리스토텔레스의 목적론적 세계관은 비과학적이고 권위적인 것으로 온갖 비판의 표적이 되었다. 세상은 돌고 도는 법, 지금에 와서는 오히려 아리스토텔레스의 사상이 근대 과학 문명에 대한 대안으로 다시금 주목받는다.

근대 자연과학은 세계를 이용 가능한 물질로만 보았다. 환경오염 등 수많은 문제는 그래서 생겼다. 한편, 아리스토텔레스의 철학은 세계 전체에서 사물 하나하나, 생명 하나하나가 무슨 의미와 가치를 지녔는지를 따진다. 환경, 유전자 복제 등 현대의 민감한 도덕적 문제들을 과학의 문제로만 취급해서는 올바른 결론에 이르기 힘들다. 세상을 전체로 바라보고, 그 속에서 세부적인 문제가 지니고 있는 의미에 대해 진지하게 성찰해야만 올바른 판단을 내릴 수 있다.

시대를 뛰어넘어 오랜 기간 살아남는 사상에는 그 나름의 진리가 담겨 있다. 지금은 아리스토텔레스의 진리와 지혜가 필요한 때다.

"철학자, 그분이 오셨다!"

천 년 전, 유럽에서는 아리스토텔레스의 권위가 절대적이었다. 중세 시대 책에 '철학자 The Philosopher'라는 말은 아리스토텔레스를 가리키는 고유명사처럼 쓰였다. 아리스토텔레스는 모든 권위의 원천이자 희망이었던 '그분'이었다.

하지만 아리스토텔레스는 유럽에서 천 년 넘게 잊힌 사람이었다. 아랍에서 유럽으로 '수입'되었을 때도 그는 이단 철학자로 눈총 받았을 뿐이다. 중세 유럽은 기독교가 지배하던 공간이었다. 아리스토텔레스가 기독교 신자였을 리는 없다. 그는 심하게 배척받다가 토마스 아퀴나스에 의해 '구원'을 얻었다.

아리스토텔레스는 살아 있을 때만큼이나 죽고 난 후의 이야기도 기구하다. 바닥에서 정상까지, 다시 바닥으로…… 사상의 역사에서 그의 '업 앤드 다운 up and down'은 언제까지 계속될까?

06

금욕하는 쾌락의 정원

에피쿠로스

신이 부럽지 않은 사람

삼겹살 구이를 푸짐하게 먹는다고 해서 모두가 다 행복하지는 않다. 어떤 이들에게는 이 풍성한 식탁이 오히려 서러움만을 불러일으킨다. '잘나가던 시절', 고급 음식점에서 식사하던 기억이 그들을 괴롭히는 탓이다. 행복이란 그런 것이다. 행복은 무엇을 얻었느냐보다는 무엇을 원했느냐에 더 좌우된다. 아무리 좋은 것을 손에 넣어도 바라던 것이 아니면 실망하고, 보잘것없어도 간절히 원하던 것이면 최고의 만족을 느낀다.

사람들은 누구나 행복하기를 원한다. 그러나 행복을 찾는 방법은 사람마다 다르다. 그 방법은 크게 두 가지로 나눌 수 있다. 하나는 열 번 찍어 안 넘어가는 나무 없다는 식의 방법이다. 이런 방법을 택하는 사람들은 자신이 바라는 대로 세상을 바꾸려고 노력한다. 자신이 원하는 바를 손에 넣겠다는 야망에 불타서 갖은 노력과 수고를 아끼지 않는다.

반면, 오르지 못할 나무는 쳐다보지도 않는 방법도 있다. 이 방법을 따르는 이들은 세상을 바꾸기보다는 자신의 욕구를 바꾸려고 한다. 이들은 쉽사리 얻지 못하는 것이라면 처음부터 마음을 비우는 쪽이 더 낫다고 여긴다. 고급 승용차를 몰려고 절절매며 돈을 모으느니, 평생 버스를 타고 다닐지라도 쓸 것 다 쓰고 사는 쪽이 속 편하다는 식이다.

에피쿠로스Epikouros, 기원전 341~기원전 270는 오르지 못할 나무는 쳐다보지도 않는 삶의 자세를 가르쳤다. 나아가 그는 사람들에게 나무에는 올라가 뭐하냐고 묻기까지 한다. 그는 빵과 물만 있다면 신도 부럽지 않다고 주장한다. 그 이상의 욕심은 쓸데없으며 고통만 안겨 줄 뿐이다. 에피쿠로스는 사람들에게 과연 절실히 원하는 것이 그 때문에 생길 고통과 고생을 감수할 만큼 의미 있는지 생각해 보게 한다. 그는 소비를 억제하는 테크닉을 통해 행복을 좇았던 사람이다.

나의 스승은 나 자신일 뿐

에피쿠로스는 기원전 341년, 도시국가 아테네가 지배하던 사모스 섬에서 태어났다. 열네 살 때 처음 철학을 공부했는데, 그는 요즘 식으로 한다면 정규 교육보다는 대안 학교 쪽이 더 어울리는 학생이었던 모양이다. 무척 창의적이어서, 주어진 지식만으로는 만족 못하여 교사들의 가르침에 실망하곤 했단다. 그 시절 어린아이들의 교육은 주로 철자와 문법을 깨우치는 데 그쳤다. 하지만 그는 '우주는 어떻게 생겨났나' 같은 어려운 질문만을 줄곧 해 댔다. 이런 물음에 교사들이 제대로 된 답을 해 주었을 리 없다.

열여덟 살이 되었을 때 에피쿠로스는 최고의 교육 기회를 잡게 된다. 2년간 병역 의무를 지기 위해 교육의 도시 아테네로 가게 된 것이다. 아테네에는 플라톤이 세운 아카데메이아와 아리스토텔레스의 리케이온을 비롯하여 유명한 학교들이 많았다. 그뿐 아니라, 내로라하는 학자들이 많이 활동하고 있었다. 그러나 그는 이곳에서도 마음에 드는 스승을 만나지 못했던 듯싶다. 그는 공식적으로 어떤 학교에도 다니지 않았을뿐더러 뒤에도 항상 '나의 스승은 바로 나 자신'이라고 주장하고 다녔으니 말이다.

에피쿠로스에게는 당시의 유명한 철학 사상들이 탐탁지 않았을 터다. '인간은 정치적 동물이다'라는 아리스토텔레스의 말이 보여 주듯, 아테네 학교들 대부분은 인간은 결국 폴리스(도시국가)의 삶 속에서 완성된다고 보았다. 그래서 사회생활에서 필요한 덕목들을 중요하게 여겼다. 그러나 알렉산드로스 대왕이 죽은 뒤 심각한 혼돈 상태에 빠진 도시국가들은 이상을 실현할 수 있는 터전이 아니었다. 정치하는 사람들이 품었던, 갈고 닦은 인격을 사회에서 실현하겠다는 이상은 사라지고 없었다. 그들은 단지 혼란한 사회에서 살아남으려고 권력 다툼을 벌이고 있을 뿐이었다. 따라서 도시국가에서 벗어나 자연 속에 숨어 지내면서 수양을 통한 깨달음을 강조하는 새로운 풍조가 유행하게 되었는데, 에피쿠로스도 이런 생각에 고개를 끄덕였던 사람이다.

아타락시아, 고통 없는 쾌락

사모스 섬의 큰 혼란

라미아 전쟁 끝에 아테네가 마케도니아에 사모스 섬을 빼앗기게 된 일을 말한다. 라미아 전쟁은 알렉산드로스 대왕이 죽은 뒤인 기원전 323~기원전 322년에 아테네가 그리스의 다른 여러 도시와 함께 마케도니아에 대하여 일으켰던 전쟁이다.

데모크리토스

(Demokritos, 기원전 460?~기원전 370?) 고대 원자론을 확립한 자연철학자. 모든 것은 원자로 이루어져 있고, 다만 이들 원자는 모양 · 위치 · 크기로 기하학적 구별만 가능할 뿐이라 주장했다.

키레네학파

쾌락을 선(善)으로 생각해 인생의 목적으로 삼았다. 후에 에피쿠로스학파에 영향을 주었다. 창시자 아리스티포스가 소크라테스의 제자라 하여 소(小)소크라테스학파라 불린다.

에피쿠로스가 언제 아테네를 떠났는지는 분명치 않다. 에피쿠로스가 그곳에 머무는 동안 사모스 섬에서 큰 혼란이 일어나 아테네 사람들이 모두 추방되었다. 그의 가족들도 할 수 없이 소아시아(아시아 대륙의 서쪽 끝, 흑해 · 마르마라해 · 에게해 · 지중해 등에 둘러싸인 반도)에 있는 콜로폰으로 이사했다. 에피쿠로스도 가족들을 따라 콜로폰으로 갔다. 이곳에서 그는 '모든 것은 원자로 되어 있다'라는 주장으로 유명한 데모크리토스의 사상에 깊이 빠져들었다. 쾌락을 인생의 목적으로 보았던 키레네학파의 사상에 몰두하기도 했다.

도시국가의 몰락과 혼란을 몸으로 경험한 에피쿠로스는 더 이상 정의 · 도덕과 같은 명분을 믿지 않았다. 그는 거창한 명분에 비추어 우리가 어떻게 살아야 할지를 이끌어 내지 않았다. 거꾸로 우리가 실제 살아가는 모습에서 출발하여 바람직한 삶의 태도를 세우려 했다.

우리는 태어나면서부터 쾌락을 좇고 고통은 멀리한다. 따지고 보면, 선은 쾌락을 많이 주는 것에 지나지 않고 악은 고통스러운 것에 지나지 않는다. 그렇다면 고통을 줄이고 가능한 한 쾌락을 많이 얻는 것이 선하고 좋은 삶이다. 이 점에서 그는 '쾌락주의자'로 불린다.

그러나 쾌락이라고 다 좋지만은 않다. 어떤 쾌락은 얻으면 얻을수록 오히려 고통만 커진다. 지나친 식욕과 성욕에 따르는 쾌락이 그렇다.

따라서 우리가 가장 큰 즐거움을 얻으려면 고통이 없는 쾌락만 추구해야 한다. 이를 위해 에피쿠로스는 욕망을 크게 필수적 욕망, 필수적이지 않은 욕망, 공허한 욕망으로 나누었다. 필수적 욕망은 우리가 살아가는 데 꼭 필요한 음식·의복·집 등에 대한 기본적인 욕구를 말한다. 필수적이지 않은 욕망은 맛있는 음식, 좋은 옷, 쾌적한 집 등에 대한 욕망이다. 마지막으로 공허한 욕망은 명성이나 인기 같은 것들에 대한 욕심이다.

필수적이지 않은 욕망과 공허한 욕망을 채우기 위해서는 많은 노력이 필요하다. 그럼에도 이것들은 우리에게 쾌락을 주지 못한다. 채워질수록 기대 수준이 점점 더 높아져 결국 고통만을 주기 때문이다. 우리가 추구해야 할 것은 필수적인 욕망뿐이다. 이것은 많은 노력 없이도 얻을 수 있을뿐더러, 일단 채워지면 더 이상 고통을 낳지 않는다. 나아가 에피쿠로스는 필수적인 욕망에 철학과 우정에 대한 욕망도 넣었다. 철학을 함으로써 불필요한 욕망을 없애고 사람들과 우정을 나누며 소박하게 산다면, 어떤 욕망에도 흔들리지 않으며 고통도 없는 상태인 아타락시아ataraxia에 이를 수 있다.

금욕하는 쾌락의 정원

사람들은 흔히 에피쿠로스의 철학을 쾌락주의라 부른다. 하지만 에피쿠로스 철학은 가늘고 모질게 살라고 강요하는 금욕주의에 더 가깝다. 아무튼 이 금욕적 쾌락주의자는 자신의 철학을 일상에서 실현하리라 결심했다. 30대 초반의 나이에, 아테네 교외에 있는 정원을 사들여 그곳에 숨어 소박하게 살며 두터운 우정을 나누는 철학 공동체를 만든 것이다.

'정원 공동체'를 만든 뒤 에피쿠로스는 수많은 스캔들에 시달렸다. 매춘부들을 애인으로 삼았다든지, 너무 먹어 대는 바람에 하루에 두 번씩 토하곤 한다든지 하는 해괴한 소문이 정원 주변을 끊임없이 맴돌았다. 영어 사전을 뒤져 보면, 에피쿠로스의 이름에서 비롯된 식도락가라는 뜻의 'epicure'라는 낱말이 있다. 2,000여 년이 흐른 지금까지도 그에 대한 오해는 계속되고 있는 셈이다.

정원 공동체에는 오해를 살 만한 점이 많았다. 에피쿠로스는 '모든 사람에 대한 인간애philanthropia'를 강조했다. 그렇기에 뜻만 같다면 노예나 여자, 심지어 매춘부들까지도 공동체의 일원으로 따뜻하게 맞아들였다. 에피쿠로스가 줄곧 은둔 생활을 해 왔다는 사실에 비추어 볼 때, 공동체 밖의 사람들에게 이러한 이상이 제대로 전달되었을 리 없다. 만약 어떤 사람이 한적한 농장을 사들였는데, 그곳에 거리의 여자와 거동이 수상한 사람들이 드나들곤 한다면 의심 품지 않을 사람이 있을까?

아무튼 에피쿠로스는 이곳에서 '하루에 음식을 장만하는 데 1므나의 돈도 쓰지 않고, 포도주 4분의 1리터만으로도 만족하면서, 그나마 대부분은 물만 마시는 생활을 즐기며' 진정한 우정과 마음의 평온을 얻었다. 우리 사회에도 물질 문명을 거부하고 시골에 자그마한 공동체를 만들어 자연과 더불어 살아가는, 이른바 대안 공동체들이 많다. 정원 공동체는 이들의 원조 격이 아닐까 싶다.

욕망이라는 전차

에피쿠로스는 말년에 방광에 돌이 생겼다. 그 후 일흔두 살에 죽을 때까지 무려 14년 동안이나 심한 통증에 시달렸다. 그는 고통과 두려움을 철학적인 명상으로 이겨 냈다. 젊은 시절 깊이 빠져 들었던 데모크리토스의 사상처럼, 에피쿠로스는 세상의 모든 것은 원자들의 집합일 뿐이라고 생각했다. 죽음은 몸을 이루는 원자들이 흩어지는 일 이상도 이하도 아니다. 그렇다면 우리가 죽음을 두려워할 이유는 없다. 죽음은 우리가 살아 있을 때에는 우리에게 없으며, 죽음이 찾아왔을 때는 이미 우리가 흩어지고 없기 때문이다.

그러나 이런 생각은 그냥 생각일 뿐이다. 에피쿠로스는 실제로 이러한 진리를 받아들이고 죽음에 대한 두려움과 삶의 고통에서 벗어나기 위해서는 플라톤이 이야기한 지혜, 용기, 절제, 정의라는 네 가지 덕(4주덕)이 필요하다고 여겼다. 즉, 불안과 집착에서 벗어나려면 세상일은 모두 원자들의 집합과 해체일 뿐이라는 사실을 아는 지혜가 필요하다. 이런 지혜를 실제 삶에 적용시키는 데에는 용기와 절제가 요구된다. 나아가 이웃들과 갈등을 일으키지 않고 조화롭게 살려면 나 자신부터 정의로워야 한다.

자본주의에서는 소비가 미덕이다. 인류 역사에서 지금처럼 사람들이 많은 것을 소유하고 누렸던 때는 없다. 그런데도 사람들은 과거 어느 때보다도 더 불안에 떨고 외로워하며 미래를 두려워한다. 욕망은 채워질수록 점점 더 크고 강해지며 우리 삶을 고통 속으로 몰아넣는다.

고대의 쾌락주의자 에피쿠로스는 이런 삶을 사는 현대인에게 중요한 깨우침을 준다. 행복이란 쾌락에 끌려다니지 않고, 오히려 진정한 쾌락으로 삶을 끌고 갈 때 생긴다. 그는 '욕망이라는 전차'에 이끌려 고통이 될 쾌락으로 빨려 들어가는 우리들에게 무엇이 과연 올바른 행복인지를 되묻는 건전한 쾌락주의자다.

철학
실험실

욕망은 입맛도 속인다

채식주의자였던 헬렌 니어링Helen Nearing, 1904~1995은 우리의 식습관에 대해 이렇게 말한다.

"······ 문명사회에 사는 치들은 레스토랑이나 비행기, 바 같은 곳에서 식사를 한다. 커튼을 쳐서 더러운 공기와 시끄러운 소리로 가득한 곳에서, 불을 밝히고 밥을 먹는다. 오래전에 잡아서 냉동시켜 놓았던 고기에, 몇 년씩 선반 위에 놓여 있던 통조림에 든 재료로 요리한 음식을 먹는다. 이 썩은 음식에 갖가지 소스까지 뿌려 댄다. 참 대단한 식사다!"

조금만 돌려 생각해 보면 우리네 식습관은 이상하기 그지없다. 원래 혀는 상한 음식을 가리기 위한 기관이다. 하지만 지금의 혀는 음식이 몸에 좋은지 나쁜지를 가려내지 못한다. 온갖 조미료가 혀를 손쉽게 속이는 까닭이다.
에피쿠로스는 소박한 삶을 강조한다. 만약 우리가 에피쿠로스의 정원 공동체에서 산다면, 적어도 매일매일 혀를 속이는 괴상한 생활은 하지 않을 것이다. '참살이'가 화두인 시대다. 어떻게 해야 아타락시아에 이르는 생활을 꾸려 나갈 수 있는지 고민해 보자.

07

운명에 맞서지 말라

에픽테토스

나는 신의 친구다

에픽테토스Epictetus, 55~135?는 노예였다. 어느 날 그의 주인이 화가 나서, 장정들을 시켜 에픽테토스의 다리를 비틀게 했다. 고통 속에서도 에픽테토스는 담담했다. "그러지 마십시오. 제 다리가 부러질 겁니다." 그 말에 주인은 더 화가 났다. 그래서 더 강하게 고문했다. 마침내 에픽테토스의 다리에 탈이 났다. 그러자 에픽테토스가 다시 말했다. "제가 계속하시면 다리가 부러질 거라고 하지 않았습니까?" 끝까지 침착한 그의 모습에 주인은 할 말을 잃었다.

에픽테토스에 대해 전해 오는 유명한 이야기이다. 아마도 이는 사실이 아닐 것이다. 하지만 말도 안 되는 거짓말이 널리 퍼지는 경우는 없다. 허구라 해도 어느 정도 진실을 담고 있어야 오래간다. 이 일화도 마찬가지다. 여기에는 에픽테토스의 성격이 잘 담겨 있다. 그러면 충분히 그럴 만하다고 무릎을 칠 정도로 말이다.

에픽테토스는 로마가 가장 번성했던 5현제五賢帝 시대에 살았다. 기록에 따르면, 그는 다리를 절었다고 한다. 주인이 고문을 해서가 아니라 류머티즘 때문에 다리가 불편했다는 쪽이 더 맞을 듯싶다. 그는 노예였지만 막일을 하지는 않았을 것이다. 주인 에파프로디투스는 네로와 도미티아누스 황제의 행정 비서관이었다. 때문에 그는 아마도 '사무직' 노예였을 가능성이 높다. 당시에는 전문직(?) 노예들이 꽤 많았다. 그리스어를 잘하는 노예는 교사가 되어 주인의 아이들을 가르쳤고, 회계나 인사 관리 등 정교한 지식이 필요한 분야도 노예들이 맡는 경우가 흔했다. 이들은 어지간한 자유인들보다 더 큰 권한을 갖고 있었다.

노예였음에도 무소니우스 루푸스 같은 당대 최고의 학자에게 가르침을 받았다는 점을 볼 때, 에픽테토스는 전문가로 특화된 노예였다. 학식이 높았던 에픽테토스는 후에 '해방 노예'가 된다. 주인 에파프로디투스가 그를 풀어 주었던 것이다. 에파프로디투스 또한 해방 노예 출신이다. 로마 시대에 노예 신분은 평생 벗어나지 못할 굴레가 아니었다. 주인이 마음먹으면 언제든 자유인이 될 수 있었고, 노예의 자손 대부터는 여느 시민들과 똑같은 권리를 누렸다. 로마에는 해방 노예가 드물지 않고, 그들이 사회에서 높은 지위를 누렸던 사례도 많다.

하지만 아무리 그렇다 해도 노예는 노예일 뿐이다. 에픽테토스의 말 속에는 신산스러웠을 인생이 그대로 느껴진다. 그는 자신을 한마디로 이렇게 정리한다. "이로스만큼 불쌍하고 걸을 때마다 절뚝대는, 노예로 태어난 나는 신의 친구 에픽테토스이다."

뜻대로 할 수 있는 일과 없는 일을 구별하라

이로스
(Irus). 호메로스의 《오디세이 아》에 등장하는 거지.

밑바닥 신분에 건강치 못한 몸, 누가 보더라도 그는 불행한 사람이었다. 그럼에도 에픽테토스는 운명처럼 주어진 삶의 고통을 즐기는 자세로 살았다. 어떻게 그럴 수 있었을까? 그는 이렇게 말한다.

"사람들에게는 그대를 해칠 능력이 없다. 누군가 그대에게 욕설을 퍼붓고 때리더라도, 이 일이 당신에게 꼭 모욕이 되리란 법은 없다. 이를 기분 나쁘게 여길지 말지는 그대의 선택에 달렸다. 그대를 화나게 하는 것은 상대의 행동이 아니라 당신 스스로의 반응이다."

성숙한 어른은 어린아이가 자신을 놀린다 해서 분노하지 않는다. 오히려 '애들 장난'을 귀엽게 보고 웃을지도 모르겠다. 높은 인격을 갖춘 이들에게 세상이 던지는 조롱도 다르지 않다. 에픽테토스에 따르면, 마음을 잘 다스리기 위해서는 무엇보다 뜻대로 할 수 있는 것과 없는 것부터 가려내야 한다. 나의 의지, 나와 관련된 일들에 대한 나의 판단, 그리고 이를 실천에 옮기는 나의 행동, 이 세 가지는 내가 할 수 있는 일이다. 반면, 남들이 나에 대해 어떻게 생각하는지는 내가 어쩔 수 있는 부분이 아니다. 고통은 내가 어쩌지 못하는 일을 바꾸려 할 때 생긴다.

사람들은 자신에 대한 험담을 들었을 때 그렇지 않다며 상대를 설득하려 한다. 하지만 제대로 된 처신은 남들이 어떻게 말하건 말건, 올곧고 당당하게 자신의 삶을 꾸려 나가는 것이다. 나에 대해 어떻게 생각하는지는 상대방에게 달려 있지만 내가 어떻게 행동할지는 오롯이 나에게 달려 있기 때문이다. 에픽테토스는 "(마음의) 평온함은 더 높은 삶을 살고 있다는 가장 확실한 증거"라고 말한다. 나아가, 그는 세상이 자신이 원하는 대로 굴러가기를 바라지 말고, 세상이 흘러가는 모습을 담담히 받아들이라고 충고한다. 내가 할 수 없는 일들에 휘둘리지 않을 때 삶의 고통도 어느덧 스러지는 까닭이다. 이렇듯 에픽테토스의 말 속에는 노예라는 극한 상황에서 단련된 깊은 인격이 느껴지곤 한다.

삶은 알기 쉬운 법칙을 따르는 질서 있고 우아한 과정

네로 황제가 죽은 68년 무렵, 그는 노예에서 해방되었다. 이후 그는 로마에서 철학을 가르쳤다. 93년, 도미티아누스 황제는 로마의 모든 철학자들을 추방해 버린다. 철학자들은 예나 지금이나 권력자의 마음에 드는 경우가 별로 없다. 그리스 시대의 민주주의와 황제가 다스리는 로마를 견주곤 했던 당시 철학자들의 모습이 권력자에게는 마뜩지 않았을 것이다. 게다가, 당시의 철학자들의 태도는 무척 논쟁적이었다. 상대의 처지를 헤아리지 못한 채 정교한 논리로 이치만 따지는 지금의 얼치기 철학자들의 모습을 떠올려 보면 왜 황제가 철학자들을 모두 로마 밖으로 쫓아내 버렸는지 이해가 될 듯싶다.

아무튼, 이때 함께 추방된 에픽테토스는 그리스 니코폴리스에 뿌리를 내린다. 그리고 이곳에서 자신의 학당을 열고 학생들을 가르쳤다. 에픽테토스 자신은 글을 남긴 적이 없다. 아리안이라는 뛰어난 제자가 에픽테토스의 말을 정리해 《담화》와 《엥케이리디온(요약집이라는 의미)》

이라는 대화록을 남겼는데, 아리안 역시 이때 학당을 다녔던 사람 가운데 한 명이다.

대화에는 당대의 유명한 사람들이 꽤 많이 등장한다. 하드리아누스 황제도 에픽테토스에게 호감을 가졌다고 한다. 당시 그의 인기는 플라톤에 버금갔다는 기록도 남아 있다. 에픽테토스가 그토록 사랑받았던 이유는 그가 사람들에게 흔들리지 않고 당당하게 세상을 살아가는 현실적인 지혜를 가르쳤다는 데 있다. 에픽테토스는 이렇게 말한다.

"어떤 사람의 아이, 아내, 혹은 아끼는 이가 죽었을 때 사람들은 이렇게 말하곤 한다. '삶이 그런 거지. 누구나 죽게 마련이야. 이를 피할 수는 없어.' 반면, 자신의 아이, 아내, 우리가 아끼는 이가 죽었을 때 우리는 울부짖는다. '슬프구나! 비참한 내 신세여!' 남들에게 같은 일이 일어났을 때 그대가 어떻게 느꼈는지를 기억하라. 그 느낌을 지금 당신에게 일어난 상황에 그대로 적용하라. 모든 일들, 심지어 죽음까지도 이성적으로 받아들이는 법을 배워라."

나를 괴롭히려고 경제가 어려워지고 재난이 일어난 것은 아니다. 우주는 늘 그렇게 흘러갈 뿐이다. 운명에 맞서서는 안 된다. 주어진 현실을 받아들이고 이 상황에서 내가 어떻게 해야 할지에만 온 힘을 모아야 한다. 에픽테토스는 삶은 "알기 쉬운 법칙을 따르는 질서 있고 우아한 과정"이라고 말한다. 운명은 우리에게 끊임없이 고통을 안긴다. 하지만 이는 마치 레슬링 선수들에게 주어지는 연습 상대와 같다. 고난을 하나씩 처리함으로써 우리의 정신과 삶은 한층 더 단단해지는 덕분이다. 삶이 주는 고통에 감정적으로 휘둘리지 말고 이성적으로 생각하며 차분히 대응할 때, 모든 고통은 성장을 위한 기회가 된다. 이쯤 되면 주인이 그를 고문했고, 에픽테토스가 이에 담담하게 맞섰다는 앞서의 '루머'가 왜 널리 퍼졌는지 이해될 것 같다.

내가 어떤 사람인지에만 신경을 쓰라

에픽테토스는 검소하게 살았다. 걸으면서 강의했다는 기록으로 볼 때, 특별히 학당 건물에 신경 쓰지도 않았을 것이다. 자신은 조그마한 오두막에서 살았고, 부와 명성에 연연하지도 않았다. 그는 자신이 아닌 자기가 가진 것에 우쭐해하지 말라고 충고한다. 예컨대, 아름다운 말馬이 "나의 외모는 멋지다."라고 말한다면 사람들은 고개를 끄덕일지 모른다. 하지만 어떤 사람이 "나는 아름다운 말의 주인이다."라고 자랑한다면 비웃음이 터져 나올 것이다. 그는 말의 아름다움으로 마치 자기가 멋지게 바뀐 것처럼 자랑하고 있는 탓이다. 에픽테토스에 따르면, 우리가 진정 신경 써야 할 문제는 자신이 어떤 사람이 되고 있는지, 어떤 종류의 삶을 살고 있는지 하는 것뿐이다.

그는 의무의 중요성에 대해서도 강조한다. 에픽테토스는 결혼하지 않았지만 나중에 '그렇게 하지 않았으면 죽음에 이르렀을 아이'를 입양해서 키웠다. 아이를 돌보기 위해 여인도 얻었다고 한다(이후에 그가 결혼했는지는 분명치 않다). 에픽테토스는 인간이란 홀로 있지 않으며, 제각각이 "우주의 독특하고도 대신할 수 없는 한 부분"이라 말한다. 때문에 누구나 자신에게 주어진 역할, 부모, 자식, 이웃, 시민 등등에 충실해야 한다. 이 또한 우주의 흐름에 맞서지 말고 그 속에서 주어진 자신의 역할을 다하라는 가르침과 맥락이 통하는 이야기이다. 에픽테토스 자신 역시 사회인으로서의 역할에 충실한 삶을 살았다.

에픽테토스는 135년경에 죽었다. 80세 무렵까지 삶을 누렸던 셈이다. 그가 장수한 데는 자신의 건강한 철학도 큰 몫을 했을 듯싶다. 에픽테토스의 철학은 상담 심리학에서 말하는 '평안의 기도'를 떠올리게 한다. "내가 바꿀 수 없는 것을 받아들일 평안을, 내가 바꿀 수 있는 것을 바꿀 용기를, 또한 그 두 가지를 구분할 지혜를 내게 허락하시옵소서."

실제로 에픽테토스의 생각은 이성적인 생각으로 불편한 감정을 다스리려는 심리학의 인지정서행동치료와도 맥이 닿아 있다. 그의 글을 읽고 있으면 마음이 평온해진다. 이 점은 그 시대의 독자들도 다르지 않았을 것이다. 에픽테토스의 독자 가운데는 황제였던 마르쿠스 아우렐리우스도 있다. 아우렐리우스가 쓴 《명상록》에는 에픽테토스의 말들이 적잖이 등장한다.

노예의 생각이 황제에까지 감명을 주었다는 사실은 우리에게 많은 것을 생각하게 한다. 삶은 신분이 높건 낮건, 부자이건 가난하건 누구에게나 힘들고 어렵다. 주어진 처지가 모두 다를지라도 이를 이겨 낼 인생의 지혜는 누구에게나 통한다. 에픽테토스가 세네카, 아우렐리우스와 함께 로마를 지배했던 스토아 사상의 중심을 이루는 철학자로 꼽히는 이유는, 그의 가르침이 인생의 어려움을 이겨 낼 보편적인 지혜를 담고 있다는 사실에 있다.

08

섭리를 따르는 삶

마르쿠스 아우렐리우스

로마 제국을 지탱한 철학

뒷골목 건달과 영웅의 차이는 힘에 있지 않다. 힘세고 싸움 잘하기로 치면 뒷골목 건달이 영웅호걸보다 뛰어날 수 있다. 그러나 건달은 건달 이상이 되지 못한다. 늙고 병들거나 더 주먹 센 사람이 나타나면 사정없이 짓밟히는 불쌍한 존재가 되고 만다. 하지만 영웅은 힘을 잃어도 여전히 사람들의 존경과 권위를 잃지 않는다.

건달과 영웅의 차이는 어디에 있을까? 바로 명분에 있다. 건달은 자신과 똘마니들만을 위해 살지만 영웅은 정의를 위해 산다. 그래서 영웅이 힘없이 무너진다 해도 사람들은 그를 그리워하며 따르는 것이다.

로마는 황제가 통치하는 제국의 역사만도 1,500년이 넘는 나라였다. 로마가 단순히 힘만 센 국가였다면 이렇듯 오래 이어지지는 못했

을 것이다. 로마는 사람으로 친다면 영웅호걸이라는
표현이 어울리는 국가였다. 그렇다면 로마제국을 영
웅호걸로 특징 지웠던 명분과 도덕은 무엇일까? 그것
은 바로 스토아 철학이었다. 역사상 스토아 철학만큼
당대 사람들의 지지를 받았던 이념은 드물다. 유명한
스토아 철학자 중에는 에픽테토스 같은 노예 출신도
있었고 세네카 같은 정치인도 있었으며, 아우렐리우
스Marcus Aurelius, 121~180 같은 황제도 있었다. 노예에서
황제에 이르기까지 제국의 모든 사람들을 하나로 묶
었던 스토아 철학은 로마를 진정한 강자로 만든 숨은
힘이었다.

따뜻한 침대를 버린 꼬마 철학자

아우렐리우스는 121년, 제국의 수도 로마에서 태어났다. 그 당시 로
마는 하드리아누스 황제의 지배 아래 최고의 평화와 번영을 누렸다. 하
드리아누스는 제국의 이곳저곳을 챙기느라 일평생 출장 다녔던 황제로
유명하다. 황제가 출장을 마치고 오랜만에 로마로 돌아오는 것을 기념
하려고 '황제 로마 귀환 기념주화'라는 희한한 화폐를 찍어 냈을 정도
였다. 수도에 머문 시간은 길지 않았지만 치밀한 하드리아누스의 눈에
황제가 될 재목이 눈에 안 띄었을 리 없다. 그 재목이 바로 아우렐리우
스였다.

아우렐리우스의 집안은 할아버지가 로마 공화정 시대의 최고 관직

인 집정관을 3번이나 지냈던 명문가였다. 다만, 할아버지만큼이나 유명했던 아버지가 일찍 죽는 바람에 그는 외가에서 자라고 있었다. 전해 오는 기록에 따르면 아우렐리우스는 황제가 사랑할 만한 소년이었단다. 그는 밤늦게까지 공부에 매달렸다. 타고난 건강 체질은 아니었지만 달리기, 레슬링, 매사냥 등으로 몸을 단련하는 데도 열심이었다. 공부 열심히 하고 운동도 게을리 하지 않는 어린이를 기특하게 여기지 않을 어른이 있겠는가?

게다가 아우렐리우스는 철학적이기까지 했다. 스토아 철학에서는 지나친 욕심과 쾌락 추구는 결국 고통으로 이어진다고 본다. 따라서 어떠한 유혹에도 마음이 흔들리지 않는 부동심不動心, Apatheia을 강조한다. 아우렐리우스는 스토아 철학의 가르침에 따라 엄격하고 절제된 생활을 했다. 십대 무렵부터 깨달은 바가 있어 따뜻한 침대를 버리고 항상 차가운 바닥에서 잠을 잤고, 최고의 오락거리였던 검투사 시합과 마차 경기도 멀리했다.

이런 꼬마 철학자 아우렐리우스의 금욕적인 태도는 까다롭기로 소문난 하드리아누스 황제의 마음에 꼭 들었다. 황제는 그를 무척이나 귀여워하여 '베르시무스Verisimus'라는 별명으로 부르곤 했는데, 뜻을 풀자면 '정말 진국인 아이' 정도 될 듯싶다.

사랑하는 이가 죽었다고 슬퍼 말라

황제는 아우렐리우스를 교육하는 데 특별한 관심을 기울였다. 그는 이 꼬마 철학자가 최고의 선생에게 교육을 받도록 배려했다. 그 결과 아우렐리우스를 가르쳤던 스승만도 17명이나 되었다고 한다.

어느 사회에나 사회 지도층이 되기 위한 엘리트 코스가 있게 마련이다. 아우렐리우스는 엘리트 코스를 충실하게 밟아 나갔다. 어려서부터 공직에 올라 재무관, 집정관, 호민관, 원로원 의원 순서로 출세 가도를 순조롭게 달렸다. 물론, 황제의 배려가 없었다면 불가능한 출세 속도였다.

확실히 황제는 그를 후계자 감으로 여겼던 듯하다. 이 점은 하드리아누스가 명문가의 딸과 그를 약혼시킨 사실에서도 드러난다. 그러나 이 꼬마 철학자가 하드리아누스 다음의 황제가 되기에는 너무 나이가 어렸다. 꼭 이 때문만은 아니었겠지만 이 현명한 황제는 후계자로 52세의 안토니누스를 지명하고 그를 양아들로 받아들였다. 단, 안토니누스가 아우렐리우스를 양자로 들이는 조건에서였다. 이로써 조금 해괴한 가족이 생겨났다. 할아버지와 아버지는 나이 차가 열 살밖에 안 났다. 또한, 이 양아버지는 새롭게 얻은 아우렐리우스가 마음에 들어서 할아버지가 맺어 준 약혼을 깨고 자신의 딸과 결혼시켜 버렸다.

가족의 모양새는 해외 토픽 감이었을지 몰라도, 이 가족을 구성한 할아버지의 선택은 정치적으로 정확하고 올바른 것이었다. 하드리아누스의 뒤를 이은 안토니누스는 훌륭하고 뛰어난 황제였다. 그가 다스리던 시대는 알려진 것이 많지 않은데, 그 이유는 이 시기의 로마가 대단히 안정되고 평화로워서 도무지 기사화될 만한 사건이 없었던 탓이란다. 사람들은 그를 '안토니누스 피우스Antoninus Pius'라고 불렀다. '경건한 안토니누스'라는 뜻이다. 그는 경건이 별명이 될 정도로 도덕적인 사람이었고, 또한 이성적인 삶을 강조했다는 점에서 스토아 철학의 가르침에도 충실했다. 이런 성품은 아들을 가르치는 데도 그대로 나타났다.

한번은 아우렐리우스가 자신을 가르쳤던 가정교사가 죽었다는 소식을 듣고 슬피 울고 있었다. 이를 본 안토니누스는 이렇게 아들을 위로했다.

"현명한 이의 철학도 황제의 권력도 감정을 절제하는 데에는 아무 도움이 되지 않을 때가 있단다. 그럴 때에는 네가 사나이라는 것을 떠올리며 참을 수밖에 없지……."

스토아 철학에 따르면 세상일은 모두 우주적 이성, 로고스에 따라 결정되어 있다. 그렇다면 우리는 사랑하는 사람이 죽었다 해도 슬퍼할 필요가 없다. 그것은 이미 그렇게 되도록 예정되어 있었기 때문이다. 우리가 무엇 때문에 기뻐하거나 슬퍼하는 일은 마음의 평온을 깨는 어리석은 짓일 뿐이다. 우리는 우리의 이성을 발휘하여 우주적 이성의 깊은 뜻을 깨달아 기쁨도 슬픔도 없는 마음의 평화, 즉 부동심을 찾아야 한다. 아우렐리우스는 이런 가르침대로 평생을 살았다. 뒤에 자식을 잃은 아우렐리우스는 자신의 아버지가 그랬듯 이렇게 자신을 타일렀다.

"어리석은 사람은 이렇게 묻는다. 내 아이를 잃지 않기 위해서는 어떻게 해야 하냐고. 하지만 그대는 이렇게 물어야 한다. '아이를 잃은 슬픔을 이겨 낼 수 있기 위해서는 어떻게 해야 합니까?'라고."

참으로 강하고 건전한 삶의 태도가 아닐 수 없다. 위기와 시련이 닥쳐도 마음의 평정을 잃지 않는 로마인의 강인함은 바로 이런 스토아 철학의 이념에서 나왔다.

흔들리는 팍스 로마나

161년, 안토니누스 피우스 황제가 숨을 거두었다. 마흔 살의 아우렐리우스가 그 뒤를 이어 로마의 황제가 되었다. 그가 물려받은 제국은 겉으로 보기에는 팍스 로마나 그 자체였다. 전쟁도 없었고 경제도 번창했다. 그러나 겉모습만 그랬을 뿐 로마는 서서히 무너져 가고 있었다. 빈부의 차이가 심하게 벌어졌고, 세금과 착취를 견디다 못한 중소 농민들이 토지를 버리고 수도 로마로 몰려들었다. 그 바람에 숱한 사회 문제가 생겨났다. 제국은 가진 자들의 횡포를 막지 못하고 못 가진 자들의 생계를 안정시키지도 못한 채, 속주에서 들어오는 수입으로 빵과 서커스를 베풀어 사회 불만을 겨우 잠재우는 형편이었다. 아우렐리우스는 뛰어난 행정 능력으로 위태롭기 그지없는 로마를 이끌어 나갔다.

162년, 로마의 '전통적인 라이벌' 파르티아(고대 이란의 왕국)가 침략해 왔다. 철학자 황제는 전쟁에도 능했다. 아우렐리우스는 쉽사리 파르티아를 격파했을 뿐 아니라 메소포타미아 지방까지 확보했다. 그러나 승리와 정복은 예상치 못한 재앙을 가져왔다. 이 지방에서 유행하던 페스트가 제국으로까지 흘러든 것이다. 곳곳에 페스트가 돌았고 수많은 시민이 죽어 갔다. 큰 홍수가 거듭 일어나기도 했다. 166년에는 게르만족이 제국의 방어선인 도나우 강을 돌파했고, 169년에는 무어인이 국경을 넘보았다. 아우렐리우스는

팍스 로마나
(Pax Romana) '로마의 평화'라는 뜻으로, 기원전 1세기 말 아우구스투스의 시대부터 5현제 시대까지 약 200년간 계속된 평화를 말한다.

빵과 서커스
식량을 무상으로 공급하거나 검투사 시합 등의 볼거리를 이용하여 사회 불만 세력(주로 하층민)을 달래는 우민(愚民) 통치 수단을 관용적으로 표현한 말이다.

게르만족
인도-유럽어족 중 게르만어를 사용하는 민족의 총칭.

무어인
8세기 초부터 이베리아 반도에 침입한 아랍계 이슬람교도의 명칭.

이 모든 사태를 수습하느라 조금도 쉴 틈이 없었다.

그러나 아우렐리우스는 전쟁 가운데에서도 과연 철학자였다. 그의 명작 《명상록》은 반란과 침략을 막기 위해 분주하게 돌아다니던 시절에 군대 막사와 전쟁터에서 쓰인 것이다. 이 책에는 '나 자신을 훈계함'이라는 제목이 붙어 있다. 누구에게 보여 주기 위해 쓴 책이 아니라 스스로에게 주는 가르침이라는 뜻이다. 잔인하고 황량한 전쟁터에서도 아우렐리우스는 끊임없이 이성을 일깨우고 마음의 고요를 찾는 철학자의 모습을 잃지 않았다. 《명상록》 곳곳에는 그의 인간적인 번민과 철학적 사색이 잘 나타나 있다.

이 세계는 우주에 비하면 미세한 점에 불과하고, 인간의 삶도 찰나일 뿐이다. …… 인생은 투쟁이고 세계는 낯선 이를 위한 임시 수용소일 뿐이며, 죽음 뒤에 얻은 명성은 허무하다. 그런 우리에게 유일한 버팀목은 철학뿐이다. 철학은 우리 자신 속에 거룩한 정신이 고스란히 보존되어 있다고 가르치고 있고 우리가 당하는 모든 일은 악이 아니라 우리의 운명일 뿐이라고 말해 준다. …… 우주적 이성에 따라 일어나는 일은 결코 나쁜 일일 리 없다.

로마법이 중요하면 다른 법도 중요하다

계속되는 전쟁과 자연재해로 로마의 재정 상태는 점점 어려워져만 갔다. 아우렐리우스는 부족한 재원 문제를 해결하기 위해, 세금을 올리거나 침략을 통해 약탈하는 방법을 택하지 않았다. 그는 자선 바자회라

할 만한 것을 열었다. 황제가 가지고 있던 보석부터 일상에서 쓰던 가구까지 모두 거리에 내놓고 팔기 시작한 것이다. 물론 위기에 부딪혔을 때 국가 지도자가 제일 먼저 앞장선다는 점을 보이기 위한 상징적인 행위였겠지만, 로마 시민을 감동시키고 마음을 하나로 모으는 데는 크게 효과가 있었던 듯하다. 로마의 원로원은 그에게 '국가의 아버지'라는 칭호를 선사했다.

또한 아우렐리우스는 매우 관대한 사람이었다. 175년에 반란을 일으켰던 시리아의 총독 카시우스를 부하 장교들이 죽였을 때, 아우렐리우스는 그의 베어진 목을 직접 보려고조차 하지 않았다. 그뿐 아니라 카시우스와 다른 이들 사이에 오간 반란에 얽힌 수많은 편지들을 읽어 보지도 않고 모두 불태웠다.

사실 그의 관대함은 스토아 철학의 가르침에서 나왔다. 스토아 철학에 따르면 모든 사람에게는 이성이 있다. 이 이성은 우주 만물을 다스리는 우주적 이성과 같은 것이다. 그렇다면 이성을 지닌 사람은 피부가 하얗건 검건, 라틴어를 쓰건 게르만어를 쓰건 간에 모두 존중해야 할 소중한 존재이다. 내가 이성을 가지고 있기에 인간으로서 존엄하다면, 이성을 가지고 있는 상대방이 존엄하다는 사실도 당연하다.

로마가 내세웠던 세계 시민주의는 바로 이 같은 생각에서 비롯되었다. 인간의 이성이 모두 우주적 이성에 따른다면, 다른 민족이 만든 법도 로마법과 마찬가지로 소중하다. 법은 인간이 만든 것이 아니라 자연 속에 본래 있는 법칙이 민족과 문화에 따라 여러 형태로 나타난 것일 뿐이다. 이는 우리가 말하는 자연법사

세계 시민주의
(Cosmopolitanism) 인류 전체를 한 세계의 시민으로 보는 입장.

자연법사상
실정법에 대비되는 법 개념으로 민족·사회·시대를 초월해 영구 불변의 보편타당성을 지닌다.

빵을 나누어 주는 아우렐리우스 황제
아우렐리우스는 시민을 감동시키는 관대한 정치를 펼쳤다. • 조제프-마리 비앙(Joseph-Marie Vien), 〈시민들에게 빵을 나누어 주는 마르쿠스 아우렐리우스〉(1765).

상과 크게 다르지 않다. 따라서 다른 민족의 문화나 풍습도 우주적 이성에 따르는 것인 만큼 당연히 존중해야 한다. 이런 이유에서 정복이 곧 약탈과 파괴로 이어졌던 고대 문화 속에서도, 로마만큼은 오히려 정복당한 민족을 나와 같은 이성을 가진 동포로 보고 보호하고 존중하려 했다. 로마의 대제국은 이러한 스토아 철학의 포용과 관용 위에서 가능했다. 아우렐리우스는 이런 제국의 이념에 지극히 충실한 사람이었다.

처음 읽는 서양 철학사

끝까지 잃지 않은 담대함

아우렐리우스에게도 죽음의 순간이 다가왔다. 180년, 평생 전쟁과 재앙에 시달리던 고단한 황제에게 다시금 도나우 강변이 시끄럽다는 소식이 들려왔다. 그는 게르만족이 약탈을 위해서가 아니라 북쪽에서 접근하는 또 다른 민족의 공격에 밀려 국경을 넘어왔음을 알았다. 그래서 이들을 로마 국경 안에 정착시키고 질병으로 인구가 줄어든 제국의 새로운 노동력으로 삼는 정책을 꾸준히 펼쳤다. 나아가 아우렐리우스는 아예 다시는 게르만 문제로 골머리를 썩이지 않도록 도나우 방어선 너머까지 영토를 넓히는 최후의 전쟁을 벌였다. 하지만 우주적 이성은 황제의 뜻을 알아주지 않았다. 게르만을 평정하고 돌아오는 길에 그는 페스트로 쓰러지고 말았다.

죽음의 순간에도 아우렐리우스는 스토아 철학자다운 담대함을 잃지 않았다. 《명상록》에 나오는 한 구절은 그의 죽음에 대한 태도를 잘 보여 준다.

> 이제 헤어지는 마당에 남은 사람들을 고약하게 대하지 말라. …… 그대의 가족과도 격렬한 감정에 휩싸이지 말고 부드럽게 이별하라. 자연(우주적 이성)이 그들을 그대와 결합시켰듯이 이제 자연이 다시 그대를 그들과 떼어 놓고 있을 뿐이다. 이 모든 것은 아주 자인스러운 과정일 따름이다.

아우렐리우스가 죽은 뒤, 황제 자리는 철학자 아버지와는 다르게 야

제논

(Zenon, 기원전 335?~기원전 263?) 자연과 일치된 삶을 살고자 노력했으며 인생의 목표인 행복은 우주를 지배하는 신의 이성인 로고스를 따르는 일이라고 주장했다.

비하고 잔인한 성격의 아들 코모두스에게 넘어가게 된다. 아우렐리우스에게는 원래 많은 자식들이 있었으나 모두 병으로 죽고 코모두스만이 남아 있었기 때문에 현명한 아우렐리우스였다 해도 이러한 최악의 경우를 선택할 수밖에 없었던 듯싶다. 아들은 파탄에 이른 로마를 아버지만큼 기술적으로 통치하고 조절할 만한 능력이 없었다. 코모두스의 로마는 걷잡을 수 없는 혼란 속에서 몰락의 길로 접어들고 말았다.

자연을 따르라

스토아 철학은 기원전 4세기 말, 그리스 철학자 제논에 의해 출발한 사상이다. 원래 스토아 철학은 혼란한 사회에서 벗어나 스스로 마음의 평정을 찾으려고 한 은자隱者의 사상이었다. 그러나 명상과 깨달음을 강조한 불교가 역사상 많은 나라의 통치 이념이 되었고, 반성과 봉사를 강조한 기독교가 서양 중세를 지배한 이념이 되었듯, 스토아 철학도 개인의 깨달음을 넘어선 대제국의 통치 이상으로 발전해 나갔다. 개인을 훌륭하게 만드는 철학은 사회도 훌륭하게 만들 수 있음을 역사가 증명해 준 셈이다.

아우렐리우스의 삶은 철학적 반성을 거듭하는 성숙한 개인이 훌륭한 사회 지도자도 될 수 있음을 잘 보여 준다. 항상 진정한 마음의 평화를 유지하도록 자신의 삶에 대해 끊임없이 반성하는 자세를 갖도록 하라. 아우렐리우스의 생애는 좋은 생활과 지도자의 품성을 어떻게 일궈야 할지 일러 주는 삶의 멘토라 할 만하다.

아우렐리우스의 《명상록》

" 그대는 이 거대한 국가—세계—의 시민으로서 살았다. 그 기간이 5년이든, 100년이든 무슨 차이가 있겠는가? 세상의 법은 그대뿐 아니라 그 누구도 공정하게 대한다. 그렇다면 그대는 무엇 때문에 불만을 품는가?

그대를 이 세계에서 몰아내는 자는 폭군도, 부정한 재판관도 아니다. 그대를 세상에 보낸 자연이다. 자연은 배우를 썼다가 다시 무대 밖으로 나가게 하는 연출자와 다르지 않다. "저는 5막짜리 연극에서 3막까지만 출연했습니다." 그대는 이렇게 하소연하고 싶은가? 인생은 3막만으로도 완전한 드라마가 될 수 있다. 연극을 언제 끝낼지를 결정하는 분은 당신을 처음에 고용했고, 지금은 당신을 내모는 자연이다. 따라서 이런 결정은 그대가 상관할 것이 아니다. 만족하는 마음으로 물러서라. 그대를 떠나보내는 자연도 그대에게 미소를 보낼 것이다. "

─《명상록》제12권 중에서

09

기독교 신앙의 주춧돌

아우구스티누스

마니교에서 기독교까지

기독교만큼 수많은 공격과 위협에 시달린 종교는 찾아보기 힘들다. 기독교의 역사는 박해와 고통 그 자체이다. 하지만 짓밟힌 잡초가 더 잘 자라듯, 기독교는 탄압받으며 오히려 더 건강해졌다. 숱한 순교자들의 피를 딛고 마침내 313년 밀라노 칙령으로 믿음의 자유를 얻기는 했지만, 여전히 초기 교회는 이교도들의 표적이 되곤 했다. 기독교는 이들과의 논쟁을 통해 《성경》의 사상과 이념을 정교하게 다듬어 갔다.

이때 다른 종교에 맞서 기독교를 옹호하는 이론을 세우고 정리한 성직자들이 교부敎父이다. 아우구스티누스Aurelius Augustinus, 354~430는 대표적인 교부 중의 한 사람이다. 그는 젊은 시절 마니교에 빠져 방황했을 뿐

> **밀라노 칙령**
> 기독교가 로마제국 내에서 영원히 종교적 관용을 누릴 수 있도록 보장한 포고령.

아니라, 세속적인 성공과 쾌락을 겪어 본 사람이기도 했다. 그러나 어머니 모니카의 간절한 설득으로 기독교로 개종한 뒤, 젊은 시절의 뼈아픈 경험을 바탕으로 교회의 가장 뛰어난 이론적 수호자가 되었다. 그는 교회의 사상적 토대를 이룬 성인聖人으로 추앙받는다.

행복 없는 쾌락, 그리고 방황

성聖 아우구스티누스는 354년, 누미디아(알제리 북부에 해당하는 북아프리카의 고대 지명)에 있던 로마의 속지 타가스테(지금의 알제리 수크아라스)에서 태어났다. 아버지는 농장을 갖고 있으면서 관직을 맡고 의회에도 나가는 전형적인 중산층 로마인이었다. 어머니 모니카는 생각이 깊고 자상할 뿐 아니라 신앙심이 두터운 여인이었다. 아우구스티누스는 어머니를 떠올리면서 "나는 젖을 빨기 시작한 것과 동시에 그리스도의 정신에 젖어 들었다."라고 말하곤 했다.

사정 모르는 이들은 그를 타락한 시절을 보내다가 마침내 깨달음을 얻어 신에게 귀의한 '돌아온 탕아'로 그리곤 한다. 아우구스티누스도 《고백록》에서 죄책감에 가득 찬 눈으로 자신의 어린 시절을 되돌아본다. 하지만 사실 그는 소문만큼 그렇게 대단한 악동은 아니었다. 그가 그토록 후회했던, 선생님의 매가 두려워 억지로 공부하고 남의 정원에서 배를 서리하는 정도의 일들은 또래의 아이들이라면 흔히 할 법한 사건들이니 말이다.

아버지는 그가 제대로 교육받고 출세하기를 바랐다. 따라서 그는 고향에서 초등교육을 마친 뒤 마타우라로 가서 문법 교육을 받고, 다시 아프리카에서 가장 큰 도시였던 카르타고에서 수사학을 공부했다. 순진한 학생이 큰 도시로 유학을 가면 크고 작은 유혹에 빠지기 쉽다. 그는 대도시 카르타고에서 공부를 열심히 한 만큼이나 나쁜 짓도 많이 했다. 혁명가라 자칭하는 불량 학생들과 어울려 다녔고, 연애에도 열심이어서 열일곱 나이에 신분이 낮은 여자와 살면서 아들까지 낳았다. 하지만 그 당시 사람들의 생활은 몰락해 가는 로마제국만큼이나 타락해 있었기에 이런 그의 행동이 그다지 유별나지도 않았으리라. 아우구스티누스는 썩어 가는 시대만큼 망가지고 있었을 뿐이다.

다만, 아우구스티누스는 자신이 무엇인가 잘못하고 있음을 끊임없이 의식했다는 점에서 남달랐다. 그의 말대로 어머니 젖을 빨기 시작하면서부터 스며들었던 그리스도 정신 덕분이었을까, 그는 방탕한 생활에 좀처럼 만족할 수 없었다. 쾌락은 순간의 기쁨을 주지만 결코 삶을 행복하게 하지 못한다는 사실, 그리고 다른 어떤 올바른 삶이 있지 않을까 하는 의문이 아우구스티누스의 머리에서 떠나지 않았다.

지적 갈등의 시작

수사학은 출세를 위해서 반드시 익혀야 하는 고급 학문이었다. 상업이 발달한 로마에서는 소송도 많았다. 그렇기에, 공적인 장소에서 자신을 변호하거나 상대를 효과적으로 논파하는 기술은 아주 요긴했다. 아우구스티누스도 당연히 수사학을 공부했고 눈에 띌 정도로 재주를 보였다. 수사학의 기술을 익히기 위해 학생들이 주로 공부했던 것은 키케로, 베르길리우스, 호라티우스 같은 사람들의 연설문과 작품이었다. 똑같은 책을 보더라도, 출세를 목적으로 한 공부와 삶에 대한 문제의식을 갖고 하는 공부 사이에는 큰 차이가 있다. 아우구스티누스는 이러한 '로마 시대 출세 지침서들'에서 연설 기술보다는 올바른 삶의 방법과 진리에 대한 지식을 더 많이 얻었다. 특히 그는 키케로의 《철학의 권유》에서 큰 감동을 받았다. 이 책을 통해 그는 진정한 행복은 덧없이 왔다가 사라지는 재산이나 명성에서가 아

키케로

(Cicero, 기원전 106~기원전 43) 수사학의 대가이자 고전 라틴 산문의 창조자. 주요 저서로 《카탈리나 탄핵》, 《국가론》, 《우정에 관하여》 등이 있다.

베르길리우스

(Vergilius, 기원전 70~기원전 19) 고대 로마의 시인으로 7년에 걸쳐 완성한 《농경시》, 미완성 작품인 장편 서사시 《아이네이스》 등의 대작을 남겼다.

호라티우스

(Horatius, 기원전 65~기원전 8) 고대 로마의 시인으로 남아 있는 작품으로는 《서정시집》 4권과 《서간시》 2권 등이 있다.

니라, 영원하고 변하지 않는 진리를 통해서만 얻어진다는 사실을 깨닫는다. 그럼에도 여전히 그는 영원하고 변하지 않는 진리가 무엇인지는 알지 못했다.

아우구스티누스는 진리를 찾기 위해 어린 시절부터 어머니 모니카가 정성껏 가르쳐 주었던 기독교의 가르침을 떠올리고 《성경》을 읽어 보았다. 하지만 수사학의 현란한 말 기술과 정교한 논리에 익숙한 그에게 단순하고 소박한 《성경》의 문구는 가슴에 와 닿지 않았다. 아우구스티누스가 무엇보다도 관심을 가졌던 문제는 왜 세상은 이토록 고통과 죄악으로 가득 차 있는가였다. 그리고 그는 어떻게 해야만 이 엉망인 세상에서 참된 행복을 얻는지를 끊임없이 고민했다.

이 물음에 처음으로 해답을 준 사상은 유행하던 마니교였다. 마니교는 선한 신과 악한 신이 세상을 지배한다고 설명한다. 현실 세계는 선악이 대립하고 싸우는 곳이다. 영혼과 육체로 되어 있는 인간은 영혼으

로 있으면 신이지만 육체로 존재할 때는 하나의 물질이다. 그런데 악은 욕구를 일으키는 육체에서 비롯된다. 선은 우리의 순수한 영혼에서 온다. 선이 승리하여 행복을 얻으려면, 우리는 육체적인 욕구를 억제하고 이성에 따르는 삶을 살아야 한다.

마니교의 교리는 세상의 악과 고통에 대해 고민하던 열아홉 아우구스티누스에게 명확한 해석과 삶의 방향을 일러 주었다. 그 뒤 그는 9년 동안이나 마니교에 빠져 지냈다.

그러나 마니교는 그의 의문을 완전하게 풀어 주지는 못했다. 죄악이 악한 신으로부터 비롯된다면, 악한 짓을 한 사람에게는 책임을 물을 수 없지 않을까? 그는 단지 신의 명령에 따라 행동했을 뿐이다. 그렇다면 인간이 선과 악을 구별하고 행동한다는 것에 무슨 의미가 있단 말인가?

그는 또다시 극심한 지적 혼란 상태에 빠져들었다. 그 무엇도 어지러운 세상을 설명하지 못했고 어떻게 살아야 할지도 가르쳐 주지 못했다. 아우구스티누스는 사회적으로는 점점 더 성공하여 유명한 수사학 교수로서 카르타고에서 로마로, 그리고 밀라노로 옮겨 갔지만 지적인 갈등과 고민은 좀처럼 풀리지 않았다.

악은 선의 결핍일 뿐

그러던 어느 날, 그는 밀라노의 주교 암브로시우스와의 만남으로 새로운 전환을 맞는다. 수사학자인 아우구스티누스는 우선 암브로시우스의 탁월한 연설 솜씨에 반했다. 그는 암브로시우스를 통해 《성경》의 문장 속에 숨은 진리를 깨닫게 된다. 《성경》은 신과 세계에 대한 심오한 진리를 쉽고 간단하게 풀어 쓴 책이라는 사실을 알게 된 것이다. 아울러 암브로시우스에게서 그가 그토록 고민했던 악의 문제를 해결할 가능성을 찾았다. 악은 아우구스티누스뿐 아니라 기독교 교리를 연구하는 사람들이 심각하게 고민하던 어려운 문제였다. 《성경》에 따르면 하느님은 선하고 전능한 분이다. 이런 신이 만든 세상은 행복과 사랑이 가득한 곳이어야 한다. 그럼에도 세상은 왜 고통과 절망과 죄악으로 가득 차 있는가? 이것은 교리 연구자들이 해결할 수 없었던 커다란 문제였으며 이교도들이 기독교를 공격하는 중요 포인트이기도 했다.

이 문제를 아우구스티누스는 '악이란 없으며 선의 결핍일 뿐'이라는 한마디로 간단히 해결해 버렸다. 신이 만든 세상에서는 무엇도 악하지 않다. 예컨대, 물건을 훔치고 집에 불을 지르는 일마저도 모두 선한 행동이다. 다만, 이것은 그 일을 하는 사람에게만 즐거움을 주는 작은 선이다. 반면, 훔치고 불 지르고픈 욕망을 참는 인내는 더 큰 선이다. 보복을 피할뿐더러, 다른 사람들에게도 안전과 평화라는 선을 주기 때문이다.

논리적으로만 생각해 본다면 우리는 항상 작은 선보다는 큰 선을 택해야 한다. 그러나 우리는 큰 선보다는 오직 자신에게만 이익을 주거나 심지어 해로움을 안기는 작은 선을 택하는 때가 더 많다. 왜 그럴까? 아우구스티누스는 그 이유를 《성경》에 나오는 원죄에서 찾는다. 인류의 조상인 아담이 최초로 저지른 죄로 말미암아 후손인 우리 인간들은 그 죄에서 벗어나지 못하고 끊임없이 작은 선을 택할 수밖에 없다. 어떻게 해야 우리가 작은 선을 택하지 않고 더 큰 선으로 향할 수 있을

까? 이는 우리 힘만으로는 불가능하다. 오직 신에 대한 믿음과 신의 은
총을 통해서만 우리는 비로소 작은 선에 대한 집착, 곧 악행에서 벗어
나 큰 선을 택할 수 있다. 신에 대한 믿음과 소망이 먼저 있어야 비로소
완전한 선을 행할 수 있다는 말이다.

밀라노 정원에서의 체험

그렇지만 무엇이 올바른지를 깨달았다 해도 이를 반드시 실천할 수
있는 것은 아니다. 그는 머리로는 그리스도를 받아들였지만 생활은 여
전히 방탕했다. 그는 어머니 모니카의 애원을 받아들여 10년 가까이 같
이 살았던 노예 출신 여자와 헤어졌다. 그러곤 좋은 가문의 처녀와 약
혼했다. 그러나 약혼 기간이 길어지자 또다시 다른 여자에게로 관심을
돌려 버렸다. 세상에 가득 찬 악과 올바른 삶에 대해 고민하면서도 정
작 자신은 타락과 쾌락의 늪에서 헤어나지 못했다.

그러던 아우구스티누스에게 마침내 결정적인 깨달음과 뉘우침의 계
기가 찾아왔다. 아우구스티누스의 삶이 180도 변하는 결정적인 계기
가 된 이 사건은 이른바 '밀라노 정원에서의 체험'이라 불린다. 암브로
시우스 주교의 감명 깊은 설교와 마니교에 대한 회의로 방황하며 정원
을 거닐던 어느 날, 이웃집에서 그에게 말을 거는 듯한 어린아이 노랫
소리가 들려왔다. "《성경》을 읽어라." 아우구스티누스에게 이 말은 신
의 계시처럼 다가왔고, 가까이 있던 《성경》을 집어서 아무곳이나 정신
없이 펴 보았다. 그의 눈에 마침 '방탕과 술 취하지 말며 음란과 호색하
지 말며 쟁투와 시기하지 말고 오직 주 예수 그리스도로 옷 입고 정욕

을 위하여 육신의 일을 도모하지 말라'(로마서 13장 13~14절)라는 구절
이 들어왔다. 이 말은 그에게 홍수로 위태로운 둑을 무너뜨리는 마지막
한 방울의 빗물과 같았다. 그는 마침내 끓어오르는 후회로 눈물을 흘렸
다. 그러곤 수사학자로서의 화려한 경력을 버리고 오직 신을 위해 살리
라 결심했다.

이교도와의 힘겨운 싸움

387년, 서른세 살의 나이로 아우구스티누스는 암브로시우스에게 세
례를 받았다. 어머니 모니카의 소망이 마침내 실현되는 순간이었다. 그
는 화려한 도시 생활을 접고 고향으로 돌아가 기도하고 사색하는 공동
체 생활을 했다. 이때부터 그의 밑바닥 인생 경험과 수사학자로서의 뛰
어난 설득력과 문장 기술은, 체계화되지 못한 이론 때문에 이교도들의
공격에 시달리던 기독교를 지키는 데 쓰이게 되었다.

아우구스티누스는 조용히 묵상하고 기도하면서 지내기를 원했지만,
시대는 그를 간절히 원했다. 그는 교회의 간곡한 부탁으로 391년, 아프
리카 제2의 도시였던 히포의 사제가 되었다. 4년 뒤에는 히포의 대주교
가 된다. 그의 나이 마흔하나 때였다.

히포의 대주교로서 그가 해야 할 일은 무척이나 많았다. 당시 대주교
는 매일 아침 한 차례 이상 미사를 집전하고 여러 사람들에게 종교 교
육을 해야 했다. 그뿐 아니라 끊임없이 열리는 크고 작은 회의에도 의
무적으로 참석해야 했으며, 토지·재산을 둘러싼 갈등을 중재하고 재
판도 해야 했다.

바쁜 가운데서도 그는 일흔여섯의 나이로 죽을 때까지 100여 권의 철학 책과 218통의 편지, 그리고 500권 이상의 설교집을 썼다. 교부들에게 가장 중요한 과제는 기독교를 위협하던 이교도와 논쟁을 벌이며 교리를 세우는 것이었다. 아우구스티누스는 자기 역할에 충실했다.

410년, 서고트족의 침략으로 마침내 서로마제국의 수도였던 로마가 함락되고 만다. 이는 당시 사람들에게 엄청난 충격이었다. 그는 기울어 가는 조국 서로마제국을 그리스도의 사상으로 재무장시켜, 새로이 일으켜 보겠다는 생각에서 유명한 《신국론神國論》을 쓴다.

이 책에 따르면 인류 역사는 '지상의 나라'와 '신의 나라'가 벌이는 투쟁의 기록이다. 지상의 나라는 잔인하고 오만하며 방탕하지만 신의 나라는 믿음과 희망과 자비로 가득 차 있다. 지상의 나라 사람들은 부를 쌓고 안정된 정치 제도만 갖춰지면 삶이 충만하고 완성되리라 믿는다. 그러나 예나 지금이나 부유한 문명 국가일수록 사람들의 생활이 타락하는 경우가 되레 더 많다. 따라서 부유함과 생활의 안정이 인간에게 행복을 준다고 보기 어렵다. 진정한 행복은 신의 나라에서 이루어진다. 여기서 사람들은 오직 신의 은총에 의한 구원만을 바란다. 그속에서만 진정한 정의와 복된 삶이 보장되기 때문이다. 지상의 나라와 신의 나라의 싸움은 결국 최후 심판의 날, 신의 나라의 승리로 끝을 맺을 것이다. 따라서 우리는 겸허한 신앙심으로 신의 은총을 바라는 삶을 살아야 한다.

신의 나라를 향한 그의 노력에도 조국 서로마제국은 더 이상 회복이 어렵게 되었다. 유럽의 반달족은 아프리카까지 건너와 히포를 포위하였다. 일흔여섯의 성실한 주교 아우구스티누스는 도시의 성벽을 공격하는 반달족의 함성을 들으며 열병으로 눈을 감고 만다.

나 자신이 문제일 뿐

아우구스티누스는 기독교가 세계 종교로 거듭나는 이론적 기초를 다진 중요한 교부이다. 그로부터 토마스 아퀴나스가 탄생할 때까지 근 800년간, 그의 사상은 교회를 지탱하는 든든한 버팀목이었다. 기독교의 성인이라는 사실을 떠나 철학자로서 그를 살펴보자. 우리에게는 그의 '철학하는 자세'가 더 소중하다. 그는 '내게는 나 자신이 문제일 뿐'이라는 말을 한 적이 있다. 그의 사상의 출발점은 항상 자신에 대한 반성과 깨달음에 있었다. 그는 자신의 내면을 바라보며 끊임없이 반성하는 자세를 잃지 않았다. 그리고 자신은 항상 부족하며, 신에 의지하지 않고는 결코 완전해지지 못한다는 겸손한 마음을 간직했다.

현대는 자기 자신이 가장 중요하고 가치 있다고 여기는 시대이다. 나의 판단이 소중하고 나의 결정이 가장 중요하다. 이는 종종 자신이 가장 뛰어나고 완전한 존재라는 착각을 불러일으키곤 한다. 완전한 삶은 자신이 불완전한 존재라는 진실을 끊임없이 깨닫는 가운데 이루어진다. 이런 자세를 잃어버린 오만한 삶은 자신과 세상을 황폐하고 초라하게 만들곤 한다. 반성할 줄 모르고 자신의 선택과 욕구만을 소중하게 여기는 사람들은 철학자 아우구스티누스에게 이 점을 배워야 한다.

아우구스티누스가 뉘른베르크 전범재판의 재판관이라면?

제2차 세계 대전이 끝나고 뉘른베르크에서는 전쟁 범죄자들에 대한 재판이 열렸다. 히틀러는 '제국 종교의 두 기둥'으로 개신교와 가톨릭을 들었다. 나치 독일의 병사들의 허리띠 버클에는 '신께서 함께 하신다.'라는 문구도 새겨 있었단다. 그럼에도 나치는 학살과 만행을 서슴지 않았다. 아우구스티누스는 이 경우에도 신을 변호하는 데 아무 문제가 없다. 나치는 '더 큰 악'이 아닌 '더 작은 악'을 택했기 때문이다. 하지만 이 모든 일은 '신의 섭리'를 믿고 따르는 자들의 손에 일어났다. 여기에 대해 아우구스티누스라면 어떻게 변론을 펼칠까?

신앙과 이성, 신에게로 가는 두 갈래 길

토마스 아퀴나스

책으로 시작해 책으로 끝나는 삶

토마스 아퀴나스Thomas Aquinas,1225?~1274는 1225년(혹은 1224년), 이탈리아의 아퀴노 근교 로카세카 성에서 태어났다(토마스 아퀴나스라는 이름은 '아퀴노의 토마스'라는 뜻이다). 아퀴노 마을은 로마와 나폴리 중간에 있어서 로마 교황과 시칠리아(시칠리아와 나폴리에 걸쳐 있던 왕국으로 1130년 세워졌고 1860년 이탈리아 왕국에 병합되었다) 황제 사이에서 벌어지는 분쟁에 휘말리곤 했다. 이곳의 귀족이었던 아버지 란돌포는 영지를 지키던 무장武將이었다. 토마스는 체격이 무척 컸을뿐더러, 한번 하기로 마음먹으면 절대로 포기하거나 물러서지 않는 승부사 기질을 지녔단다. 이런 모습은 무장이었던 아버지를 닮은 듯싶다.

4남(어떤 기록에 따르면 7남) 5녀 중 막내였던 토마스는 어느 귀족 자제들과 크게 다르지 않은 어린 시절을 보냈다. 귀족들은 대개 수도원에서 초등교육을 받았다. 토마스도 다섯 살 때 '좋은 생활 습관을 익히고 읽기와 쓰기를 배우기 위해' 인근 몬테카시노의 베네딕토 수도원으로 보내졌다. 토마스의 부모는 막내아들이 이곳에서 교육받은 뒤 베네딕토 수도회에 정식으로 들어가기를 바랐던 것 같다. 아들이 커서 수도회 원장이 된다면 가문의 영광일 뿐 아니라, 수도원의 막대한 재산도 차지할 수 있기 때문이었다. 그러나 부모의 야심과 달리, 정작 어린 토마스가 수도원 생활을 통해 익힌 것은 학문하는 사람의 생활 태도였다. 그는 도서관에 파묻혀 사람보다 책에 더 익숙한 아이로 커 갔다. 산속의 고요와 한적함은 친구들과의 수다보다 조용한 묵상을 더 좋아하는 품성을 길러 주었다. 토마스는 출세에는 전혀 뜻이 없는 아이였다. 그는 책에서 시작하여 책으로 끝나는 학자의 삶을 살 운명이었다.

토마스 납치 사건

1239년, 열다섯 살의 토마스는 더 깊이 공부하기 위해 나폴리 대학으로 유학을 떠났다. 이곳에서 그는 인생을 결정짓는 두 번의 만남을 겪게 된다. 하나는 만물 박사 알베르투스 마그누스를 만난 것이다. 알베르투스는 그때 유럽에서 한창 일었던 '아리스토텔레스 붐'과 밀접한 인물이다. 아리스토텔레스는 서양 사상의 뿌리인 고대 그리스 철학에서 플라톤과 쌍벽을 이루는 철학자다. 하지만 무슨 이유에서인지 아리스토텔레스는 무려 천 년이 넘는 동안 유럽 사회에서

알베르투스 마그누스
(Albertus Magnus, 1193?~1280) 독일의 스콜라 철학자로 신플라톤주의 사상에 아리스토텔레스 철학을 가미하여 이성과 신앙의 영역을 구별했다.

잊힌 철학자였다. 아리스토텔레스는 유럽에서 찬밥이었지만 아랍 세계에 수출(?)되어 큰 인기를 끌었다. 이때에 와서야 비로소 그의 사상이 라틴어로 번역되어 유럽 학자들의 관심을 받은 것이다.

당시 유럽은 기독교 신앙이 지배하고 있었다. '알기 위해서 믿는다'라는 말은 토마스 시대의 분위기를 한마디로 보여 준다. 신앙은 모든 논리적인 사고 위에 있었다. 신과 세계에 대해 철저하게 논리적으로 따져 묻는 일은 신앙에 대한 위협으로 여겨지곤 했다. 나아가 일상의 세계는 죄악으로 가득 차 보잘것없으며, 진정한 세상은 하늘나라이고 오직 정신적인 것만이 가치 있게 여겨졌다.

반면, 아리스토텔레스는 우리가 사는 세상과 경험도 정신만큼이나 중요하게 여겼다. 나아가 논리적이고 이성적인 탐구로도 신과 세계를 바로 알 수 있다고 주장했다. 중세 기독교 사회에서는 이런 아리스토텔레스를 이단시하는 경향이 강했다. 그럼에도 알베르투스는 아리스토텔레스의 사상은 그 어떤 것보다도 기독교적이라고 주장했다. 즉 이성과 신앙은 대립하지 않으며, 서로를 보완한다. 신이 우리에게 준 이성을 최대한 발휘한다면 믿음이 더욱 강해져 구원에 더 가까이 갈 수 있다. 토마스 아퀴나스는 알베르투스와 아리스토텔레스의 사상에 강한 감명을 받았다. 그는 이성과 신앙은 '신에게 가는 서로 다른 길'임을 깨닫고 논리적인 작업을 통해 신에게로 좀 더 가까이 다가가는 길을 택했다.

알베르투스가 속해 있던 도미니코 수도회와의 만남도 토마스의 삶에서 매우 중요하다. 도미니코 수도회는 탁발 수도회로 학문적 수련을 바탕으로 청빈과 고행을 통해 그리스도의 가르침을 퍼뜨리려 했다. 명

> **탁발 수도회**
> 청빈과 엄격한 규율을 신앙 이념으로 삼아 13세기 이후 서유럽에서 널리 유행한 수도회.

예와 권력에 관심이 없던 토마스에게 도미니코 수도회는 딱 맞는 곳이었다. 1244년, 스무 살의 토마스는 마침내 도미니코 수도회에 평생을 바치리라 결심한다.

그러나 가족들은 토마스의 결정을 받아들이지 못했다. 도미니코 수도회는 그의 부모가 바랐던 권력과 명예와는 거리가 멀었다. 도미니코 수도회는 가난하거나 몰락한 가문 사람들이나 입회하던 곳이었다. 이런 단체에 훌륭한 귀족 집안의 아들이 가입한다는 사실은 가문의 명예에 먹칠하는 일이었다. 온 가족이 나서서 토마스를 말렸지만 무사 집안 특유의 승부사 기질을 가진 이 막내아들은 물러설 줄 몰랐다. 마침내 가족들은 토마스를 납치하여 성에 가두어 버리는 극단적인 방법까지 쓰게 된다.

감금 기간은 1년 넘게 계속되었지만 토마스는 고집을 꺾지 않았다. 가족들은 그를 설득하려고 초강수를 썼는데, 젊은 여자를 토마스 혼자 있는 방에 밀어 넣은 사건은 유명하다. 스무 살의 나이에 견디기 어려운 유혹이었을 이러한 방법도 토마스에게는 먹히지 않았다. 토마스는 불타오르는 장작을 집어 휘두르며 외쳤다. "당장 나가지 않으면 이것으로……." 거구의 사내가 외치는 무시무시한 위협에 아가씨는 혼비백산해서 뛰쳐나가 버렸다. 가족들은 고집불통 막내아들을 이길 수 없었다. 결국 토마스는 원하던 대로 도미니코 수사들을 따라갔다.

벙어리 황소가 울 때까지

그 뒤 토마스는 알베르투스를 따라 파리와 쾰른에서 학업을 계속했다. 학창 시절 토마스에 대한 기록을 보면, 왕따당하기 쉬운 학생이라는 느낌이 든다. 체구가 크고 뚱뚱했던 그는 좀처럼 입을 여는 법이 없었다. 늘 책을 보거나 멍한 표정으로 있곤 했단다. 친구들은 그를 '시칠리아의 벙어리 황소'라며 놀려 댔다. 토마스는 수업 시간에도 말없이 늘 이해하지 못하겠다는 표정으로 앉아 있곤 했다. 친구들은 그를 열등생과 지진아의 중간쯤으로 여겼단다. 그러나 토마스가 말이 없었던 이유는 자신의 사색을 방해받고 싶지 않았기 때문이었다. 그에게는 자기가 많이 알고 있다는 사실을 드러내고 싶은 욕망도 없었다.

하지만 보석은 아무리 감추어도 빛이 나게 마련이다. 한번은 이 지진아를 불쌍하게 여긴 친구가 그의 가정교사를 자원했다. 토마스를 지도하던 자비로운 친구는 놀라운 사실을 발견하게 된다. 이 지진아는 자신이 모르는 것까지 모조리 이해했으며, 어떤 것은 선생님보다도 더 잘 알고 있었다! 토마스는 입을 다물지 못하는 친구에게 이 사실을 누구에게도 말하지 말라고 간곡하게 부탁했다. 자신의 지혜가 드러나서 유명해진다면 친구들이 모여들어 공부와 사유를 방해받을지 모른다는 두려움에서였다.

학자들은 '진리에 대한 사랑이 겸손한 마음을 이겼다'라는 말로 이 사건을 평가한다. 토마스는 자신의 높은 학식을 감추는 겸손한 마음을 지녔다. 반면, 누군가 옳지 않은 이야기를 하면 이를 바로잡지 않고는 못 견딜 만큼 진리를 사랑하기도 했다. 스승 알베르투스는 그의 성품과 재능을 잘 알고 있었다. 친구들이 토마스를 놀릴 때마다 알베르투스는, '너희들은 벙어리 황소라고 이 아이를 놀리고 있다. 그러나 장차 황소가 울부짖으면 그 소리에 전 세계가 벌벌 떨 것이다'라고 읊조리곤 했다.

논리와 이성으로 신을 증명하다

1252년, 토마스가 아직 충분한 나이가 아님에도 알베르투스는 그를 파리 대학 신학과 교수로 추천했다. 학문의 중심이었던 파리 대학은 여러 종파 사이에 대립이 심각한 곳이었다. 여차하면 반대파의 공격으로 자리를 지키지 못할 지경이었는데도 알베르투스는 주저하지 않았다. 토마스의 자질을 잘 알고 있던 그에게 교수직 추천은 결코 모험이 아니었다. 실제로, 벙어리 황소가 강단에 섰을 때는 대적할 자가 없었다. 학생들은 이 거구의 수사가 토해 내는 치밀하고 논리적인 문제 제기와 해결 방식에 감탄했다. 그는 얼마 되지 않아 파리 대학 최고의 인기 교수로 자리 잡았다.

파리 대학의 신학과 교수들은 정기적으로 임의 토론을 벌였다. 이는 누구나 하고 싶은 질문을 하고 의견을 말하는 자유로운 토론이었다. 보통 이틀 동안 진행되는 토론의 분위기는 마치 학문으로 하는 검투사 시합과도 같았다. 칼 대신 말로 하던 치열한 싸움의 주제는 '신의 속성은 무엇인가'와 같은 점잖은 것에서 '부활한 예수 그리스도가 식사를 했을 때 음식물은 몸에 흡수된다고 보아야 하는가'처럼 엽기적(?)인 것에 이르기까지 매우 다양하고 까다로웠다. 토마스는 모든 주제에 대해 막힘 없는 논리로 상대 주장을 제압했다. 그는 결코 목소리를 높이거나 성급하게 《성경》의 권위에 의존하여 억지 주장을 하지 않았다. 토마스는 꾸밈없는 단순하고 쉬운 용어와 누구나 알아들을 만한 평이한 논리로 상대를 설득했다. 이런 그의 태도는 '들은 것이 진리인지 아닌지를 가리는 능력은 모든 인간의 이성 속에 들어 있다'라는 말에 잘 나타나 있다.

그는 신학자들이 세속적이라고 보는 논리와 이성적 설득으로도, 신이 있음을 증명하고 신의 능력과 권위를 찬양할 수 있으리라 여겼다.

1259년, 교수 경험을 가진 이들을 많이 배출한다는 도미니코 수도회의 방침에 따라, 토마스는 다른 수도회원에게 교수직을 넘겨주고 강단에서 물러났다. 그때까지의 삶이 책에서 시작하여 책으로 끝나는 생활이었다면, 퇴직한 뒤의 생활은 다양한 사회 활동의 연속이었다. 이탈리아로 돌아온 그에게 강연과 도움 요청이 쏟아졌다. 수많은 회의에 의무적으로 참석해야 했으며, 때로는 이단으로 몰린 신학자들에 대한 변호를 맡기도 했다. 책과 사색에 몰두해 온 토마스에게 이런 활동들이 결코 편안했을 리 없다. 그런데도 《대이교도 대전》 같은 그의 방대한 저작들은 대부분 이 시기에 쓰이기 시작했다. 그는 결코 사색의 고삐를 늦추지 않았다.

토마스의 글에서는 감정의 흐름을 어느 구석에서도 느낄 수 없다. 냉철하고 차분한 논리적 분석과 주장이 이어질 뿐이다. 정작 그의 생활은 항상 첨예한 갈등 한가운데 있었다. 파리 대학 시절에는 각 종단 간의 치열한 대립 속에서 지내야 했고, 이탈리아로 돌아온 뒤에는 교황과 로마 황제가 날카로운 신경전을 벌이는 가운데 활동해야 했다. 토마스는 현실 상황에 관심을 보이거나 직접적으로 입장을 밝힌 적이 없다. 그 정도로 항상 중용의 태도를 지켰다. 이러한 자세는 민감한 문제였던 신권과 왕권의 문제, 즉 국가와 교회에 대한 그의 견해 속에 잘 나타나 있다.

토마스에 의하면 인간은 본성적으로 사회적 동물이다. 따라서 국가는 인간에게 자연스럽다. 국가는 사람들에게 행복을 얻기 위한 기준을 마련해 준다. 그런데 인간에게 최고의 행복이란 신을 직관하는 것이다.

이러한 행복은 이성적으로 생각하여 신이 세상에 심어 놓은 자연법을 깨닫고, 이에 따라 선을 좇고 악을 피하는 생활을 할 때 비로소 얻을 수 있다. 마찬가지로 국가도 자연법에 따라 사람들을 다스리고 행복으로 이끌 때 사회의 공동선을 이룰 수 있다.

반면, 교회는 국가가 이루려는 공동선보다 더 소중한, 신에게로 나아가는 초자연적 목적을 추구한다. 따라서 종교적 구원이나 신에 관한 문제에서는 국가는 교회에 복종해야 한다. 그렇다고 국가가 교회보다 못하다는 뜻은 아니다. 국가는 자연법에 따라 사회를 유지하고 사람들을 행복하게 하는 것만으로도 가치가 있다. 요컨대, 국가와 교회는 대립하는 것이 아니라 신을 향해 가는 서로 다른 두 길일 뿐이다.

"나는 못해, 나는 못해"

바쁜 생활 가운데서도 토마스는 냉철하게 학술 작업을 계속하는 놀라운 집중력을 보였다. 《신학 대전》을 한창 쓰고 있을 무렵, 프랑스 국왕 루이 9세가 그를 연회에 초대했단다. 왕 곁에 앉은 토마스는 말없이 있다가 갑자기 벌떡 일어나 식탁을 꽝 치며 외쳤다. "그렇다, 이것으로 마니교는 끝장이 났다!" 옆에 있던 수도원장이 쿡쿡 찌르면서 여기가 어디인지를 일러 주었을 때야 토마스는 제정신을 차렸다. 자신의 무례를 사과하자, 왕은 오히려 사람을 시켜 떠오른 생각을 잊기 전에 받아 적게 했다. 그의 집중력이 얼마나 뛰어났는지, 그리고 왕을 비롯한 사람들에게 그가 얼마나 존경받는 학자였는지를 잘 보여 주는 장면이다.

1269년, 도미니코 수도회는 또다시 반대파들에게 사상적으로 공격받고 위기에 처하게 된다. 토마스는 이 위기를 넘길 구원 투수로 다시 파리 대학 신학 교수로 복귀했다. 토마스의 학자로서의 능력은 이 시기가 전성기였다. 수많은 학파 사람들과 논쟁을 벌이며 자신의 이론을 체계적으로 펼쳐 나갔다. 방대한 아리스토텔레스 주석서들과 《신학 대전》의 대부분은 이 시기에 쓰였다.

2년 뒤 다시 교수직에서 물러나 이탈리아로 돌아와서도 그의 집필 속도는 여전히 놀라웠다. 토마스의 글씨체는 '판독 불가능'이라고 불릴 정도의 악필로 유명하다. 책을 쓰는 작업은 그가 내용을 불러 주면 몇 명의 수사들이 받아 적는 형식으로 진행되었다.

영원히 계속될 듯했던 그의 집필은 갑자기 중단되었다. 1273년 12월 6일, 성 니콜라우스 축일에 미사를 드리던 도중 그는 이상한 변화를 느꼈다. 신을 깨닫는 신비로운 체험을 한 것이다. 그 뒤 그는 수많은 사람들이 계속해서 저술할 것을 부탁했는데도 "나는 못해, 나는 못해."라는 말을 되뇌며 완전히 붓을 꺾어 버렸다. '내가 보고 내게 계시된 내용에 비하면 내가 그동안 쓴 것은 지푸라기에 지나지 않는다'라는 게 이유였다. 그 뒤 토마스는 1274년 리옹에서 열린 공의회에 참석하고자 여행하던 도중 병으로 죽을 때까지 기도와 묵상으로 일관된 나날을 보냈다.

기적을 행한 철학자

1323년, 마침내 토마스는 성인이 되었다. 이때 토마스의 반대파들은 그가 생전에 행한 기적이 적다는 점을 들어 그를 성인으로 추대하는 것을 반대했다. 이

> **공의회**
> 교리 문제나 규율 등에 관한 문제를 협의하고 결정하기 위해 교황이 온 세계의 추기경, 주교, 신학자들을 불러 모아 하는 회의.

에 대한 교황 요한 22세의 답변은 간단했다. "토마스는 자신이 철학적으로 해결한 문제의 수만큼 기적을 행한 것이다."

토마스의 가장 큰 기적은 맹목으로 흐르기 쉬운 신앙에 대해 이성적 사유의 중요함을 일깨워 주었다는 점이다. 모든 종교가 평화와 관용을 주장하고 있지만 현실에서는 끊임없이 종교 간의 갈등과 폭력이 빚어지고 있다. 이성을 잃어버린 신앙은 광기狂氣에 가깝다. 이성적 사고와 합리적인 대화로 진정한 신의 뜻을 깨닫는다면 종교를 둘러싼 어떤 문제도 폭력으로 이어지지는 않을 것이다.

겸손함을 잃어버린 이성은 광기로 바뀌어 버린다. '합리적'이라는 이름 아래 얼마나 많은 폭력이 행해지고 있는가! 신앙은 우리의 이성이 결코 완전하지 않으므로 끊임없이 자신을 낮추고 반성해야 함을 일깨운다. 토마스가 강조한 것은 신 앞에서 자신을 낮추고 능력의 한계를 인정하는 겸손한 이성이다. 토마스의 사상이 겸허한 반성을 잃어버린 합리적인 현대인과, 이성을 잃고 광신으로 흐르는 종교인들에게 이성과 신앙의 조화라는 기적을 다시 한번 일으켜 주었으면 좋겠다.

신을 사형시켜야 하는가?

리처드 도킨스는 《만들어진 신》에서 이렇게 말한다. 신은 이제 필요 없을뿐더러 없애 버려야 할 존재다. 종교 때문에 숱한 다툼이 일어나며 많은 사람이 죽고 다치지 않는가. 종교는 합리가 지배하는 세상에 퍼진 암과 같다. 양심적 병역 거부를 예로 들어 보자. 집안의 신념에 따라 군대에 가지 않겠다는 주장은 별 호소력이 없다. 하지만 '신앙'에 따라 군대에 갈 수 없다고 하면 사정이 달라진다. 신앙은 가장 존중받아야 할 가치로 여겨지기 때문이다.

세상에는 종교를 등에 업은 폭력이 넘쳐 난다. 어떤 이가 자기 아내를 '보호'한다며 온몸을 천으로 가리라 했다면 어떨까? 과학 교과서의 지식 대신 수천 년 전에 누군가가 세상을 만들었다고 믿게 한다면? 당연히 제정신이 아닐 터다. 그렇지만 '종교적 믿음'은 이 모든 일에 면죄부를 준다. 과학적 상식에 한참 벗어나도 '종교적 믿음'은 존중받는다. 신체 일부를 잘라내는 할례도 종교 예식이므로 막지 못한다.

종교에는 설득이 통하지 않는다는 점이 더 끔찍하다. 과학은 증거와 사례를 들이대며 무엇이 더 옳은지를 토론하게 하지만, 종교는 의심하지 말고 믿으라고만 한다. 광신자들이 참혹한 짓을 저지르고도 거리낌이 없는 데는 이유가 있다.

토마스 아퀴나스는 신의 존재에 대한 합리적인 토론이 가능하다고 믿었다. 하지만 도킨스의 생각은 정반대다. 신에 대해서는 이성적인 대화가 전혀 불가능할뿐더러, 신앙은 숱한 폭력과 편견을 낳을 뿐이다. 그렇다면 신을 이제 없애야 하는가? 아퀴나스의 입장에서 반박을 펼쳐 보자.

2부

과학과 신앙의 이중주,
탈출구는?

마키아벨리에서 칸트까지

목적은 수단을 정당화한다?

마키아벨리

나는 마키아벨리주의자가 아니다

유능한 외과 의사는 종종 냉혹하다는 오해를 산다. 치료에 필요하다면 환자의 애원에도 아랑곳 않고 상처를 헤집는 탓이다. 때로는 환자에 대한 섣부른 동정심이 해가 되기도 한다. 의사는 피도 눈물도 없는 의료 기계처럼 냉철한 판단과 조치를 취할 수 있어야 한다. 그것이 결국 환자를 살리는 길이기 때문이다.

마키아벨리즘Machiavellism이란 흔히 권력을 위해서라면 무슨 짓이든 하는 냉혹한 정치꾼의 권모술수를 가리킬 때 쓰는 말이다. 그러니 마키아벨리주의자라는 평가를 받고 기분 좋아할 권력자는 없다. 하지만 정작 창시자 격인 마키아벨리Niccolo Machiavelli, 1469~1527는 결코 권력에 굶주린 잔인한 인간이 아니었다. 그에 대한 세상의 편견은, 환자를 살리려는 단호한 처치만을 보고 '의사는 잔인하다'고 판단하는 것과 같다. 마키아벨리는 국가의 보존과 국민의 행복을 위해서라면 값싼 도덕심과 동정 따위는 때로 던져 버리라고 주장했을 따름이다. 그럼에도 한번 퍼진 나쁜 소문을 바로잡는 일은 쉽지 않다. 마키아벨리에 대한 편견은 500년 넘게 이어져 왔지만, 마키아벨리는 결코 마키아벨리주의자가 아니었다.

눈을 뜨고 태어난 아이

마키아벨리는 1469년 이탈리아의 도시국가 피렌체에서 태어났다. 아버지는 법률 고문으로 활동했다. 집안 형편은 경제적으로나 사회적 지위 면에서나 평범한 중산층 수준이었던 듯하다. 하지만 그의 아버지는 40여 권이나 되는 장서를 갖고 있을 만큼 독서에 관심이 많았다. 일일이 손으로 베껴서 책을 만들던 시절, 책값은 무척 비쌌다. 거기다 녁넉지 않았던 가정 형편까지 고려하면 아버지는 상당한 교양인이었으리라. 마키아벨리 역시 아버지의 책을 읽으며 꿈을 키워 갔다.

그렇지만 마키아벨리는 철저한 실무형 인간이었다. 이는 그의 성장 환경에서 비롯되었음 직하다. 많은 재산을 물려받지 못한 마키아벨리로서는 교양에 신경 쓸 겨를이 없었다. 생계를 책임져야 했으므로, 실제 삶의 현장에 더 관심이 많았다.

게다가 그 당시 피렌체의 현실은 꿈이나 환상과는 거리가 멀었다. 마키아벨리가 태어나기 200여 년 전에 이미 단테는 《신곡》에서 피렌체를 '아픔을 견디다

> **단테**
> (Alighieri Dante, 1265~1321) 이탈리아의 시인. 피렌체의 정쟁에 관여했다 추방되어 평생을 유랑하며 지냈다. 작품으로 《신곡》, 《신생》, 《향연》 등이 있다.

메디치 가

르네상스 시대 이탈리아의 명문가로 두 차례의 짧은 공백기를 제외하고는 약 300년간 피렌체와 토스카나 지방을 지배했다. 4명의 교황을 배출했고, 유럽의 여러 왕가와 혼인을 맺었다.

신정 정치

(神政政治) 신의 대변자인 제사장이 지배권을 가지는 정치.

못해 침대에서 쉴 새 없이 몸을 뒤척이는 병자'로 비유했다. 그의 조국은 상업적으로만 번창했을 뿐, 영토나 인구로는 약소국에 지나지 않았다. 주변의 영향에 따라 현기증 날 정도로 정권이 자주 바뀌며 혼란에 휩싸이곤 했는데, 마키아벨리 시대에 이르러서는 거의 말세라 할 만큼 심각했다.

마키아벨리가 아홉 살 때 메디치 가에 대한 쿠데타가 일어났고, 스물여덟 살이 되던 해에는 사보나롤라라는 광신적인 수도사가 신정 정치를 세웠다. 다음 해에는 그 역시 사형을 당해 불에 탔다. 한눈팔다가는 당장 내일을 장담하지 못하는 세월이었다.

마키아벨리는 자신의 책 《군주론》에서 이렇게 적었다.

인간이란 '두려움을 주는 자보다 사랑을 주는 자에게 해를 끼치기를 덜 주저하는' 사악한 존재다. 정치는 이 같은 인간의 이기적이고 공격적인 본능을 억제하는 강제 장치다.

마키아벨리같이 혼란한 세월을 보내며 무능한 정부를 몸으로 느껴 본 사람이라면 누구나 가질 법한 생각이다.

사람들은 마키아벨리가 눈을 뜨고 태어났다고 말한다. 서양의 전기를 읽어 보면, 눈을 뜨고 태어났다는 이야기로 생애가 시작되는 사람들이 적지 않다. 보통 이런 일화는 소크라테스나 볼테르처럼 세상의 본질을 냉철하게 꿰뚫어 본 위인들에게 붙곤 한다. 마키아벨리 역시 자라면서 철저하게 현실적인 눈으로 세상을 보는 방법을 익혔다. 그래서 그에게 이런 전설(?)이 붙었는지도 모르겠다.

피렌체의 제2 서기관

1498년, 스물아홉 살이 되던 해, 마키아벨리는 피렌체의 제2 서기관으로 임명된다. 이 자리는 지금으로 치면 국무부 차관보 정도의 직위이다. 학자들 사이에서는 내세울 만한 경력과 학력이 거의 없던 신출내기 젊은이가 어떻게 중요한 자리에 올랐는지를 놓고 아직도 논란이 많다.

어쨌든 마키아벨리는 매우 유능한 데다가 젊은이답게 의욕도 컸다. '욕심꾸러기처럼 일을 자꾸 끌어안아서 나중에는 옴짝달싹 못하게 되었다'라는 평가를 받았단다. 세상일이란 부산히 움직일수록 더 많이 배우는 법. 그는 14년의 관직 생활을 통해 사소한 행정 업무에서 외교에 이르기까지 폭넓은 경험을 쌓았다.

오늘날에도 민감한 외교 사안은 정식 외교관보다는 실무를 맡은 관료들이 사전 조율하는 것이 관례다. 국가 간 공식 접촉이 아닌 실무 차원의 만남이라 외교적인 부담이 적기 때문이다. 마키아벨리도 미묘한 외교 문제에 뛰어드는 경우가 많았다.

한편, 당시는 피렌체·베니스·나폴리 같은 상업 중심의 이탈리아 도시들이 몰락하고, 프랑스나 스페인처럼 넓은 국토와 많은 국민을 기반으로 한 국가들이 점점 더 세력을 키워 가고 있었다. 피렌체는 내세울 만한 영토도 군사력도 없었다. 그 때문에 생존을 위해서는 외교술이라는 잔머리라도 쓸 수밖에 없었다. 이 시절 프랑스의 고위 관리가 "피렌체인들은 전쟁을 몰라."라고 했더니, 마키아벨리가 "프랑스인들은 정치를 모릅니다."라고 맞받아쳤다는 일화는 아주 유명하다. 확실히 베니스나 피렌체 같은 상업 도시국가들은 정치·외교적인 잔머리 쓰는 데는 천재적이었다.

하지만 냉혹한 국제 현실에서 잔머리는 한계가 있었다. 이탈리아 도시국가들은 일반적으로 군대를 갖기보다는 용병을 쓰곤 했다. 인구가 적은 데다가, 군대를 만들면 그만큼 경제 활동 인구가 줄어 국가 수입원인 상공업에 타격을 받는 까닭이었다. 그렇다고 용병이 잘 싸워 준 것도 아니다. 돈을 받고 고용된 사람들로서는 목숨 걸고 전투를 할 이유가 없었다. 우리 편도 용병, 적도 용병이다 보니 수만 명이 격렬한 싸움을 벌이고도, 정작 전사자는 말에서 실수로 떨어진 한둘에 그치는 예술 전투(?)가 흔했다.

1500년, 마키아벨리가 속한 군사 위원회는 피사를 공격하기로 한다. 피렌체는 내륙의 상업 도시라 경제 활동을 위해서는 항구가 꼭 필요했다. 얼마 전 피렌체에서 독립해 나간 항구 도시 피사를 되찾는 일은 나라의 흥망을 걸 만큼 절실했다. 이 전쟁에서도 용병들이 동원되었는데, 이들 때문에 피렌체는 큰 낭패를 보았다. 피사의 성벽을 무너뜨리고도 시가지 안으로 들어가지 않고 철수해 버린 것이다. 단순히 돈 때문에 싸우는 그들로서는 위험 부담이 큰 시가전에 뛰어들 이유가 없었다. 결국 피렌체는 용병을 댄 프랑스 왕에게 돈만 날린 꼴이 되고 말았다. 힘이 없었던 피렌체는 사기를 당하고도 프랑스에 감히 항의할 엄두도 못 냈다.

마키아벨리가 국민 군대를 키워야 한다고 주장한 것도 이 무렵부터다. 군대는 자기 가족과 나라를 지킨다는 사명감이 있을 때만 용맹해질 수 있다. 당연하고 시급한 주장이었지만 그의 '국민 군대 창설안'이 실현된 때는 이로부터도 6년이 지난 1506년이었다. 그만큼 피렌체 지도층은 우유부단했고 자신감이 없었다. 어찌되었건 1509년, 농민군이 주축이 된 피렌체 군은 숙원 사업이었던 피사 입성에 성공한다. 마키아벨리의 생각이 틀리지 않았던 셈이다.

사자의 힘과 여우의 간교함

1502년, 마키아벨리는 체사레 보르자를 만난다. 무섭게 세력을 키워가고 있던 20대 후반의 젊은이 보르자는 피렌체에 큰 위협이었다. 그의 세력을 무마하려고 파견된 마키아벨리는 그에게서 약육강식인 현실에 맞는 이상적인 군주의 모습을 발견한다. 뒷날 보르자는 마키아벨리의 영원한 베스트셀러《군주론》의 모델이 된다.

보르자는 젊은이다운 혈기로 거침없이 말을 내뱉었다. 피렌체 특사인 마키아벨리에게 "당신네 정부는 도대체 마음에 안 들어. 바꿔야겠어."라며 핀잔을 주곤 했단다. 외교적으로 파문을 일으킬 만한 폭언이었지만, 마키아벨리가 이 말을 듣고 불쾌해한 흔적은 없다. 마키아벨리역시 조국 피렌체에 대해 이렇게 말하고 싶었기 때문이리라.

보르자는 냉혹한 인간이기도 했다. 화해의 모임을 갖는다는 평계로반란자들을 한자리에 모이게 한 뒤 몰살시켰고, 가장 아끼는 부하에게누명을 씌워 죽여서는 광장에 전시해 국민들의 동요를 가라앉히기도했다. 끔찍한 일을 거리낌 없이 저지르는 그에게, 마키아벨리는 혐오감을 느끼기는커녕 탄성을 지른다.

통치자가 최고의 목표를 이루고자 한다면 도덕이 항상 합리적이지 않다는 점을 깨달을 것이다. …… 군주가 국가를 지키려 한다면 때로는 어쩔 수 없이 진실과 자비, 인간애와 종교에 반하여 행동할 필요가 있다.

절체절명의 위기 상황에서 모든 일을 이성적인 대화만으로 해결할 수 있다는 생각은 환상일 뿐이다. 분명 폭력은 짐승에게나 어울릴 수단이지만, 군주는 때때로 짐승이 되어야 한다. 곧 사자의 힘과 여우의 간교함을 갖추어야 한다. 한 번의 단호한 폭력으로 더 많은 폭력과 혼란을 잠재울 수 있다면 군주는 당연히 짐승의 수단을 택해야 한다. 이것이 바로 《군주론》의 핵심이다.

마키아벨리는 군주의 덕과 기독교의 전통적인 덕목들을 구분한다. 기독교에서는 겸손과 정직, 동정심과 경건함을 강조한다. 모두 옳은 말이긴 하지만, 군주에게는 이보다는 용맹스러움, 단호함, 기민한 판단력 등이 더 중요하다. 일상생활에서 속임수를 쓰거나 폭력을 휘두르는 것은 나쁜 일이다. 그러나 군주는 국민의 평화와 행복을 위해서는 이런 일도 서슴지 않아야 한다. 숱한 생명이 걸린 군주의 행동에서 중요한 것은 선한 의지가 아니라 좋은 결과이기 때문이다. 단, 군주가 자신을 적들로부터 보호하려면 최대한 도덕적인 인물로 보이게끔 노력해야 한다는 점만 명심하면 된다.

실제로 국가 발전을 위해 인권을 탄압한 나라들이 결과적으로 성공을 거둔 사례가 적지 않다. 또, 짐승의 수단이 대화만큼이나 빈번한 국제 관계의 현실을 보면, 마키아벨리의 주장이 아주 틀린 것만은 아닌 듯싶다.

불행은 위대한 창작의 필수 요소

1512년, 프랑스 군대는 교황 율리우스 2세가 이끄는 신성 동맹의 군대에 밀려 이탈리아에서 철수한다. 프랑스의 지원을 받던 피렌체 공화정은 힘을 잃고 교황의 지원을 받는 메디치 가가 다시 복귀한다. 실무자는 공을 세울 때는 뒷전으로 밀리다가 문책을 당할 때는 몸통을 대신할 깃털이 되어 제일 먼저 제거되는 법이다. 마키아벨리도 예외는 아니었다. 그는 옛 정권에 충성했다는 이유로 고문을 당한 뒤 추방된다. 이듬해 피렌체 출신의 교황 레오 10세가 즉위하자 그는 특별 사면되지만 공직으로 돌아가지는 못했다.

위대한 창작에는 약간의 불행이 필수적이라는 말이 있다. 그 뒤 시골 산장에 틀어박혀 지낸 14년은 마키아벨리에게 괴로운 시기였지만, 인류에게는 행운이었다. 《군주론》, 《로마사론》과 같은 그의 대부분의 저작들, 《만드라골라》 같은 유명한 희극 작품들이 모두 이 시기에 쓰여졌다.

《로마사론》, 《정략론》 등을 살펴보면 마키아벨리는 세상 사람들의 편견과 달리 공화주의자에 가깝다. 그는 고대 로마를 이상적인 국가로 본다. 그는 지배자가 존경받고 명예와 영광을 차지하며 민중의 삶은 사랑과 신뢰로 가득찬 세상을 꿈꿨다. 이런 세상을 위해서는 법의 지배가 필수적이고, 권력의 부패를 막기 위해서라도 시민들간의 견제와 균형이 필요하다. 《군주론》에서 엿보이는 잔인한 군주는 위기 상황에 대처하는 국가 수호자의

> **신성 동맹**
> 15세기 말과 16세기 초, 프랑스의 위협에서 이탈리아를 보호하기 위해 교황의 후원 아래 조직된 누 차례에 걸친 유럽동맹.
>
> **레오 10세**
> (Leo X, 1475~1521) 메디치 가 출신으로 면죄부를 대대적으로 팔았다. 루터를 파문함으로써 종교개혁의 발단이 되었다.

모습이었을 뿐이다. 그도 법이 지배하는 민주적인 국가를 이상으로 여겼던 것이다.

목적이 수단을 정당화한다?

1520년, 메디치 가는 마침내 쉰 살의 마키아벨리에게 화해의 손짓을 보낸다. 그는 몇 가지 외교적인 임무를 맡기도 했고 점차 커져 가는 전쟁의 위협에 대비한 성벽 보강 작업 책임자로 일하기도 했다. 하지만 이는 결국 그의 정치 생명을 끝내는 이유가 되어 버렸다.

1527년, 메디치 가의 후원자였던 교황이 몰락하고 스페인 군대가 진주하자 피렌체는 다시 공화제로 복귀한다. 마키아벨리는 제2 서기관으로 복귀하기를 원했지만, 이번에는 메디치 가의 가신으로 간주되어 선거에서 큰 점수 차로 떨어지고 말았다. 같은 해, 마키아벨리는 쉰여덟 살로 숨을 거둔다. 학자들 가운데는 선거에 떨어진 충격이 그의 요절을 불러왔다고 생각하는 사람도 많다.

그로부터 200년 뒤, 프리드리히 대왕은 《반反마키아벨리론》을 써서 정직과 도덕이 정치의 제1 덕목이라고 주장했다. 그렇지만 역사는 프리드리히 대왕을 어느 마키아벨리주의자보다도 기만과 술수에 능했고 폭력적이었다고 평가한다. 그만큼 마키아벨리는 냉혹한 정치가라 비난받으면서도 그의 주장에 따를 수밖에 없을 만큼 치밀하게 현실적인 논리를 전개했던 인물이다.

삶은 누구에게나 녹록하지 않다. 사람들은 현실과 맞서기보다는 꿈과 환상에 빠지기를 원한다. 하지

프리드리히 대왕
(Friedrich II, 1712~1786) 프로이센의 국왕. 강력한 대외 정책을 추진했으며 국민의 행복 증진을 우선한 계몽 전제군주로 평가된다.

처음 읽는 서양 철학사

만 힘들고 잔인한 현실을 그 자체로 받아들이고 냉철해져야만 상황은 나아질 수 있다. '목적이 수단을 정당화한다'라는 누명을 쓴 채로 지난 500여 년 동안 숱한 비난을 받아온 마키아벨리의 《군주론》이 오늘날까지도 필독 고전으로 평가받는 이유는 여기에 있다.

철학
실험실

마키아벨리가 페르시아의 궁정으로 간다면?

" 정치의 핵심 역할은 몽테스키외가 쓴 《페르시아의 편지》에서 그린 페르시아 궁정에서 잘 드러난다. 페르시아의 왕은 말 한마디로 수만 명의 목숨을 뺏을 수 있을 정도의 절대 권력자다. 왕에 대한 반박은 누구에게도 허용되지 않는다. 그에 대한 도전은 곧 죽음을 의미한다.

재미있는 점은, 이렇게 한 사람이 모든 권력을 쥐고 흔드는 나라일수록 오히려 통치는 더 불안하고 위태롭다는 사실이다. 페르시아 궁정에서는 경비를 아무리 철저하게 해도 왕에 대한 암살이 끊이지 않았다. 왜 그럴까? 자신이 원하는 바를 얻으려면 왕을 죽이는 것 외에는 방법이 없었기 때문이다. 자신의 의견과 이해가 다른 왕이 계속 통치하는 한, 자기 욕망과 꿈이 실현될 가능성은 전혀 없다. 권력을 얻는 길은 지금의 왕이 죽고 내 뜻에 맞는 권력자를 세우는 것밖에 없다. 왕을 시해하여 국가 전체를 흔드는 극한의 모험까지도 서슴지 않고 감행하는 데는 다 이유가 있다. "

– 안광복, 《철학의 진리나무》 중에서

윗글에 더해서 마키아벨리를 생각해보자. 마키아벨리는 평생 권력을 틀어쥐고 유지하는 기술에 관심을 가졌던 사람이다. 마키아벨리가 페르시아 왕의 정치 컨설턴트라면 어떤 통치 비법을 펼칠 것인가? 마키아벨리가 펼칠 법한 구체적인 정책을 제시해 보라.

지식은 힘이다

프랜시스 베이컨

이성과 과학의 시대를 열다

흔히 서양의 17세기는 천재들의 세기라 불린다. 갈릴레이, 뉴턴, 보일 등 인류 역사를 바꾼 걸출한 학자들이 모두 이 시기에 활동했다. 나무가 크고 훌륭하게 자라려면 그만큼 좋은 토양과 환경이 필요한 법, 이들이 그냥 하늘에서 뚝 떨어졌을 리는 없다. 이 천재들이 튼튼하게 자라는 데 걸맞은 사상적 토양과 환경을 만든 학자들이 있었다. 이성의 힘을 세상 사람들에게 확신시키고, 경험에 바탕을 둔 학문 탐구 전통을 세웠던 근대 철학자들이다. 미신과 신앙을 과학보다 중요하게 여기는 사상적 풍토가 계속되었다면, 17세기 천재들의 학문 업적은 결코 뿌리를 내리지 못했을 터다.

> **보일**
> (Robert Boyle, 1627~1691) 영국의 화학자로 근대화학을 구축했으며 1662년 저서 《공기의 탄력과 무게에 관한 학설의 옹호》에 유명한 '보일의 법칙'을 발표했다.

철학자 베이컨Francis Bacon, 1561~1626은 근대 철학의 선두에 서서 과학 시대를 이끈 사람이다. 그는 지식이란 생활에 도움이 되어야 한다고 확신했다. 그러려면 모든 지식은 경험에 기초를 두고 있어야 한다. 정작 그 자신은 경험에 기초한 대단한 과학적 발견을 한 것이 없다. 대신, 베이컨은 관찰과 실험을 중요하게 여기는 새로운 학문적 분위기를 만들어 놓았다. 《성경》의 권위와 교회가 지배하던 중세 분위기를 뚫고 근대의 파릇한 새싹들이 자라나는 데 필요한 사상의 토양을 일구었던 셈이다.

경탄할 만한 학문의 거미줄?

베이컨은 1561년, 영국 런던에서 태어났다. 베이컨의 성장 과정과 교육 목표는 모두 정치를 향했다 해도 지나치지 않다. 아버지 니콜라스 베이컨은 엘리자베스 1세가 통치하던 대영제국의 높은 관료였다. 베이컨이 받은 교육도 엘리트 관료가 거치는 전형적인 코스였다. 그의 형제들도 나중에 모두 고위 관직에 올랐다.

최고 명문가의 소년 베이컨은 12세에 이미 출세를 위한 예비 학교 격인 케임브리지 대학 트리니티 칼리지에 입학했다. 엘리트들이 흔히 그랬듯, 그도 이곳에서 《성경》에 기초해 세상을 논리적으로 설명하고 해석하는 중세의 스콜라 철학을 공부했다. 그러나 어린 베이컨의 눈에 비친 스콜라 철학은 실생활에 전혀 도움이 되지 않는 것이었다. 아무리 치밀한 논리로 세상을 설명하는 '경탄할 만한 학문의

> **엘리자베스 1세**
> (Elizabeth I, 1533~1603) 영국 절대주의의 전성기를 이룬 여왕. 국교의 확립을 꾀하고 종교적 통일을 추진하였으며 화폐 제도를 통일하고 중상주의 정책을 펼쳤다.

중세 유럽 기독교 사상가들의 철학 체계. 종교 교리의 근원을 찾고 신앙과 이성, 의지와 지성, 실재론과 유명론, 신 존재의 증명과 같은 문제를 해결하려 하였다.

밀턴

(John Milton, 1608~1674) 《실낙원》의 저자로 셰익스피어에 버금가는 대시인으로 평가되는 영국의 시인.

거미줄'을 짓는다 할지라도, 《성경》에만 기초해 만든 철학은 소용이 없다. 적을 이기려면 먼저 상대를 잘 알아야 하는 법, 생활에 도움이 되는 지식을 만들려면 먼저 구체적인 삶의 모습을 잘 알아야 한다. 따라서 그는 공허한 사색보다는 관찰과 실험에 바탕을 두는 새로운 학문이 필요하다고 결론지었다.

케임브리지 대학에서의 공부는 3년 만에 중단되고 말았다. 스콜라 철학이 지배하던 대학의 분위기는 그가 학문하기에 적합하지 않았다. 뿐만 아니라, 조용한 학자로 생활하기에는 그의 야심이 너무 컸다. 당시 영국 학자들의 생활은 '일하면서 연구한다'고 표현해도 좋을 듯싶다. 만유인력을 발견한 뉴턴은 조폐국장을 지냈고 유명한 작가인 밀턴도 정치를 했다. 이 시기 영국에서 활동한 철학자들을 흔히 '영국 경험론자'라고 부르는데, 이들의 가장 큰 특징은 학문 추구와 실생활이 결합되어 있었다는 점이다. 그들 가운데 철학 하는 것을 생계로 삼은 직업 철학자는 없었다. 외교관, 정치인, 관료 등 다른 직업 활동을 하면서 철학을 했던 것이다. 항상 경험에 기초한 확실한 지식을 주장했던 이들의 태도가 어디서 비롯되었는가를 잘 알 수 있는 대목이다.

출세를 향한 길고 긴 사다리

베이컨은 어릴 때부터 정치에 뛰어들었다. 16세의 나이로 '이해득실을 신중하게 계산한 끝에' 프랑스 주재 영국 대사의 수행원이 되었다.

이때만 해도 베이컨은 관료의 평탄한 길을 걸으며 성공할 운명을 따를 듯했다. 하지만 그의 인생에는 극적인 데가 있다. 든든한 후원자였던 아버지가 갑자기 죽으면서, 잘나가던 소년의 출셋길은 한순간에 막히고 말았다. 급히 런던으로 돌아왔으나, 아버지는 그에게 별다른 재산을 남겨 놓지 않았다. 막내인 데다가 아직 나이가 어렸던 탓이었다. 겨우 열여덟이던 베이컨은 당장 생활에 곤란을 느끼게 되었다.

베이컨 시대 사람들은 그를 그다지 높게 평가하지 않았다. 어떤 사람은 그를 '강한 애정을 느낄 수 없고 큰 위험에 맞서지도 못하며 위대한 희생을 할 수도 없는 사람'이라며 깎아내리기도 했다. 베이컨을 비열한 기회주의자 정도로 여겼던 듯싶다. 그가 이런 평가를 받는 데는 출세욕에 불타는 젊은 청년의 절박한 현실이 결정적인 역할을 했다. 이미 귀족의 사치스런 생활과 고위층과의 사교에 익숙해진 베이컨이 지금까지 누려 왔던 호화로운 생활을 유지할 방법은 정치를 통한 출세뿐이었다. 청년 베이컨에게는 출세를 위한 자신의 수단이 도덕적인지 아닌지를 가릴 여유가 없었다. 끊임없이 벼슬자리를 구걸했지만, 주위의 유력한 친척들은 베이컨이 원하는 자리를 얻어 주지 못했다. 그의 야심이 나이에 비해 너무 컸던 까닭이다.

결국 그는 혼자 힘으로 출세하기로 결심했다. 피나는 공부 끝에 21세에 변호사 자격을 얻었고, '웅변술이 필요 없는 웅변가'라는 격찬을 들으며 지방 의회 의원에 당선되기도 했다. 그러나 엘리자베스 여왕 시대에 그의 출셋길은 평탄하지 못했다. 세금을 늘리기로 한 여왕의 결정에 반대하는 연설을 해서 미움을 샀을뿐더러, 이를 만회하기 위한 행동들도 주변의 경멸을 사기만 했다. 그가 어려웠던 시절, 법학 공부를 하

프랜시스 베이컨의 초상화
프랜시스 베이컨은 출세와 권력욕에 불탔던 야심가였다. 과시를 즐겼던 그는 초상화 속에서도 화려한 차림새를 하고 있다.

는 데 많은 도움을 주었던 여왕의 전 애인 에섹스 경이 반역 혐의로 고발되자, 자청해서 그를 처벌할 검사로 나섰던 것이다. 여기에 대해서는 아직도 평가가 엇갈리고 있지만, 은인이 처형당하는 데 앞장섰던 그를 편드는 사람은 그다지 많지 않다.

또한, 이 시기 그의 생활은 수입에 비해 지나치게 화려했다. 어떤 사람은 '그의 소망은 직함, 후원인, 대저택, 아름다운 정원, 많은 하인, 진기한 장식장 등을 갖추는 것이다'라며 베이컨의 낭비벽을 비꼬기도 했다. 그는 과시와 사치를 즐기는, 출세욕과 권력욕에 불타는 젊은이였다. 그는 정치에서 사람들의 환심을 사려면 장대함과 화려함은 기본이라고 여겼던 듯하다. 그의 사치스런 생활은 비즈니스의 일부였던 셈이다. 그는 항상 1년치 수입만큼의 빚을 지고 있었고, 이 때문에 감옥에

갇히기까지 했다. 이 상황을 타개하기 위해서라도 그
는 더더욱 출세를 위한 발걸음을 멈출 수 없었다.

　베이컨이 바라던 관료로서의 성공은 제임스 1세가
즉위한 뒤에 비로소 이루어졌다. 왕과 의회 사이의 권
력 다툼이 끊이지 않는 가운데, 그가 왕의 편에 섬으
로써 확실하게 왕의 마음을 사로잡았던 것이다. 또한
다방면에 걸친 재능과 거의 무한하다고 할 만한 지식
은 그를 한껏 돋보이게 했다. 베이컨은 고속 승진을

거듭했다. 48세에 법무차관, 52세에 법무장관을 거쳐 57세에는 마침내
최고의 관직인 대법관의 자리에 올랐고, 남작과 자작의 작위까지 차례
로 받았다. 관료로서 최고의 성공을 움켜쥔 것이다.

편견을 뿌리 뽑는 4대 우상론

　삶의 모습만을 본다면 베이컨은 철학자라기보다 정치가였다. 그의
철학적 작업은 어찌 보면 부업이고, 여가 활동이었다. 그는 현실과 사
상의 균형을 잘 아는 사람이었기에, 바쁜 정치 일정 속에서도 독서와
철학적인 저술을 동시에 해 나갔다. 그는 평생 학문을 위한 학문을 하
는 사람들을 경멸했다. 모든 학문은 실생활에 유용한 것이어야 하며,
이럴 때에만 지식은 곧 힘이 될 수 있다고 믿었다.

　그는 학문을 하는 목적은 결국 자연을 지배하는 데 있다고 생각했다.
따라서 인간이 자연을 꿰뚫어 알고 지배할 수 있는 거대한 학문 체계
를 새롭게 구상하려 했다. 이 엄청난 시도는《신기관新機關》으로 구체화

되었다. 여기서 '기관organon'이란 지식을 만들어 내는 도구를 말하는데, 스콜라 철학의 입장에서 보면 이는 논리학을 뜻한다. 당시의 논리학이 란 아리스토텔레스의 논리학을 뜻했다. 학자들은 세상에 대한 지식을 《성경》과 과거의 권위 있는 이론에서부터 논리학을 통해 연역적으로 이끌어 내었다.

그러나 베이컨은 지식을 만들어 내는 도구로 연역법이 아닌 귀납법 을 썼다. 그는 일상적인 경험에 대한 관찰과 실험을 통해 지식과 법칙 을 이끌어 내려 했다. 경험을 바탕으로 올바른 지식을 만들어 내는 귀 납법이 인간이 자연을 지배하는 데 큰 힘이 된다고 여겼던 것이다.

그러나 귀납법을 바로 학문에 적용하기는 어려웠다. 과거 수백 년 동안 스콜라 철학이 인간 정신에 박아 놓은 '편견'이 너무도 컸던 탓이 다. 따라서 베이컨은 편견을 뿌리 뽑을 목적에서 '종족의 우상', '동굴 의 우상', '시장의 우상', '극장의 우상'이라는 유명한 '4대 우상론'을 내세웠다.

종족의 우상이란, 모든 것을 인간 중심으로 해석하는 편견을 말한다. 우리 정신은 울퉁불퉁한 거울과 같아서, 자연현상을 그대로 보지 못하 고 항상 인간과 관련지어 해석하는 오류를 범한다. 번개가 치는 이유를 우리가 벼락 맞을 짓을 했기 때문이라 보는 오류가 여기에 해당한다. 동굴의 우상은 개인의 편견이다. '우물 안 개구리'라는 우리 속담은 이 우상이 뜻하는 바를 정확히 보여 준다. 시장의 우상은 언어에서 생기는 잘못된 생각이다. 증권시장은 시장의 우상으로 베이컨이 설명하려는 바를 잘 보여 준다. 증권시장에서는 사실 여부와 상관없이 입소문만으 로도 시세가 올랐다 내렸다 한다. 마찬가지로 행운의 여신, 봉황 같은 말들도 실체를 객관적으로 증명하기 어려운 시장의 우상에 의해 만들어진 것이다. 마지막으로, 극장의 우상은 기존 이론이나 종교의 권위에 기대는 오류를 말한다. 잘 차려진 무대 위에서는 모든 것이 그럴듯하게 보이듯, 그릇된 많은 학설들이 기득권이라는 무대 위에서 자신을 내세우며 우리의 판단을 어지럽힌다.

베이컨은 이성을 흐리게 하는 모든 편견을 걷어내고, 귀납법에 기초한 유용한 지식 체계를 만들려고 했다. 그러나 그의 시도는 결국 아이디어 차원에 그치고 말았다. 바쁜 생활 탓에 깊이 사색하고 학문할 여유를 갖지 못했기 때문이다.

출세의 끝, 허망한 죽음

베이컨은 60대에 이르러, 최고의 출세와 《신기관》으로 대표되는 학문적 성공을 거두었다. 그러나 생각할 수 있는 가장 큰 성공을 손에 쥔 순간, 다시는 올라올 꿈도 못 꿀 만큼 추락해 버리고 만다.

베이컨에게 학문의 적은 없었지만, 정치 세계에서의 적은 너무나 많았다. 그의 성공은 의회와 왕이 갈등하는 상황에서 왕을 강력하게 옹호했기에 가능했다. 의회가 그를 공격 대상으로 삼은 것은 너무도 당연했다. 호시탐탐 기회를 엿보던 적들은 마침내 그를 제거할 꼬리를 잡았다. 대법관 베이컨이 재판 과정에서 돈을 받았다는 사실을 밝혀낸 것이다. 당시에는 재판관이 피고에게 돈을 받는 것이 하나의 관행이었단다. 그러나 이런 관행은 평상시에는 아무렇지 않은 듯 보여도, 일단 문제 삼으면 치명타가 되는 법이다. 현실 정치에 밝았던 베이컨이 이 점을 모를 리 없었다. 그는 의회의 고소에 순순히 꼬리를 내렸다. 그는 '나는 지난 50년 동안 가장 공정한 재판관이었지만, (자신을 몰아내는) 이 판결은 최근 200년 동안 의회가 내린 가장 공정한 판결이었다'라는 유명한 말을 남기고 모든 저항을 포기한 채 처벌을 받아들였다.

그는 모든 관직에서 쫓겨나 런던탑에 갇히는 신세가 되었다. 결국 이 모든 것이 그를 찍어 내기 위한 정치적 술수였음이 명백히 드러났다. 정치에 더 이상 뜻이 없음이 확인되자 곧 풀려났을뿐더러, 베이컨에 대한 재판이 다시 열리지도 않았다. 그 뒤 그는 런던 외곽에 은둔하며 학문 탐구에만 전념했다.

1626년, 66세의 베이컨은 지독한 독감 끝에 숨을 거두었다. 베이컨의 갑작스런 죽음에는 과학의 순교자 같은 모습이 엿보인다. 눈 덮인 시골길을 걷던 베이컨은 문득 눈이 얼마나 부패를 막을 수 있는지 알고 싶어졌다. 그는 즉시 실험을 하기로 마음먹고 농가로 가서 닭 한 마리를 사 배를 갈라 눈을 채운 뒤 땅에 묻었단다. 베이컨은 병상에 누워 '결과는…… 성공적이었다'라고 만족했지만, 실험을 하기 위해 추운 밖에 너무 오래 서 있었던 탓에 그만 목숨을 잃고 말았다.

겸손함을 놓치다

베이컨의 삶은 출세욕과 학문적 성취 욕구로 가득 차 있다. 정치가로서의 베이컨이 더 높은 곳으로 올라가려 했듯, 철학자로서의 베이컨은 학문으로 자연을 완벽하게 인간 손에 넣으려 했다. 그는 기술과 자연의 경주에서 기술의 승리를 확신했다.

그가 철학에서 세운 가장 큰 업적은 《성경》의 권위와 미신에 주눅 들어 있던 인간 이성에 자신감을 회복시켜 준 일이다. 그가 강조한 경험에 기초한 이성적 사고 덕택에, 사람들은 자연을 지배할 수 있게 되었다.

하지만 그가 놓친 부분도 있다. 그것은 바로 인간 이성의 겸손함이었다. 이성을 짓누르던 편견에서 해방된 인간은 자연을 이용하여 물질적 풍요와 행복을 누렸다. 그러나 이용당하는 자연을 배려하지 않은 나머지, 인류는 각종 환경오염과 사회 문제에 시달리게 되었다. 인간의 위대함은 자신의 편견과 단점을 깨닫고 스스로 반성할 줄 안다는 데에 있다. 베이컨이 인간 정신을 주눅 들게 했던 편견을 일깨워 주었다면, 이제 우리에게 필요한 것은 인간 이성을 자만에 빠지게 한 '베이컨적 편견'을 일깨워 줄 철학이다.

베이컨의 4대 우상론

❝ '종족의 우상'은 인간성 자체에 뿌리내리고 있다. '인간의 감각이 만물의 척도다'라는 주장을 떠올리면 쉽게 이해가 갈 터다. 이는 물론 잘못된 주장이다. 인간의 모든 지각은 감각이든 정신이든 우주가 아닌 인간 자신을 준거로 삼기 쉽다는 점을 분명히 보여 주는 말이다. 매끄럽지 못한 거울은 사물을 비틀리게 비춘다. 인간의 지성도 그렇다. (중략)

동굴의 우상은 각 개인들이 가진 우상이다. 사람들 하나하나는 자연의 빛을 차단하거나 약화시키는 동굴들을 제 나름으로 가지고 있다. 그것은 사람들마다의 개성이거나, 교육이나 다른 이들에게서 들은 이야기이거나, 읽은 책이나 존경하여 떠받드는 사람의 권위, 첫인상에 의한 것일 수도 있다. 인간 정신은 각자의 성격에 따라 변덕이 심하다. 헤라클레이토스는 '인간은 넓은 세계가 아닌, 상당히 좁은 세계에서 지식을 구한다'라고 했다. 이는 매우 정확한 지적이다. (중략)

또한, 사람들 사이의 교류와 만남에서 생기는 우상이 있다. 이는 의사소통과 만남에서 생기므로 '시장의 우상'이라 할 만하다. 인간은 언어로 생각을 나눈다. 그런데 그 언어는 사람들의 이해 수준을 따라간다. 잘못 만들어진 말은 우리의 생각을 심하게 방해한다. 학자들은 자신을 지키려고 새로운 정의나 설명을 내놓곤 하지만, 상황을 더 낫게 하지는 못한다. 언어는 여전히 생각을 어지럽히고, 모든 것을 혼란으로 몰아넣는다. 그래서 사람들은 헛헛한 논쟁이나 하며 수많은 오류에 부딪힌다. (중략)

마지막으로, 여러 학문과 잘못된 증명 때문에 생기는 우상이 있다. 이를 나는 '극장의 우상'이라고 부른다. 철학 이론이란 무대의 세계를 꾸미는 각본과 같다. 각본은 수없이 만들어져 무대에 오른다. 이때 오류의 종류는 아주 다르지만 그 원인은 대부분 같다. 철학에서만이 아니라 고리타분한 관습과 태만이 일상화된 다른 분야들도 마찬가지다. ❞

– 《신기관》 중에서

13

평화를 사랑한 야수

토머스 홉스

공포와 쌍둥이로 태어나다

홉스Thomas Hobbes, 1588~1679는 1588년 영국 맘즈베리 근처 조그만 마을에서 태어났다. 그의 삶은 처음부터 끝까지 온통 혼란과 혁명으로 얼룩져 있다. 심지어 태어났을 때의 일화도 전쟁과 관련이 있다. 홉스가 뱃속에 있을 무렵, 영국에는 에스파냐의 무적 함대가 쳐들어온다는 흉흉한 소문이 돌았다. 이에 놀란 어머니가 그만 그를 조산해 버리고 말았다. 그래서 홉스는 뒷날 '나는 공포와 쌍둥이로 태어났다'라는 농담을 곧잘 하곤 했단다.

홉스의 아버지는 예배를 하기 위한 기도문과 《성경》을 겨우 읽을 만큼만 교육받은 질 낮은 사제였다.

> **무적 함대**
>
> 에스파냐의 펠리페 2세가 편성한 대함대. 콜럼버스가 아메리카를 발견한 뒤로 에스파냐는 전성기를 맞이했으나, 펠리페 2세의 후반기에는 해외 무역에서 영국이 대두하고, 국내외 정치와 경제도 쇠퇴하였다. 이에 펠리페 2세는 전함 127척, 수병 8,000명 등을 거느린 대함대를 만들어 영국을 공격하였는데, 결국 패하여 해상 무역권을 영국에 넘겨주었다.

아버지는 급한 성격 탓에 줄곧 사람들과 싸워서, 결국에는 교회에서 쫓겨나고 말았다. 뿐만 아니라 가족까지 팽개치고 도망가 버렸단다. 그 뒤 홉스는 부유한 장갑 제조업자였던 삼촌에게 보내졌는데, 이 사건은 그를 상류층으로 끌어올리는 기회가 되었다.

예나 지금이나 가난한 젊은이가 정당하게 출세하는 방법은 열심히 공부하여 실력을 쌓는 것뿐이다. 삼촌은 그를 유명 사립학교에 보냈고, 이곳에서 홉스는 뛰어난 성적을 거두었다. 특히 언어 능력이 돋보여서, 열세 살에 이미 고대 그리스어로 된 에우리피데스의 작품을 라틴어로 옮길 정도였다.

열다섯 살이 되었을 때 그는 옥스퍼드 대학에 입학하여 논리학, 자연학 등을 공부했다. 당시는 이미 자연과학이 싹트던 때라 홉스도 여느 젊은이들처럼 고리타분한 분위기가 물씬 풍기는 이런 학문들에 별로 흥미를 갖지 못했다. 그 대신 문학과 언어에서만큼은 뛰어나서, 학자들의 공용어였던 라틴어와 고대 그리스어뿐 아니라 프랑스어와 이탈리아어도 능숙하게 구사했다.

홉스 같은 가난한 집안의 수재에게 문학적 자질과 우수한 외국어 실력은 출셋길을 여는 열쇠와 같았다. 이런 재능은 고급 지식의 최대 소비자였던 귀족들에게 꼭 필요했기 때문이다. 귀족들은 귀하신 몸으로 태어났을 뿐, 뛰어난 능력까지 타고나지는 않았다. 귀족들 대부분은 부족한 자신들을 대신해 품위 있게 편지를 써 주고 외국의 명사들과 만날 때 통역을 해 줄 전문 비서가 절실했다. 아울러, 자식들에게 문학과 외국어를 가르쳐 줄 가정교사도 필요했다.

홉스는 귀족들의 까다로운 요구를 가장 잘 맞춰 줄 A급 비서이자 과외 선생이었다. 따라서 홉스는 옥스퍼드 대학을 졸업하자마자 곧바로 데번셔Devonshire 백작 가문에서 일하게 되었다. 그는 취직 걱정할 틈도 없었다.

만인의 만인에 대한 투쟁

스무 살 나이에 입사한 데번셔 백작 가문은 홉스에게는 평생직장이 되었다. 그는 장장 70여 년 동안 무려 4대가 바뀐 이 집안의 주인을 모신 충실한 비서이자 가정교사였다. 이런 비서직에 근무하는 사람들은 주인의 일과를 하나하나 챙기고 보조해야 했으므로 결혼이 사실상 어려웠다. 홉스도 평생을 독신으로 지낼 수밖에 없었다. 그는 백작이 다른 귀족들과 이야기를 나누는 동안, 마찬가지로 상당한 지식인이었을 다른 귀족의 비서들과 함께 대기실에서 대화를 나누곤 했다. 이를 통해 새로운 지식과 사회에 대한 안목을 기를 수 있었다.

1610년, 홉스는 그보다 두 살 어린 백작의 아들을 데리고 스승 자격으로 5년 동안 유럽 여행을 떠났다. 영국 귀족의 자녀들은 청소년기에 유럽으로 긴 여행을 하곤 했다. 외국어에 능했던 홉스도 제자들의 여행 가이드로 자주 유럽을 둘러보았다.

'대여행Grand tour'이라 불리는 1610년의 첫 여행은 홉스에게 큰 영향을 끼쳤다. 그 당시 유럽은 종교 전쟁의 뒤끝이라 매우 혼란하고 어지러웠다. 구교와 신교 사이의 오랜 다툼은 유럽 사회를 지탱하던 도덕, 특히 기독교 윤리에 대한 믿음을 뒤흔들어 놓았다. 경

> **종교 전쟁**
> 유럽에서 16~17세기에 종교 문제와 관련하여 일어났던 일련의 전쟁으로 프랑스의 위그노 전쟁, 네덜란드 독립 전쟁, 30년 전쟁 등이 속한다.

전쟁 중의 마을
종교 전쟁은 숱한 사람들을 죽음으로 몰아넣었다. • 30년 전쟁 중의 작은 마을을 묘사한 세바스티안 브랑스(Seba-stiaen Vrancx)의 작품.

건한 신앙을 강조하며 올바른 태도와 생활을 외치던 구교와 신교는, 숱한 사람들을 죽음으로 몰아넣었다. 참담한 현실은 종교에서 말하는 성인군자 같은 삶이 생활에서는 얼마나 불가능한 이야기인지를 보여 주었다.

홉스는 국제 관계를 강한 자만이 살아남는 냉혹한 세계로 본다. 이런 시각을 갖게 된 데는 여행에서 얻은 경험이 큰 영향을 끼쳤을 터다. 그의 눈에 세상은 속임수과 조작이 판치는 정글과 같은 곳이었다. 도덕 윤리는 허울에 지나지 않았다. 혼란한 세상에서 사람들은 살아남으려고 '만인의 만인에 대한 투쟁'을 계속하고 있다. 세상에서 확실한 사실은 사람들이 제각각 갖고 있는 살아남으려는 절실한 욕구, 곧 '자기 보존욕'뿐이다. 개인이 모인 국가도 이 점은 마찬가지다. 살아남으려는

처음 읽는 서양 철학사

욕심 외에 나머지는 모두 허구와 거짓이다. 이러한 '자기보존욕'은 이후에도 홉스 사상 전체를 꿰뚫는 가장 중요한 키워드가 된다.

윤리도 수학처럼 정확하게

1628년 홉스가 마흔 살이 되었을 때, 제자이면서 모시는 주인이기도 했던 데번셔 백작 2세가 요절하고 만다. 주인이 없어진 이상 비서인 홉스가 할 일은 없었다. 홉스는 생애 처음이자 마지막으로 백작 집안을 떠나 친척인 뉴캐슬Newcastle 백작 집으로 자리를 옮겼다. 유럽은 30년 전쟁 중에 있었고, 무장인 뉴캐슬 백작은 망원경을 이용하는 데 필요한 광학光學과 포탄의 궤적을 추적하는 탄도학에 관심이 많았다. 홉스는 주인을 좇아 다양한 자연과학 서적을 읽곤 했는데, 갈릴레이의 물리학 책들도 이 무렵에 제대로 읽었단다.

자연과학에 대한 관심은 관찰과 실험이라는 탐구 방법의 우수성을 일깨워 주었다. 그 뒤에도 그는 귀족의 안내자로서 명문가 자제들과 유럽 여행을 계속했는데, 이탈리아에서는 갈릴레이를 직접 만나기도 했다. 나아가 그는 유클리드, 데카르트를 비롯한 수학 거장들의 이론을 접할 수 있었다.

홉스는 한 치의 의심도 허용하지 않는 확실하고도 엄밀한 수학 체계에 끌렸다. 그리하여 도덕 윤리도 수학처럼 정확한 연역을 통해 누구나 옳다고 인정하는 '윤리 과학Ethical Science'으로 만들 수 있지 않을지 궁리

30년 전쟁
1618~1648년 독일을 무대로 구교도와 신교도 사이에 벌어진 종교 전쟁. 최대의 종교 전쟁으로 기록되어 있는 이 전쟁은 처음에는 독일 내의 신구 양교도 간의 내전에 불과하였으나, 덴마크 · 스웨덴 · 프랑스 등 주변 국가들이 각기 독일에서의 세력 확장을 목표로 삼고, 신교도를 지원한다는 명목 아래 차례로 개입하면서 치열한 국제 전쟁의 양상을 띠었다.

유클리드
(Euclid, 기원전 330?~기원전 275?) 그리스의 수학자. '유클리드 기하학'을 집대성했다.

했다. 전쟁과 혼란으로 가치관이 무너진 시대를 산 홉스 같은 철학자가 삶의 질서를 새로이 정리해 줄 윤리를 고민한 것은 어찌 보면 당연하다. 이는 후에 《리바이어던Leviathan》으로 구체화되었다.

수중 괴물 '리바이어던'

유럽 전체가 종교 전쟁 등으로 어수선하던 그때, 홉스의 고향 영국도 정치적인 혼란으로 몸살을 앓고 있었다. 강력한 대영제국을 이룬 엘리자베스 1세가 죽자, 예전처럼 강력한 왕이 필요하다고 외치는 왕당파와 의회 중심의 시민 계급이 권력을 쥐어야 한다는 사람들 사이의 갈등이 심해졌다. 홉스는 자신이 봉사하는 귀족 계급 편에 섰다. 당연히 그는 절대적인 왕의 통치를 지지했다.

그러나 왕의 절대 권력을 주장하는 이들은 점점 논리적인 근거를 잃고 있었다. 예전에 사람들은 대부분 왕이 될 권리는 신이 주었다는 왕권신수설을 믿었다. 왕에 대한 저항은 신에게 맞서는 일만큼이나 불경하게 여겼다. 그러나 홉스가 살던 시대에는 오랜 종교 전쟁으로 교회의 권위가 땅에 떨어져 버렸다. 과학의 눈부신 발전으로 사람들이 《성경》보다 객관적인 관찰과 논리적 설명에 더 믿음을 갖기 시작한 때이기도 했다. 왕권신수설은 더 이상 사람들에게 통하는 논리가 아니었다. 왕과 의회의 갈등은 점점 커져만 갔다.

1640년, 홉스는 통치자의 권리와 백성의 의무에 관한 논쟁으로 조국이 청교도 혁명으로 치닫고 있을 때 갑자기 프랑스로 망명해 버린다. 권력을 잡은 의회가

> **청교도 혁명**
> 1642~1660년에 영국에서 일어난 시민혁명. 찰스 1세의 전제 강화를 둘러싸고 왕당파와 의회파 사이에 내란이 벌어져, 청교도를 중심으로 하는 의회파가 왕을 처형하고 공화제를 시행하였다.

왕당파를 처벌한다는 소문이 돌았기 때문이다. 홉스는 의회가 왕을 체포하여 목을 자르고 올리버 크롬웰이 영국 역사상 처음으로 공화제를 세웠던 참혹한 혁명기를 줄곧 프랑스에서 지냈다.

올리버 크롬웰
(Oliver Cromwell, 1599~1658)
영국의 정치가. 청교도 혁명 당
시 국왕 찰스 1세에 맞서 국왕
을 처형하고, 공화정을 선포하
였다.

겁 많았던 그는 결코 투사가 되지 못했다. 대신 홉스는 싸움터에서 멀리 벗어나, 현실을 냉철하게 바라보면서 본질을 꿰뚫는 철학자로서 뛰어난 능력을 보였다. 그는 인간에 대한 깊은 분석에서 출발하여 당시의 사회 혼란을 잠재울 해결책을 모색했다. 이러한 노력의 결과 탄생한 책이 《리바이어던》이다.

리바이어던은 《성경》에 나오는 '누구도 감히 맞설 생각조차 못할 정도로 무시무시한 수중 괴물'을 말한다. 이상적인 국가란 바로 이 괴물과 같아야 한다. 누구도 반항을 꿈조차 꾸지 못할 만큼 국가는 무시무시해야 한다는 뜻이다.

국가가 그래야 하는 이유를 대기 위해 홉스는 자연 상태를 설명한다. 자연 상태란 국가가 생기기 전의 인간 모습을 말한다. 자연 상태에서 사람들은 누구나 살아남기 위해 노력한다. 홉스는 이러한 자기보존욕을 인간의 기본적인 권리, 즉 '자연권'이라 부른다. 그런데 살아남으려면 경쟁자들을 누를 만한 힘이 있어야 한다. 결국, 자연 상태에서는 모든 사람들이 상대방보다 더 큰 힘이 있음을 보이기 위해 서로서로 싸움을 거는 '만인의 만인에 대한 투쟁'이 계속된다. 이 상황에서는 누구도 자신의 생존과 안전을 보장받지 못한다.

따라서 사람들은 안전하게 살기 위해 서로가 서로를 해치지 않겠다는 계약을 맺는다. 이것이 생존을 위해 사람들 사이에서 자연적으로 맺어진 최초의 법, 즉 '자연법'이다.

그러나 서로를 해치지 않겠다고 한 계약이 반드시 지켜지리라는 보장은 어디에도 없다. 계약에 따라 안전을 보장받기 위해서는 이를 강제적으로 지키게 하는 힘이 필요하다. 국가는 이때 등장한다. 계약을 어겼을 때 상대를 무자비하게 처벌하여 사회의 안전과 평화를 지키도록 하는 힘, 그것이 바로 '국가'다.

국가에 대해서는 누구도 반항해서는 안 된다. 만약 국가가 무너진다면, 서로를 해치지 않겠다는 계약을 지키게 하는 힘이 없어지고 만다. 그러면 사회는 다시 생존을 위해 서로 끝없이 싸움을 거는 무시무시한 자연 상태로 돌아가고 만다. 강력한 국가가 주는 평화보다 더 소중한 것은 없다. 따라서 국가는 리바이어던 같은 괴물이어야 한다. 그래야만 사람들은 생존을 보장받을 수 있다.

홉스의 생각은 왕권신수설을 대신해 왕의 권력을 지지하는 새로운 이론으로 환영받았다. 홉스가 이야기한 국가를 군주로 해석한다면, 설사 왕이 잘못한다 하더라도 왜 저항해서는 안 되는지가 논리적으로 잘 설명되는 까닭이다.

그러나 홉스는《리바이어던》을 발표한 뒤로 '맘즈베리의 야수', '무신론자'라는 빈정거림을 들으며 동료들에게 버림받았다.《리바이어던》은 크게 4부로 되어 있는데, 지금의 독자들은 거의 읽지 않는 3, 4부에서 그 당시 왕권의 지지 세력이었던 교회를 강하게 비판했던 탓이다. 비난에 시달리던 홉스는 그해 겨울, 영국으로 몰래 돌아와 버리고 만다. 이미 권력을 잡은 올리버 크롬웰의 공화제 정부가 왕당파에 대한 사면령을 내렸기에 가능한 일이었다.

철학에 근거한 정치적 처신

홉스의 정치적 처신을 보고 있으면 '가늘고 모질다'라는 말이 자연스럽게 떠오른다. 간에 붙었다 쓸개에 붙었다를 반복했으니 말이다. 1640년, 왕당파를 처벌한다는 의회의 으름장에 놀라 파리로 도망갔던 홉스는, 동료인 왕당파들이 자신을 몰아세우자 왕의 목을 자른 원수인 올리버 크롬웰에게로 피신했다. 그러다 1660년, 공화정이 무너지고 다시 영국이 왕이 통치하는 국가로 돌아가자 일흔두 살의 홉스는 귀국하는 찰스 2세를 궁정 문 앞에서 기다리며 환영했다.

이러한 신의 없는 태도는 거꾸로 홉스의 철학에 기초한 일관된 행동으로 볼 수 있겠다. 《리바이어던》에서 홉스는 평화를 위해서는 어떠한 경우에도 정부에 복종해야 한다고 주장하곤 했다. 따라서 어떤 정부가 들어서더라도 사회 질서를 지키기 위해서는 여기에 따르고 굴복하는 것이 백성의 당연한 의무라고 생각했을지도 모른다.

아무튼, 이러한 정치 이력과는 달리 데번셔 가문에 대한 충성은 평생 동안 변하지 않았다. 다시 데번셔 가문으로 돌아간 그는 이후 더 이상 정치적인 책을 내거나 권력자들의 눈에 거슬리는 짓을 하지 않았다. 왕당파의 미움을 사서 찰스 2세가 홉스 책의 출판을 금지했지만, 그는 마지막까지 학자로서의 성실함을 잃지 않았다. 《철학의 원리들》 1, 2부 등 그의 대표작들은 지금 사람들도 학자로서 은퇴할 나이라고 생각하는 예순다섯 이후에 쓰여졌다.

1679년, 홉스는 아흔한 살의 나이로 숨을 거두었다. 그가 묻힌 곳은 4대에 걸쳐 섬긴 데번셔 가문 백작

> **찰스 2세**
> (Charles II, 1630~1685) 영국의 왕. 청교도 혁명 중 프랑스로 피신하였다가 크롬웰이 죽자 영국으로 돌아왔다.

들의 동상이 내려다보는 곳이었다. 홉스가 태어날 때 영국은 에스파냐와의 전쟁에 휩싸여 있었다. 그가 죽을 때에도 홉스의 조국은 정치적인 혼란 속에 있었다. 홉스 자신의 말처럼, 그는 죽음을 통해 항상 혼란했던 세상을 빠져나갈 구멍을 겨우 찾아낸 듯 보이기까지 했다.

홉스적이다?

《리바이어던》의 영향 때문인지, 흔히 '홉스적이다'라는 말은 피도 눈물도 없이 무자비한 억압을 뜻하곤 한다. 그러나 홉스는 무척 겁이 많고 섬세한 사람이었다. '홉스적'이라는 말이 주는 인상과 달리, 홉스가 가장 원하고 사랑했던 것은 평화였다. 그럼에도 그는 평화를 얻기 위해 정의니 사랑이니 하는 고상한 이상을 내세우지 않았다. 인간의 본성을 잔인할 정도로 냉철하게 꿰뚫어 보고 가장 현실적인 대안으로 잔인하고 절대적인 권력을 내세웠다.

철학자는 시대의 가장 핵심적인 문제를 파악해 맨 밑바닥까지 샅샅이 고민해 보는 사람들이다. 그러나 세상은 항상 변하는 법이어서, 홉스가 살았던 시대에 그가 내세웠던 해결책이 오늘날까지 정답일 수는 없다. 그가 신봉했던 절대 권력은 이제 많은 비판을 받고 있다. 반면, 민주주의는 더 이상 의심해서는 안 되는 절대적인 진리로 여겨지고 있다.

그러나 겉으로 드러나는 사상은 아주 다를지라도, 내면에 흐르는 핵심은 홉스 사상이나 현대 정치 이론이나 크게 다르지 않다. 정치권력의 근원은 결국 국민에게 있고, 최선의 정치란 국민들을 평화롭고 행복하게 만드는 것이라는 믿음만은 똑같다. 철학의 역사란 결국 인간을 가장 행복하게 하는 진리로 향해 가는 여정이다. 야수 같은 인상을 주는 홉스도 그 긴 여정의 한 페이지를 장식했다는 점에서는 여느 철학자와 다를 바 없다.

**철학
실험실**

'만인의 만인에 대한 투쟁'에 따른 국제 관계, 그 해법은?

맥도날드 햄버거가 있는 나라끼리는 전쟁이 일어나지 않는단다. 이른바 '황금 아치 (맥도날드의 상징인 M 모양의 황금 아치) 이론The Golden Arche Theory'이다. 현대사를 뒤적여 보면 과연 그렇다. 맥도날드가 있는 나라들끼리는 갈등은 있을지언정 전쟁까지 벌이는 일은 없다. 미국 코드에 잘 길들여진 데다가 서로 의존하는 고리가 많기에 싸우면 손해가 더 큰 탓이다. '황금 아치 이론'은 프리드먼이 《렉서스와 올리브 나무》에서 펼치는 독창적인 견해다.

하지만 가치관을 함께한다고 전쟁이 일어나지 않는 것은 아니다. 세계화 바람은 이미 1900년대부터 불었다. 제1차 세계 대전이 나기 전, 전쟁이 오래가리라 생각한 사람은 없었다. 경제가 너무 얽혀 있어서 상대가 망하면 나에게도 큰 타격이 되는 까닭이었다. 하지만 막상 전쟁이 일어나자, 각 나라들은 상대를 파멸시키기 위해 무슨 짓이건 했다.

홉스는 '만인의 만인에 대한 투쟁 상태'가 인간 사회의 본래 모습이라고 보았다. 아무리 가까워 보여도 다툼의 위험은 있다. 국제 관계도 그렇다. 갈등을 효과적으로 막는 길은 무엇인가? 홉스가 유엔 사무총장이라면 나라 간의 갈등을 막는 해법으로 어떤 대책을 내놓을까?

14

이성이 중심이 된
세상을 열다

데카르트

저는 그냥 신사입니다

장기를 두는 사람보다 옆에서 훈수하는 이가 판세를 더 잘 읽을 때가 많다. 세상살이도 그렇다. 아득바득 일상에 얽매인 사람은 한발 떨어져 바라보는 이보다 그릇된 판단을 내릴 가능성이 높다.

철학은 실용적인 학문이 아니다. 그러나 그 어떤 지식보다도 유익하다. 뛰어난 싸움꾼이라 해도 쓸데없이 폭력을 쓰면 깡패에 지나지 않는다. 잘 싸우려면 싸움의 기술도 익혀야 하지만, 왜 주먹을 써야 하고 누가 나의 진정한 적인지 아는 것이 더 중요하다. 마찬가지로 철학은 치열한 삶의 현장에서 한발 물러나 자신이 과연 무엇을 위해 살고 있는지를 되묻게 한다. 바른 길을 가도록 삶의 나침반을 바로잡는 일, '철학함'이란 바로 그런 작업이다.

이 점에서, 데카르트René Descartes, 1596~1650의 삶은 대단히 철학적이다. 그는 30년 전쟁과 종교 재판의 광기로 얼룩진 혼란스러운 시대를 살았다. 겉으로 볼 때 그는 항상 언저리에 있었다. 게다가 그는 자신을 소개할 때 관직이나 작위를 붙이는 대신에 그냥 신사라고 하는 경우가 많았다. 어찌 보면 "그냥 신사입니다."라는 말보다 데카르트에게 더 어울리는 자기소개는 없을 듯하다. 어디에도 속하지 않았지만 모든 대상을 냉철하게 바라보았던 데카르트는 시대의 본질을 꿰뚫는 최고의 철학자였다.

수업보다 침대 속 사색이 낫다

데카르트는 1596년 프랑스 중부 투렌 지방에 위치한 라에(지금의 데카르트 시)의 부유한 법률가 집안에서 태어났다. 어머니는 그를 낳은 지 열세 달 만에 폐결핵으로 죽었다. 어머니의 마른기침과 창백한 안색을 물려받아서인지, 어린 데카르트도 무척이나 허약했다.

1604년, 라 플레슈에 있는 예수회 학교에 들어간 데카르트는 여러 가지 특혜와 함께 아침 11시까지 자고 싶은 만큼 자도 괜찮다는 허가를 받았다. 그러면서도 그는 모든 상을 휩쓸다시피 했으니, 아침 늦게까지 침대에서 사색하는 습관이 그에게는 수업보다 도움이 되었던 셈이다. 그 뒤 늦게 일어나는 것은 데카르트의 습관으로 굳어졌고, 이 습관은 죽을 때까지 계속되었다.

학창 시절 데카르트는 고전과 논리학, 신학 등을 공부했다. 하지만 학교는 그에게 세상의 지식이 얼마나 보잘것없는가를 깨닫게 해 줄 뿐이었다. 그 당시는 교회와 《성경》이 온 세상을 지배하던 시대여서, 어떤 이론이 참인지 아닌지는 객관적인 사실과 일치하는지보다 《성경》에 얼마나 잘 들어맞는지에 따라 결정되었다. 그러니 다양한 독서를 통해 조금씩 싹트던 과학 정신에 물든 그에게 당시 학문은 부실 그 자체나 다름없었다.

그의 까다로운 학문 기준을 만족시킨 분야는 수학뿐이었다. 어떤 편견도 감히 존재할 수 없는 냉철한 이성과 논리의 학문인 수학에서, 그는 확실하고 엄밀한 학문의 모델을 보았다.

세계라는 큰 책

1616년, 스무 살의 데카르트는 푸아티에 대학에서 법률학 석사 학위를 받았다. 가족들은 당연히 그도 아버지처럼 판사가 되리라 기대했다. 그러나 데카르트의 기질은 이미 실무와는 거리가 멀었다. 치기 어린 젊은이답게 파리에서 2년간 극히 세속적인 생활을 했고, 그 뒤에는 엉뚱하게도 직업 군인의 길을 택했다.

물론 전쟁이 좋아서 군대에 간 것은 아니었다. 군대에서도 아침 11시까지 침대에 누워 있었다고 하니 성실한 군인도 아니었던 듯싶다. 그는 상관에게 얽매이지 않으려고 월급도 받지 않았을뿐더러 어떤 직위도 맡지 않았다. 나중에 그는 자신이 군대에 들어가게 된 것에 대해 이렇게 회상했다.

지금부터는 나 자신과 세계라는 커다란 책 외에는 다른 지식을 찾아

헤매지 않으리라 결심했다. 그리고 내 젊음의 나머지를 여행하고 궁정과 군대를 둘러보고 다양한 신분의 사람들과 사귀며 운명이 던져 주는 여러 사건 속에서 자신을 시험해 보고 도처에서 부딪히는 사물들에 관해 깊이 생각해 보기로 결심했다. …… 나는 나 자신의 행위를 꿰뚫어 보고, 참과 거짓의 구별을 배우려는 소망으로 불타고 있었다.

그에게 군대란 세상을 배우기 위한 수단일 뿐이었다. 그는 틈만 있으면 자기만의 시간과 공간을 찾아 사색에 잠기곤 했다. 서른두 살이 될 때까지 청년 데카르트는 군대를 좇아 보헤미아, 헝가리, 독일, 네덜란드, 프랑스 등 유럽 곳곳을 다니며 '세계라는 큰 책'을 공부했다. 그리고 이러한 다양한 견문을 통해 소중한 깨달음을 얻었다. 세상의 모든 인간은, 그 어떤 이상한 관습과 사고방식에 물든 사람일지라도 똑같이 이성을 지니고 있다는 것이었다.

이성은 그에게 새로운 학문의 가능성을 열어 주었다. 언제부턴가 사람들은 서양 중세 천 년을 지배한 교회를 존경하지 않게 되었다. 점점 발달하는 자연과학과 부패한 성직자의 모습은 무지한 민중을 서서히 깨우치고 있었다. 때마침 일어난 구교도와 신교도 사이의 30년 전쟁은 더 이상 교회와 《성경》이 확실한 삶의 잣대를 제시하지 못한다는 것을 보여 준 사건이었다. 다툼을 멈추게 할 만큼 명료하고 확실한 삶의 기준이 있었다면 싸움으로 상대를 누르려는 전쟁도 일어나지 않았을 터다. 이제 삶의 잣대는 모든 인간이 공통으로 지닌 이성에서 찾을 수밖에 없었다.

나는 생각한다, 그러므로 존재한다

1628년, 서른두 살의 데카르트는 마침내 방랑을 접고 정착할 결심을 했다. 상당한 유산을 상속받았기에 생계를 걱정할 필요는 없었다. 그러나 그가 살겠다고 마음먹은 곳은 따뜻한 남쪽 나라가 아니라 '4개월의 겨울과 8개월의 추위가 계속되는' 네덜란드였다. 학자들은 건강이 좋지 않은 데카르트가 굳이 네덜란드를 택한 데에는 '학문의 자유'가 큰 영향을 미쳤으리라 추측한다. 예나 지금이나 소수자들에게 관대한 네덜란드에서는 교회와 다른 주장을 내세운다는 이유로 종교 재판을 받거나 화형당하는 일이 없었다.

그는 네덜란드에서 21년 동안이나 은둔 생활을 했는데, 그의 철학 작품들은 대부분 이 시기에 나왔다. 가장 주목할 만한 작품은 《방법 서설》과 《성찰》이다.

《방법 서설》에서 데카르트는 진리에 도달하기 위한 방법으로 네 가지 규칙을 제시했다. 첫째, 분명하게 참인 것만 받아들일 것, 둘째, 문제를 다루기 쉽도록 가능한 한 작은 부분으로 나누어 검토할 것(분석), 셋째, 분석으로 밝혀진 단순한 진리에서 순서를 좇아 복잡한 것에 이를 것(종합), 넷째, 혹시 빠뜨린 점이 없는가를 검토할 것.

그는 이 방법을 통해 모든 것을 뿌리부터 뒤엎으려 했다. 가장 밑바닥 기초부터 새롭게 다져나가, 교회나 《성경》이 더 이상 줄 수 없는 자신과 세상에 대한 확실한 지식 체계를 세우려 했다. 모든 앎의 출발점이 될 확실한 지식을 발굴해 내고, 여기에서부터 세계에 대한 지식을 다시 구성하려 한 것이다.

그러면 모든 지식의 기초가 될 가장 확실한 지식은 어떻게 얻을 수 있을까? 그는 그 방법으로 '방법적 회의'를 전개한다. 의심할 구석이 하나도 없는 지식을 얻기 위해, 생각해 볼 수 있는 모든 것을 도마 위에 올려놓는 것이다. 데카르트는 우리가 보고 듣는 모든 것이 과연 확실한지 되묻는다. 먼저, 일상의 경험이 혹시 꿈에 지나지는 않는지 의심해 본다. 다음으로 그는 '2+3=5'와 같은 논리적 지식에 대해서도 의심한다. 사실은 '2+3=7'인데 악마가 '5'라고 믿도록 우리를 속이는 것은 아닐까? 정신병자 같은 황당한 의문이지만 데카르트는 이토록 철저하게 물음에 물음을 거듭했다.

그러나 아무리 의심해 보아도 도저히 의심할 수 없는 지식이 있다. 그것은 '내가 생각한다는 사실'이다. 이 세상에서 일어나는 일이 모두 꿈에 지나지 않는다 해도, '2+3=5'가 거짓인데 악마가 참이라고 나를 속이고 있다 해도, 속고 있는 나는 반드시 존재한다. 이로부터 데카르트는 세상에서 가장 확실한 지식으로 다음과 같은 명제를 이끌어 냈다. '나는 생각한다. 그러므로 존재한다cogito ergo sum'.

《성찰》에서 그는 이 확실한 명제에서 출발하여 신과 세상의 모든 지식을 다시금 구성한다. 먼저 신의 존재를 증명하는데, 그 증명 과정은 이렇다. 신은 완전하다. 반면 인간은 불완전하다. 불완전한 존재가 완전한 것을 상상하고 만들어 낼 수는 없다. 그렇다면 완전한 신이 있다는 생각은 신에게서 나왔다. 따라서 신은 있다.

이어 그는 세상의 존재도 증명해 낸다. 완전한 신이 우리가 보고 듣고 생각하는 것을 속이고 있을 리는 없다. 그렇다면 내가 몸이 있으며, 그런 내가 보고 느끼는 세상이 있다는 사실과 '2+3=5' 같은 지식은 참임이 분명하다.

이처럼 그의 증명은 순전히 이성의 힘에 의존해 논리적 방법으로 이루어지고 있다. 말하자면 '내가 존재한다'라는 필연적이면서도 절대 확실한 명제를 토대 삼아 다른 사실들을 논리적으로 추론해 내고 있는 것이다(이런 추론 방법을 연역법이라 부른다). 결국 그는 이러한 방법으로 《성경》이나 신을 통하지 않고서도 세상의 확실성을 증명하는 데 성공했다.

얼음, 바위, 곰뿐인 나라

데카르트는 《방법 서설》을 익명으로 출판했다. 그는 결코 혁명가가 아니었다. 갈릴레이가 《성경》과 달리 지구가 돈다고 주장했다가 자기 이론을 스스로 부인하고 저주하고 증오한다고 맹세하고서야 용서받았던 시대에서는 어쩔 수 없는 선택이었다. 새가슴이었던 그는 자신이 발견한 진리를 이름을 감추고 조심스레 내놓았지만, 사람들은 그 익명의 저자가 누구인지 금방 알아차렸다. 데카르트는 이미 파스칼, 가상디 등 최고의 학자들과 친분이 있었다. 그동안 흘러나왔던 이야기로 비추어 볼 때 저자가 그일 수밖에 없음은 너무도 당연한 사실이었다.

교회는 데카르트의 주장 속에 숨어 있는 위험 요소를 분명하게 알고 있었다. 세상의 확실성이 신이나 《성경》에서 나오지 않고 '나는 생각한다'라는 사실에서 나온다면, 신은 인간보다 더 불확실한 존재로 떨어

파스칼

(Blaise Pascal, 1623~1662) 프랑스 수학자로 '파스칼의 정리'가 포함된 《원뿔곡선 시론》 등 수학과 물리학에서 여러 업적을 남겼다.

가상디

(Pierre Gassendi, 1592~1655) 근대원자론의 창시자로 여겨지며, 과학자로서는 천체 관측과 지중해 수로도(水路圖) 작성에 업적을 남겼다.

지고 만다. 데카르트는 신의 존재를 두둔하는 변신론을 주장하는 듯 보였지만, 실은 신을 벼랑 끝으로 몰아붙이며 합리적 사고에 바탕한 자연과학이 설 자리를 마련하고 있었던 것이다. 데카르트가 죽은 뒤 교황청이 그의 저작들을 금서로 지정한 데는 이런 이유가 있었다.

변신론

(辯神論) 말 그대로 신의 입장에서 신을 변호하는 이론. 신은 올바르고 의로우며, 현명하고 선한 존재라고 주장하며 신의 세계를 옹호한다.

1649년, 스웨덴의 여왕 크리스티나는 명성을 얻고 있던 데카르트를 자신의 철학 과외 선생으로 초청했다. 그는 '얼음과 바위와 곰뿐인 나라'에 가고 싶은 생각이 별로 없었다. 하지만 그를 호위할 군함까지 동원한 여왕의 간절한 초청에 결국 무릎을 꿇고 만다.

데카르트는 스웨덴에 간 바로 그해에 죽음을 맞았다. 여왕은 맑은 정신으로 공부하려고 데카르트에게 새벽 5시에 철학을 가르쳐 줄 것을 부탁했다. 그러나 아침 11시까지 침대에 누워 있는 습관에 평생 길들여진 그에게 북국의 차가운 새벽 날씨는 독약과 같았다. 이내 폐렴에 걸린 그는 다시 일어나지 못했다. 이때 그의 나이는 겨우 쉰네 살이었다.

영웅의 빛과 그늘

'나는 생각한다. 그러므로 존재한다'라는 명제는 근대 서양 사상사의 흐름을 바꾸어 놓았다. 이제 진리의 근거는 신이 아니라 인간의 이성과 합리적 사고에 놓이게 되었다. 나아가 이 명제는 인간을 생각하는 존재로 봄으로써, 자연 속의 그 어떤 것보다 한 차원 높은 위치에 올려놓았다. 따라서 동물을 비롯한 다른 존재들은 단순한 물질에 지나지 않게

궁정에서 여왕과 토론하는 데카르트
크리스티나 여왕(왼쪽)에게 기하학
을 설명하는 데카르트(오른쪽). • 닐
스 포르스베리(Nils Forsberg), 〈스웨덴
크리스티나 여왕과 토론하는 르네 데
카르트〉(1884, 부분).

되었다. 데카르트에 따르면, 그것들은 태엽으로 움직이는 시계와 같이 정교하게 움직이는 자동 기계에 지나지 않는다. 반면 인간은 이성을 갖고 있으며, 바로 이 때문에 여느 존재보다 존엄하다.

이런 그의 생각은 이성과 합리성으로 요약되는 서양 근대 문명의 뿌리, 곧 합리론이라는 사상의 흐름을 낳았다. 근대 문명은 인간의 합리적 판단을 믿고 불합리한 권위에 맞선다. 그리고 모든 사람이 똑같이 이성을 지녔다는 이유로 모두가 평등하다고 주장한다. 이 점에서 데카르트는 인류 역사를 한발 진보시켰다.

그러나 그의 사상은 수많은 부작용도 낳았다. 이성을 지닌 인간이 존엄하다면 그렇지 못한 자연의 모든 것은 한낱 물질에 지나지 않는다. 자연도 그 자체로는 별 가치가 없다. 개발이라는 명목 아래 인간이 얼마든지 이용하고 파괴해 버려도 되는 대상으로 떨어져 버린 것이다. 정열과 육체에서 오는 욕구도 냉철한 이성적 판단을 흐리는 불건강한 것, 억제해야 할 부정적인 것이 되어 버렸다.

○
포스트모더니즘
미국과 프랑스를 중심으로 일어난 운동으로 개성·자율성·다양성·대중성을 중시한 문화 운동이자 정치·경제·사회 모든 영역과 관련된 한 시대의 이념이다.

역사는 돌고 돈다. 서양 사상사를 지배하던 데카르트의 합리론 전통은 360여 년이 흐른 지금에 와서 거센 도전을 받고 있다. 포스트모더니즘이 그 대표 주자라 할 만하다. 포스트모더니스트들은 더 이상 이성과 합리성을 최고의 가치로 여기지 않는다. 자연을 단순히 이용 대상으로만 보지 않고 그 자체로 가치 있는 것으로 여기며, 육체적인 욕구도 이성으로 억눌러야 할 부끄러운 것으로 생각하지 않는다.

철학의 영웅은 결코 화려하지 않다. 하지만 그네들은 과학, 예술, 기술 등 다양한 문화의 사상적 배경으로 희미하게 감추어진 채 우리에게 깊은 그늘을 드리운다. 서구 사회의 주요 코드인 합리적 사고 밑에는 데카르트의 영향이 깊게 스며 있다. 만약 우리가 받아들인 서양 근대 문명에 문제가 있다면 이는 결코 데카르트와 무관할 수 없다. 지금 이 시대를 살아가는 우리가 데카르트와 그의 사상에 대해 관심을 갖고 다시 생각해 보아야 할 이유다.

데카르트와 자동 기계

데카르트에게는 딸이 하나 있었다. 하녀와의 사이에서 낳은 프란시스라는 아이였는데, 다섯 살 때 그만 병으로 죽고 말았다. 데카르트는 무척이나 슬퍼했단다. 전설 같은 이야기에 따르면, 데카르트는 딸 모양의 인형을 만들어 항상 옆에 가지고 다녔다고 한다. 인형은 무척이나 정교해서 사람과 거의 구분하지 못할 정도였다. 데카르트가 배를 타고 여행을 하던 도중, 선원들이 그의 배낭에서 인형을 발견했다. 불길하게 여긴 뱃사람들은 인형을 바다에 던져 버리고 말았다.

데카르트는 동물은 자동 기계에 지나지 않는다고 말했다. 영혼은 인간에게만 있으며 나머지는 그냥 기계에 지나지 않는다는 거다. 그랬던 그가 왜 인형을 만들었을까? 철학 훈련은 감정을 잘 다스리게 한다. 하지만 자식 잃은 부모의 아픔에는 논리로 해결 못할 그 무엇이 있다. '인간' 데카르트의 어깨를 다독거리고 싶어지는 이야기이지 않은가?

15

다락방의 합리론자

스피노자

왕따 철학자

왕따에도 여러 종류가 있다. 모자라고 어리석어 왕따당하는 사람이 있는가 하면, 지나치게 뛰어나 질투를 사서 왕따가 되는 이도 있다. 또 세상이 자기를 안 받아 주어서 왕따 되는 경우가 있는가 하면, 사람들은 원하지만 자신이 혼자 있길 원해 스스로 왕따가 되기도 한다. 스피노자Benedict de Spinoza, 1632~1677는 '왕따 철학자'였다. 그만큼 경멸과 비난을 많이 받은 철학자도 드물다. 살아서 인정받지 못한 그는 죽어서도 오랫동안 심한 비판과 모욕을 당했다. 그는 왕따를 당했다기보다는 스스로 왕따가 된 철학자였다. '내일 지구가 멸망하더라도 나는 오늘 사과나무를 심겠다'라는 유명한 말처럼, 그는 주변의 비웃음과 멸시에도 아랑곳 않고 꿋꿋하게 자기 철학을 펼쳐 나갔다. '왕따 철학자' 스피노자, 그는 과연 어떤 사람이었을까?

파문당한 모범생

스피노자는 1632년 네덜란드 암스테르담에서 태어났다. 아버지는 포르투갈에서 네덜란드로 이주한 부유한 유대계 상인으로, 유대인 사회에서 영향력 있는 인물이었다. 덕분에 스피노자는 풍족하고 편안한 어린 시절을 보냈다. 여덟 살 때 암스테르담 유대인 학교에 들어가 유대교 경전과 히브리어를 공부했는데, 남달리 총명하고 신앙심이 깊어 유대인 사회의 기대를 한 몸에 받았단다. 그는 학교를 졸업하자마자 유대교 종교 지도자가 되기 위해 모라틸라 율법 학교에 입학했다. 이때 나이 열다섯 살이었다. 그리고 아버지가 운영하던 '스피노자 상회'에도 나가 장사를 배우기 시작했다. 이때까지 그는 장사와 종교를 중요하게 여기는 유대 사회의 엘리트 코스를 밟아 갔던 셈이다.

그러던 어느 날, 이 엘리트에게 충격적인 사건이 일어났다. 한 유대 청년이 사후 세계에 대한 신앙을 의심하는 논문을 발표했다가 혹독한 비판을 받고 파문당한 것이다. 교회는 그 청년을 교회 입구에 엎드리게 하고 신자들이 그를 짓밟고 들어가게 했다. 청년은 육체적 고통보다 모욕감을 참지 못한 나머지, 박해자들에게 보내는 준엄한 항의 편지를 남기고 자살해 버리고 만다. 이 사건은 스피노자의 신앙심을 흔들어 놓았다. 유대교 경전에 회의를 품고 어떤 모순이 있지 않은지 의심하게 된 것이다.

이 때문이었는지 1652년, 스물한 살 청년 스피노자는 이단이라 여겨지던 신학자 반 덴 엔덴이 운영하는 라틴어 학교에 입학했다. 이곳에서 그는 라틴어, 신학, 코페르니쿠스의 천문학, 데카르트 철학 등 새로운 사상과 학문을 공부했다. 스피노자에게 많은 기대를 걸었던 유대인 사회는 이런 모습에 매우 당황했다. 마침내 1656년, 유대 교회 장로들은 교회에 대한 태만과 무신론 사상을 이유로 스피노자를 불러 조사했다. 교회는 이단적 태도를 계속 보인다면 파문하겠다고 그를 위협했다. 그러나 스피노자는 협박에 아랑곳하지 않았다. 애가 타는 쪽은 오히려 유대 교회였다. 유능한 젊은이를 놓치지 않으려고 교회는 스피노자에게 생각을 바꾸는 대가로 거액의 연금을 주겠다고 유혹했다. 말을 듣지 않으면 죽여 버리겠다고 위협하기도 했다. 그럼에도 스피노자는 끝끝내 자신의 태도를 바꾸지 않았다.

결국 1656년 7월 유대 교회는 스피노자에게 파문을 선언했다. 파문을 내리는 글의 내용은 이러했다.

　…… 천사들의 결의와 성인의 판결에 따라 바루흐 스피노자를 저주하고 추방한다. …… 스피노자여, 밤낮으로 저주받고, 잠잘 때도 일어날 때도 저주받아라. …… 신께서는 그를 결코 용서하지 마시고, 노여움과 분노가 이 사람을 향해 불타게 하소서. …… 신께서는 이스라엘의 모든 부족에서 그의 이름을 지우고 파멸을 내리소서. …… 어느 누구도 말이나 글로 그와 교제하지 말 것이며, 그에게 호의를 보여서도 안 되며, 그와 한 지붕 아래 머물러서도 안 되며, 그에게 4에르렌(2미터)보다 가까이 다가가서도 안 되며, 그가 쓴 책을 읽어서도 안 되느니라…….

신에 대한 지적 사랑

가혹한 파문에 대한 스피노자의 태도는 한마디로 '침묵'이었다. 그는 전혀 아랑곳하지 않았다. 그러나 유대인은 관리가 될 수 없었기에, 파문으로 유대인 사회에서 쫓겨남은 곧 생계 수단을 잃는 것을 의미했다. 아무도 파문당한 이와 거래를 하지 않으려 했기 때문이다. 파문당한 이에게는 상속권도 재산도 인정되지 않았기에 그는 집에서도 쫓겨났다. 누구도 그를 받아 주지 않았으므로 그는 주로 다락방을 세내어 이곳저곳을 떠돌아다녀야 했다. '다락방의 합리론자'라는 별명은 여기서 나왔다. 평생 독신으로 지냈던 그는 죽을 때까지 하숙생 신세를 벗어나지 못했다.

스피노자는 학생 때 배운 렌즈 가는 일로 근근이 생계를 꾸릴 수 있었다. 때로 그의 학문적 재능을 아는 사람들이 거액의 기부금을 주려 했지만, 그때마다 스피노자는 거절했다. 꼭 필요한 경우에만 아주 적은 돈을 받았을 뿐이다. 왜 스피노자는 그토록 철저하게 유대 사회에서 버림받았으며, 그럼에도 항의 없이 자신의 처지를 조용히 받아들였을까?

스피노자가 버림받은 이유는 인격신을 인정하지 않기 때문이다. 그는 유대교에서 말하는 인간의 모습을 한 신에는 많은 모순이 있다고 생각했다. 신은 결코 인간처럼 감정적으로 분노하고 기뻐하는 존재가 아니다. 신은 이성 자체여야 한다. 그리고 그 이성은 우리가 살고 있는 세계와 떨어져 있어서는 안 된다. 그리하여 스피노자는 우리가 살고 있는 세계 자체가 이성이며 정신이고 곧 신이라 생각했다.

세계가 곧 신인 이상, 우리에게 일어나는 일들은 모두 신의 섭리이다. 예컨대, 지진이 나서 사랑하는 가족이 죽는 불행이 일어났다 해도, 그것은 이미 신의 섭리에 따라 결정되어 있던 일일 뿐이다. 따라서 신(자연)의 섭리를 깨닫는다면, 우리는 지나치게 슬퍼하거나 비통해할 필요가 없다. 우리는 지성을 최대한 발휘하여 이 세상

○
범신론
(汎神論) 자연 또는 이 세계의 모든 것이 신이라는 입장. 신비주의적인 것에서 스피노자의 경우처럼 합리적인 논리로 구성된 것까지 여러 가지가 있다.

만물 속에 나타난 신의 섭리를 깨달아야 한다. 나아가 적극적으로 자연의 섭리에 따라 올바르고 도덕적인 삶을 산다면 우리는 비로소 고통에서 벗어나 진정한 자유와 행복을 얻을 수 있다.

《성경》의 권위가 절대적이었던 시대에 이러한 생각은 무신론, 심지어는 악마의 사상으로 여겨졌다. 무신론자라는 비난과는 반대로, 세상 모든 것을 신으로 보는 그의 범신론 때문에 그는 신에 미친 사람이라는 혹평을 받기도 했다. 그러나 그는 자신에게 쏟아지는 어떤 비난에도 대꾸 없이 조용히 참고 견뎠다. 세상일에는 도무지 관심이 없었던 탓이다. 그는 신에 대한 지적 사랑만이 진정한 행복을 준다고 생각했다. 그래서 진실한 행복을 얻는 길, 지성이나 이성을 최대로 완성하는 일에 몰두했던 것이다.

온 세계가 적이 되다

1660년, 스피노자는 암스테르담을 떠나 시골로 이주했다. 그 뒤 그는 형편 닿는 대로 네덜란드 이곳저곳을 떠돌아다녔다. 어떤 작가는 이 시절 스피노자의 생활을 '서재에 매장되어 있는 듯했다'라고 적었다. 보통 3개월 이상을 전혀 출입하지 않고 지낸 적도 많았다니, 그런 소리

를 들을 만도 하다. 생활은 먹고 자는 것을 빼고는 겨우 그가 좋아하는 파이프 담배를 살 만큼의 여유밖에 없었다. 그러나 어떤 기록에도 그가 이 때문에 고통받거나 괴로워했다는 흔적은 없다. 오히려 그는 조용한 사색과 신에 대한 지적 사랑 속에서 끊임없이 해탈을 향해 나아갔다.

1665년, 그는 《지성 개선론》을 완성했다. 그리고 오랜 작업 끝에 그의 대표작인 《기하학적 질서에 따라 증명된 윤리학》(일명 《에티카》)를 탈고했지만 출판할 수 없었다. 이와 비슷한 주제를 다뤘던 사람이 10년형을 받고 감옥에서 죽은 사실을 알았던 까닭이다. 1670년, 서른아홉 살의 스피노자는 비로소 생애 처음으로 《데카르트 철학의 원리》라는 책을 출간했다. 이어서 그는 이름을 감추고 《신학 정치론》을 독일의 한 출판사에서 펴냈다. 그가 살아 있을 때 출판된 책은 이 두 권뿐이었지만, 그는 두 권의 책만으로 당시 모든 학파와 권력자들의 적이 되어 버리고 만다.

《신학 정치론》에서 스피노자는 국가의 목적은 실제로는 자유라고 하면서, 국가는 교회의 지나친 간섭을 막고 종교와 사상의 자유를 보장해야 한다고 주장했다. 이는 곧 교회에 대한 정면 도전이었고 자유를 억압하던 권력자들에게는 심한 모욕이었다. 이름을 감추고 책을 냈지만, 사람들은 이 책의 저자가 스피노자임을 금방 알아챘다. 엄청난 비난이 쏟아졌다. '스피노자주의'라는 말 자체가 모욕과 위협이 되었고, 심지어 어떤 이들은 스피노자를 충분히 비난하지 않았다는 이유만으로도 비판받았다.

이 모든 비난에도 스피노자는 여전히 침묵을 지켰다. 그가 유대 교회와 가톨릭 교단, 칼뱅파, 루터파 등 당시 모든 교파로부터 비난받은 가장 중요한 이유는 교회가 허용한 언론 자유의 범위를 넘어섰기 때문이었다. 그러나 그는 진리 추구가 교회 문턱에서 멈춰서는 안 된다고 확신했기에 침묵 속에서 자신의 철학을 꿋꿋이 계속해 나갔다.

침묵, 또 침묵

모든 사람들이 스피노자를 혐오하지는 않았다. 열린 마음을 가진 몇몇 사람들은 그의 철학적 재능을 높이 샀다. 1673년, 마흔두 살의 스피노자는 팔라티나 영주에게서 파격적인 제의를 받았다. 하이델베르크 대학 철학 정교수로 초빙을 받은 것이다. 영주는 그에게 철학에 대한 완벽한 자유를 보장한다고 약속했다. 단, 이러한 자유로 공인된 교회를 혼란시키지 않는다는 조건으로 말이다. 여기에 대한 스피노자의 대답은 '심사숙고 끝에 거절'이었다. '나의 정신적 자유를 아무에게도 방해받고 싶지 않다'는 게 이유였다. 그 뒤 그는 박물관에 매장된 듯 렌즈를 갈고 사색을 하며 생활해 나갔다.

사실 그의 삶에는 비난할 만한 점이 거의 없었다. 그런데도 사람들은 어떻게 해서든 그를 헐뜯으려고 혈안이 되었다. 심지어 밤에 주로 책을 썼던 작업 습관을 가리켜 암흑의 작품을 쓰고 있다며 빈정거릴 정도였다. 그는 여전히 침묵했고, 침묵 탓에 사람들은 더더욱 그에 대한 비난의 강도를 높였다.

가장 외롭게, 가장 눈에 안 띄게

1677년 2월 21일, 조용히 집필에만 몰두하던 스피노자는 오랫동안 고생했던 폐병으로 죽었다. 마흔여섯의 짧은 삶이었다. 사람들은 그의 폐병이 안경 렌즈를 갈 때 생긴 먼지 탓이리라 추측하곤 한다. 그는 원하기만 했다면, 유대인 사회의 지도자로서 부와 명예를 누리며 지낼 수 있었다. 또, 적극적으로 거부하지만 않았어도 지식인으로 명망을 얻고 많은 기부금을 챙기며 화려하게 살 수 있었다. 그럼에도 그는 자신의 철학적 신념에 따라 신에 대한 지적 사랑 속에서 가장 외롭고 가장 눈에 안 띄며 가장 겸손하고 조용하게 일생을 보냈다.

한 전기 작가는 그를 '금세 저주받았다가 금세 축복받고 금세 애도받았다가 또 금세 비웃음을 샀던 사람'이라고 적고 있다. 그에 대한 평가는 오랫동안 극단적으로 엇갈렸다. 하지만 스피노자는 철학자로서 완전한 삶을 산 사람이었다. 그의 삶과 철학은 주위의 어떤 비난과 찬사에도 흔들리지 않는 일관되고 완결된 모습을 보여 주고 있다. 비난받아 마땅한 사람들이 있다면 그것은 스피노자가 아니라 오히려 감정에 휩싸인 채 그의 철학을 오해하는 비판자들이리라.

헤겔은 스피노자를 두고 '그의 철학은 생기가 없고 굳어 있지만, 철학자가 되기 위해서는 먼저 스피노자를 공부해야 한다'라고 평가했다. 그는 삶과 행동이 곧 철학이었던 철학자의 생활 지침서이다.

스피노자의 명언들

"내일 지구가 멸망하더라도 나는 한 그루의 사과나무를 심겠다."

스피노자의 명언으로 널리 알려진 말이다. 하지만 이 말의 출처를 찾기는 어렵다. 종교개혁을 일으킨 마르틴 루터 목사가 이 말의 '원조'라는 주장도 있다.

스피노자가 했건 안 했건, 이 명언은 스피노자의 철학을 잘 압축해서 보여 준다. 그밖에도, 신비로운 그의 이미지 탓인지 시중에는 그의 말로 알려진 주옥같은 말들이 널리 퍼져 있다. 물론, 실제로 그가 이런 말을 했는지는 '믿거나 말거나'이다. '스피노자의 명언'으로 알려진 문장들을 몇 개 소개하겠다.

"자유인이란 죽음보다 삶을 더 많이 생각한다."

"세상은 욕망하지 않는 것과 할 수 없는 것만 금지했다."

"나는 할 수 없다는 생각은 나는 그것을 하기 싫다는 말을 다르게 표현한 것뿐이다. 그래서 (자신이 바라는) 일은 이루어지지 않는다."

합리주의의 절정

라이프니츠

"출판된 것만으로는 나를 제대로 이해할 수 없다"

서양의 17세기는 천재들의 세기라고 불린다. 라이프니츠 Gottfried Wilhelm von Leibniz, 1646~1716는 그 천재들의 세기의 완결판이라 할 만한 인물이다.

그는 어지간한 종합대학 교수들 전부가 100년 동안 매달려도 하기 힘든 일들을 혼자서 이루어 냈다. 미적분학의 창시자로 알려져 있으며, 수리논리학의 기초를 놓은 사람이기도 하다. 게다가 물리학에서는 에너지 보존 법칙이라 할 만한 것을 구상하였고, 심리학 쪽에서 본다면 무의식을 처음 생각해 낸 사람이다. 나아가 신학 분야에서는 어지간한 신학자들보다 신의 존재를 더 잘 증명했고, 역사학에서

> **수리논리학**
> 언어를 사용하는 일반 논리학과 달리 기호를 사용하는 논리학. 현대 논리학을 전통적 논리학과 구별할 때 자주 쓰이는 말로, 기호논리학이라고도 한다.

는 사료에 충실한 역사 기술의 모범을 보여 주었다. 지질학, 토지 개량, 수리, 광업, 심지어 연금술 분야에서도 업적을 남겼을 뿐 아니라, 현실 정치에도 민감하여 법률과 사회 제도에 대한 여러 개선안을 내놓았다. 이 밖에도 도서관 장서 분류법, 교육 개혁과 북극의 위치 탐색에 이르기까지 그의 관심 영역에는 끝이 없었다. 어느 분야를 연구하든지 라이프니츠의 흔적을 피하기란 거의 불가능할 지경이다.

그런데도 라이프니츠는 업적에 비해 잘 알려져 있지 않은 편이다. 학자는 책을 통해 세상에 알려지게 마련이다. 그가 생전에 출판을 목적으로 쓴 글은 그다지 많지 않았다. 그 대신 무려 600여 명이 넘는 유명 인사들과 1만 5,000여 통에 이르는 서신을 교환했는데, 이 편지 속에 그의 주요 업적이라고 할 만한 것들이 담겨 있다. 따라서 라이프니츠 스스로도 '출판된 것만으로는 나를 제대로 이해할 수 없다'라는 말을 줄곧 했단다.

유명 사상가들의 저작은 대개 후대 연구자들이 한데 모아 전집으로 출판하게 마련이다. 그의 글 모두를 담은 '라이프니츠 전집'은 아직까지 세상에 나온 적이 없다. 그의 저작들은 아직까지도 발굴 중이다. 그만큼 그는 학식이 매우 깊고 넓은 학자였다.

인간 사고의 알파벳

라이프니츠는 1646년, 독일의 라이프치히에서 태어났다. 아버지는 라이프치히 대학의 도덕철학 교수였다. 라이프니츠는 지적 호기심을 타고난 사람이다. 이미 여덟 살 때 혼자 힘으로 라틴어를 공부하여 아버지 서가에 있는 방대한 서적을 읽기 시작했단다. 이 천재 소년의 지적 발달은 매우 놀라워서 열세 살이 되던 해에는 논리학에서 상당한 업적이 될 만한 생각을 해냈다.

그는 인간의 사고를 분석하여 생각을 이루는 가장 기본적인 요소들을 밝혀내고 이들이 서로 결합하는 법칙을 알아낼 수 있다면, 우리가 할 수 있는 사유를 전부 파악할 수 있을뿐더러 그것이 제대로 된 것인지 평가할 수 있다고 생각했다. 여기서 인간의 생각을 이루는 가장 기본적인 요소는 인간 사고의 알파벳이라 할 만한 것으로, 그가 평생을 걸쳐 추구했던 '보편 기호학'의 근본이 된다.

1661년, 열다섯 살의 라이프니츠는 라이프치히 대학에 입학했다. 그는 매우 뛰어난 학생이었는데도 박사 학위를 받을 수 없었다. 그 당시에는 나이순으로 학위 수여자를 결정하는 관행이 있었다. 그가 학업을 마치던 해에는 유독 나이 지긋한 졸업생이 많아 논문을 완성하고도 어리다는 이유로 박사 자격을 인정받지 못했단다. 그래서 그는 1667년, 이미 써 놓은 논문을 가지고 학문과 기술의 중심지로 떠오르던 알트도르프 대학으로 자리를 옮겨 법학 박사 학위를 받았다.

라이프니츠의 천재성을 알아본 이 대학에서는 그에게 교수직을 제안했지만, 그는 새로운 일을 해 보고 싶다는 이유로 거절했다. 이 스물한 살의 젊은이는 안정적이지만 여러 속박이 있는 교수직에 묶여 시들어 버리기보다, 위험하더라도 세상이라는 큰 책을 몸으로 겪으며 익히고 싶었던 것이다.

그가 처음 얻은 직장은 연금술을 연구하는 뉘른베르크 학회의 총무직이었다. 당시 뉴턴이 관찰과 실험으로 자연의 법칙을 밝히려 했다면,

라이프니츠는 사고 실험을 통해 물질의 결합 법칙을
밝히려 했던 듯하다. 아무튼 연금술에 대한 그의 관심
은 평생 동안 계속되었지만, 이 직책에 오래 머물지는
않았다.

1668년, 라이프니츠는 보이네부르크 남작의 추천
에 따라 〈법학의 학습과 교육의 새 방법〉이라는 논문
을 마인츠의 선제후에게 헌정했다. 마인츠의 선제후
는 라이프니츠의 재능을 단번에 알아보고, 그에게 중
세의 교회 법전을 당시 모든 기독교 국가에 적용할 수

있도록 바꾸는 작업을 부탁했다. 1670년, 마침내 스물넷의 라이프니츠
는 신성로마제국에서 가장 중요한 법원 중 하나였던 마인츠 선제후국
상고심 법원의 법관에 올랐다.

그때만 해도 지식인들 사이에서는 겸직이 일반적이었다. 그는 법관
으로 있으면서도 추천인이었던 보이네부르크 남작 집안의 일을 돕고
있었다. 보이네부르크 남작은 가톨릭과 개신교로, 다시 개신교의 여러
종파로 쪼개지던 기독교를 통합하기 위해 애쓰던 인물이었다. 따라서
라이프니츠도 자연스럽게 신학적·철학적 논쟁에 빠져들기도 했다.

인간보다 우월한 계산기

그러던 어느 날, 라이프니츠에게 최고의 학자들이 모이던 파리에 갈
기회가 생겼다. 당시 독일 지역의 여러 제후국들은 30년 전쟁의 후유
증에서 벗어나지 못한 상태였다. 그런 가운데 점점 강성해지는 루이 14

> **사고 실험**
> 실제의 실험 장치를 쓰지 않고
> 이론적 가능성을 따져 이어 맞
> 추면서 마치 실험을 한 것처럼
> 머릿속에서 결과를 유도하는
> 일.
>
> **선제후**
> (選帝侯) 중세 독일에서 황제를
> 선출하는 자격을 가진 제후.
>
> **신성로마제국**
> 962년 오토 1세가 황제 자리에
> 오른 때부터 프란츠 2세가 물
> 러난 1808년까지, 독일 제국의
> 정식 명칭.

하위헌스

(Christiaan Huygens, 1629~
1695) 네덜란드 물리학자로 빛
의 파동설을 제창하고 '하위헌
스 원리'를 발표했다. 진동시
계, 망원경 등을 고안 · 제작하
였다.

세의 프랑스는 무서운 위협이었다. 라이프니츠는 프
랑스 왕의 관심을 독일 밖으로 돌릴 미끼를 생각해 냈
다. 프랑스가 이집트를 침공하게 만들자는 제안을 내
놓은 것이다. 기발한 아이디어에 감탄한 보이네부르
크는 라이프니츠를 파리에 특사로 보내 이 계획대로
루이 14세를 설득하도록 했다.

하지만 라이프니츠의 계획은 실패하고 말았다. 루이 14세는 그의 계
획을 받아들이지 않았다(라이프니츠가 생각한 이집트 침공은 무려 120년 뒤에
나폴레옹에 의해 실현되었다). 그러나 이 스물여섯 살의 천재에게 프랑스
는 기회의 땅이었다. 그는 최고의 학자들이 모여 있는 파리에서 세계적
명성을 쌓을 기반을 마련하였다. 하위헌스 같은 최고의 수학자를 만나
기도 했고, 데카르트와 파스칼의 출판되지 않은 원고를 읽기도 했다.

1673년, 그는 외교관 자격으로 영국 왕립 협회를 방문했다. 이곳에
서 그는 자신이 고안한 계산기를 선보여 관심을 끌었다. 복잡한 톱니바
퀴로 되어 있는 이 기계는 덧셈과 뺄셈뿐만 아니라 곱셈과 나눗셈도 할
수 있었다. 라이프니츠는 계산기에 '인간보다 우월한!'이라고 쓴 메달
을 부착할 생각까지 했단다. 그는 단순한 사칙연산을 뛰어넘어 인간의
모든 사고 과정을 기계화하는 계산기를 구상하기도 했다. 만약 이것이
만들어졌다면, 우리는 논쟁을 벌이는 대신 "자! 계산해 봅시다." 하고
기계를 돌리기만 하면 최선의 결론을 얻었을지도 모른다. 이 기계는 그
가 평생 연구한 보편 기호학의 이상을 잘 보여 준다.

또한, 그는 종교와 철학적인 문제에도 깊이 빠져들었다. 라이프니츠
는 우리가 살고 있는 모순과 혼란으로 가득 찬 세계를 '가능한 모든 세

게 중 최선의 세계'라고 결론지었다. 세상을 이루는 가장 단순한 요소들을 나열하면 우리는 가능한 여러 세계를 만들어 볼 수 있다. 그러나 우리가 살고 있는 세상은 이 가운데서도 최선의 세계이다. 왜냐하면 완전하고 전능한 신이 이 세상을 선택했기 때문이다. 무능하고 경험 없는 사람이 고르는 것보다는 경륜 있고 유능한 사람의 선택이 더 믿을 만하듯, 완벽한 신이 선택한 세상은 가장 좋은 것이다.

하지만 우리는 이런 라이프니츠의 결론을 선뜻 받아들이기 어렵다. 세상은 최선이기는커녕 최악인 듯 보이는 까닭이다. 도처에는 악과 고통이 널려 있지 않은가? 여기에 대해 라이프니츠는 '악이 있기에 세상은 더 선하고 아름다운 것'이라고 대답한다. 예를 들어, 목마른 고통이 있는 탓에 우리는 시원한 물을 마실 때 더 큰 쾌락을 느끼지 않는가. 오직 선만 있는 것보다는 악과 고통이 있는 세상이 더 아름답고 완벽하다는 주장이다.

물속으로 가는 배, 홈을 따라 달리는 객차

4년에 걸친 파리 생활 동안 라이프니츠는 과학적 상상력을 마음껏 펼쳤다. 1675년경 그는 수학의 미적분을 발견했다고 공개하여 사람들의 관심을 끌었다. 그 뒤 그는 자신도 미적분을 발견했다고 주장하는 뉴턴과 누가 원조인지를 놓고 지루한 논쟁을 벌이게 된다. 이는 결국 독일과 영국의 자존심 싸움으로까지 발전하였다. 논쟁은 아직도 결론이 나지 않았지만, 지금에 와서는 어느 한쪽이 표절한 것이 아니라 두 천재가 제각각 발견했다는 해석이 일반적이다.

그뿐 아니라 그는 마치 타임머신을 타고 400년 뒤의 미래 세상을 보고 온 사람처럼 희한한 아이디어를 쏟아 내기도 했다. 나침반 없이도 배의 위치를 계산하는 장치, 압축 공기로 움직이는 엔진, 적의 눈에 띄지 않게 물속으로 가는 배, 깊이 파인 홈을 따라 달리는 객차 등 지금 우리에게는 친숙하지만 당시에는 코미디 소재로나 쓰일 법한 아이디어들이었다. 이 천재가 얼마나 시대를 앞서 갔는지 보여 주는 대목이다.

라이프니츠의 파리 생활은 후원자였던 보이네부르크 남작과 마인츠 선제후가 갑자기 세상을 떠나면서 끝이 났다. 그는 파리 아카데미에 소속되어 계속 프랑스에 남기를 원했지만 뜻대로 되지 않았다. 비록 천재성을 인정받긴 했지만 당시에는 촌 동네에 지나지 않았던 독일에서 온 이십대 후반의 젊은이가 최고의 석학들이 모인 아카데미의 일원이 되기는 쉽지 않았다.

게다가 봉급도 끊겨 생계를 이어 나가기도 어려웠으므로, 그는 1676년 독일 하노버의 프리드리히 공작의 궁정 고문관 겸 도서관 사서로 취직했다. 물론, 이미 숱한 지성들과의 만남으로 가슴이 부풀 대로 부푼 젊은이는 따분한 공무원 자리에 만족하지 못했다. 라이프니츠는 일부러 네덜란드로 돌아가는 길을 택하여 되도록 천천히 독일로 돌아왔다. 다락방의 합리론자로 불리는 스피노자와 현미경 학자인 레벤후크를 만난 것도 이 무렵이다.

지구의 기원에서 가문의 역사까지

하노버 가는 그의 평생직장이 되었다. 그는 죽을 때까지 3대에 걸쳐서 공작 가문을 섬겼는데, 오늘날로 친다면 그의 직책은 정치 고문과 외교관, 기술 고문, 사서직을 합쳐 놓은 것과 비슷하다. 박학다식한 라이프니츠는 아이디어 뱅크였다. 끊임없이 개선안들을 내놓았고, 새로운 기술 제안을 쏟아 냈다. 성공만큼 실패도 많았다. 혁신적인 기술을 제안해 광산 개발에 착수했다가 공작 가문에 막대한 손해를 입히기도 했단다.

1685년, 공작은 평생 동안의 연금을 보장해 주는 조건으로 라이프니츠에게 가문의 역사를 쓰라고 지시했다. 공작이 바랐던 것은 다른 귀족들 사이에서 위신을 세워 줄 짤막한 역사책이었지만, 이 책은 결국 완성되지 못했다. 작업을 해 나갈수록 탐구해야 할 분야가 점점 넓어져서, 결국 그는 한 가문의 역사를 탐구하기 위해 지구의 기원까지 파고들어 갔던 것이다.

엄청난 작업이 되고 만 역사 프로젝트는 라이프니츠에게 새로운 기회를 주었다. 역사 서술을 위한 자료를 모으기 위해 이곳저곳을 여행하면서 많은 학자와 귀족들을 만났던 것이다. 여러 궁정에 출입하고 귀족들의 계보에 대한 자료를 모을수록 라이프니츠는 점점 더 제후들에게 유용한 인물이 되어 갔다. 게다가 그의 혁신적인 아이디어는 군주들의 마음을 사로잡기에 충분했다. 그리하여 그는 제후들에게서 중요한 임무를 부여받곤 했다.

러셀은 《서양 철학사》에서 라이프니츠가 '돈과 관련해서는 조금 치사했다'라고 혹평했는데, 확실히 그는 자신의 몸값에 민감했던 듯싶다. 한때는 무려 다섯 왕가에서 제각각 최고 기술자의 봉급을 받아 낸 적도 있었단다.

바쁜 와중에도 라이프니츠는 여가 시간을 이용해서 자신의 철학을 더욱더 세련되게 다듬었다. 유명한 모나드monad 이론과 예정조화설을 체계화한 것도 이 무렵이다. 모나드는 일종의 원자 개념으로, 세상의 모든 것들을 구성하는 원초적인 요소다. 그러나 모나드는 지금의 원자 개념과는 다르다. 이것은 물질이 아니며 물리학의 질점(물체의 질량이 총집결했다고 간주되는 점)과 같이 관념적인 것이다. 라이프니츠의 이론에 따르면, 만약 모나드가 물질이라면 아무리 작은 단위까지 쪼개도 그보다 더 작은 단위가 있을 수 있기에 가장 근원적인 요소까지 다다를 수 없다. 따라서 세상 만물을 이루는 모나드는 물질이어서는 안 된다. 모나드는 살아 있는 영혼과 같다. 세상의 활력과 움직임은 각각의 모나드에서 나온다.

그런데 모나드는 제각각 완전한 존재이다. 완전하기에 서로 영향을 받지 않는다. 그렇다면 세상의 변화는 어떻게 일어나는가? 여기서 라이프니츠는 '예정조화설'을 끌어들인다. 정확하게 시간을 맞춘 시계들이 똑같은 시각을 가리키고 있듯이, 신은 모나드들이 나름대로 정확하게 움직이도록 예정해 놓았다. 예를 들어, 내가 축구공을 차서 공이 날아갔다 해도, 축구공은 내가 찼기에 날아간 것이 아니다. 예정조화설에 따르면, 발로 찬 행위와 공이 날아간 사건은 제각각 독립적으로 신이 예정해 놓았다. 두 사건은 한 치의 오차 없이 이어서 일어나기에 우리는 발로 차서 공이 날아갔다고 생각하게 된다. 상식적으로 본다면 이러한 예정조화설은 매우 기괴해 보인다. 하지만 라이프니츠의 주장을 따라가다 보면 도달하게 되는 당연한 결론이다.

처음 읽는 서양 철학사

합리주의의 절정

　그는 일을 수주하고 계약을 따 내는 에이전트로서의 능력은 뛰어났지만, 너무 많은 일을 벌여 놓아서 수습하는 데는 많은 시간이 걸렸다. 그를 고용한 사람들은 라이프니츠의 더딘 일 처리에 짜증을 냈고, 특히 주 고객인 하노버 가는 점점 그에게 염증을 느꼈다. 이 걸어 다니는 백과사전은 정작 필요할 때는 항상 여행 중이었던 탓이다. 아무튼 고객들의 입장에서 라이프니츠는 성실치 못한 일꾼이었지만, 그는 여전히 많은 성과를 올렸다. 특히 학술원 설립을 위해 황제를 설득하는 데 큰 힘을 쏟아, 1711년에는 마침내 프로이센 아카데미가 탄생하게 되었다.

　그러나 황제로부터 아카데미의 종신 회장으로 임명되었던 그는 정작 창립식 자리에도 초대받지 못했다. 또한 1712년, 하노버 가도 라이프니츠에 대한 봉급 지불을 중단했다. 결국 그는 인심을 잃었던 것이다. 1716년 일흔 살의 나이로 숨을 거두었을 때, 그의 장례식에는 화려했던 경력과는 대조적으로 궁정의 어떤 인사도 참석하지 않았단다.

　철학자로서 라이프니츠는 합리주의의 절정이라고 평가받곤 한다. 합리주의란 면밀한 이성과 냉철한 논리로 세상을 설명하고 해석하려는 철학 사조를 일컫는 말이다. 합리주의자들은 이성과 논리로 세상을 해석할 뿐만 아니라, 합리적인 사고를 통해 어지러운 세상을 질서 있고 아름답게 만들 수 있다고 확신한다. 라이프니츠는 종교 사이에, 그리고 권력자들 사이에 날카로운 대립이 계속되었던 30년 전쟁 직후의 매우 혼란한 시대를 살았다. 그는 이처럼 혼란한 세계에 대해 합리적인 해석과 처방을 내린 대표적인 철학자였다.

불행히도 세상은 논리로만 이루어져 있지 않다. 합리적인 해석과 처방이 아무리 그럴듯하고 이론적으로 아름답다 해도, 현실이 갑자기 좋아지지는 않는다. 오히려 현실을 거기에 억지로 끼워 맞추려고 할 때, 세상은 더 고통스러워지곤 한다. 마치 선하고 행복한 세상을 목적으로 하는 종교가 오히려 수많은 테러와 전쟁을 불러왔듯이 말이다.

헤겔은 라이프니츠의 철학을 '생각해 낼 수 있는 것 가운데 가장 미묘한 허구'라고 깎아내렸다. 이성과 논리가 극도로 실현됐을 때 그 자체로는 매우 아름다운 작품이 될 수 있지만, 현실에서는 가장 기괴한 허구가 될 수 있기도 하다. 합리주의의 절정이라고 불리는 라이프니츠의 정교한 철학이 생각만큼 좋게 평가되지 않는 이유는 바로 여기에 있다.

> **철학 실험실**
>
> ## 르네상스형 인간, 가능한가?
>
> 인성과 예술과 품위는 기본, 여기에 풍부한 전문 지식까지 갖춘 사람을 흔히 '르네상스형 인간'이라고 부른다. 라이프니츠와 레오나르도 다 빈치는 르네상스형 인간의 대표로 세울 수 있는 인물이다. 하지만 라이프니츠 시대에는 지식의 양이 많지 않았다. 수십 권의 책만 읽었어도 '석학'이라는 찬사를 들었다. 지금은 다르다. 엄청난 분량의 정보가 날마다 쏟아지는 세상이다.
>
> 그러나 우리 시대에는 '르네상스형 인간'이 필요하다. 여러 학문 간의 통섭은 학계와 산업계의 큰 화두다. 많은 분야를 꿰면서 자유자재로 이용하기란 보통 어렵지 않다. 어떻게 해야 이들 같은 르네상스형 인간을 길러 낼 수 있을까? 라이프니츠의 됨됨이와 성장 과정을 되짚어 가며, 천재를 위한 교육 과정을 설계해 보라.

17

왕이 왕답지 못하면
엎어 버려라

로크

할리우드 블록버스터급 철학자?

할리우드 영화 제작자들이 로크John Locke, 1632~1704를 제대로 안다면
영화 욕심에 군침 흘릴지도 모르겠다. 로크의 생애는 할리우드 블록버
스터의 흥행 요건을 모두 갖추고 있다. 수려한 외모와 귀부인들과의 아
름다운 로맨스, 잦은 혁명과 전쟁으로 넘쳐 나는 액션 장면, 정치적 음
모들이 빚어내는 긴장감, 게다가 제임스 2세, 보일, 뉴턴 등 장면마다
카메오로 등장하는 유명 인물들까지!

하지만 주의 깊은 제작자라면 로크의 삶에서 흥행 공식과 결정적으
로 어긋나는 부분을 찾아낼 터다. 할리우드 오락물에서는 악당이 누구
인지 분명하며, 정의의 수호자인 주인공이 그들을 호쾌하게 물리친다.
그런데 로크의 삶에는 정의의 수호자도 악한 무리도 없다. 그는 서로

물어뜯고 싸우는 극심한 혼란 속에서도 사람들에게 겸손하고 신중해지라고 당부한다. 우리 이성에는 한계가 있기에 누구도 확실하게 내 의견이 곧 정의라고 주장할 수 없다는 것이다.

'자신의 부족함을 깨닫고 상식에 비추어 살며 상대방을 존중하고 관용하라'. 로크의 주장을 한마디로 요약하면 이렇다. 그의 사상은 우리가 사는 민주 사회에서는 이미 상식이 되어 버렸다. 상식은 가장 널리 받아들여지는 합리적인 사고이지만, 그 때문에 가장 평범하고 지루한 생각이기도 하다. 따라서 그의 사상은 튀고 뜨는 색다른 주장을 찾는 지금의 학자들에게는 별 관심을 끌지 못한다. 할리우드 영화 제작자들이 그를 실제로 어떻게 볼지는 둘째로 하고서도 말이다.

시대가 만든 철학자

로크는 1632년 영국 서머싯의 링턴이라는 시골 마을에서 변호사의 장남으로 태어났다. 할아버지는 포목상이었는데, 손자에게까지 꽤 많은 재산을 물려줄 만큼 큰돈을 벌었다.

다른 시대에 태어났더라면, 로크는 그냥 소도시 유복한 집안의 똑똑한 도련님으로 평범하게 생애를 마쳤을지도 모른다. 하지만 그의 시대는 영국 역사에서 가장 혼란한 시기였다. 그가 열 살이 되던 해, 왕과 의회 사이의 갈등으로 내전, 곧 청교도 혁명이 일어났다. 당시 지식인들이 그랬듯, 로크의 아버지도 이 전쟁에서 자유롭지 못했다. 아버지는 의회 쪽 군대의 기병 지휘관으로 참전했는데, 이것이 로크의 운명을 완전히 바꾸어 놓고 말았다. 전쟁에서 별 전과를 올리지는 못했지만, 아버지의 상관이 자신을 도와준 데 대한 보답으로 로크를 귀족이나 부유층 자제만 입학하던 웨스트민스터 학교에 추천했던 것이다. 전쟁이 아니었다면 시골 유지의 똑똑한 아이에 불과했던 로크는 웨스트민스터에 들어갈 수 없었을 터다. 그는 웨스트민스터를 발판으로 사회의 주요 인사가 될 수 있었다. 결국 그는 시대가 만들어 낸 철학자인 셈이다.

형이상학보다 흥미로운 의학 공부

로크가 웨스트민스터 학생이었던 시절, 영국은 커다란 정치적 변화를 겪었다. 의회주의자들은 학교 근처에서 왕 찰스 1세의 목을 잘랐고, 영국은 올리버 크롬웰이 이끄는 의회가 다스리는 공화제 국가로 다시 태어났다. 급변하는 사회 현실은 주류를 꿈꾸는 웨스트민스터 학생들에게 결코 남의 일이 아니었다.

1649년, 열일곱 살의 로크는 최우수 장학생으로 옥스퍼드 대학 크라이스트 처치 칼리지에 진학했다. 냉소적인 우등생들에게 학교란 공부해야 할 것보다 비웃어야 할 것들을 가르쳐 주는 곳이다. 그는 이곳에서 고대 그리스어, 라틴어 같은 고전어와 중세의 형이상학과 논리학을 배웠고, 또 뛰어난 성적을 올렸다. 그럼에도 그에게 《성경》에 따라 모든 것을 추리하고 설명하는 중세식의 스콜라 학풍이 지배하는 대학 교육은 비웃음의 대상일 뿐이었다.

1658년, 크롬웰이 죽고 의회주의자 사이의 갈등으로 '영국 전체가 거대한 정신병원이 되어 버린 것 같은 해'에 로크는 옥스퍼드에서 석사 학위를 받고 대학

> **형이상학**
> 사물의 본질이나 존재의 근본 원리 등을 사유나 직관에 의해 연구하는 학문.

강사가 되었다. 그 뒤 1660년, 다시 왕정으로 돌아가기까지의 극심한 혼란기 동안, 그는 자신의 주된 강의 과목이었던 고전어나 논리학보다 새롭게 대두되던 자연과학에 더 많은 관심을 가졌다. 증명되지 않은 편견과 환상에 의지해 서로를 증오하던 세상에서, 관찰과 실험이라는 객관적인 잣대로 지식을 검증하려는 자연과학적 방법이 그에게는 이상적인 진리 탐구 방법으로 보였던 듯싶다. 화학자 보일과 사귀어, 로크의 서재가 온통 그의 책들로 가득하던 시기도 이때였다.

당시 대학에서 연구를 허용한 자연과학 분야는 의학뿐이었으므로, 그는 의술에 많은 관심을 보였다. 그때만 해도 대학의 의학 수준이란 아리스토텔레스나 히포크라테스 같은 고대 그리스 학자들의 권위 있는 책들에 환자의 증상을 끼워 맞추는 데 불과했다. 그는 이런 전통 의학보다는 아직 '톱으로 뼈를 썰고 흡혈 거머리를 사용하는' 초보적인 수준일지라도 관찰과 실험에 근거한 새로운 의학 지식을 더 신뢰하고 열심히 연구했다. 로크는 경험에 기초한 사실 확인과 해석을, 편견과 혼란을 없애고 확실하고 객관적인 지식을 추구하는 매력적인 진리 탐구 방법으로 확신했던 것이다.

1665년, 서른세 살의 로크는 합리적 추리와 이성에 기초하여 진리를 추구하던 데카르트 철학에 깊이 빠져들었다. 당시 데카르트의 철학은 한창 뜨기 시작하던 새로운 학문이기도 했다. 이로써 로크는《성경》해석 중심인 스콜라적인 학문 풍토에서 벗어났다. 그리고 한편으로는 관찰과 실험, 다른 한편으로는 연역과 추리에 기초한 근대적인 진리 탐구 방법을 모두 익히게 되었다.

잘살고 싶으면 용서하라

1667년, 서른다섯 살의 대학 강사 로크에게 엄청난 인생 전환기가 찾아왔다. 장차 영국 정치계의 주요 인사가 되는 새프츠베리 백작의 주치의이자 정치 자문으로 스카우트된 것이다. 그의 의술은 지금의 기준으로 보면 영락없는 돌팔이 수준이다. 그래도 2,000년 전 의학 책으로 환자의 증상을 때려 맞히던 당시 의사들보다는 많이 나았던 듯싶다. 그는 새프츠베리 경의 간 종양 제거 수술을 성공리에 해냄으로써 생명의 은인으로 백작에게 각별한 대접을 받았다.

백작이 정치계에서 중요한 위치를 차지함에 따라 로크의 활동과 관심 분야도 점점 넓어졌다. 백작이 재무성 장관이 되자 수행 비서인 로크도 경제와 재정 문제에 깊숙이 관여하였다. 이때 쓴 책이 《관용에 관한 에세이》이다. 이 책은 정치 갈등의 주된 명분이었던 개신교와 가톨릭, 성공회 간의 반목과 대립에 대해 서로 관용하라고 권하는 내용이다. 그런데 엉뚱하게도 경제 활성화라는 목표를 위해 쓰였다. 종교의 자유를 허용하는 네덜란드에서 자유 무역이 번성한다는 사실에서 아이디어를 얻었던 탓이다.

이 책에 따르면, 인간에게 확실한 지식이란 '1+1=2'처럼 직관적으로 아는 것, 그리고 경험과 합리적인 추론에 의한 것밖에 없다. 인간은 누구도 신에 대한 지식을 가질 수 없다. 신에 대한 지식은 이 가운데 어떤 것도 아니며, 어느 누구도 자신의 생각에 확실한 근거를 댈 수 없는 까닭이다. 따라서 신에 대한 지식은 단지 믿음일 뿐이다.

그렇더라도 우리는 논리적인 설명을 통해 누구의 믿음이 더 그럴듯한지는 가릴 수 있다. 종교인들은 서로 대화하면서 누구의 믿음이 더 그럴듯한지를 밝혀 나가야 한다. 하지만 누구도 확실한 지식을 갖지 못하는 만큼, 상대의 의견을 존중하고 관용하는 자세를 취해야 한다.

극단적인 주장이 맞섰을 때 이쪽도 옳고 저쪽도 옳다는 입장은 양쪽 모두에게 적으로 몰리기 쉽다. 이 같은 주장은 지금 사람들에게는 지극히 상식적이다. 하지만 시대가 시대이니만큼 그 당시에는 무척 위험한 것이었다. 따라서 이 책은 그가 죽은 뒤에나 출판될 수 있었다.

왕이 왕답지 못하면 엎어 버려라

시간이 갈수록, 섀프츠베리 백작은 점점 정치계의 실세로 떠올랐다. 그러나 찰스 2세가 프랑스와 손잡고 가톨릭 신자를 자신의 후계자로 만들어 왕권을 강화하면서, 그의 앞날에도 그림자가 드리워졌다. 찰스 2세와 의회의 갈등이 점점 심해지는 가운데 백작은 의회주의자들의 선봉에 서서 탄압받기 시작했다. 짧은 기간이지만 백작은 악명 높은 런던 탑에 갇혔다가 결국 1682년에 네덜란드로 망명했다. 그리고 그곳에서 병으로 죽고 만다.

로크의 《정부론》은 이런 배경 속에서 쓰였다. 로크에 따르면 왕이 될 권리는 왕권주의자들의 주장처럼 신이 부여하지 않았다. 왕은 사람들이 계약을 통해 복종하리라 맹세했기에 권력을 행사할 수 있다. 이를 증명하려고 로크는 왕도 정부도 없는 상태, 즉 자연 상태를 가정했다.

자연 그대로의 상태에서 인간은 누구나 자연법에 따라 자유롭고 평화롭게 자연권을 누린다. 자연권이란 자신의 생명을 보존할 권리를 말한다. 인간은 자신의 육체뿐 아니라 생존을 위해 만들어 낸 물건들에 대해서도 자연권을 행사한다. 자연법이란 곧 우리의 이성이다. 이성적으로 따져 보면, 누구라도 상대를 쓸데없이 공격하고 해치는 것이 서로에게 이득이 되지 않음을 알 수 있다. 그래서 우리는 자연법에 따라 평화롭게 살아간다.

그럼에도 사람들 간의 충돌과 다툼은 언제나 일어나게 마련이다. 어떤 사람이 부당하게 다른 이의 자연권을 침해했을 때 이를 막아 주고 정당하게 처벌하지 않는다면, 자연 상태는 폭력과 혼란 속으로 빠지게 될 터다. 따라서 사람들은 자신의 생명과 자유, 그리고 재산을 보호하기 위해 자연법에 따라 사회를 관리하는 통치자를 세우기로 계약을 맺는다. 그리고 이 통치자는 각각의 사람들을 대신하여 자연법을 어긴 사람을 처벌하고 자연권을 지켜 준다.

그런데 만약 통치자가 사람들을 보호하기는커녕, 오히려 주어진 권력을 이용하여 착취하고 괴롭힌다면 어떻게 될까? 이에 대해서 로크는 단호하게 말한다. 개인의 자연권을 보장해 주지 못하는 통치자는 폭력으로 쫓아내야 한다. 즉 혁명을 통해서라도 통치자를 바꾸라는 뜻이다.

왕과 의회가 갈등하던 현실에서 이 같은 내용이 담긴 《정부론》이 출판되면 어떤 파장을 불러올지는 설명하지 않아도 뻔했다. 몸을 사리던 로크는 이 책도 한참 동안이나 출판하지 못했다.

우리의 정신은 빈 종이와 같다

1683년, 섀프츠베리 백작의 숨통을 조이던 권력의 추적은 로크에게까지 다가왔다. 이제 로크는 더 이상 영국에서 안전하지 못했다. 결국 그는 네덜란드로 망명해 버렸는데, 1689년 다시 영국으로 돌아오기까지의 세월은 로크의 삶에서 최악이었다.

망명하기 전, 쉰 살의 로크는 스물네 살의 처녀와 정신적 사랑에 빠졌다. 물론 그전에도 숱한 여인에게 관심을 보였지만 이번에는 여느 때보다도 더 깊이 사랑했던 듯하다. 하지만 로크는 망명지에서, 그녀가 어느 홀아비와 결혼했다는 소식을 듣고 실의에 빠졌다. 게다가 상황은 더 나빠져서 새로 왕위에 오른 제임스 2세는 네덜란드 정부에 정식으로 그를 체포해 줄 것을 요청하기에 이르렀다. 결국 그는 수많은 가명을 사용하면서 숨어 지내야 하는 수배자 신세가 되었다. 그러나 철학자는 어려운 상황 속에서도 가장 본질적이고 근원적인 문제를 파고드는 법. 그는 이 힘든 시기에 대표작인《인간 오성론》을 썼다.

로크는 이 책에서 마치 빼어난 해부학자가 신체의 영역을 설명하듯이 우리의 정신을 분석하여 보여 준다. 그에 따르면 인간의 정신은 '빈 서판(글씨를 쓰는 판)'과 같다. 우리의 모든 지식은 경험을 통해 얻어지며, 인간에게 태어날 때부터 주어지는 진리나 절대 불변의 법칙 같은 것은 없다. 따라서 모든 지식은 절대적이지 않으며 경험을 통해 참, 거짓을 끊임없이 확인해야 한다. 로크는 이러한 논의를 통해 근거 없는 믿음을 권위에 기대어 강요하는 전통을 경계한 것이다.

가장 위대한 인간

1688년, 이른바 명예혁명이 일어나 로크를 탄압하던 제임스 2세가 권력을 잃었다. 영국은 왕이 '군림하되 통치는 하지 않는' 의회 중심의 민주주의 국가가 되었다. 절대 왕권에 반대하던 역적 로크는 이제 영웅 대접을 받으며 새롭게 추대된 왕 윌리엄 3세와 같은 배를 타고 귀환했다. 그는 1690년에 그동안 차마 출판하지 못했던 《정부론》과 《인간 오성론》을 출판했다. 《정부론》은 그

명예혁명
1688년 영국에서 일어난 시민 혁명. 의회가 제임스 2세의 폭정에 불만을 품고 제임스 2세를 폐위시킨 일.

권리장전
1689년 제정된 영국의 법률로 명예혁명의 결과로 이루어진 권리 선언.

때까지도 위험한 저작으로 취급받는 바람에 이름을 감추고 출간할 수밖에 없었지만, 《인간 오성론》은 선풍적인 인기를 끌었다. 그가 '가장 위대한 인간'이라는 칭송을 듣기 시작한 것도 이 무렵이다.

1691년, 쉰아홉 살의 로크는 이제는 결혼하여 마샴 부인이 된 옛 애인의 시골집에 거처를 정했다. 런던의 그을린 공기 속에서 지내는 것보다 건강에 좋았을뿐더러, 마샴 부인은 옛 애인이기 전에 그에게 가장 훌륭한 정신적 친구였다. 세속적인 관점에서는 이상하게 보일지 모르겠지만, 마샴 부부와 로크는 여생을 한 가족처럼 지냈으며, 어떤 스캔들도 나지 않았다. 그만큼 로크는 지적으로 성숙하고 안정된 사람이었다. 이후 그는 1704년, 일흔두 살의 나이로 죽을 때까지 주로 이곳에서 살면서 집필 활동에 몰두했다.

러셀은 《서양 철학사》에서 로크를 '행복한 철학자'로 평한다. 확실히 로크의 인생은 전체적으로 보면 해피엔딩이다. 젊은 시절 야망을 품고 끊임없이 자신을 성찰하고 여러 분야의 학문을 고루 탐구했을뿐더러, 이를 통해 자신의 이상을 세우고 결국은 권리장전이라는 형태로 시대 속에서 자신의 철학적 목표를 실현시켰다. 게다가 그의 《정부론》은 현대 민주주의를 이루는 주요한 이론 가운데 하나로 꼽힌다.

로크의 주장은 그가 살던 시대에는 혁신적이었지만, 21세기를 사는 우리에게는 상식처럼 들린다. 그만큼 그의 사상은 우리 사회에서 건전한 상식으로 받아들여지고 있다. 로크가 우리에게 준 상식들은 의학, 화학, 경제, 정치,《성경》주석, 동화 해석, 심지어 포도 재배법에 이르는 다양한 학문적 성과와 삶의 경험에서 얻어진 것임을 잊어서는 안 된다. 가장 건전하고 올바른 지식은 폭넓은 관찰과 경험, 그리고 부단한 반성과 숙고에서 나온다. 빠르게 변하는 세상을 좇아가느라 삶의 다양한 모습을 성찰하지 못하고 독선에 빠지는 현대인들은 로크를 보고 반성할 일이다.

**철학
실험실**

민주주의는 독재보다 나은가?

북한학을 강의하는 교수한테 들은 이야기다. 북한 사람이 우리의 대통령 선거를 보며 고개를 갸우뚱거렸단다. "왜 남측에서는 툭하면 지도자를 바꿉네까? 그렇게 자주 바뀌면 무슨 일을 하겠습네까? 남측도 우리처럼 뛰어난 분을 뽑아서 흔들림 없이 강성대국을 이루어야 하지 않겠습네까?"

민주주의는 우리에게 상식이다. 하지만 인류 역사 전체로 볼 때 민주주의는 일반화된 지 100여 년 남짓 된 제도다. 왕정이나 독재가 인류에게 더 친숙한 제도다. 그럼에도 민주주의 제도가 더 나은 이유는 무엇인가? 로크처럼 지도자가 지도자답지 못할 때 뒤집어엎어서 새 리더를 세웠다 하자. 그러면 더 나은 사회가 이루어지는가? 오히려 더 큰 혼란으로 이어지지는 않는가? 왜 민주주의는 독재보다 나은가?

처음 읽는 서양 철학사

18

철학은 일상으로
돌아와야 한다

흄

눈을 뜨고 현실을 봐!

종종 길거리에서 새치기를 했다는 둥, 자기 발을 밟았다는 둥 하는 사소한 이유로 언성을 높이는 사람들이 있다. 사실 이런 싸움은 서로에게 득이 될 게 없다. 이겨 봐야 사과받는 정도고, 지면 그야말로 개망신이다. 정작 싸움 당사자들에게는 이런 논리적인 사고가 통하지 않는다. 화난 마음에 어떻게든 상대를 이겨야 된다는 생각이 머릿속에 가득 차 있는 탓이다. 그래서 때로 싸움은 사소한 데 목숨 거는 어처구니없는 지경까지 치닫기도 한다.

한심한 다툼은 길거리 소인배들 사이에서만 일어나지 않는다. 거창한 명분을 내세우는 정치나 국제 관계에서도 마찬가지다. 정의의 투사로 싸움판에 뛰어든 사람도 시간이 흐르면 악당과 별 차이가 없어진다.

그런데도 정작 자신들은 뭐가 잘못됐는지 알지 못한다. 싸움이 끝나고 나서야 구겨진 스타일을 깨닫고 허탈해할 뿐이다.

학문의 세계도 별다르지 않다. 학문은 학자들의 현란한 논변과 정교한 논리 다툼 가운데 현실을 떠나 버리기 쉽다. 논쟁에서 어떻게 하면 결정타를 날릴 수 있는지, 자신의 학설이 얼마나 완벽하고 짜임새 있는지에만 신경을 쓴 나머지, 정작 우리 삶에 무슨 의미가 있고 얼마나 도움이 되는지 하는 가장 중요한 문제는 놓쳐 버리고 만다.

흄David Hume, 1711~1776은 뜬구름 위로 올라가려는 철학에 일침을 놓는다. 그에 따르면, 철학의 의미는 '일상을 반성케 하여 이따금 생활 태도를 교정하는 것'에 지나지 않는다. 그런데도 직업 철학자들은 정교한 논리 싸움에 몰두하여, 도대체 무슨 가치가 있는지 알 수 없을뿐더러 인간 능력으로는 밝히지도 못할 거창한 문제들에 주목하고 있다.

흄의 철학은 우리에게 "제발 눈을 뜨고 현실을 봐!"라고 외치는 듯하다. 해부하듯 세세하게 인간 이성의 능력과 한계를 보여 주고, 철학이 무엇을 어디까지 할 수 있는지를 보여 줌으로써 말이다.

인간 정신의 지도를 완성하다

흄은 1711년, 영국 스코틀랜드 에든버러의 시골 유지 아들로 태어났다. 당시 귀족들은 통상적으로 열네 살에 대학에 들어갔는데, 흄은 그보다 두 살 어린 열두 살 때 에든버러 대학에 입학했다. 가족들은 그가 많은 돈을 벌 수 있는 법학을 공부하기를 바랐지만, 책벌레였던 그는 이미 열여섯 살 때 철학자처럼 말하기로 결심했단다. 부와 명예보다 인간과 삶에 대해 심오한 지혜를 주는 학문에 흥미를 느꼈던 것이다.

지금도 뼈대 있는 시골 가문의 수재가 고시 준비를 포기하고 철학도가 되기로 결심하기란 쉽지 않다. 흄도 마찬가지였다. 그는 오랫동안 신경쇠약에 시달리다가 결국 고향으로 돌아왔다. 의사는 그에게 '학자병'이라는 진단을 내렸다. 그러곤 서재에서 벗어나 시골 들판에서 말을 타라고 권했다. 처방이 효과가 있었는지, 마르고 창백했던 그의 모습은 초상화에서 보듯 통통하고 불그레한 낙천적인 인상으로 바뀌었다. 하지만 정작 흄 자신은 신경쇠약을 엄격한 자기 절제로 극복했다고 회상하곤 했다. 억지로라도 하루에 2~3시간씩 철학적 사색에 몰두함으로써 말이다.

아무리 철학이 좋아도 입에 풀칠은 해야 하는 법. 스물세 살 흄은 설탕 상회의 서기로 취직했다. 그러나 그의 직장 생활은 그다지 오래가지 못했다. 전해지는 이야기에 따르면, 문학적 자질이 뛰어났던 그는 주인이 업무 편지를 쓸 때 자주 첨삭 지도를 하려 들어 주인이 무척이나 불쾌해했단다. 게다가 흄은 잦은 해외 출장을 기대했는데 그렇지 못했다는 점도 직장을 그만두는 이유가 되었다.

1년 뒤, 유산으로 연간 40파운드를 받을 수 있게 되자, 그는 곧 자리를 털고 떠났다. 이런저런 속박이 없는 외국으로 나가 '나를 지배하는 열정, 문학적 명성에 대한 나의 사랑'을 펼쳐 보려고 한 것이다. 그는 최고의 지성으로 손꼽히던 데카르트의 나라, 프랑스로 건너갔다.

여기서 흄은 4년에 걸쳐 《인간 본성론》을 썼다. 이를테면 인간 정신의 지도를 작성한 셈이다. 그는 뉴턴이 자연과학에서 거둔 성과를 이성과 도덕 분야에서 이루어 내려고 노력했다. 이성의 능력과 한계를 명확히 함으로써 우리가 무엇을 알 수 있고 추구할 수 있는지를 밝히려 했던 것이다. 그는 인간 이성의 구조를 탐구하면서 《성경》이나 권위 있는 이론에 기대지 않았다. 가장 확실한 지식, 눈으로 직접 확인할 수 있는 관찰과 경험을 통해서만 밝히려 했다.

우리의 지식은 대부분 원인과 결과의 관계로 되어 있다. 그런데 문제는, 우리가 확인할 수 있는 것은 개별적인 경험들일 뿐 원인과 결과의 관계는 결코 밝히지 못한다는 점이다. 예를 들어, 밥을 먹으면 배가 부르다. 여기서 밥을 먹는 것은 원인이고 배가 부른 것은 결과이다. 그러나 우리가 확실하게 얻는 경험은 '밥을 먹었다'는 사실과 '배가 부르다'는 사실뿐이다. '밥을 먹어서 배가 부르다'라는 인과관계 자체는 결코 경험되지 않는다.

'내일 해가 뜬다'는 명백해 보이는 사실도 확실하지 않다. 우리는 그동안 매일 매일 해가 떴다는 사실을 경험으로 알고 있을 뿐이다. 내일도 해가 뜬다는 것은 어느 누구도 경험하지 못한 사실이다. 어려운 말로 한다면, 우리의 삶은 경험을·통한 '귀납추리'로 이루어져 있지만, 이것은 생각만큼 확실하지 않다. 이성을 통해 귀납추리의 확실성을 증명할 수도 없다. 우리 지식은 그만큼 불확실한 상태로 항상 열려 있다.

그런데도 우리는 밥 먹으면 배가 부르리라는 믿음을 별로 의심하지 않는다. '내일 해가 뜬다'는 사실을 의심하며 고민한다면, 그는 아마 사이코 취급을 받을 터다. 흄의 말대로 이런 지식이 100퍼센트 확실하지 않은데도 그렇다.

왜 그럴까? 그것은 오랜 습관과 관습을 통해 우리의 상상력이 각각의 경험들을 원인과 결과로 묶어 주기 때문이다. 그러나 우리가 얻을 수 있는 확신은 거기까지이다. 우리는 결코 절대적으로 확실한 인과관계를 얻지 못한다. 우리의 모든 지식은 경험으로 얻어지지만, 경험은 결코 인과관계 자체에 대한 지식을 주지 않는 까닭이다. 그렇다면 인과관계를 기초로 얻어진 우리의 모든 지식과 학문 역시 확실하지 않다.

당시 지식인들 사이에서는 발전하는 자연과학에 힘입어 이성적이고 합리적인 사고가 세상의 모든 것을 밝혀내리라는 오만함이 팽배해 있었다. 이런 자신감에 흄은 찬물을 끼얹었던 것이다.

인쇄기에서 죽은 《인간 본성론》

흄은 《인간 본성론》을 쓴 뒤로 조마조마하게 반응을 기다렸다. 신이 우리에게 확실한 지식을 보장해 준다는 믿음이 팽배했던 시절, 어떤 것도 확실하지 않다는 흄의 주장은 거의 자살 행위나 다름없었다. 스물여덟이면 젊은 치기가 가시지 않았을 나이다. 흄은 젊은 학자답게 세상의 뜨거운 반응과 반발, 거기에 맞서는 영웅적인 대응을 기다리고 있었다.

그러나 스물여덟 살의 풋내기 철학도에게 관심을 가질 만큼 세상은 여유롭지 않았다. 흄의 회상에 따르면, 그의 야심작은 '인쇄기에서 나오자마자 죽은 채 떨어졌다'. 사람들에게 별 관심을 끌지 못했던 것이다. 오히려 이 책은 안정적으로 학문을 하는 데 가장 좋은 직업인 교수직을 얻는 데 항상 결정적인 장애가 되었다.

그런 데다 그는 《인간 본성론》에서 영혼의 존재까지 거부한 까닭에, 어떤 것도 확실하지 않다며 세상을 삐딱하게 바라보는 회의론자일뿐더러 영혼을 믿지 않는 무신론자라는 평가를 받았다. 흄에 따르면, 우리 영혼에 대해 우리가 경험하는 것은 뜨겁다, 슬프다 등의 각각의 인상들일 뿐 영혼 자체가 아니다. 따라서 우리에게 영혼이 있는지 없는지는 확실하게 알 수 없다.

결국 그의 야심작은 출세를 막는 최대의 걸림돌이 되고 말았다. 모교 교수직에 지원서를 내 보았지만 번번이 거절당할 뿐이었다. 이 책을 낸 뒤 그는 삶에서 최악의 시기를 보냈다. 미치광이 후작의 가정교사를 지내기도 했고, 프랑스 원정대의 장군 비서로 참가하기도 했다. 뚱뚱하고 기형적인 몸집에 어울리지 않는 군복으로 웃음거리가 되곤 했지만, 비서로서는 유능했는지 원정은 그럭저럭 성공으로 끝났다. 《인간 본성론》으로는 인정받지 못했지만, 세상에 대한 다양한 경험을 쌓을 수 있었던 것이다. 전쟁 중에도 그는 철학자로서의 작업을 계속해서 《인간 본성론》을 《인간 지성에 대한 논고》와 《도덕 원리에 대한 논고》라는 제목의 두 책으로 세련되게 다듬었다.

세기의 베스트셀러 작가

그는 1751년, 마흔 살의 나이로 에든버러 대학 법학부의 도서관 사서가 되면서부터 안정을 되찾았다. 항상 책을 볼 수 있었고 급박한 일도 없었던 이 시기에 그는 유명한 《영국사》를 썼다. '1년에 한 세기를 써 내려가는 속도'로 집필한 이 책은 기번이 쓴 《로마 제국 쇠망사》와 함께 최고의 베스트셀러가 되었다. 그가 죽은 지 100년 뒤까지도 이 책은 영국에서 가장 많이 팔리는 책 가운데 하나였단다. (지금도 대영 도서관 저

기번
(Edward Gibbon, 1737~1794)
영국의 역사가로 1300년간의
로마 역사를 다룬 《로마제국
쇠망사》를 썼다.

처음 읽는 서양 철학사

자 분류표에는 흄이 '역사가'로 기록되어 있다.)

흄은 점점 명성을 얻어 갔다. 1748년에 쓴 《인간 지성에 대한 논고》와 1751년에 쓴 《도덕 원리에 대한 논고》도 덩달아 주목을 받기 시작했다. 《도덕 원리에 대한 논고》에서 그는 새롭고도 획기적인 도덕 이론을 내세웠다.

먼저 그는, 우리의 도덕은 이성으로만 이루어지지 않는다고 말한다. 이성은 무엇이 참이고 거짓인지를 알려 줄 뿐, 무엇이 덕이고 악덕인지 알려 주지는 못한다. 이를 가르쳐 주는 것은 우리의 가슴이다. 즉 우리는 다른 사람들의 감정을 경험으로 받아들이며 공감하고, 감정을 통해 무엇이 인간적이고 도덕적인지를 판단한다.

나아가 인간이 사회를 이루고 살아가려면 안정된 법질서가 필요하다. 그런데 우리는 우리에게 이익을 주는 법률에만 복종하지는 않는다. 인간에게는 설사 자신에게 손해를 끼칠지라도 전체에 이익이 된다면 이를 받아들일 줄 아는 공감 능력이 있다. 이 때문에 사회는 개인의 이기심을 넘어서 도덕적일 수 있다.

그는 종교나 철학 이론에 기대지 않고 인간이 가장 확실하게 알 수 있는 관찰과 경험을 통해서 지식과 도덕을 새롭게 세우려고 했다. 흄은 낙천적이고 부드러운 사람이었지만 철학에서는 혁명가였다. 이런 면모는 《인간 지성에 대한 논고》의 다음 구절에서 잘 드러난다. 사서라는 직업에 비추어 보면 다소 과격해 보인다.

도서관의 책들을 잘 살펴보자. 어떻게 도서관을 청소해야 할지! 예를 들어 신학 책이나 형이상학 책 한 권을 뽑아 들고 물어보아야 하리라.

그 책은 수량에 관한 연구를 포함하고 있는가? 아니다! 그 책은 사실과 존재에 대해 경험에 맞는 논의를 담고 있는가? 아니다! 그렇다면 그 책을 불 속에 던져 버려라! 그 책은 궤변적인 허구만 담고 있을 뿐이다.

타국에서 더 사랑받은 철학자

《영국사》가 크게 성공한 뒤, 그는 유명 인사가 되었다. 1763년, 쉰두 살의 흄은 외교관으로 프랑스에 파견됐는데, 이때가 그의 사회적 성공의 절정기였다. 그는 세련된 말솜씨와 뛰어난 유머로 프랑스 사교계를 휘어잡았다. 조국에서는 회의론자, 무신론자라며 외면당했지만, 파리에서는 '영국의 볼테르'로 인기를 끌었다.

이 못생긴 스코틀랜드 사람은 부인들 사이에서 인기 절정이었는데, 오페라 극장에서는 으레 미소 짓는 젊은 부인들의 얼굴 사이로 그의 너부데데한 얼굴이 보였다. 흄은 자기 자신을 '부인들의 남편과 어머니들을 불안하게 하지 않으면서도 그들의 비위를 맞추는 남자'라고 불렀다. 그런데도 그에게 파리는 썩 유쾌한 곳만은 아니었던 듯싶다. 어떤 면에서 철학자 흄에게 사교계는 골 빈 사람들의 집단처럼 여겨졌다. 한 책에서 그는 프랑스인들에 대해 이렇게 적고 있다.

"프랑스인들은 낯선 사람을 처음 봤을 때, '그 사람 예의 바릅니까?' 또는 '재치 있습니까?'라고 묻는다. 그러나 영국에서는 좋은 본성을 지닌 양식 있는 친구인지를 물어본다."

1769년, 쉰여덟 살의 흄은 '앞으로 남은 한가한 시간을 즐기고 높아진 위신도 만끽하기 위해' 고향 에든버러에 파묻혔다. 실제로 그는 높아진 위신을 마음껏 즐겼다. 밝고 낙천적인 그의 주변에는 사람들이 끊이지 않았다. 위대한 역사가 기번은 그를 가리켜 '에피쿠로스의 식용 돼지들 가운데 제일 뚱뚱한 돼지 새끼'라고 서슴없이 농담할 정도로 절친했고, '보이지 않는 손'으로 유명한 애덤 스미스도 그의 집을 자주 찾았던 주요 인물 중 하나였다.

철학자가 되어라, 그러나 인간이어라

1776년, 흄은 예순다섯의 나이로 눈을 감았다. 그 당시 사람들은 이 무신론자이자 회의론자가 죽음에 이르러 신에게 회개할지를 궁금해한 모양이지만, 기록에 따르면 그는 죽는 순간에도 회의적인 태도를 포기하지 않았다.

보통 회의론자라고 하면 마르고 신경질적인 외모에 냉소적인 표정을 떠올리기 쉽다. 그러나 경험으로 이루어진 모든 이론의 확실성을 '확실하게' 무너뜨린 위대한 회의주의자의 외모는 이와는 상당히 거리가 멀었다. 그는 뚱뚱한 대식가였고 농담을 즐겼으며 친구들을 좋아했다. 그만큼 그의 회의론도 의심을 통해 거꾸로 일상의 삶을 받아들이는 낙천적인 것이었다.

그가 의심하고 회의했던 것은 일상생활이 아니었다. 베이컨의 말을 빌리자면, '현실에서 멀리 떨어진, 인간이 알 수도 없는 문제들에 대해 경탄할 만한 학문의 거미줄을 짓고 있는' 학자들을 비판했던 것이다. 이들이 만들어 낸 학문은 결코 확실할 수 없으며 의미도 없는 작업이다. 철학은 다시 일상으로 돌아와야 한다. 신과 영혼, 진리같이 인간이 알 수 없는 문제들에 굳이 철학자가 나서지 않아도 된다. 시인이나 사제들의 허풍만으로도 충분하니까.

그는 '철학자가 되어라. 그러나 철학 가운데서도 여전히 인간이어라!'라는 유명한 말을 남겼다. 철학은 오히려 상식의 세계로 내려와 불완전한 인간의 지식을 받아들이고, 늘 겸손하고 반성하는 자세로 삶을 성찰하게 하는 학문이어야 한다.

칸트는 흄의 책이 '비로소 나를 (이성이라는) 독단의 잠에서 깨워 주었다'라고 말했다. 가장 완벽한 사람은 가장 불완전한 사람이다. 완벽함이란 더 이상 발전은 없고 현상 유지나 퇴보만 남았다는 뜻인 까닭이다. 건전한 회의주의는 학문과 삶의 건강을 지켜 준다. 완벽한 이론을 주장했던 어떤 철학자들보다도 낙천적이고 건강했던 흄의 삶은 이 점을 잘 보여 준다.

인간이 기계보다 존엄할 이유가 있는가?

현대 과학은 영혼을 맹렬하게 몰아붙이고 있다. 기억, 생각과 감정 등 영혼을 이루는 부분들은 하나하나 뇌의 활동으로 밝혀지는 중이다. 지금의 정신과 의사들은 마음의 병을 질병 다루듯 다스린다. 알약을 주거나 뇌 MRI 사진을 들여다보며 원인을 짚는다.

흄은 영혼은 없다고 잘라 말했다. '영혼을 느낀다'는 말은 문학적 표현일 뿐이다. 자기 영혼을 보고 느끼는 사람은 없다. 우리는 자신이 지금 뭘 보고 느끼며 무엇을 생각하는지 말할 수 있다. 하지만 아무리 주의를 기울여도 영혼 자체를 느낄 수는 없다. 기껏해야 '아프다', '뭉클하다', '가슴 벅차다' 등의 느낌이 다가올 뿐, 영혼 자체는 다가오지 않는다. 그래서 흄은 말한다. 영혼은 없다. 있다면 그것은 '지각의 다발'일 뿐이다.

사실, 흄처럼 사람 마음을 '기억의 다발' 정도로 여겨도 생활하는 데는 아무 지장 없다. 이제 영혼은 문명의 맹장에 지나지 않는다. 진화의 흔적일 뿐이니 이제는 사라져야 한다는 뜻이다. 그러나 영혼이 없다면 인간은 동물이나 기계와 무엇이 다른가? 만약 사람처럼 느끼고 생각하는 말하는 기계가 생겨서, 왜 인간이 자기보다 존엄한지를 묻는다면 뭐라고 답할 수 있을까? 그 기계를 만드는 데 수천 억 달러가 들었으니, 기계 대신 인간이 죽으라 한다면 우리는 뭐라고 변론을 펴겠는가?

19

파렴치를 분쇄하라!

볼테르

프랑스의 대표 문화 상품

위대한 인물은 종종 한 나라를 대표하는 문화 상품이 되기도 한다.
볼테르François-Marie Arouet, 1694~1778 역시 예술과 자유, 평등의 나라인 프
랑스의 대표적 문화 상품이라 해도 지나친 말이 아니다. 그는 생전에
이미 30만 부 이상 판매된 베스트셀러의 작가였을 뿐 아니라 그가 머문
다는 이유로 한 마을의 인구가 열 배 이상 불어날 만큼 사람을 끄는 유
명 인사이기도 했다.

썩어 가는 교회, 왕권이 흔들리고 봉건 영주들의 권력이 무너져 가던
계몽의 시대, 현실에 대한 그의 재치 넘치는 신랄한 풍자는 사람들의
가슴을 저항심으로 가득 차게 했다. 그는 새로운 문화 코드로 자리 잡
던 이성적 · 합리적 사고, 자유와 민주적인 제도들을 대표하는 시대정

신이었다. 그래서 후대에 빅토르 위고는 '이탈리아에는 르네상스가 있었고, 독일에 종교개혁이 있었다면 프랑스에는 볼테르가 있었다'라는 말을 남기기도 했다.

젖먹이 시절부터 신과 틀어진 사이

볼테르는 1694년, 프랑스 파리에서 태어났다. 소문에 따르면 그는 젖먹이 시절부터 하느님과 사이가 좋지 않았다. 너무 허약하게 태어나서 곧 죽으리라 생각한 부모는 서둘러 세례를 받게 했다. 이 때문에 그는 나중에 정식으로 세례를 받는 데 상당히 애를 먹었단다.

법원 관리였던 아버지는 꽤 부유했던 데다가 어머니도 귀족적 취향을 지녔다고 하니, 그는 어린 시절부터 교양과 예술에 익숙한 환경 속에서 지냈을 것이다. 하지만 아버지는 문학을 하는 이들은 아무 쓸모가 없을뿐더러 친척에게 폐만 끼치다가 결국 굶어 죽을 자들이라고 폄하할 정도로 대단한 현실주의자였다. 그는 똑똑한 둘째 아들이 자기처럼 법률가가 되기를 바랐다. 하지만 자식은 뜻대로 되지 않는 법, 볼테르가 택한 길은 문학이었다. 글재주를 알아본 이웃의 부유한 부인이 책값에 쓰라고 2,000프랑을 물려준 점을 보면 확실히 그는 어린 시절부터 문학에 재능이 있었던 듯하다.

1711년, 열여섯 살의 볼테르는 관례에 따라 예수회 학교에 입학한다. 천재들은 종종 학교에서 가르치는 것 이상을 스스로 깨우치곤 한다. 볼테르도 예외는 아니었다. 이곳에서 그는 학교 측이 그토록 강조했던 신앙이 아니라 신을 정밀하게 의심하는 법을 배웠다. 신의 존재를 증명하는 데 쓰였던 정교한 논쟁술을 그는 신을 의심하는 데 썼던 것이다.

또한 볼테르의 생활은 매우 이중적이었다. 그는 박사들과 함께 신에 대해 오랫동안 토론을 벌일 만큼 진지하고 학구적이었지만, 한편으로 매우 활달했고 심지어 방탕하기까지 했다. 밤늦게까지 '마치 십계명을 시험하듯' 놀다가 종종 아버지에게 쫓겨나기도 했고 친척집에 보내지기도 했다. 어찌된 셈인지 사람들은 그의 방탕에 관대하기만 했다. 뛰어난 재치가 악행마저 유쾌한 사건으로 보이게 했던 탓이다. 뒷날 볼테르는 '신이 우리를 세상에 내보낸 까닭은 쾌락을 마음껏 즐기게 하기 위해서다'라며 당시로서는 파격적인 주장을 내세웠는데, 그의 생활은 이 말을 증명하기에 충분해 보인다.

궁전의 바보들을 쫓아내라

1715년, 스물한 살의 볼테르는 파리 사교계에 모습을 드러낸다. 태양왕 루이 14세가 죽고 나이 어린 왕을 대신하여 섭정이 다스리던 시기, 어느 면에서도 태양왕의 시대보다 나을 게 없던 때였다. 권력층에 대한 불만이 나날이 높아지면서 비꼬기의 천재 볼테르의 능력도 빛을 발했다. 그는 온갖 특권을 누리던 귀족들에 대한 시민들의 심정을 적절하고 재치 있는 표현으로 대변해 주었다. 한 예로 섭정이 예산을 아낀다는 명목으로 왕실 마구간의 말을 절반으로 줄이자, 볼테르는 '차라리 궁전에 가득 찬 바보들(귀족들을 말함)을 반쯤 쫓아내는 편이 낫다'라는 말로 빈정댔다.

젊은 볼테르는 점점 유명해졌다. 거리를 떠돌던 정부를 향한 비난과

독설은 모두 볼테르가 한 말로 여겨질 정도였다. 권력
층에서 그를 좋게 보았을 리 없다. 한번은 섭정이 왕
권을 넘본다는 소문을 다룬 풍자시가 나돌았는데, 이
번에도 볼테르가 시의 작가로 지목받았다. 화가 난 섭
정은 그를 바스티유 감옥에 가두어 버렸다.

바스티유 감옥
주로 정치범을 수감하던 곳으로 1789년 파리 시민들이 바스티유 감옥을 습격, 점령했다. 그 뒤 감옥은 혁명정부의 명령으로 철거되었다.

  하지만 이미 명성을 얻기 시작한 볼테르는 이곳에서도 확실한 대접
을 받았다. 죄수인 그는 교도소장과 같이 식사하는 영광을 누렸다. 그
는 이곳에서 처음으로 희곡 《오이디푸스》를 쓰는데, '아루에'라는 본명
을 버리고 '볼테르'라는 필명을 쓰기 시작한 것은 이 무렵이다.

> 신부들의 학식은 …… 우리들의 소홀한 믿음에 지나지 않는다. ……
> 우리 자신을 믿고 스스로 모든 것을 보자.

  권력욕과 권위주의에 사로잡힌 교회를 은근히 조롱하고 우리 자신
의 이성과 합리성을 믿으라는 말에서 지극히 볼테르다운 도전적인 분
위기가 물씬 풍긴다.
  신분의 차별이 있던 시대라, 천재인 그에게도 귀족들과의 사이에서
넘지 말아야 할 분명한 선이 있었다. 그러나 그런 것에 전혀 개의치 않
았던 볼테르는 1721년 어느 연회에서 직위 높은 귀족에게 대놓고 말대
꾸를 하다가 하인에게 흠씬 얻어맞고 만다. 격분한 볼테르는 다음 날
귀족에게 결투를 신청했다가 다시 바스티유 감옥에 갇히는 신세가 되
었다. 하지만 사소한 이유로 유명 인사를 감옥에 오래 가두는 것은 정
치적으로도 부담이 된다. 결국 그는 프랑스를 떠나는 조건으로 풀려나

영국으로 추방되었다.

그 뒤 볼테르는 3년여 동안의 영국 생활에서 크나큰 문화 충격을 경험했다. 영국은 왕의 목을 자르고서라도 민주주의를 이룬 나라다. 절대군주가 지배하던 프랑스와 비교해 볼 때 영국은 자유의 나라 그 자체였다. 그는 왕에 대한 비판도 서슴지 않는 영국 의회와 언론에 강한 충격을 받는다. 조너선 스위프트와 뉴턴을 만난 것도 모두 이 무렵 일이다. 특히 뉴턴은 볼테르에게 커다란 영향을 끼쳤다.

누가 가장 위대한 인물인가에 대해 논쟁을 한다면 …… 뉴턴이라고 대답하겠다. 우리는 진리의 힘으로 우리의 정신을 지배하는 사람을 존경하지만, 폭력으로 우리의 정신을 노예로 만드는 사람을 존경하지는 않는다.

엄밀한 논증에 기초한 뉴턴의 자연과학은 볼테르에게 이성적이고 현실적인 사고의 중요성을 일깨워 주었다. 그는 프랑스로 돌아온 뒤에도 뉴턴을 소개하는 데 매우 적극적이었다.

철학자만이 쓸 수 있는 역사

1729년 섭정이 귀국을 허락하자 볼테르는 다시 프랑스로 돌아온다. 그는 그 뒤 5년간 다시 '파리의 술이 혈관에 흐르고 정신은 붓끝에 넘치는' 생활을 한다. 《찰스 7세의 역사》는 이때 쓴 작품이다. 그는 당시 관행과 달리 '신의 뜻이 역사를 이끌고 있다'라는 식으로 글을 써 나가지 않았다. 왕을 중심으로 써 나가지도 않았다. 그는 소설 같은 문체로 사실의 전후 관계에 기초해 인간 정신의 발전을 중심으로 역사를 서술했다. 볼테르는 그 뒤에도 《러시아사》, 《프랑스사》, 《루이 14세》 등 여러 역사책을 썼는데, 이 속에서 그는 역사 철학이라 할 만한 새로운 탐구 방법을 세웠다.

> 전투와 혁명, 기병대와 보병대의 승부, 점령과 탈환의 거듭은 어느 시대에나 공통된 모습이다. …… 예술과 정신의 진보를 빼고는 후세의 주목을 끌 만한 중요한 일은 어느 시대에도 찾아내지 못할 것이다.

> 나의 목표는 사소한 사건들의 나열이 아니라 정신의 역사를 쓰는 데 있다. 나는 위대한 군주들의 역사에는 관심이 없고 …… 인간이 어떤 단계를 밟아 야만 상태에서 문명을 이룩해 왔는지 알고 싶다.

볼테르는 역사를 꿰뚫어 설명하는 하나의 원리를 예술과 정신의 진보에서 찾았다. 이 원리를 깨달은 철학자만이 역사를 제대로 쓸 수 있다. 아울러 볼테르는 역사 연구의 관행에서 벗어나, 중국 · 페르시아 · 인도도 역사에 포함시켰다. 이는 우리는 신에게 선택받은 자들이라는 생각으로 유럽의 역사만 다루었던 당시 교회의 역사 해석에 맞서는 도전이었다.

1734년, 볼테르는 마흔의 나이에 또다시 바스티유 감옥에 갇힐 위기에 처한다. 자유의 나라 영국과 프랑스를 비교한 《철학 서간》이 자신도 모르는 사이에 출간되어 권력자들의 분노를 샀던 탓이다. 이 책은 영국에서 베스트셀러가 됐지만, 그는 또다시 파리에서 도망쳐야 했다. 이번에는 혼자 떠나지 않았다. 그는 스물두 살 꽃다운 나이의 사트르 공작부인과 함께 그녀의 시에레 성으로 피신했다.

지금의 눈으로 보면, 이런 도피 행각은 바람난 유부녀와 도망친 파렴치한 짓으로 보이지만 당시 사교계에서는 흔하던 로맨스였다. 귀족들에게 결혼은 신분 유지와 재산 증식을 위한 수단에 지나지 않았고, 귀부인에게 애인은 집 안에 가구를 들이듯 암암리에 고를 수 있는 선택이기까지 했다. 게다가 볼테르 같은 유명한 지성인과의 연애 스캔들은 영광으로 여겨지곤 했단다.

볼테르는 시에레 성에서 십수 년을 보낸다. 그는 생전에 99권의 저서와 2만 통에 가까운 편지를 썼다. 상당수는 성에서 은둔하던 이 시기의 것들이다. 사교계의 인기 스타였던 그는 이곳에서도 사람들로부터 자유롭지 못했다. 지적인 재치와 쾌락에 찬 생활을 즐겼던 그는 이미 수많은 팬들을 거느리고 있었다. 사람들은 마치 성지 순례를 하듯 그를 찾아왔고 편지로 대화를 나누곤 했다. 이중에는 소년이었던 프리드리히 대왕, 러시아의 예카테리나 여왕도 있다. 여왕은 심지어 그를 쾌락의 신이라고 부르곤 했단다. 하지만 엄숙, 경건이라는 포장 속에서 온갖 악행이 행해지던 시대, 그의 삶의 태도는 퇴폐적이라기보다는 쾌락을 솔직하게 누릴 줄 아는 건강한 삶의 방식이라고 볼 수도 있다.

내 적은 내가 처치하겠습니다

화려한 은둔 생활은 1749년 사트르 공작부인이 죽으면서 끝난다. 볼

사교계의 인기 스타, 볼테르
왼쪽에서 세 번째, 얼굴을 내밀고 있는
이가 볼테르이고 다섯 번째가 프리드
리히 대왕이다. • 아돌프 멘첼(Adolph
Menzel)의 그림(19세기 경).

테르는 그를 '마치 신하가 왕을 존경하듯' 바라보는 프리드리히 대왕
의 초청으로 프로이센 궁정으로 간다. 프리드리히는 그를 비롯한 소수
의 지식인들과만 저녁 만찬을 즐겼는데, 이는 볼테르에게도 큰 즐거움
이었던 듯하다. 볼테르는 '50년 동안 폭풍우 속을 헤매다가 간신히 항
구를 발견했다'며 기뻐했다. 사상의 왕과 현실의 왕은 둘 다 재치 넘치
고 지성적이라는 점에서 서로 통했다. 그럼에도 몇 가지 오해가 이 둘
의 관계를 이내 틀어 놓았다. 볼테르는 황제가 금한 책을 사서 분노를
샀고, 급기야 황제가 금지한 책을 출판했다는 이유로 프로이센에서 추
방되고 만다. 조국 프랑스에서도 이미 쫓겨난 그는 갈 곳이 없었다.

　1758년 예순네 살의 볼테르는 마침내 스위스 국경 지대 시골 마을
페르네에서 안식처를 찾았다. 그는 이곳에 은둔하며 창작과 저술에 몰

두할 생각이었지만 뜻대로 되지 않았다. 그가 가는 곳은 어디건 사실상 유럽의 정신적 수도가 되었다. 볼테르가 온 뒤로 페르네의 인구는 수십 배로 늘어났고, 수많은 사람들이 그를 찾아왔다. 심지어 볼테르가, "하느님, 저를 친구들에게서 구원해 주소서. 내 적은 내가 처치하겠습니다."라고 뇌까릴 정도였다.

특별한 사건이 없었다면 볼테르의 삶은 시골 페르네에서 평안하게 끝날 운명이었다. 하지만 시대의 광기는 그를 내버려 두지 않았다. 그 무렵에 있었던 신교도들에 대한 가톨릭교회의 잔인한 탄압, 성상 앞에서 모자를 벗지 않았다는 이유로 산 채로 청년을 태워 죽이는 무자비한 종교 재판, 리스본 대지진을 신의 재앙으로 여기고 속죄를 위해 사람들을 산 채로 죽이는 냉혹한 현실 앞에서 시대의 지성 볼테르는 가만히 있지 못했다.

그는 '이제는 농담할 때가 아니다'라고 선언한다. 그러곤 격렬하고도 논리적인 비판을 통해, 당시 유럽에 대한 공격을 감행한다. '파렴치를 분쇄하라'라는 유명한 말로 끝나는 비판적인 글, 세상의 모든 악행을 좋게 해석하려는 신학의 교리들을 비꼬는 《캉디드》는 이 시기에 쓰였다.

그는 철학자로서는 드물게 이재理財에도 밝았다. 말년에는 대저택과 두 군데 별장을 소유하고 160여 명의 시종을 거느릴 만큼 재산을 쌓았다. 볼테르는 엄청난 재산과 지적인 영향력으로 사회적으로 탄압받던 사람들을 보호하는 데도 앞장섰다.

천재에게는 규칙이 적용되지 않는다

1777년, 여든세 살의 볼테르가 파리로 귀환하자 수십만 명의 시민들이 그를 환영하기 위해 몰려나왔다. 여든 살에 쓴 그의 희극《아레느》가 상연되기도 했는데, 당시 극장의 분위기는 꼭 요새 아이돌 스타의 콘서트 공연장 같았나 보다. 관객들은 내용에 상관없이 볼테르에 대한 열광으로 장면 장면마다 환호성을 질러 댔다. 그 바람에 극장에 들어오던 외국인들은 정신병원에 잘못 들어온 줄 알고 뛰쳐나가기도 했다.

열정과 흥분으로 가득 찬 생활은 80대 노인에게는 부담스러웠던 모양이다. 볼테르는 파리로 귀환한 지 1년 만인 1778년 여든네 살의 나이로 눈을 감는다. 그는 신에 대한 맹세를 거부했으므로 기독교 의식에 따라 묻힐 수 없었지만, '천재에게는 규칙이 적용되지 않는다'라는 새로운 해석(?)을 내린 시골 신부의 배려로 성지에 매장되었다. 뒷날 그의 유해는 프랑스 혁명의 주체 세력들에 의해 프랑스의 국가 영웅들의 묘지 판테온으로 이장되었다.

볼테르는 사상의 자유, 종교적 관용, 이성과 평화, 인간의 행복을 위해 억압에 맞섰던 투사였다. 안타깝게도 그의 저서는 더 이상 널리 읽히지 않는다. 대부분이 그 당시에만 해당되는 시사적인 내용인 탓이다. 예컨대, 교회의 억압과 신학적인 논쟁 등은 오늘날에는 별 문제가 되지 않는다. 흘러간 유행가를 들을 때면 향수에 젖지만 그 노래를 일부러 찾아 듣지 않는 것과 마찬가지다. 그럼에도 볼테르의 주장대로 역사가 인간의 정신을 고양시키는 방향으로 진보해 가는지는 지금도 여전히 논란이 될 만한 화두다.

오늘날 세계 곳곳에서 끊이지 않는 전쟁은 과연 자유와 관용을 드높이는 쪽으로 역사를 이끄는가, 이권 앞에서 폭력마저 정당화시키면서 인간 정신을 후퇴시키고 있을까? 폭력에 맞서 자유를 주장했던 원조 투사 격인 볼테르의 입을 통해 그 해답을 들어 볼 수 있을 듯하다.

철학 실험실

우리 주변에 팡글로스 박사는 누구인가?

볼테르의 소설 《캉디드》에서 주인공 캉디드는 순진하고 착한 소년이다(프랑스 어로 캉디드는 '순진하다'는 뜻이다). 그는 팡글로스 박사에게 교육을 받는다. 박사는 '우리가 사는 세상은 있을 수 있는 세계 중 최고의 세계'라는 라이프니츠의 생각을 굳게 믿는 사람이다.

경제학에서 '팡글로스 밸류'는 팡글로스 박사에서 나온 말이다. 관료나 학자들이 장밋빛 전망으로 예상 결과를 부풀렸음을 비꼴 때 쓰곤 한다. 팡글로스의 낙천주의에 따라 캉디드는 세상을 모험한다. 하지만 악과 모순으로 가득 찬 세계를 경험하고 난 캉디드는 팡글로스의 계속된 가르침에 이렇게 대꾸할 뿐이다. "이제는 정원이나 가꾸어야죠."

끊임없는 의심과 검토는 성공을 가져온다. 반면, 낙천적인 예상은 방심과 실패를 낳는다. 우리 주변에는 얼마나 많은 팡글로스 박사들이 있는가? 터무니없는 장밋빛 예측들의 사례를 들고 문제를 지적해 보자.

처음 읽는 서양 철학사

자연으로 돌아가라

루소

바람이 키운 천재

　루소Jean-Jacques Rousseau, 1712~1778는 1712년, 스위스 제네바에서 시계 수리공의 둘째 아들로 태어났다. 루소의 삶은 처음부터 끝까지 신산스럽기 그지없다. 말년에 쓴 《참회록》에서 루소는 자신의 어린 시절을 '왕자 공주들도 나처럼 세심하게 보호받지는 못했다'라고 회상했지만, 이는 미화된 내용일 가능성이 크다. 가정환경으로 볼 때, 그가 제대로 보호받기는 어려웠다. 어머니는 그를 낳은 지 9일 만에 고열로 숨을 거두었고, 열 살이 되던 해에는 아버지마저 집을 나가 버렸다. 그는 어릴 때부터 혼자 살면서 기술을 익혀야만 했다.

　루소는 일곱 살 때부터 이미 독서광이었는데, 책에 대한 사랑은 이내 그의 삶을 피곤하게 만들어 버렸다. 기술자 집안 출신으로 평생 기름밥을 먹어야 하는 주제에, 늘 책을 끼고 다니며 사색에 잠겨 있는 소년의 모습은 고용주들을 속 터지게 했다. 루소는 법원 서기의 조수로 일을 배우다가 무능하다는 이유로 쫓겨났다. 곧이어 시계 제조에 필요한 동판 조각 기술을 배우기 위해 기술자의 문하생으로 들어갔지만 역시 천덕꾸러기 신세를 면치 못했다. 게다가 이 조숙한 소년은 동료들의 거친 놀이 문화에 전혀 어울리지 못했다. 게으르다는 이유로 동료들에게 매질과 놀림을 당하기 일쑤였다.

그가 유일하게 좋아했던 일은 휴일에 제네바 성벽을 홀로 산책하는 것이었다. 산책이 길어진 나머지 성문이 닫혀서 종종 숙소에 못 들어가곤 했는데, 그때마다 주인의 잔인한 질책과 매가 이어졌다. 열여섯 살이 되던 1728년 어느 날, 루소는 산책 중에 성문이 닫혀 버리자 마침내 숙소로 돌아가기를 포기하고 진정한 삶을 찾아 무작정 방황의 길을 떠났다. 시인 서정주는 자신의 인생에 대해 '나를 키운 건 8할이 바람이다'라고 쓴 적이 있는데, 루소의 삶이 바로 그랬다. 그는 정말 바람같이 스산하게 떠도는 생활 속에서 스스로를 성숙시켜 갔다.

어떤 직업도 어울리지 않는 사람

열여섯 살부터 서른이 넘을 때까지, 루소는 떠도는 보헤미안의 생활을 하며 지냈다. 그는 방황을 시작하면서 가톨릭으로 개종했다. 《참회록》의 고백을 그대로 믿는다면, 청교도가 뿌리내린 제네바에서 나고 자란 루소가 가톨릭으로 개종한 이유는 순전히 배가 고파서란다. 가톨릭교회는 개종한 사

> **보헤미안**
> (Bohemian) 사회의 규범이나 습속을 무시하고 자유롭게 살아가는 사람.

처음 읽는 서양 철학사

람들에게 음식과 숙소를 무료로 제공했다.

개종한 직후, 신부는 그를 돌봐 줄 사람으로 프랑스 안시 지방에 사는 루이즈 드 바랑 남작부인을 추천해 주었다. 바랑 부인은 갈 곳 없던 루소를 친절하게 받아 주었다. 곧 루소는 부인을 엄마로, 부인은 그를 아기라고 부를 정도로 친근한 사이가 된다. 바랑 부인은 15년 동안 루소의 후원자이자 보호자 역할을 충실히 하였다. 몇 년 뒤 이 엄마와 아기는 연인 관계로 발전하게 된다.

아무튼, 바랑 부인은 루소가 사회에서 제대로 자리를 잡도록 최선을 다했다. 안타깝게도 루소는 자신이 고백하고 있듯 세상의 어떤 직업에도 어울리지 않는 사람이었다. 그에게는 직장 생활에 필요한 인내심과 끈기, 복종하는 자세가 부족했다. 바랑 부인의 권고대로 이탈리아 토리노로 간 루소는 예전에 배운 조각 기술을 써먹으려 했지만 실패했다. 이어 신부가 되기 위해 신학교로 갔으나 이번에는 엄격한 규율에 적응하지 못했다. 부인의 추천으로 프랑스 샹베리에 있는 지적 조사부의 조수로 취직했을 때도 몇 달을 넘기지 못했고, 심지어 어느 귀족의 하인으로 일하기도 했지만 이 또한 얼마 가지 못했다.

결국 그는 바랑 부인에게로 다시 돌아왔는데, 이곳에서 비로소 적성에 맞는 일을 찾았다. 그것은 음악이었다. 안시 대성당 합창 학교에서 음악을 배운 루소는 덕분에 실질적인 생계 수단을 마련할 수 있었다. 음악 가정교사 자리를 구했고, 필체가 좋았던 까닭에 악보 베끼기로 짭짤한 수입도 얻었다.

바랑 부인과의 관계가 연인 사이로 발전하게 된 때는 이 무렵이다. 사춘기의 격정에 사로잡힌 그를 바랑 부인이 받아 주었던 것이다. 그러나 사랑도 잠시, 그는 다시 방랑의 길을 떠났다. 바랑 부인에게 새 애인이 생긴 탓이었다. 감수성이 예민한 청년은 부인과의 삼각관계를 받아들일 수 없었다.

출세를 좇아서

바랑 부인의 곁을 떠난 뒤에도 루소는 오래도록 방황을 계속했다. 1742년, 서른 살의 루소는 젊은이답게 자신을 시험해 보기 위해 호랑이 굴로 뛰어든다. 예술의 중심지인 파리에서 음악적 재능을 펼쳐 보려 했던 것이다. 시골에서 막 상경한 촌뜨기 음악가에게 주목하는 사람은 아무도 없었다. 오랜 궁리 끝에 숫자로 된 독특한 악보 기록법을 고안하여 프랑스 학술원의 관심을 끌기도 했으나, 노래와 연주를 하기에는 너무 복잡한 두뇌 활동을 요구한다는 이유로 무시되었다.

비록 음악적으로 성공하지는 못했지만, 루소는 열심히 살롱과 문화계 곳곳을 기웃거리면서 많은 문인과 여인을 사귀었다. 나중에 당대 최고의 비판적 지식인이 된 디드로와 만난 것도 이 무렵이다.

루소는 파리에서 음악 가정교사로 생계를 이어 갔다. 귀족 여인들을 통해서만 출세할 수 있었던 당시 분위기상, 귀족 가문의 숱한 여성들을 가르치던 그가 권력자들의 눈에 띌 기회는 그만큼 많았다. 게다가 루소는 온갖 가슴을 지필 정도의 미소년 같은 외모와 섬세한 감수성을 지니고 있었다.

1744년, 한 귀족 부인이 그를 베네치아 대사의 비서로 추천했다. 비서로서 그는 매우 열심히 일했고 유

> **디드로**
> (Denis Diderot, 1713~1784) 프랑스의 철학자이자 문학가. 계몽주의 시대의 중요 저작물인 《백과전서》를 편찬했다.

능함을 인정받기도 했지만, 비서가 자신의 길이 아님을 곧 깨달았다. 순진하게도, 열정과 유능함이 때로는 태만과 무능보다 더 미움을 사게 되는 관직 사회의 속성을 몰랐던 탓이다. 그는 경쟁하던 동료들에게서 배척됐고, 대사 또한 자존심 강하고 수시로 자신과 맞서려는 비서를 더 이상 원하지 않았다. 결국 루소는 1년 만에 또다시 가방을 싸고 만다.

인간을 타락시키는 예술과 학문

1745년, 파리로 돌아온 루소에게는 별로 희망이 없어 보였다. 이미 서른셋이 된 감수성 풍부한 청년의 삶은 결국 가정교사로 겨우 연명하는 지식인 건달로 끝날 듯 보였다. 이즈음 그는 평생 반려자가 된 테레즈 르 바쇠르를 만난다. 테레즈는 그가 파리로 돌아와 묵었던 여관의 하녀였다. 처음에 그는 단순히 즐길 생각으로 그녀와 사귀었지만, 곧 그녀의 선하고 따뜻한 성품에 반하여 동거에 들어갔다. 정작 그들이 정식으로 결혼한 것은 23년이나 지난 뒤, 그것도 둘 사이에서 얻은 다섯 아이를 모두 고아원에 맡기고 나서였다.

1749년, 서른일곱의 루소에게 비로소 성공이 찾아왔다. 그는 거침없는 비판으로 감옥에 갇힌 디드로를 면회하러 가던 길에 디종 아카데미 현상 논문 공고를 우연히 발견했다. 아카데미가 내건 논문 주제는 '예술과 학문의 발전이 도덕의 향상에 기여하는가?'였다. 이 주제에 대한 대답은 뻔했다. 근대 과학이 싹트고

> **다섯 아이를 고아원에 맡긴 루소**
> 근대 교육 사상에 큰 영향을 미친 루소가 다섯 아이를 모두 고아원에 보낸 이유는 아직 밝혀지지 않고 있다. 그런 그가 《에밀》을 집필하게 된 동기로는 먼저 자신이 제대로 교육받지 못했기 때문에 교육론 연구에 뜻을 두었고, 그 결과 이상적인 교육, 이상적인 교사의 모습을 그려 냈다는 견해가 있다. 또 다섯 명의 자식을 모두 고아원에 보낸 일에 양심의 가책을 느껴 참회하는 의미로 《에밀》을 집필했다는 주장도 있다. 하지만 이 두 가지 주장을 입증할 만한 근거는 없다.

자연으로 돌아가라 루소   225

합리적 사고가 맹목적인 신앙을 점차 대신하던 계몽 시대, 당연히 '인간의 도덕심을 향상시킨다'가 정답일 터였다. 그럼에도 루소는 정반대의 답변을 펼쳤다. 예술과 도덕은 인류에게 해악만 끼쳤다는 것이다.

원래 인간은 자연 속에서 소박하고 순수한 삶을 살게 되어 있었다. 그러나 예술과 학문은 인간을 본래의 자연스러움에서 벗어나게 하여 사치와 무절제로 몰아넣었다. 예술과 학문을 하는 이들은 남들의 노동에서 나오는 물자로 한가하게 지내며 사색의 결과물을 만들어 냈다. 예술과 학문의 결과물은 자신들의 게으름을 정당화했다. 예술과 학문은 사람들을 게으름과 무절제 속으로, 인류를 점점 더 큰 사치와 방탕으로 몰고 갔을 뿐이다.

이 참신한 논문은 심사 위원들을 경악시켰고, 상은 루소에게 돌아갔다. 마침내 루소는 이름을 얻었다. 이 시기에 그는 음악적으로도 성공을 거뒀다. 목가극 오페라 〈마을의 점쟁이〉가 귀족들 사이에서 인기를 끌어, 국왕 루이 15세 앞에서 공연되기도 하였다.

루소는 유명해질수록 점점 냉소적으로 변해 갔다. 위선과 시기로 가득 찬 파리 생활에 염증을 느낀 탓이다. 국왕 앞에서 공연할 때도 부스스한 옷차림과 머리 모양으로 나갔을뿐더러 다음 날 으레 있게 마련인 국왕 알현도 거부해 버렸다. 나중에 그는 예의를 갖추지 않는 것이 용기를 증명한다고 생각했기 때문이라고 자신의 행동을 담담히 회상했다. 그렇지만 국왕 앞에서도 담대했던 루소의 태도에는 이미 프랑스 혁명의 이념적 기초가 되었던 그의 사상의 사회변혁적 특성이 진하게 묻어 있다.

네 발로 기고 싶어지다

1753년, 마흔한 살의 루소는 〈인간 불평등 기원론〉이라는 또 하나의 문제작을 내놓았다. 짤막한 이 논문은 그해 디종 아카데미가 내건 '인간 사회의 불평등은 왜 생기며 이는 자연적인가?'라는 현상 논문 공모에 대한 응모작이었다. 이번에는 상을 타지 못했지만, 이 글은 지식인 사회에서 격렬한 반응을 불러일으켰다.

이 글에서 루소는 처음으로 자연 상태를 설명했다. 자연 상태란 문명사회가 등장하기 전의 인류 상태를 보여 주는 일종의 가설이다. 인간 사회가 왜 지금처럼 불평등과 부정의로 가득 차게 되었는지를 설명하기 위해, 사회에 의해 타락하기 전 인류의 모습을 먼저 가정해 보는 것이다.

사회가 등장하기 전 인간의 생활은 '한 그루 떡갈나무 밑에서 배를 채우고, 시냇물을 발견하면 갈증을 풀며, 양식을 주는 바로 그 나무 밑에서 잠을 자는 상태'나 마찬가지였다. 이 시기에는 육체적 능력에서만 약간 차이가 있을 뿐 사람들 사이의 불평등은 없었다. 인간은 거친 자연에 맞서 홀로 살아갈 수는 없다. 사람들은 살아남기 위해 이성을 발휘하여 집단을 이루었고, 그 순간 불평등이 생겨났다. 우월한 자들은 자신의 이익을 지키기 위해 열등한 자들에 대한 지배를 정당화하는 여러 가지 제도와 관습을 만들어 냈다. 우월한 자들은 시간이 갈수록 점차 더 큰 이득을 얻었고, 사회의 불평등은 더욱 커졌다. 결국 이성과 문명은 인류를 불평등과 부정 속으로 타락시켜 버렸다.

루소의 생각이 귀족과 부유한 사람들에게 곱게 보였을 리 없다. 볼테르는 루소의 사상을 '거지의 철학'이라 평가하고, 이 책을 읽고 네 발로 기고 싶은 충동을 느꼈다며 비꼬았다. 게다가 루소는 프랑스 노래를 '쉴 새 없는 개 짖는 소리'라고 가차 없이 깎아내린 〈프랑스 음악에 관한 편지〉라는 글로 프랑스 사교계에서 스스로 무덤을 파고 말았다. 이 비판에 대해 프랑스 음악계 전체가 분노를 터뜨렸다. 볼테르가 나중에 루소를 비난한 글들에는 천치, 괴물, 사기꾼, 문학의 독버섯, 시대의 배설물, 야수 등등의 격렬한 표현이 등장하는데, 이는 루소에 대한 당시 지성계의 감정과 반응을 잘 보여 주는 말들이기도 하다.

《에밀》과 《사회 계약론》

결국 루소는 프랑스를 떠나 고향 제네바로 돌아갔지만 제네바에서도 정착할 수 없었다. 문명과 부를 거부하고 자연 상태로 돌아가라고 외치는 거지들의 철학자를 부유한 제네바의 지도층이 좋아할 리 없었다.

루소도 도시 생활을 좋아하지 않았다. 루소의 저작은 대개 디종 아카데미에 논문을 처음 응모한 1749년에서 《사회 계약론》이 출간된 1762년 사이에 나온 것이다. 이 생산적인 시기에 그는 수시로 찾아와 자신의 시간을 빼앗는 방문객들로 골머리를 앓았다. 루소는 자연 속에 은둔하며 사색에 집중할 수 있는 전원생활을 끊임없이 그리워했다.

1754년, 마흔두 살의 루소는 마침내 한 귀족 부인의 후원으로 근처 숲속에 라 슈브네르라는 은신처를 마련했다. 루소는 이 집으로 이사하던 날을 '1754년 4월 8일에야 나는 제대로 살기 시작했다'라며 회고했는데, 실제로 그의 대표적인 저작들은 대부분 이 집에서 나왔다.

1761년, 연애 소설 《신 엘로이즈》가 출간되었다. 이 소설은 루소가 이 집을 찾아오던 한 백작부인에게 느낀 연애 감정을 소설화한 것이다. '불길처럼 타오르는 황홀경 속에서 쓰인' 이 책은 나오자마자 프랑스 귀부인들의 마음을 사로잡았다. 냉철한 이성과 합리적 사고, 감정의 절제가 미덕이던 시대, 루소는 애절하고 강렬한 감정을 거침없이 분출했다. 이로써 이제 자신의 감정을 마음껏 표현하는 것은 수치라기보다 유행이 되었다. 루소가 낭만주의 문학의 선구자로 대접받는 이유다.

1762년에는 일종의 교육 성장 소설인 《에밀》이 나왔다. 이 책은 루소가 20년간의 성찰과 3년의 집필 끝에 이루어 낸 역작이다. 그는 이 책에서 '에밀'이라는 가상의 학생을 등장시켜 '자연주의 교육론'이라 할 만한 것을 내세운다. 소설 속에서 에밀은 태어날 때부터 루소가 경멸하는 대도시의 해로운 사회 풍속과 완전히 떨어져 자연과 벗하며 자란다. 그는 어느 누구에게도 나쁜 짓을 하지 말라는 규칙 외에는 어떤 제약도 받지 않는다. 15년간 에밀의 곁을 떠나지 않은 선생은 '지시하지 않으면서도 지도하며, 아무것도 하지 않으며 모든 일을 한다'. 요샛말로 한다면 학생 중심의 발견 학습과 인성 교육을 하는 셈이다. 《에밀》은 250여 년이 지난 지금까지도 육체의 단련, 심신의 조화, 강제보다는 자율에 입각한 교육을 지향하는 혁신적인 교육론으로 평가받고 있다.

《에밀》이 나온 해에 루소의 저작 중에 가장 중요한 것으로 평가받는 《사회 계약론》도 출판되었다. 이 책에서 루소는 〈인간 불평등 기원론〉에서처럼 자연 상태에서 출발하여 정당한 국가 권력은 어떤 모습인지를 펼쳐 보인다. 자연 상태에서 인간은 선하고 자유로우며 행복하다.

인간은 홀로 살 수 없으므로 계약을 통해 국가를 만든다. 계약상 국가는 모든 성원들의 이익을 추구해야 한다(이를 '일반의지'라고 한다). 제대로 된 정부라면 국가를 위한 일은 곧 시민들에게도 유리한 것이다. 그러나 권력자들은 모두를 위한다고 하면서 자기들만을 위한 독재를 하기도 한다(이것이 '전체의지'다). 이때, 국가는 소수를 위한 착취 기관에 지나지 않는다. 시민들은 이러한 권력에 저항해야 한다. 그리고 진정 자신들의 이익을 대변해 주는 새로운 정부를 세워야 한다. 이러한 루소의 생각은 국가의 주권은 국민에게 있다는 사실을 확인시켜 주었을 뿐 아니라 정부에 저항할 권리를 깨닫게 해 줌으로써, 나중에 프랑스 혁명의 도화선이 되었다.

온갖 불쾌한 일은 글쓰기에서 비롯되었다

왕이 절대 권력을 휘두르던 당시 프랑스에서, 민중에 의한 혁명을 주장하는 《사회 계약론》이 얼마나 불온한 사상이었는지는 굳이 설명할 필요도 없겠다. 놀랍게도, 정작 루소는 《에밀》로 탄압받았다. 《에밀》에서 그는 종교적 믿음을 비자연적인 것으로 거부했는데, 이에 교회가 반발한 것이다. 그는 생전에 '온갖 불쾌한 일은 글쓰기에서 비롯되었다'라는 말을 종종 하곤 했는데, 확실히 자연 속의 고독을 사랑하던 그에게 책은 모든 논쟁과 비난을 불러일으키는 불행의 씨앗이었다.

결국 루소는 도망자 신세가 되었다. 그는 이곳저곳을 떠돌다가 흄의 도움을 받아 영국으로 망명했다. 감성적이고 격정이 넘치는 루소는 이 낙천적인 철학자와 곧 심각한 갈등에 빠졌고, 인생 초기에 그랬듯 여러

식물을 채집하는 루소

루소는 말년에 식물학에 매료되어 산책과 채집에 열중했다. 한 손에는 산책용 지팡이를, 다른 손에는 꽃을 쥔 노인의 모습은 지금도 루소를 가장 잘 상징하는 이미지로 통한다. • 게오르그 프리드리히 메이어(Georg Friedrich Meyer)가 그린 루소의 초상화(1778).

곳을 떠돌게 된다. 갈 곳이 없어진 루소는 마침내 1767년 쉰다섯의 나이로 다시 파리로 돌아왔다. 그러나 사상적으로 전보다 비교적 관대해진 프랑스 정부는 병들고 나약해진 루소를 더 이상 구속하지 않았다.

1778년, 예순여섯의 루소는 시골 농원으로 이사를 갔다. 그곳에서 그는 원했던 대로 자연에 파묻힌 채 말년을 보냈다. 식물학에 매료되어 산책과 채집에 열중했는데 한 손에는 산책용 지팡이를, 다른 손에는 꽃을 쥔 노인의 모습은 지금도 루소를 가장 잘 상징하는 이미지로 통한다.

자연으로 돌아가라

1778년, 농원으로 이사한 지 6주쯤 되던 날, 루소는 갑자기 쓰러져 숨을 거두었다. 시신은 농원 근처의 평화로운 호숫가에 묻혔다가, 프랑스 혁명이 끝난 뒤인 1794년에 프랑스의 국가 영웅들이 묻힌 판테온으로 이장되었다.

루소는 정치사상 측면에서 국민주권과 저항권을 체계적으로 정리하여 현대 민주주의의 기초를 놓은 철학자로 평가받는다. 그러나 루소의 사상은 이성과 합리의 잣대로 모든 일을 평가하는 현대 문명사회에서 진정 인간다운 삶이 무엇인지에 대해 고민하게 해 준다는 데에 더 큰 의미가 있다.

우리는 자신도 모르는 사이에 자신이 원하는 삶보다 사회가 원하는 삶을 살도록 길들여져 왔다. 명예, 도덕, 수치심 등은 사회의 요구에 맞추어 나의 욕구를 재단하는 도구들이다. 이것들은 삶에 질서를 주고 삶을 풍요롭게 해 주는 듯 보인다. 반면, 필요 없는 열등감과 죄책감을 불러일으켜 나의 삶을 억누르고 왜곡하며 비굴하게 만들기도 한다. 루소는 합리적이면서도 도덕적으로 보이는 사회의 가치 규범들이 사회와 나 자신의 삶을 풍요롭게 해 주는지를 되묻는다. 그러곤 타락한 문명 이전의 자연 상태로 상징되는 이상적이고 선한 인간의 본성을 제시함으로써, 제대로 된 삶과 사회에 대해 다시 한번 생각해 보게 한다. '자연으로 돌아가라'라는 루소의 외침은, 이성과 도덕이라는 틀 속에 스스로를 가두는 우리들에게 진정 행복하고 가치 있는 삶을 찾아보라는 호소일지도 모른다.

루소의 《에밀》

" 신은 만물을 선하게 창조하였으나 인간의 간섭으로 악하게 되었다. 인간은 어떤 땅에 다른 땅의 산물을 낳으라고 강요하는가 하면, 다른 나무의 열매를 맺으라고 이 나무에게 강요한다. (중략) 편견이나 권위, 필요와 같은 모든 사회제도는 우리들의 본성을 억제하여 그 무엇 하나 제대로 살릴 수 없게 만들어 버린다. 그 본성은 길에 난 묘목처럼 사람에게 짓밟히고 꺾이어 이내 시들어 버린다. (중략) 식물은 재배로써, 인간은 교육으로 만들어진다. 그러므로 인간의 위대한 능력도 그 사용 방법을 모르면 무용하다. "

– 《에밀》 제1부 중에서

21

별이 빛나는 하늘과
내 마음속 도덕 법칙

칸트

천재는 하루아침에 만들어지지 않는다

칸트Immanuel Kant, 1724~1804는 1724년 봄, 쾨니히스베르크에서 태어났다. 쾨니히스베르크는 동프로이센의 수도이긴 했지만 인구 5만 명 안쪽의 조그마한 도시였다. 칸트는 이 도시에서 한 발짝도 벗어나지 않고 죽을 때까지 살았다.

모차르트 같은 천재들은 어릴 적부터 두각을 나타냈다. 하지만 칸트의 어린 시절에서는 천재다운 모습을 찾기 힘들다. 단지 독실한 경건주의 신자였던 부모의 영향 아래 천재 교육을 받기보다는 도덕 수양을 쌓으며 예의 바른 아이로 자랐다. 그는 여덟 살 때 경건주의 교회의 담임 목사가 운영하던 학교에 입학했다. 평생을 정해진 규칙에 따라 살았던

경건주의

17세기 말 독일의 신교 교회에서 일어난 종교 운동. 검소한 삶과 도덕에 대한 복종을 강조하였다.

이 철학자도 이때만큼은 학교의 규칙적인 예배와 수업 등에 혐오를 나타냈다. 학교 일과를 소년 노예 제도라고 비난하기까지 했다. 그는 죽을 때까지 신앙심을 가지고 살긴 했지만, 혐오감 탓에 교회에는 충실하지 않았다.

칸트는 18세 때 쾨니히스베르크 대학에 입학했다. 하지만, 22세 때 마구 상인이었던 아버지가 죽는 바람에 생활비를 벌기 위해 어느 시골 귀족 집안의 가정교사로 들어갔다. 이때 칸트는 귀족 집안을 따라 쾨니히스베르크 도심에서 30마일 떨어진 별장으로 놀러 간 적이 있다. 이것이 그가 생애를 통틀어 가장 멀리까지 간 여행이었다. 아무튼 가정교사 생활은 9년 동안이나 계속되었고, 그 시대 기준으로 보면 아주 늦은 나이인 31세가 되어서야 박사 학위를 받았다.

그 뒤에도 칸트의 생활은 천재의 출세 코스와는 거리가 멀었다. 대학에서 교수직을 얻지 못해 15년 동안이나 사강사 생활을 했다. 생활비를 벌기 위해 일주일에 20시간 가까이 강의를 했고, 가르치는 과목도 철학 · 수학 · 물리학 · 지리학 · 자연법 · 역사 · 광물학 등 매우 다양했다. 칸트는 이 시절을 '날마다 교탁의 귀퉁이에 앉아 무거운 망치를 두드리듯 비슷한 강의를 단조로운 박자로 계속 진행해 갔다'라고 회상했다.

그렇지만 그의 강의는 매우 인기가 있었다. 특히 지리학 강의에는 학생뿐만 아니라 마을 주민들까지 몰려와 강의실은 항상 만원이었다. 칸트는 쾨니히스베르크 밖으로 나가 보지 않았지만, 엄청난 독서와 상상력으로 어떤 탐험가보다도 세계에 대해 더 잘 알고 있

사강사

(私講師) 독일의 고유한 제도로 정부에서 주는 정기적인 급료 없이 수강료와 학생 지도비만으로 생계를 꾸려 가는 대학 교원을 말한다.

었다. 심지어 런던에 쓰레기통이 몇 미터 간격으로 놓였는지까지 꿰고 있어 런던 출신으로 오해를 받았단다.

강사 일을 하면서 칸트는 독특한 교육 원칙을 하나 세웠다. 중간 수준의 학생에게 각별한 관심을 기울이는 것이었다. 칸트의 말을 빌리자면, '바보는 도와줄 길이 없고 천재는 자기 힘으로 해 나간다'고 믿었기 때문이다.

칸트는 15년의 사강사 시절 동안 강사로서 명성을 얻어 갔다. 하지만 쾨니히스베르크 대학 교수직을 얻는 데에는 두 번이나 실패했다. 물론, 학계 전체가 그를 몰라본 것은 아니었다. 칸트는 1764년, 베를린 학술 아카데미 논문 공모전에서 2등을 차지했다. 베를린 대학을 비롯해 몇몇 대학에서 그를 모셔 가려 했지만, 고향에서 평화롭게 지내며 자신의 철학을 완성하고 싶은 열망 탓에 제안을 거절했단다. 애향심 때문인지, 철학 사랑 때문인지, 아니면 외부 초청 소식을 듣고 대학 당국에서 몸 달아 했는지는 모르겠지만, 칸트는 1770년 46세가 되던 해 '성실함과 탁월한 학문적 업적을 인정받아' 비로소 쾨니히스베르크 대학 교수가 된다.

《순수이성비판》의 탄생

교수가 된 뒤에 칸트는 11년간 단 한 편의 논문도 발표하지 않았다. 게을렀던 탓은 결코 아니다. 흄이 제기한 문제에 깊게 파고든 나머지, 연구할 시간이 필요했던 까닭이다. 칸트의 규칙적인 생활은 자연 법칙에 가까운 경지에 이르렀다. 그의 생활은 순전히 공부할 시간을 벌기 위한 것이었다. 칸트의 유명한 하루 시간표는 다음과 같다. (칸트는 일생에 단 두 번 일과표에서 벗어났단다. 한 번은 루소의 《에밀》을 읽다가, 또 한 번은 프랑스 혁명 소식이 실린 신문 기사를 읽다 일과표를 어겼다.)

4시 55분, 하인 람페가 '일어나실 시간입니다'라는 말로 칸트를 깨운다. 칸트는 자신이 어떤 말을 하더라도 들어주지 말라고 명령했기에, 그가 일어나기 전까지 람페는 절대 자리를 뜨지 못한다. 5시 기상, 홍차 두 잔을 마시고 파이프 담배를 피운다. 잠옷, 덧신, 수면용 모자를 쓴 채 강의 준비를 한다. 7~9시, 정장을 입고 학교에 가서 강의를 한다. 9시~12시 45분, 집으로 돌아와 실내복으로 갈아입고 집필을 한다. 12시 45분, 점심시간에 초대한 손님들을 작업실에서 맞는다. 다시 정장 차림. 오후 1시~3시 30분, 점심시간이자 하루 중 유일한 식사 시간. 오랜 시간 손님들과 대화를 나누며 식사를 한다. 오후 3시 30분, 산책을 간다. 비가 오거나 눈이 오거나 변함이 없다. 마을 사람들은 칸트의 산책 시간을 보고 시계를 맞췄다. 저녁, 여행기 등 가벼운 책을 읽는다. 오후 10시, 절대적 안정 속에 잠자리에 든다.

일과표를 보면 알 수 있듯, 칸트는 벼락치기로 공부하지 않았다. 그는 공붓벌레였지만 그렇다고 꽉 막힌 사람도 아니었다. 사교 모임에 부지런히 참석했고 재치 있는 이야기로 인기가 많아 어딜 가나 환영받았다. 그럼에도 사색하고 연구하는 학자의 본분을 잃지 않았다. 그는 평생에 걸친 규칙적 일과 덕분에 엄청난 학문적 업적을 이룰 수 있었다.

그가 11년 동안이나 고민한 흄의 회의론은 무엇일까? 칸트의 시대는 교회 권위에 억눌려 있던 과학이 비로소 꽃피던 시기였다. 과학의 빠른 발전은 신과 교회를 위협했다. 데카르트로부터 비롯된 합리론은 신이 아닌 인간 이성이 세계에 대한 확실한 지식을 준다고 장담했다. 경험론은 관찰과 경험에 의한 과학이 세계를 정확히 알려 주리라는 장밋빛 전망을 내놓았다.

흄의 회의론은 이런 밝은 전망에 찬물을 끼얹었다. 그는 인간 지성을 분석하여 이성과 경험은 신학적 지식만큼이나 믿을 수 없음을 보여 주었다. 먼저, 합리론이 주장하는 이성적 지식은 결코 그 자체로 확실하지 않다. 이성적 지식은 전부 경험에서 추상 작용을 거쳐 이끌어 낸 것이기 때문이다. 또, 이성적 지식의 근거가 되는 관찰과 경험도 정확하지 않다. 경험이란 항상 틀릴 수 있지 않은가. 인과 법칙조차도 그렇다 (앞서 '흄' 편의 설명을 참조할 것).

그렇다면 과학이 근거로 삼는 이성과 경험은 절대적으로 확실하지 않다. 이제 신과 교회의 권위에서 벗어나 새롭게 꽃피던 근대 과학은 철학적 뿌리에서부터 흔들리는 심각한 위기에 부딪히게 되었다.

칸트는 흄의 사상 덕분에 이성의 합리성이 세계의 모든 것을 밝히리라는 독단의 잠에서 깨어났다고 말한다. 그리고 흄의 회의론을 극복하고 과학의 확실성을 세우기 위해 무려 11년 동안 고민하였다. 그 결과 마침내 1781년, 51세의 나이에 《순수이성비판》을 펴냈다. 오랫동안 고민한 끝에 800여 쪽에 달하는 내용을 5개월이란 짧은 시간에 날아갈 듯 썼단다.

가장 위대한 철학 책으로 손꼽히는 이 책의 처음 반응은 시원치 않았다. 최초의 독자였던 동료 교수 헤르츠는 이 책의 난해함 때문에 '미쳐 버릴 것 같은 기분'으로 절반도 못 읽고 칸트에게 책을 돌려주었단다. 가장 인정받던 철학자 멘델스존도 '신경을 쇠약하게 만드는 작품'이라고 혹평했다. 분량이 엄청났을 뿐만 아니라 문장 자체도 너무 길고 어려웠던 탓이다. 그러나 10년도 지나지 않아 《순수이성비판》은 가장 위대한 철학 책으로 세상에 알려지기 시작했다.

이 책을 처음 보는 사람은 그 어려움 때문에 미쳐 버릴 것 같은 기분을 느낄지 모른다. 그러나 난해한 문체에 익숙해지면 논증의 정교함에 푹 빠져 버리고 만다. 그토록 복잡한 논증들이 한 치의 오차도 없이 정확히 하나의 목표로 향하는 인간 지성의 결정체, 그것이 바로 《순수이성비판》이다.

흄의 회의론을 극복하기 위한 칸트의 작업은 크게 두 방향으로 이루어진다. 하나는 흄이 무너뜨린 경험의 확실성을 다시 세우는 것이다. 다른 하나는 과학에 맞서 신과 신학을 보호하는 것이었다. 이를 위해 칸트는 《순수이성비판》에서 세계를 과학의 세계와 과학이 밝힐 수 없는 세계로 나누었다. 과학의 세계에서 칸트는 인간의 경험 구조를 분석함으로써 흄이 무너뜨린 경험의 확실성을 다시 세웠다. 흄은 경험의 확실성을 바깥 대상에 두어서 회의론에 빠졌다면, 칸트는 그 확실성을 우리의 정신이 경험을 만들어 내는 구조에서 찾았다.

예를 들어 보자. 우리의 경험은 단순히 수동적으로 만들어지지만은 않는다. 오히려 적극적으로 경험을 만들어 낸다. 똑같은 장미꽃이라도 딱정벌레와 토끼에게 장미는 전혀 다르게 보인다. 눈의 생김새와 두뇌 구조가 다른 탓이다. 마찬가지로 인간은 시간과 공간이라는 감성 형식과 열두 개의 범주라는 지성의 구조를 사용하여 인간의 경험을 적극적으로 구성한다. 그리고 이 지성의 구조는 경험 이전에 이미 우리에게 주어져 있으므로 절대적으로 확실하다. 여기서 경험이 비롯되었다면, 우리의 경험도 확실할 수밖에 없다.

이로써 흄이 일으켰던 이성과 경험의 위기, 과학의 위기는 해소되었다. 이와 반대로 칸트는 신과 종교는 과학이 밝힐 수 없는 세계에 있다고 함으로써 과학의 위협으로부터 신을 지켰다.

별이 빛나는 하늘, 내 마음속의 도덕 법칙

쉰한 살에 《순수이성비판》으로 본격적으로 시작된 칸트의 글쓰기는 《실천이성비판》, 《판단력비판》을 거치며 죽을 때까지 쉬지 않고 계속되었다. 이 책들에서 칸트는 과학 시대의 윤리에 대한 새로운 이론을 내놓는다.

과학은 세상의 모든 것을 인과 법칙에 따라 설명한다. 따라서 돌이 날아가 사람을 다치게 했다고 돌에게 책임을 묻지 못한다. 돌은 인과 법칙에 따라 그렇게 움직였을 뿐이다. 그렇다면 인간의 자유와 윤리적 책임은 어떻게 되는가?

칸트에 따르면 인간은 인과 법칙에서 벗어난 자유로운 존재이다(칸트는 자연현상이나 과학에 대해서는 인과 법칙을 적용했다). 그래서 인간은 도덕적이어야 한다. 하지만 우리는 왜 인간이 자유로운지, 왜 도덕적인 행동을 해야 하는지 과학적으로 밝힐 수 없다. 자유와 도덕은 신과 종교가 있는 세계, 즉 과학이 밝힐 수 없는 세계에 있는 까닭이다. 신에 대해 과학적 질문을 던질 수 없듯, 도덕에 대해서도 이유를 묻지 말아야 한다. 이익과 이유를 따지지 말고 무조건 양심이 시키는 의무에 따라 해야 한다는 거다. 이런 칸트의 윤리학은 의무의 윤리학이라고 불린다.

인간에게는 '나는 무엇을 해야만 하는가'에 대답하는 이성이 있다. 그것이 바로 실천이성이다. 실천이성은 우리 마음속에 있는 의무 의식이다. 의무 의식에 따라 행동의 결과에 관계없이 규칙을 따라야 한다. 예를 들어, 주위에 굶주리는 사람이 있다고 하자. 단지 동정심이 일어서, 남을 돕는 게 좋아서 돕는 일은 참된 도덕적 행동이 아니다. 동정심도 없고 기쁨도 얻지 못하지만 도와야 한다는 의무 의식에 따라 남을 돕는 행위가 참된 도덕적 행동이다. 도덕적 행위의 원칙인 도덕 법칙은 아무런 조건이나 이유도 없이, 다만 '……해야 한다'라는 정언 명령을 따르는 것이다.

이익이 되건 안 되건 상관없이 이성의 무조건적인 명령에 따라 윤리적 행동을 하라는 그의 말대로, 칸트의 삶은 그야말로 의무에 충실한 삶이었다. 자로 잰 듯한 그의 철학 체계처럼 그의 생활도 한 치의 오차 없이 계속되었다. 엄격한 주인의 생활을 보조해야 했던 하인 람페는 결국 엄청난 스트레스 때문에 알코올 중독에 빠져 해고되었단다. 그러나 그는 람페 때문에 생긴 마음의 불편을 칸트답게 해결했다. '람페를 잊어버려야 한다'는 새로운 법칙을 세우는 것으로 말이다.

그는 평생 독신으로 살다 죽었지만 두 번 결혼할 기회가 있었다. 한 번은 칸트가 너무 늦게 결심하는 바람에 여자가 다른 도시로 이사를 가 버렸고, 다른 한

정언 명령

행위의 결과에 상관없이 행위 그 자체가 선이기 때문에 무조건 따라야 하는 도덕적 명령. 나 자신의 격률 즉 생활 신조가 모든 사람의 것이 되어도 좋다고 인정될 때 그것이 곧 도덕 법칙이 되는 것이디. 정언 명령에 반대되는 것이 조건부 명령 즉 가언 명령이다. 예를 들어 '상을 받고 싶으면 어려운 친구를 도와라'처럼 '……한다면'이란 조건이 붙은 명령을 가리킨다.

번은 사랑한 여자가 먼저 고백한 다른 남자와 결혼해 버렸단다. 그는 평생을 독신으로 보냈지만 이 때문에 고통당한 흔적은 어디에서도 찾아볼 수 없다. 그야말로 그는 칸트답게 모든 생활에서 감정을 잘 조절했다.

쾨니히스베르크의 터줏대감 칸트는 '좋았어'라는 말을 남기고 81세의 나이로 세상을 떠났다. 칸트를 존경해 마지않았던 이 도시 사람들은 그를 위해 성대한 장례식을 치렀다. 그는 사람들의 애도 속에 이 세상을 떠난 몇 안 되는 철학자들 가운데 하나였다.

그의 묘비에는《실천이성비판》에 나오는 다음 구절이 적혀 있다.

…… 더욱 빈번하고 지속적으로 생각하면 할수록 그 두 가지 것은 나의 심정을 경탄과 경외심으로 가득 채운다. 내 머리 위에 별이 빛나는 하늘과 내 마음속의 도덕 법칙.

그의 마지막 말과 비문은 칸트 자신의 삶을 정확히 평가하고 있다. 진정 그는 별이 빛나는 하늘로 표현된 과학의 세계를 회의론으로부터 구해 낸, 그리고 엄격한 인과율이 지배하는 과학의 세계에서 인간의 도덕 법칙을 살려 낸 '좋은' 철학자였다.

과학과 윤리는 서로 다른 길인가?

칸트는 자연과학과 윤리를 완전히 다른 길로 나눈다. 인간의 윤리 의식은 자연법칙을 뛰어넘는다는 점에서다. 동물은 자연이 준 본능에 따라 행동한다. 그러나 인간은 자신의 생존 본능조차 뛰어넘어 윤리를 좇기도 한다. 전철 철로에 떨어진 사람을 구하기 위해 목숨 걸고 철로에 뛰어드는 이들을 떠올려 보라. 이들의 행동은 자기보존이라는 생물학의 상식으로는 온전히 설명하기 어렵다.

하지만 과학과 윤리 의식은 같이 나아가는 측면이 있다. 평등이나 인권 개념도 그렇다. 원시 부족사회에서 인권 의식이 있었을 리 없다. 마르크스는 '존재가 의식을 결정한다'라고 말한다. 물질문명이 발전함에 따라 도덕 윤리도 따라 변한다는 뜻이다. 그럼에도 우리는 칸트처럼 윤리를 과학과 별개의 문제로 취급해야 하는가? 그렇지 않다면 칸트의 주장은 무의미한가?

3부

절대정신에서 GAD 지수로, 철학의 해결사는?

헤겔에서 가다머까지

22

절대정신의 철학자

헤겔

수업 못하는 교사

헤겔G. W. F. Hegel, 1770~1831은 뷔르템베르크 공국(지금의 독일 남서부 지역)
의 수도 슈투트가르트에서 태어났다. '난세에 영웅 난다'고 했던가. 그
의 생애도 혼란의 시대 한가운데 놓여 있었다. 그가 태어난 해에 '질풍
노도 운동'이 일어났고, 학생 시절에는 미국 독립 선언, 프랑스 대혁명
이 일어났으며, 장년기에는 나폴레옹 전쟁이 유럽을
휩쓸었다. 말년에도 프랑스 7월 혁명으로 시작된 자유
진영과 보수 진영 사이의 혼란이 계속되었다. 혼란의
시기에 그는 때때로 힘든 일을 겪긴 했지만 그렇다고
극적인 삶을 산 것은 아니다. 그래서 그는 시대를 냉
철하게 관찰하고 그 속에 감추어진 본질을 찾아낼 수

> **질풍노도 운동**
> 18세기 말 독일에서 일어난 문
> 예운동으로 자연·감정·개인
> 주의를 고양시켰다.
>
> **7월 혁명**
> 1830년 7월 파리에서 일어난
> 부르주아 혁명.

처음 읽는 서양 철학사

있었는지 모른다.

헤겔의 삶은 매우 평범하게 시작되었다. 고위 공무원 가정에서 태어나 별 고생 없이 유년 시절을 보냈고, 다섯 살 되던 해 라틴어 학교에, 일곱 살 때 김나지움(우리의 중·고등학교에 해당)에 입학했다. 김나지움 시절 그는 여러 분야에서 상을 타는 모범생이었다. 이 시절 이미 그에게는 대철학자의 자질이 엿보였다. 하루에 일어났던 일과 그 일의 의미, 자신의 느낌 등을 일기에 꼼꼼히 정리했다. 읽은 책은 언제라도 다시 찾을 수 있도록 색인표까지 만들었다. 수많은 자료를 솜씨 있게 다루고 문제의 본질을 드러내는 그의 연구 방법이 어떻게 만들어졌는지 쉽게 짐작할 수 있겠다.

장점이 있으면 단점도 있는 법. 영리하고 지적인 학생 헤겔은 운동신경이 둔해 체조, 무술은 아주 못했다. 또 발표 실력도 형편없어 작문 낭독 시간이면 항상 발표 태도나 음성 때문에 지적받곤 했다. 그의 말솜씨는 나중에도 전혀 나아지지 않았다. 늘그막의 헤겔에게서 강의를 들었던 어떤 학생은 그의 모습을 다음과 같이 적었다.

조금 언짢은 듯 머리를 낮게 숙인 채 몸을 움츠리고 앉아서 커다란 노트를 앞뒤로 넘기고 위아래로 훑으면서 계속 말을 하며 무엇인가를 찾았다. 말은 끊임없는 헛기침으로 계속 끊겼다. 그래서 문장들은 따로따로 떨어지고 뒤죽박죽 섞이기도 했다.

요즘 같으면 수업 못하는 교사로 쫓겨나기 딱 좋은 사람인 듯싶다. 그러나 헤겔이 억센 슈바벤 지방 사투리로 아주 힘들게 조각조각 발음

하는 단어에는 깊은 존경심을 자아내는 그 무엇이 있었다.

어려운 문체도 학생 시절에 이미 만들어진 듯하다. 헤겔은 대부분의 책을 독일어로 썼다. 하지만 독일 사람들은 그의 책은 '헤겔어'로 쓰여졌다고 공공연하게 말하곤 한다. 그만큼 읽고 이해하기가 어렵다는 뜻이다. 그가 학생 시절 쓴 일기장에는 이미 헤겔어의 조짐이 보인다.

열여덟 살 되던 해 헤겔은 튀빙겐 대학 신학부에 3등으로 입학했다. 여기서 철학자 셸링과 천재 시인 횔덜린을 만났다. 뒷날 거물급 인사가 된 이 셋은 1년 정도 한 방에서 같이 생활했다. 이들을 함께 묶었던 끈은 헤겔이 열아홉 살 때 일어난 프랑스 대혁명이었다. 혁명이 내세웠던 자유, 평등, 박애의 이념은 세 젊은이의 가슴에 불을 지폈다. 이들은 혁명을 기념하여 축배를 들었고(헤겔은 죽을 때까지 바스티유 감옥이 무너진 날을 기념하며 축배를 들었다), 프랑스인들을 흉내 내어 튀빙겐 숲에 '자유의 나무'를 심기도 했다. 그러나 그는 늙은이라는 별명답게 혁명을 무조건 지지하지 않았다. 열정을 갖고 신중하게 지켜보았을 뿐이다. 그래서인지 남들은 젊은이다운 가벼움으로 혁명의 열정을 곧 잊어버렸지만, 헤겔은 노인 같은 집요함으로 이 열정을 죽을 때까지 간직했다.

이 시절 헤겔의 관심은 전공인 신학보다는 조국 독일의 낙후된 현실에 있었다. 혁명의 새 시대가 왔는데도 독일은 자유, 평등, 박애 같은 프랑스 혁명의 이념과는 거리가 먼 나라였다. 수백 개의 제후국으로 나

처음 읽는 서양 철학사

넌 후진국에 지나지 않았다. 그래서 그는 민족의 바람직한 상태는 무엇이며, 어떻게 하면 그것에 이르는지에 관심을 가졌다. 이런 고민 끝에 쓴 책이 《민족 종교와 기독교》이다. 이 책에서 그는 민족정신을 아들에 비유했다. 그리고 민족정신의 아버지는 시대·역사이며, 어머니는 정치이다. 유모, 곧 아들의 교육자는 종교이고 예술은 유모의 보조 역할을 한다. 그는 이런 비유를 통해 민족과 국가의 발전을 위해서는 이 모든 것이 하나가 되는 철학 체계가 필요하다고 강조했다.

1793년 헤겔은 신학교를 졸업했지만 목사가 되지는 않았다. 신학보다는 철학에 더 관심이 많았던 까닭이다. 대학에서 철학을 가르치며 공부를 더 하고 싶었지만, 대학들은 경제적으로 어려운 상황이었다. 지금도 숱한 박사들이 교수직을 얻지 못해 시간강사로 전전하고 있는 것과 마찬가지로, 그 당시 독일 학자들도 교수로 자리 잡기가 무척 힘들었다. 칸트가 9년 동안 가정교사 생활을 했던 것처럼, 헤겔도 7년을 프랑크푸르트와 스위스에서 가정교사 생활을 하며 '학자로서의 혹독한 겨울'을 보냈다. 그러다 마침내 1793년 셸링의 초청으로 예나 대학의 사강사로 초빙되었다.

나는 절대정신을 보았다

그때 예나 대학은 셸링, 피히테, 실러 같은 유명 철학자들이 모여 있는 철학의 중심지였다. 헤겔은 이곳에서 13년을 보냈는데, 그의 대표작 《정신 현상학》은 이 시기에 쓰였다. 책에서 헤겔은 논리학, 과학, 신학

피히테
(Johann Gottlieb Fichte, 1762~1814) 독일 관념론의 대표자. 그의 실천적·주관적 관념론은 셸링과 헤겔로 계승되었다.

실러
(Friedrich von Schiller, 1759~1805) 독일의 시인이자 극작가. 칸트 철학을 연구해 여러 편의 논문을 집필하기도 했다.

을 꿰뚫는 거대한 철학 체계를 구상했다. 그리고 대학 시절과 다르게, 프랑스 혁명을 '어떤 내실도 갖추지 못한 죽음, 분열이고 양배추 대가리를 둘로 동강 친다는 것 이상의 의미는 없다'라고 깎아내렸다. 그러나 그가 비판한 것은 현실로 나타난 무질서였을 뿐이라는 점에 주의해야 한다. 사람들은 혁명의 의미도 모르고 날뛰며 약탈과 착취를 일삼았고, 혁명이 가져올 사회의 모습에 대한 진지한 고민 없이 흥분하고 열광했다. 하지만 헤겔은 혁명의 본질적인 면을 파악하려 애썼다.

모든 사건에는 본질적인 면이 숨겨져 있다. 헤겔에게 그 본질적인 면이란 절대정신Absoluter Geist이고, 인간의 역사는 이 절대정신이 그 본질을 점차 분명하게 드러내는 과정이다. 그런데 절대정신의 본질은 자유이다. 역사는 이성적인 자유를 점차 실현해 가는 과정이다. 예를 들어, 고대 국가에서는 군주 한 사람만 자유롭고 모두가 노예 상태에 놓여 있었다. 그러나 서양 중세에는 군주뿐만 아니라 봉건 제후들도 자유로워졌다. 그리고 이제 프랑스 혁명으로 시작된 새로운 시대에는 더 많은 사람들이 자유로워질 것이다.

그런데 역사의 발전은 절대정신이 아닌, 몇몇 뛰어난 영웅들의 활약 때문이라고 생각할 수도 있다. 하지만 영웅들은 자신이 하고 싶은 대로 한다고 믿지만, 사실은 절대정신이 이들을 조정하고 있다. 즉 헤겔은 절대정신이 영웅을 선택해 자신을 실현시킨다고 본 것이다.

《정신 현상학》이 완성될 무렵, 나폴레옹의 군대가 예나를 침공하고 있었다. 헤겔은 나폴레옹 군이 예나 광장에 피운 모닥불을 바라보며 이 책을 매듭지었다. 그리고 말을 탄 나폴레옹이 예나에 입성하는 것을 직접 보았는데, 이 광경을 보고는 감격에 겨워 '말을 탄 절대정신(세계정

베를린에 입성하는 나폴레옹
헤겔은 전쟁에서 승리한 나폴레옹의 입성 장면을 직접 보고는 '말을 탄 절대정신을 보았다'라고 적었다. • 샤를 메이니에(Charles Meynier), 〈나폴레옹 1세의 베를린 입성〉(1810).

신)을 보았다'라고 적었다. 자유를 모든 시민에게로 확대한다는 프랑스 혁명의 이념을 등에 업은 나폴레옹은 그에게 절대정신일 수밖에 없었던 것이다.

'정-반-합'의 변증법

안타깝게도, 그 절대정신은 헤겔에게 친절하지 않았다. 나폴레옹 군은 헤겔의 집을 약탈하고 대학을 폐쇄했다. 그 바람에 헤겔은 직장을 잃었다. 실업자가 된 철학자는 또다시 생계 수단을 찾아 여러 곳을 떠돌아야 했다. 친구의 도움으로 잠시 밤베르크에서 신문 편집 일을 했던 그는, 1806년 뉘른베르크에 있는 김나지움의 교장으로 초빙되어 그곳에서 8년을 보냈다.

여러 가지 기록으로 보면, 헤겔의 성격은 우리나라 경상도 남자 기질과 비슷했던 듯싶다. 그의 출신지인 슈바벤 지방 사람들은 소박하고 인내심이 강하나 황급하고 때론 괴팍하다고 알려져 있다. 헤겔 자신도 무뚝뚝하고 과묵했을뿐더러 일단 화가 나면 상대방이 부들부들 떨 정도로 격정적인 성격이었단다.

이런 성격이었으면서도 마흔한 살의 김나지움 교장 헤겔은 스무 살 꽃다운 처녀 마리와 결혼했다. 무엇이 처녀의 마음을 끌었는지 모르겠지만 이 결혼으로 헤겔은 안정을 찾았다. 이듬해, 두 번째 대표작인《논리학》을 출간했고, 이 책의 명성 때문인지 1816년에는 꿈에 그리던 정교수가 되어 하이델베르크 대학에 초빙되었다.

헤겔은《논리학》에서 모든 현실과 역사의 전개 과정을 '유有-무無-생성生成'의 원리인 변증법으로 파악하면서 독자적인 이론을 펼쳤다.

변증법은 정(긍정)-반(부정)-합(부정의 부정)의 형식이다. '이 컵이 둥글다'가 정명제라면, '이 컵은 둥글지 않다(사각형으로 보인다)'는 반명제가 된다. 마침내 '이 컵은 둥글다'와 '이 컵은 둥글지 않다(사각형으로 보인다)'는 '이 컵은 원통형이다'라는 합명제가 된다. 정명제는 반명제에 의해 부정되지만, 그렇다고 해서 정명제가 거짓이 되지는 않는다. 반명제는 오히려 정명제를 더욱 확실하게 한다. 그리고 합명제는 정명제와 반명제의 내용을 종합하여 더 확실한 사실을 보여 준다. 변증법의 성격은 이렇듯, 진리는 고정되어 있지 않고 시간에 따라 발전하며 드러난다는 사실을 보여 준다.

하이델베르크에서 그는 세 번째 대표작《엔치클로페디》도 출간했다.

엔치클로페디는 영어로 'encyclopedia', 백과사전이라는 뜻이다. 말 그대로 헤겔은 절대정신과 변증법의 논리로 그 당시에 생각해 볼 수 있는 모든 학문을 하나로 묶는 거대한 철학 체계를 완결 지었다. 이 때문에 헤겔의 철학은 도저히 침몰시킬 수 없는 거대한 함선이 되었다. 헤겔은 더욱 유명해졌고, 마침내 프로이센 제국의 사상적 중심지로 떠오르던 베를린 대학으로 옮겨 가게 되었다. 그리고 마지막으로 네 번째 대표작《법철학》을 출간하기에 이른다.

개인과 사회의 자유가 실현되는 '인륜'

베를린 대학 교수 시절의 헤겔은 프랑스 혁명에 열광하던 청년 시절과는 다른 모습을 보여 주었다. 그는 혁명 이후 계속된 혼란을 바라보며 공허한 자유 이념의 한계를 깨닫고, 시대를 구원할 대안을 국가에서 찾았다. 헤겔은 당시 출현한 시민 사회의 혼란은 이념 · 정신의 부재 탓이라고 여겼다. 그리고 시민 사회에 부족한 이념을 채울 수 있는 것은 바로 국가라고 생각했다.

헤겔에게 이상적인 공동체는 개인의 자유와 사회의 자유가 함께 실현되는 사회이다. 그는 이 공동체를 '인륜sittlichkeit, 人倫'이라 불렀다. 그리고 국가는 개인과 사회의 모순과 갈등을 해결하고 극복한다는 점에서 최고의 인륜이다. 국가는 나아가야 할 이념을 제기하면서 사회의 갈등을 조정하고 통합하기 때문이다. 그는 국가가 인륜이 되는 모델을 프로이센에서 찾고, 인륜을 이루기 위한 현실적 방법으로 입헌군주제를 제안했다.

> **입헌군주제**
> 군주의 권력이 헌법에 의하여 제약을 받는 정치체제.

진리는 언제나 여러 가지로 이야기된다

그 뒤 헤겔은 프로이센의 국가 철학자로, 또 그 시대 최고의 학자로 대접받았다. 헤겔의 뒤를 따르는 수많은 헤겔학파가 이미 그가 살아 있을 때 만들어졌다. 철학자로서 일찍이 없던 영예를 누리던 그는 예순한 살 때 콜레라로 갑자기 세상을 떠났다. 헤겔이 죽은 뒤 그에 대한 평가는 크게 엇갈렸다. 프로이센 독재의 어용학자에서 자유와 평등의 수호자까지.

헤겔은 하나의 기준만을 가지고 평가하기에는 너무나 큰 철학자다. 그가 죽은 뒤 출간된 《헤겔 전집》 각 권 속표지에는 '진리는 언제나 여러 가지로 이야기된다'라는 소포클레스의 말이 적혀 있다. 어떤 이들은 헤겔의 절대정신에서 독재를 정당화하는 파시즘의 냄새를 맡으며 그를 인간 소외의 주범으로 비판한다. 실존철학자들이 그들이다. 또 어떤 이는 역사를 하나의 목적을 향해 가는 과정으로 보는 헤겔의 변증법적 역사관에서 힌트를 얻어 새로운 사회변혁 이론을 내세우기도 했다. 마르크스가 바로 그런 사람이다. 그러나 이 모든 것은 여러 가지로 이야기되는 진리의 한 측면일 뿐이다. 그 뒤 전개된 모든 철학에서 헤겔은 넘어야 할 산으로 남아 있으면서 계속 그림자를 드리우고 있다. 헤겔을 공격하건 받아들이건 간에 현대 철학은 그의 영향에서 자유롭지 못하다.

생전에 헤겔은 '철학자로 태어나다니, 신의 저주를 받은 거야'라는 농담을 자주 했다고 한다. 그러나 그는 혼란한 시대의 한복판에서 시대의 본질을 모색한

소포클레스
(Sophocles, 기원전 496~기원전 406) 고대 그리스의 비극 시인. 대표작으로 《아이아스》, 《안티고네》 등이 있다.

파시즘
1919년 이탈리아의 무솔리니가 주장한 정치주의로 국수주의적이고 반공적인 전체주의를 의미한다.

축복받은 철학자였다. 저주받은 사람들은 오히려 그의 난해한 문체와 방대한 저작들과 씨름해야 하는 후대 학자들이리라. 그만큼 헤겔 철학은 어렵다. 그러나 헤겔은 어려운 만큼 깊은 가치가 느껴지는 묘한 매력을 가진 철학자다.

역사란 절대정신의 자기실현 과정

헤겔 철학의 기본 원리는 간단하다. 헤겔의 주장은 한마디로 '역사란 절대정신의 자기실현 과정'이라는 말로 요약할 수 있다. 무슨 말일까?

조각 작품을 예로 들어 보자. 처음에 조각 작품은 예술가의 머릿속에만 있다. 그러다 예술가가 돌덩어리에 정을 대는 순간부터 상상에 지나지 않았던 작품은 점점 눈에 보이는 실체로 드러나기 시작한다. '절대정신의 자기실현'도 이와 똑같다. 절대정신이란 '신의 섭리'와 비슷하다. 절대정신은 처음에는 '……해야 한다'는 생각에 지나지 않지만, 역사를 통해 점점 자신의 모습을 구체적으로 드러낸다. 프랑스 혁명은 자유, 평등, 박애라는 추상적인 이상이 역사를 통해 구체적인 형태로 실현된 사례였다. 이와 같이 절대정신은 마치 조각가가 머릿속의 구상을 돌덩이를 파내며 구현해 나가는 것처럼, 시간이 흐를수록 자신의 모습을 역사 속에 완성해 간다. 조각가는 결국 처음 상상했던 모습대로 보고 만질 수 있는 작품을 만들어 낼 것이다. 마찬가지로 절대정신도 마침내는 변화와 투쟁의 역사 속에서 자기 자신을 완성시킬 터이다.

그러나 사람들은 절대정신이 역사 속에서 작용하고 있음을 의식하지 못한다. 단지 자신의 이익을 위해 바동거리며 살고 있을 뿐이다. 어떤 사람은 카이사르, 나폴레옹 같은 위대한 영웅이 역사의 흐름을 바꾼다고 생각할지 모른다. 하지만 이는 이성의 간교한 지혜奸智가 작용한 결과다. 월급쟁이는 먹고살기 위한 자신의 고단한 일이 세계 경제 변화에 어떻게 기여하는지 파악할 수 없다. 그래도 변화는 이런 세세한 작업들이 모여서 이루어진다. 마찬가지로 '때가 맞지 않으면' 결코 영웅이 출현할 수 없다. 우리가 의식하지 못해도 절대정신은 개개인과 구체적인 사건들을 통해서 실현되고 있다는 거다.

23

지극한 사랑이 낳은 염세주의

쇼펜하우어

삼류 철학자?

독일 철학자 쇼펜하우어 Arthur Schopenhauer, 1788~1860는 큰 흐름에서 본다면 메이저급 철학자가 아니다. 철학계를 무대에 비유한다면, 주연배우이고 싶어 했지만 결국 밤무대 가수 수준에서 삶을 접어야 했던 사람에 가깝다고 할까?

그러나 쇼펜하우어를 이 정도 철학자로 보기에는, 그의 대중적인 유명세가 너무 크다. 그는 자신을 '철학의 숨겨진 황제'라고 생각했으며 후세 사람들이 자기를 알아주리라고 믿어 의심치 않았다. 사실 그는 철학을 잘 모르는 이들에게는 철학자의 대명사처럼 여겨지기도 한다. 정작 철학을 전공하는 이들 중에는 그의 사상을 정확하게 아는 사람이 드물다. 오히려 쇼펜하우어는 철학 사상보다는, 엽기적이라는 표현이 어울릴 정도의 기이한 행동과 돌출적인 언행으로 더 잘 알려져 있는 철학자다.

용서할 수 없는 귀찮은 녀석

쇼펜하우어는 1788년 2월, 유럽 북쪽의 단치히(발트 해에 닿아 있는 폴란드 북부의 도시)에서 태어났다. 그의 부모는 모두 네덜란드계였다. 아버지는 크게 성공한 사업가였고 어머니는 나중에 작가로 알려질 만큼 예술가 기질이 풍부한 사람이었다. 두 사람의 관계는 그다지 원만하지 못했단다. 스무 살 정도의 나이 차와 상인과 예술가 기질의 차이를 생각해 볼 때 그 이유를 쉽게 짐작할 수 있겠다.

쇼펜하우어의 이름 앞에는 보통 염세주의자라는 말이 붙는다. 사람들은 세상을 비관적으로 바라보고 사람들을 극도로 혐오했던 그의 태도가 원만하지 못한 가정 분위기와 어머니와의 잦은 불화에서 출발했으리라 추측하곤 한다. 그의 어머니는 아들에 대해 처음부터 그다지 애정을 보이지 않았다. 뒷날 그에게 '너는 용서할 수 없는 귀찮은 녀석이며 함께 살기가 몹시 힘들 것'이라는 내용의 편지를 보내기조차 했다.

현실주의자 아버지는 쇼펜하우어를 자신의 뒤를 이을 개방적이고 활달하며 세계시민적인 사업가로 키우려고 노력했다. 아버지는 그에게 아르투르Arthur라는 세례명을 지어 주었다. 유럽 어느 나라에서나 이 이름이 똑같이 아르투르라고 발음되기에 사업하는 데 도움이 되리라는 생각에서였다. 또, 그는 어린 쇼펜하우어가 세계라는 큰 책을 배우도록 프랑스와 영국 등지로 보내 외국어를 익히고 고급문화를 직접 보고 느끼게 했다. 쇼펜하우어는 이 기회를 통해 각국의 언어와 귀족적 품성을 익혔을 뿐 아니라, 평생 동안 지속된 보통 사람을 혐오하는 태도도 갖추게 된 듯싶다.

1799년, 열한 살의 쇼펜하우어는 랑게 사립학교에 입학했다. 이 학교는 장차 상인이 될 학생들을 교육하는 곳이었다. 쇼펜하우어는 상업보다는 인문학에 더 흥미를 느껴 김나지움에 가고 싶어했다. 아버지는 상인에게 인문학 공부는 필요 없다고 여겨 허락하지 않았다. 그러나 아들의 결심이 너무나 굳었기에, 결국 아버지는 김나지움 진학과 견문을 쌓기 위한 유럽 여행 중 하나를 선택하게 했다. 단, 장차 상인이 된다는 전제 아래서 말이다.

무엇 때문이었는지, 쇼펜하우어는 2년간의 유럽 여행을 선택했다. 그리고 뒷날 그가 회고하듯 '고전과 희랍어 · 라틴어 공부를 할 수 있었던 젊은 시절의 2년을 쓸모없이 보낸 뒤에' 함부르크로 돌아와(당시 쇼펜하우어 일가는 독일 함부르크에 살고 있었다) 아버지 친구 가게에서 상인 일을 익히기 시작했다. 이때까지는 아버지의 바람대로 충실하게 커 가고 있던 셈이다.

그러다 1805년, 아버지가 상점 창고에서 떨어져 죽는 사건이 일어났다. 이 죽음은 자살로 추정되었다. 당시 쇼펜하우어의 아버지는 우울증과 점점 악화되는 청각 장애 증세로 고통받았다. 또한, 부부 갈등으로 심각하게 괴로워했단다. 이 사건으로 쇼펜하우어와 어머니 사이도 결정적으로 틀어져 버렸다. 그는 다음과 같이 아버지에 대한 어머니의 태도를 비판했다.

아버지가 고독하게 지내는 동안 어머니는 연회를 베풀었다. 또한 아버지가 극심한 고통으로 괴로워하는 동안 어머니는 즐겁게 지냈다. 그것이 여인들의 사랑이다.

어머니와의 잘못된 관계 때문인지 그는 여자를 경멸하여 평생 독신으로 살았다. 그는 여자란 불행의 근원이며 참된 감정이나 이해력을 가지지 못한 존재라고 보았다.

그의 어머니는 어머니대로 멍청한 세상과 인간의 고통에 대해 끊임없이 한탄해 대는 아들 쇼펜하우어를 견디지 못했다. 어머니는 연회에 참석한 거물급 손님들과 진저리 나게 불쾌한 논쟁을 벌이는 아들 때문에 늘 조마조마했다. 그녀에게 아들은 '언짢은 밤과 악몽을 가져다주는 사람'일 뿐이었다. 마침내 어머니와 아들은 서로에게 결별을 선언한다. 어머니는 누이동생을 데리고 아예 아들이 살고 있는 함부르크를 떠났고, 쇼펜하우어는 2년 동안 더 그곳에 남아 아버지의 사업을 정리했다. 그러고 나서 바라던 김나지움에 입학했다.

신과 같은 플라톤, 경탄할 만한 칸트

1809년, 스물한 살의 젊은이 쇼펜하우어는 비로소 대학생이 되었다. 그러나 그는 처음부터 철학을 선택하지는 않았다. 원래 괴팅겐 대학 의학부에 들어가 의학 공부를 하던 중, 칸트 연구가인 슐체의 강의에 감동을 받아 철학으로 전공을 바꾸게 된다. 그는 슐체를 통해 '신과 같은

> **슐체**
> (Max Johann Sigismund Schultze, 1825~1874) 독일의 동물학자이자 세포학자. 세포의 근대적 개념을 확립했다.

플라톤과 경탄할 만한 칸트'의 사상을 알게 되었고, 플라톤과 칸트는 그 뒤 평생토록 그를 인도하는 두 별이 되었다.

우리가 살고 있는 세계는 진짜 세계인 이데아의 불완전한 모방일 뿐이며 진정한 지식은 이데아를 아는 것이라고 주장했던 플라톤을 통해, 쇼펜하우어는 진정한 진리를 알려면 우리가 보고 느끼는 세계를 넘어 세상의 본질을 추구해야 한다고 배웠다. 그리고 칸트에게서는, 우리의 지식과 삶에 대한 태도는 외부 세계에서 일방적으로 주어지거나 결정되지 않으며, 주체인 인간 의식과 태도에 따라 달라짐을 알게 되었다. 쇼펜하우어 특유의 우울함이 예전에는 일종의 정신 질환 같았다면, 이제 두 철학자의 사상을 만나면서 염세주의 사상이라 할 만한 것으로 탈바꿈하기 시작했다.

이 호기심 많은 젊은이는 괴팅겐에 오래 머물지 않았다. 2년 뒤 그는 피히테와 슐라이어마허가 이름을 날리던 사상의 중심지 베를린 대학으로 옮겨 갔다. 이미 자신의 철학 체계가 조금씩 자리 잡기 시작한 이 오만한 젊은이에게 그들의 사상은 그다지 감동을 주지 못했던 듯하다. 그는 피히테의 정열적인 애국 연설을 듣고 프랑스에 대항하는 조국 해방 전쟁에 참여할까도 생각했지만, 결국 전쟁을 피해 여러 곳을 떠돌다가 1813년 예나 대학에서 박사 학위를 받았다.

쇼펜하우어의 박사 학위 논문 〈충족 이유율의 네 가지 근거에 관하여〉는 별다른 반응을 얻지 못했다. 그러나 이 논문을 주의 깊게 읽은 소수의 사람 중에는 대문호 괴테도 있다. 괴테는 쇼펜하우어와의 첫 만남

슐라이어마허

(Daniel Schleier macher, 1768 ~1834) 프로테스탄트 신학자이자 철학자. '근대 신학의 아버지'라 불린다.

조국 해방 전쟁

당시 유럽에서는 나폴레옹 전쟁이 한창이었다. 나폴레옹이 이끄는 프랑스 군대는 1807년 베를린을 점령했다. 이때 독일 철학자 피히테는 〈독일 국민에게 고함〉이라는 유명한 연설을 통해, 나폴레옹에 대항해 모두가 나설 것을 호소하였다.

괴테

(Johann Wolfgang von Goethe, 1749~1832) 독일 고전주의의 대표자로 주요 저서로는 《파우스트》, 《빌헬름 마이스터의 편력시대》가 있다.

을 '거의 알려지지 않고 있지만 학식이 깊고 업적이 많은 젊은 쇼펜하우어 박사의 방문은 나를 흥분시켰고 서로 배움에 도움이 되었다'라고 회상했다. 이 대가는 여러 점에서 쇼펜하우어의 본질을 꿰뚫어 보고, 젊은 염세주의자에게 다음과 같은 적절한 충고를 던져 주었다.

'만약 그대가 자신의 가치를 즐기고자 한다면, 그대가 먼저 세계가 가치 있음을 인정해야 한다.'

최악의 상황

이 염세주의자는 그 뒤로도 세상을 밝게 보지 않았다. 오히려 그는 세상이 더 어둡고 비참하다고 생각했다. 또한, 인도 철학에 깊은 감동을 받아 이것을 자신의 염세주의 철학에 접목시키려 했다. 1818년, 수년간의 연구 끝에 그는 《의지와 표상으로서의 세계》라는 책을 내놓았다. 그는 이 책이 '세계라는 수수께끼의 진정한 해결책이며 전적으로 새롭고 독창적인 사상으로서 이후 수많은 책들의 원천이 될 것임'을 장담했다. 그러나 출판업자는 더 많은 인세를 요구하는 쇼펜하우어에게 '이 책은 안 팔려서 파지나 되지 않을까 두렵다'고 공격했다. 이 비판은 현실이 되었다.

《의지와 표상으로서의 세계》는 그 자체로는 매우 의미 있는 책이다. 당시 철학자들과 과학자들은 이 세계는 합리적이고 논리적인 구조로 되어 있으며, 학문은 이것을 드러내는 과정이라고 생각했다. 그리고 이

가운데서 인간은 점점 더 행복해지리라고 믿어 의심치 않았다.

반대로 쇼펜하우어는 이 세계는 결코 이성적이거나 합리적이지 않으며, 비합리적이고 맹목적인 의지에 의해 움직일 뿐이라고 주장했다. 그에 따르면, 우리 인간의 신체도 객관화된 의지일 뿐이다. 자연과 인간을 움직이는 의지는, 비록 겉으로 볼 때 그 차이점을 잘 알 수 없지만 원리적으로는 모두 같다. 의지란 곧 충동과 욕망을 뜻한다. 식물이 자라고, 돌이 중력의 법칙에 따라 아래로 떨어지고, 동물이 살기 위해 투쟁하는 것, 이 모든 것은 합리적인 법칙에 따라 이루어지는 것이 아니라 의지에 따라 맹목적으로 이루어진다.

그런데 인간을 포함해 세상 모든 것들은 자신의 충동과 욕망을 채우기 위해 노력하지만 이 충동과 욕망은 결코 충족될 수 없다. 의지(욕망)는 인간과 세계의 본질이므로, 채우고 또 채워도 여전히 생겨난다. 인간은 그렇게 충족되지 않는 욕망 때문에 늘 고통을 받는다. 따라서 그는 삶은 맹목적인 의지일 뿐이고 세계는 근원적으로 악하며 인생살이는 결국 고통일 뿐이라고 결론 내렸다.

그러나 세상 만물 중에 오직 인간만은 이 고통에서 벗어날 수 있다. 인간만이 자신의 의지에 무작정 따라가지 않고, 스스로 그것을 억제해야 한다고 결심할 수 있다. 따라서 인간이 삶의 고통에서 벗어나려면 충동과 욕구를 거스르는 철저한 금욕 생활을 해야 한다. 그때에만 바다와 같이 고요한 영혼의 행복에 도달할 수 있다.

이러한 생각은, 과학과 산업의 발달로 더 많은 생산과 소비가 이루어지면 인간은 점점 더 행복해지리라 믿었던 과학 기술적 세계관에 대한 최초의 반성이었다. 그러나 누구도 무명의 신출내기 철학도의 주장에 관심을 갖지 않았다.

자신의 사상에 대해 확고한 신념을 갖고 있던 쇼펜하우어는 서른두 살에 베를린 대학 강사로 채용된 뒤, 그 당시 시대정신이라 일컬어지던 헤겔과 정면 대결을 시도했다. 한낱 사강사의 신분으로, 큰 인기를 끌던 헤겔 교수가 강의하는 시간대에 자신의 강의 시간을 넣은 것이었다. 그는 사람들에게 자신의 사상이 필요하며 결국엔 자신이 이성의 철학자 헤겔을 누르리라 믿어 의심치 않았다. 비참하게도, 쇼펜하우어는 결과에 놀라지 않을 수 없었다. 헤겔의 강의실은 여전히 북적거린 반면, 그의 강의실은 텅 비었던 것이다. 나중에는 한 명의 학생도 남아 있지 않아 스스로 강의를 그만둘 수밖에 없었다.

그러나 그는 이 실패를 자기 사상의 패배로 받아들이지 않았다. 그는 세계의 원동력을 이성으로 파악하는 헤겔의 사상은 '절대적으로 허풍스런 헛소리에 불과한 철학'이며 '정신병자의 수다이고 요술쟁이의 주문에 불과하다'고 주장했다. 또, 이번 실패는 '자신의 등장으로 위기감을 느낀, 밤에 늑대로 변하는 것같이 사악한 교수들의 모함과 방해 때문'이라 생각했다. 그는 이토록 심각하게 헤겔을 공격하며 고민에 빠져 있었지만, 헤겔은 정작 이런 그에게 전혀 관심을 갖지 않았다.

쇼펜하우어는 점점 더 울적해져서 공포와 망상에 사로잡혔다. 이발사가 면도칼로 자신을 해칠지 모른다고 생각해 절대로 면도를 하지 못하게 했고, 잘 때도 권총을 옆에 두고 잤다는 등의 유명한 엽기적 행동들은 이 당시 일화들이다. 모든 것이 쇼펜하우어에게는 최악의 상황이었다.

기회가 된 헤겔의 죽음

1831년, 함부르크에 콜레라가 퍼졌을 때 헤겔이 죽었다. 헤겔의 죽음은 쇼펜하우어에게 기회가 되었다. 그는 콜레라를 피해 프랑크푸르트로 갔다가 그곳에 정착했다. 이때부터 쇼펜하우어는 비로소 성공의 달콤함을 맛보게 된다. 헤겔이라는 이성 중심 사상의 큰 나무가 사라지면서, 그동안 여기에 가려 소외되어 왔던 사상들이 주목받기 시작한 것이다. 쇼펜하우어는 그 대표적인 인물로 차츰 알려지기 시작했고 거의 광신적인 추종자들이 나타나기까지 했다. 그는 이러한 성공에 매우 만족했으며 자신의 명성을 보도한 기사를 자세히 읽고 되씹으며 즐거워했단다. 이 염세주의자는 말년에 와서 비로소 낙관주의자처럼 즐거워하기 시작했다.

그런데 역설적으로 그의 성공은 대표작《의지와 표상으로서의 세계》가 아닌, 사상 전체로 본다면 부록에 가까운 얇은 책 한 권에서 시작되었다. 책 제목도《부록과 보유》인데 우리나라에서는《쇼펜하우어의 인생론》이라는 이름으로 번역, 출간되어 있다. 이 책의 성공으로 사람들은 거꾸로 그의 대표작을 읽게 되었고 비로소 쇼펜하우어가 하나의 사상으로 인정받게 된 것이다.

1860년, 쇼펜하우어는 일흔두 살의 긴 삶을 마치고 눈을 감았다. 이렇게 장수했던 원인 가운데 하나는 죽음에 대한 지나친 공포와 망상에 있지 않았을까 생각된다. 그는 죽음을 너무나 두려워한 나머지 안전과 건강에 지나치리만큼 신경 썼다. 죽음에 대한 두려움은 죽을 때까지도 그를 떠나지 않았다. 죽지 않은 상태로 매장되지 않을까 두려워한 그의 유언에 따라 장례식조차 죽은 지 며칠이 지난 다음에야 치러졌을 정도였다.

높은 기대치가 염세주의를 낳다

쇼펜하우어가 죽은 지 150여 년이 흘렀지만, 여전히 그는 그토록 증오했던 헤겔보다는 한참 낮은 평가를 받는 철학자다. 헤겔 같은 대철학자를 메이저리그의 간판 투수로 본다면, 쇼펜하우어는 마이너리그에서 갓 올라와 간판 투수를 상대로 기습 번트를 성공시킨 타자라고 할 수 있지 않을까? 그 번트가 경기 흐름에 지대한 영향을 미쳤지만, 정작 번트를 댄 본인은 실력보다는 끊임없이 일으키는 스캔들 때문에 더 유명한 그런 선수 말이다.

그의 염세주의는 앞으로도 주요한 철학 사조가 되기는 힘들 듯하다. 그렇지만 우리는 쇼펜하우어의 염세주의가 함축하는 중요한 의미 하나를 놓쳐서는 안 된다. 인간에 대한 극도의 혐오는 역설적으로 인간이면 당연히 이래야 한다는 높은 기대치에서 나온다는 점 말이다. 염세주의는 인간과 세상에 대한 지극한 사랑에서 우러나온 비판 정신에 바탕을 두어야만 의미가 있다. 숱한 비난과 조롱에도 쇼펜하우어는 단순한 기인이 아닌, 현대 사상과 문명에서 크지는 않지만 그래도 중요한 의미를 지닌 철학자로 언급되고 있다. 그것은 바로 그의 사상 내면에 깊이 깔린 인간에 대한 사랑과 신뢰 때문이다.

쇼펜하우어의 《부록과 보유》

❝ 가로막는 장애가 없는 한, 강물은 조용히 흘러가게 마련이다. 마찬가지로 인간이나 동물도 의지라는 장애물이 없다면 삶을 의식하지 않고 생명을 느끼지 않은 채 그냥 흘러갈 것이다. 우리가 무엇에 주목하고, 또 그것을 생각하는 까닭은 우리의 의지가 장애에 부딪혔기 때문이다. (중략) 건강할 때 우리는 몸에 대해 아무것도 느끼지 못한다. 그러나 구두가 작아 발을 죄면 그 아픔은 금방 느낀다. 또, 사업이 순조로울 때는 별 생각이 없지만, 잘 풀리지 않을 때는 작은 일에도 신경이 쓰인다. 이처럼 편안함과 행복은 우리에게 소극적이지만 괴로움은 적극적이다. (중략) 이를 분명하게 확인하고 싶다면 남을 잡아먹는 동물의 쾌감과 남에게 잡아먹히는 동물의 불쾌감을 견주어 보면 될 것이다. ❞

- 《부록과 보유》 1장에서

보이고 증명할 수 있는
것만 믿는다

콩트

허수아비 공격의 오류

허수아비는 아무리 때려도 저항하지 않는다. 마찬가지로 실재하지 않는 허구의 대상을 세워 놓고 마구 공격하는 것을 '허수아비 공격의 오류'라고 한다.

오귀스트 콩트Auguste Comte, 1798~1857는 실증주의의 창시자로 불린다. 실증주의란 의심할 수 없이 확실한 것만 탐구하려는 학문적 견해를 가리키는 말이다. 하지만 과학 문명이 이미 뿌리내린 현대 사회에서 실증주의는 별로 매력적인 이론이 아니다. 더 나아가, 이제 와서는 철학자들의 샌드백 구실을 하는 듯도 보인다. 실증적인 것만을 중시하는 과학 문명은 환경 파괴 등 수많은 부작용을 낳았다. 모든 것을 측정 가능한 형태로 계량화하려는 실증주의는 도저히 점수화할 수 없는 많은 가치들을 망가뜨리는 폐해의 근원으로 지탄의 대상이 되고 있다.

그러나 엄밀히 따져 보면 이 모든 공격은 허수아비 공격의 오류에 지나지 않는다. 사실 콩트의 책은 그의 유명세만큼 많이 읽히지 않는다. 우리나라에서도 콩트의 책 가운데 우리말로 번역된 것은 해방 이후 단한 권밖에 없다. 사람들 대부분이 콩트의 허수아비를 보고 있을 뿐, 사상가 콩트와 실증주의를 제대로 알고 있는 이는 많지 않다. 콩트가 현대 과학적 사고의 가장 중요한 기틀을 다진 사람이라는 점은 분명하다. 이제는 한물간 철학자처럼 평가받는 콩트를 굳이 다루려는 이유는 이때문이다.

외골수 반항아

콩트는 1798년 프랑스의 몽펠리에에서 태어났다. 아버지는 그다지 직위가 높지 않은 세무 공무원이었고, 어머니는 독실한 가톨릭 신자였다. 어린 시절 콩트는 무척 허약했다. 마르고 볼품없는 데다, 위도 약했고 눈까지 나빴다. 그러나 머리만큼은 아주 좋아서 읽기, 쓰기 등을 놀랄 만큼 잘했다.

1806년, 여덟 살의 콩트는 기숙학교에 보내졌다. 하지만 약한 몸에 부모에 대한 정까지 애틋했던 어린 콩트는 기숙사 생활에 잘 적응하지 못했다. 그는 점점 외골수에 반항적인 아이기 되어 갔다. 사람의 성격은 어린 시절에 굳어지는 경우가 많은데, 콩트의 경우도 그랬다.

그래도 마음먹은 모든 일에서 우등생이 될 정도로 머리가 좋았던 그는 공부만큼은 누구에게도 뒤지지 않았다. 이미 열다섯 살에 프랑스 최고의 이공계 대학인 에콜 폴리테크니크에 합격할 만큼 천재성을 발휘했다. 하지만 나이가 어리다는 이유로 1년 동안 입학이 유예되었는데, 놀랍게도 이 기간 동안 마침 자리를 비웠던 수학 선생님을 대신해 학생들을 가르쳤단다.

에콜 폴리테크니크는 원래 군사 기술자를 길러 내려고 만든 학교였지만, 그가 입학할 무렵에는 첨단 과학 기술 대학으로 바뀌어 있었다. 엄격한 규율만은 여전해서, 학생들은 새벽 5시 30분부터 오후 9시까지 꽉 짜여진 시간표에 따라 생활해야 했다. 학생들 사이에서 이미 철학자라고 불리던 콩트가 이런 일상을 견뎠을 리 없다. 그의 반항적 기질은 이곳에서도 여전했다. 그런데도 콩트는 친구들에게 인기가 아주 많았다. 그가 관료들의 무사안일, 속물근성, 대중에게 지지받지도 못하면서 고집만 부리는 권력자들의 못된 속성 등에 저항했던 까닭이다.

콩트의 에콜 폴리테크니크 생활은 2년 만에 끝나 버렸다. 정부가 학교를 아예 폐쇄한 탓이다. 학교가 문을 닫게 된 데에는 콩트의 책임도 컸다. 어느 날, 한 교수가 의자에 앉아 다리를 책상 위에 올려놓은 채 거만하게 질문을 던지자, 콩트도 똑같은 자세로 답변을 했다. 교수는 콩트의 무례함을 꾸짖었고, 콩트는 교수의 무례함을 고발하며 파면을 요구하는 서명을 돌렸다. 이 '풍기 문란' 사건으로, 결국 콩트는 경찰의 감시 아래 몽펠리에로 쫓겨나고 말았다. 예전부터 이 학교가 이념적으로 삐딱하다고 여겼던 정부는 이 기회에 아예 학교를 없애 버렸다.

길지는 않지만 에콜 폴리테크니크에서 공부했던 기간 동안, 콩트 사상의 중요한 특징이 만들어졌다. 추상적인 말이나 종교적인 믿음에 의지하지 않고 보이고 증명할 수 있는 것만을 확실하게 여기는 과학의 정신이 젊은 콩트의 마음을 사로잡았던 것이다. 그는 실증적인 과학 정신을 프랑스 혁명으로 어지러워진 사회를 다잡을 원리로 삼았다. 전에는 《성경》 말씀이나 피의 순수성이 사회의 지도 원리였다면, 이제는 객관적으로 증명할 수 있는 합리적이고 과학적인 생각이 사회를 이끌어 갈 원리가 되어야 한다는 것이다.

다락방의 달콤한 자유

에콜 폴리테크니크라는 영재 학교에서 쫓겨난 콩트는 죽을 때까지 한 번도 제대로 된 직장을 갖지 못했다. 직선적인 성격은 반골이라는 인상을 주었다. 그럼에도 학문적으로 뛰어난 그를 원하는 사람들은 많았다. 콩트는 요새로 치면 시간강사나 계약직 연구원 정도인 직업들 사이에서 떠도는 삶을 살았다.

더없이 가난했지만 젊은 콩트는 다양한 학문을 배우고 익히며 행복해했다. '다락방의 달콤한 자유', 어디에도 소속되지 못하고 지적으로 방황하는 젊은이였던 이 시기의 콩트는 그런 자유를 누리고 있었다. 유명한 이상적 공산주의자인 생 시몽의 개인 비서가 되기도 했다. 생 시몽은 교회의 권위가 이성적인 학문으로 대체되고, 노동자가 주인이 되는 공화국을 꿈꾸었다. 특히 그는 자연을 정복하고 풍요로움 속에서 서로 돕는 사회를 만들기 위해 온 힘을 쏟았다. 뒤에 생 시몽과 콩트는 결별하지만, 콩트는 그에게서 이타적인 삶과 경제의 중요성을 배웠다.

> **생 시몽**
> (Duc de Saint-Simon, 1675~1755) 프랑스의 작가이자 정치가. 루이 14세의 생활사 《회상록》을 썼다.

인간 정신의 3단계 《실증철학 강의》

1821년, 스물세 살의 콩트는 산책을 하다가 카롤린 마생이라는 젊은 매춘부를 만났다. 이들은 곧 동거에 들어갔고, 1825년에 정식으로 결혼식을 올렸다. 그러나 결혼은 콩트에게 눈물의 씨앗이나 마찬가지였다. 아내는 결코 정숙하지 못했고 정신적으로 그의 삶을 끊임없이 흔들어 놓았다. 어느 정도 학문적으로 안정되자, 그는 몽펠리에로 돌아가 가족과 어린 시절 친구들 곁에서 조용히 살면서 저술에만 몰두하기를 원했다. 그러나 아내와 함께한 몽펠리에 방문은 가족과 친구들의 냉담한 반응 속에서 비참하게 끝났다. 젊은 아내를 이끌고 다시 파리로 돌아온 그의 마음이 얼마나 황량했을지는 짐작하고도 남겠다.

이런 가운데서도 1826년, 스물여덟 살의 콩트는 자신의 아파트에서 실증철학 강의를 열었다. 이미 여러 편의 글을 발표한 뒤라 파리 지성인들 사이에서 그는 유명 인사였기에, 푸리에 등 최고의 석학들이 강의에 몰려들었다. 그러나 이 강좌는 첫 회를 마친 뒤 중단되었다. 불안정한 생활과 여러 갈등에 지쳐, 콩트가 미쳐 버렸기 때문이다. 그는 곧 정신병원으로 실려 갔고 자살 소동을 겪은 뒤에야 겨우 진정되었다.

1829년에 강의가 재개되었는데, 이번에는 신문에 광고가 실릴 만큼 인기를 끌었다. 이후 1842년까지 실증철학 강의는 계속됐고, 그때마다 책이 한 권씩 나왔다. 그 내용은 최종적으로 6권으로 된 《실증철학 강의》로 출간되었는데, 여기에 콩트 사상의 핵심이 담겨 있다.

콩트는 인간 정신의 발전을 세 단계로 나눈다. 첫

> **푸리에**
> (Charles Fourier, 1772~1837)
> 프랑스의 공상적 사회주의자.

처음 읽는 서양 철학사

번째 단계는 '신학적 단계'다. 이 수준에서 인간은 자연현상을 신이나 초자연적인 힘을 빌려 설명하려고 한다. 우리 식으로 한다면 무당 말만 믿고 병 치료를 위해 푸닥거리하는 것과 같은 단계가 될 것이다. 두 번째 단계는 '형이상학적 단계'다. 이 단계에서는 이성이 신앙을 대신한다. 그러나 증명할 수 없는 법칙, 허구적인 논리가 세상을 지배할 뿐 진정한 과학은 아직 출현하지 않았다. 세 번째 단계는 '실증과학의 단계'다. 비로소 인간은 경험적으로 증명할 수 있는 것만을 믿으며, 어떤 현상이 반복되는지를 관찰함으로써 법칙을 끌어낸다.

콩트는 세상의 모든 것은 실증과학의 단계에 이르러서만 제대로 설명된다고 여겼다. 그리고 학문을 수학·천문학·물리학·화학·생물학·사회학 순으로 배열했다. 이 순서에서 앞의 것은 뒤의 학문을 뒷받침하는 근거가 된다. 곧 수학이 있어야 천문학이 있으며, 화학과 물리학이 뒷받침되어야 실증적인 생물학이 가능한 것과 마찬가지 이치다. 콩트는 이런 식으로 쌓아 가다 보면 정신이나 종교에 기대어 설명하던 사회와 삶의 원리도 실증적으로 해명할 수 있다고 믿었다. 그리고 사회는 이런 실증과학 정신으로 무장한 산업적 엘리트들이 이끌어야 한다고 주장했다.

인류교의 교주

1842년, 마흔네 살의 콩트는 마침내 아내와 이혼한다. 정신적인 공황기를 겪던 그는 1845년 제자인 막시밀리앙 마리를 만나러 갔다가 그의 여동생인 클로딜드 드 보와 열렬한 연애에 빠졌다. 그녀 역시 이혼을 했고 작가였으니 둘 사이에는 전류가 흐르는 듯한 공감이 있었을 터이다. 둘은 처음부터 끝까지 플라토닉 러브를 나누었지만, 콩트의 정신은 그 어느 때보다도 풍성하고 평화로웠다. 안타깝게도 콩트가 더없이 좋은 해라고 부른 이 행복한 기간은 오래가지 못했다. 한 해 뒤, 보가 결핵으로 죽음을 맞았다.

보와의 사랑과 그녀의 죽음은 콩트의 사상을 결정적으로 바꾸어 놓았다. 그는 인간의 삶에서 과학적 분석보다 더 중요한 것이 바로 감정이라는 사실을 깨달았다. 이른바 '인류교L'Humanité, 위마니테'를 구상한 것도 이 무렵이다. 이런 믿음은 후반기 사상의 결정판이자 현대 사회학의 뿌리가 되는《실증 정치학 체제》등에 잘 나타나 있다.

그는 과거에는 교회와 종교적 믿음이 유럽 사회를 통합하는 원리였다고 말한다. 과학이 발전하면서 교회의 권위는 흔들렸고, 더 이상 종교는 사회의 지도 원리가 될 수 없었다. 이런 상황에서 콩트는 새로운 종교를 내세웠는데, 비판자들이 하느님 없는 가톨릭교라고 비아냥거리는 인류교가 그것이다.

인류교에서 그는 하느님의 자리를 대존재大存在로 대신했는데, 그 대존재란 바로 인류를 의미한다. 그리고 이른바 실증적 신앙을 강조하여, 사회는 과학에 의해 설계되고 이끌어져야 한다고 주장했다. 그 역할을 할 사람들은 산업적 엘리트들이다. 한편 그는 남을 위한 삶을 산 사람들만 인류에 포함시켰고, 이기적인 자들과 자살자들은 기생충의 범주에 넣고 비난했다. 사회가 발전할수록 개인들은 인류 공영이라는 큰 가치를 지향한다. 콩트는 인류가 추구하는 가장 높은 가치는 사랑과 봉사라고 생각했다.

그는 구체적인 종교 예식을 만들기도 했다. 예컨대, 자신이 만든 달력인 실증주의력에 맞춰 사회 진보에 공헌한 사람들을 섬기는 제사를 지내는 식이다. 그는 이러한 위령 미사를 통해 어수선한 사회를 하나의 공동체로 묶을 수 있으리라고 믿었다.

지금도 이상하게 들리는 인류교가 사람들에게 설득력을 지녔을 리는 없다. 수많은 사람들의 빈축을 샀지만, 그의 실증주의 이론만큼은 널리 영향을 끼쳤다. 그의 사상은 영국에까지 알려져, 공리주의자인 밀도 콩트에게서 큰 영향을 받았다.

인문과학의 시조

매력 없는 외모에도 광채와 침착성을 잃지 않았던 실증주의적 교주 콩트는 1857년에 쉰아홉 살의 나이로 눈을 감았다. 오랜 친구의 장례식에 참석했을 때 얻은 감기가 주된 사망 원인이었단다.

콩트의 실증주의는 사상사 계보를 그릴 때 반드시 한자리를 차지한다. 윤리 책에 등장하는 공리주의·실용주의 같은 주요 사상들은 모두 그의 실증적이고 사회 지향적인 생각에 기초를 두고 있다. 그만큼 콩트가 사상사에 미친 영향은 크다.

하지만 그의 실증주의는 21세기에 와서 큰 비판을 받고 있다. 콩트의 주장처럼 실증적·과학적 시고는 인류를 발전시키는 것이 아니다. 종교나 철학이 지닌 고유의 가치를 과학의 잣대로 난도질하여, 인간의 사유를 오직 과학적인 것에만 가두는 편협한 사상이란다.

그렇지만 모든 사상은 그 시대의 맥락에서 바라보아야 한다. 콩트의 사상은 과학의 정신이 자연물에서 벗어나 인간의 삶에까지 확장되는 데 결정적인 기여를 했다. 사회학 등 인문과학의 탄생에, 콩트는 시조라고 불릴 정도로 엄청난 역할을 했다. 인류가 광신의 뒤끝에서 조악한 추리에 매달리고 있던 시대에, 콩트는 진정 과학적인 삶과 가치가 무엇인지를 일깨워 주었던 철학자였다.

이 시대에 어울리는 종교를 만든다면?

콩트는 '위마니테'라는 종교를 만들었다. 위마니테는 과학 문명에 맞는 신의 모습을 잘 보여 준다. 철학자 김용옥은 《여자란 무엇인가》에서 기독교의 《성경》은 사막 문명의 특징을 그대로 담고 있다고 말한다. 그는 '사막의 음침한 골짜기'라는 구절을 예로 든다. 우리에게 골짜기는 숲이 우거지고 물이 흐르는 곳이다. 결코 죽음의 냄새가 풍기지 않는다. 더구나 쉽게 썩지 않는 사막의 기후는 모든 것은 태어나서 자라고 죽음으로 끝난다는 직선의 시간관을 낳았다. 반면, 따뜻한 지방에서는 태어난 모든 것은 죽고 썩어서 다시 새로운 생명을 위한 양분이 된다. 윤회라는 순환하는 시간관을 갖게 되는 이유다.

그럼에도 사막 종교인 기독교가 전 세계로 뻗어 나간 이유는 무엇인가? 위마니테가 합리적인 종교임에도 널리 퍼져 나가지 못한 이유는 무엇인가? 성공하는 종교가 되려면 갖추어야 할 특징은 무엇일까? 위마니테와 기독교에 비추어 생각을 정리해 보자.

최대 다수의 최대 행복

벤담

꽃을 사랑한 소년

벤담Jeremy Bentham, 1748~1832은 1748년 런던의 전형적인 법률가 집안
에서 태어났다. 그는 병약했고 매우 감수성이 예민한 아이였다. 가정부
에게서 귀신 이야기를 듣고는 집 밖에도 못 나갈 만큼 겁이 많았다. 친
구들과 놀기보다는 어머니나 할머니와 노는 시간이 더 많았단다. 어린
벤담은 꽃을 아주 좋아했고 식물 채집을 즐겼다. 또래 소년들이 즐기던
낚시와 사냥은 아주 싫어했다. 동물이 고통스러워하는 모습을 차마 볼
수 없었던 까닭이다. '고통은 악'이라는 생각은 이미 어린 시절부터 그
에게 배어 있었다.

벤담의 아버지는 자식 교육에 매우 열심인 사람이었다. 그의 교육 방
식은 영재 조기교육이라고 불러도 손색없다. 서너 살밖에 안 된 아들을

무릎에 앉히고 그리스어와 라틴어를 가르치기도 하고, 바이올린과 오르간을 열심히 익히도록 했단다.

이런 극성(?) 때문이었는지 벤담은 일곱 살 때부터 프랑스어를 능숙하게 했고, 좀 더 나이가 들어서는 그리스어와 라틴어로 시를 짓기도 했다. 그리고 열두 살의 어린 나이로 옥스퍼드 대학에 입학했다. 그러나 그곳에서 나이 많은 동료들에게 왕따를 당했단다. 철부지 짓을 해서가 아니라 오히려 너무 조숙해 건방져 보인다는 게 이유였다. 식물학, 동물학, 물리학, 윤리학, 법학 등 많은 분야를 공부했지만 어느 것도 벤담의 마음을 끌지는 못했다. 천재 소년 벤담은 이 모든 부적응 속에서도 겨우 3년 만인 열다섯 살에 대학을 졸업했다. 그리고 아버지의 뜻에 따라 변호사 자격을 얻었다.

인생을 바꾼 만남

벤담의 관심은 변호사 일보다는 오히려 법 자체에 있었다. 그가 생각하기에 영국 법은 비과학적이었을뿐더러 지나치게 가혹했다. 아주 사소한 잘못으로 사형당하는 경우도 많았다. 따라서 그는 변호사 생활보다 법 개정에 더 매달렸다. 1776년, 그는 이름을 감추고 《정부론 단편》이라는 책을 냈다. 책의 내용은 영국 법에 가장 큰 영향력을 미치던 법률학자 블랙스톤의 사상을 공격하는 것이었다. 벤담은 블랙스톤의 법률 이론이 단지 현상 유지를 위한 것이라 비판한다. 법률은 사회적으로 유용하게 바뀌어야 한다(사회적으로 유용한 것이란 나중

블랙스톤
(William Blackstone, 1723 ~1780) 영국의 법학자. 산업혁명 이전까지의 영국 법 전반을 체계화하고 해설한 《영법석의》를 써서, 독립전쟁 전후의 미국 법 발달에 큰 영향을 주었다.

에 자세히 살펴볼 '최대 다수의 최대 행복'을 가리킨다). 이 책은 처음에는 그다지 성공을 거두지 못했다. 하지만 당대 최고의 학자를 효과적으로 비판했다는 점에서 몇몇 사람들의 관심을 끄는 데 성공했다. 이중에는 나중에 수상을 지낸 셸번 백작도 있었다.

벤담은 열다섯 살에 대학을 졸업한 수재였지만, 이때까지는 고작 이름 없는 학자일 뿐이었다. 셸번 백작을 통해 그는 몇몇 중요한 인물을 만나게 되는데, 그것이 그의 인생을 바꾸어 놓았다. 백작 아들의 가정교사였던 뒤몽과의 만남은 매우 중요했다. 뒤몽은 비밀선거, 보통선거 등을 주장하는 벤담의 사상이 상당히 혁명적임을 간파하고, 나중에 벤담의 저작을 혁명의 분위기가 무르익던 프랑스에 전하려고 노력했다. 덕분에 벤담의 사상은 뒤에 프랑스 혁명을 통해 유럽에 알려졌다.

또 벤담은 이 시기에 일생일대의 로맨스를 경험했다. 백작의 조카딸에게 사랑을 느꼈던 것이다. 그녀도 벤담에 대해 좋은 감정을 품고 있었던 듯하다. 편지를 여러 차례 주고받았지만, 무척 소심했던 그는 사랑 고백도 못한 채 계속 독신으로 지냈다. 30년 뒤인 1805년, 예순 살이 되어서야 겨우 사랑을 고백하는 편지를 썼지만 결과는 정중한 거절이었다.

최대 다수의 최대 행복

털어놓지 못한 사랑의 괴로움 탓인지 벤담은 1785년, 동생의 초청을 받자 바로 러시아로 떠났다. 서른일곱 살의 노총각은 거기서 두 해를 독서로 세월을 보내며 경제 문제를 면밀히 관찰했다. 그 결과를 정리하여 《고리 대금을 위한 변론》이란 제목으로 영국 의회에 보냈다. 이 책은 주로 돈을 빌려주고 받는 이자 수입에 대한 것이었다. 그 당시에는 이자 수입을 죄악시하는 경향이 강했다. 반면, 벤담은 이자를 노리는 금융 거래는 오히려 경제 활동에 도움이 된다는 주장을 펼쳤다. 그의 주장은 설득력이 있었고, 이자율을 제한하려는 의회의 법안은 부결되었다. 이때부터 그는 비로소 알려지기 시작했다. 경제학의 아버지 애덤 스미스가 그에게 자신의 전집을 선물하기도 했다.

성공에 자신감을 얻은 벤담은 1789년 오랫동안 묻어 두었던 자신의 야심작, 《도덕과 입법의 원리 입문》을 펴냈다. 이 책에서 벤담은 공리주의의 원리를 체계적으로 펼쳐 보인다.

벤담의 철학은 쾌락주의에 기초하고 있다. 쾌락주의에 따르면 사람들의 행동은 쾌락과 고통이 지배한다. 쾌락은 곧 선이며 행복이다. 반면, 고통은 악이고 불행이다. 올바른 행위란 자신이 얻을 수 있는 쾌락의 양을 늘리는 것이고, 잘못된 행위는 쾌락의 양을 줄이는 것이다. 어떤 행위가 옳고 그른지는 쾌락을 계산해 밝힐 수 있다. 그 기준은 강도, 확실성, 근접성, 생산성, 지속성, 순수성 등 6가지이다.

예를 들어 보자. 어머니가 참고서를 사라고 주신 5,000원으로 책을 안 사고 게임을 하는 데 썼다고 해 보자. 이 행위가 도덕적으로 옳지 않은 이유는, 이 행동이 더 작은 쾌락을 주기 때문이다. 게임을 할 경우 얻을 수 있는 쾌락의 강도는 8점, 확실성은 9점, 쉽게 할 수 있다는 점(근접성)에서는 8점 정도일 것이다. 그러나 이 쾌락은 다른 쾌락을 낳지는 않는다. 그래서 생산성 면에서는 0점이다. 그리고 지속적이지도 않다(지속성에서도 0점). 곧 후회가 밀려올 테다. 또 어머니에게 꾸중 듣고 공부에도 지장이 오는 고통이 따르므로 순수성에서도 0점이다.

반면, 참고서를 샀을 경우에는 쾌락의 강도 면에서는 떨어질지 몰라도 확실성, 근접성, 생산성, 지속성, 순수성 면에서는 모두 높은 점수를 받을 것이다. 참고서를 사 열심히 공부하면 성적이 올라 새로운 쾌락이 생기고(생산성), 어머니에게 야단맞는 고통이 생기지 않을뿐더러(순수성), 성적이 오르면 그 기분 좋은 상태는 오랫동안 지속된다. 어머니 말씀대로 참고서를 사는 것은 게임을 하는 것보다 더 큰 쾌락을 주기에 더 윤리적이다.

벤담은 여기에다 쾌락의 일곱 번째 기준으로 범위를 추가한다. 사람에게는 이기적 쾌락뿐만 아니라 인애仁愛라는, 다른 사람들을 도와주면서 얻는 쾌락도 있다. 따라서 더 많은 사람에게 쾌락을 주는 행위가 도덕적으로 옳다. 윤리적 행위란 결국 그 집단의 최대 행복이다. 벤담은 이것을 '공리성의 원리', 또는 최대 행복의 원리'라고 불렀다('최대 다수의 최대 행복'이라는 유명한 말은 여기에서 나왔다). 모든 법률에는 개인의 쾌락과 집단 전체의 쾌락이 조화되어야 한다.

고통은 최소화, 효과는 극대화

《도덕과 입법의 원리 입문》은 처음에는 그다지 주목받지 못했다. 사람들의 관심이 같은 해 일어난 프랑스 혁명에 온통 쏠렸던 탓이다. 그러나 보통선거, 비밀선거 등 당시로서는 혁명적인 내용을 담고 있던 벤담의 사상은 뒤몽을 통해 혁명의 핵심 세력에게 충분히 영향을 끼쳤다. 이런 이유로 1792년, 프랑스 국민 의회는 벤담에게 명예시민 자격을 부여했다. 벤담의 저작도 뒤몽을 통해 프랑스어로 번역되어 영국보다 프랑스에서 더 큰 명성을 얻었다.

그보다 한 해 전인 1791년, 벤담은 원형 감옥Pan-opticon이라는 새로운 감옥 구조를 고안했다. 당시 감옥은 잔혹하기 그지없었다. 사람들은 종종 전체 집단의 쾌락에 어긋나는 행동을 할 때가 있다. 벤담은 이런 사람들에게 외적 제재, 즉 처벌을 할 필요성은 인정했다. 처벌이 범죄를 예방하는 기능을 하는 까닭이다. 그럼에도 처벌 자체는 고통을 주는 악이다. 필요한 양 이상을 주는 것은 옳지 못하다. 따라서 벤담은 고통은 최소화하고 효과는 극대화하는 감옥 구조를 생각해 냈다.

벤담의 원형 감옥은 감옥 가운데 커다란 홀을 만들고 감방을 모두 벽쪽으로 빙 둘러놓은 모양이다. 이런 구조에서는 간수가 홀 가운데 서서 둘러보기만 하면 된다. 그렇게만 해도 감옥 전체를 한눈에 꿰어 볼 수 있다. 관리와 통제가 매우 효과적이기에 본보기를 보여 주기 위해 필요 이상으로 죄수들에게 잔인해야 할 필요가 없다. 이런 감옥 구조는 우여곡절 끝에 근대적 감옥 구조로 정착되었다. 〈쇼생크 탈출〉 같은 영화에 나오는 감옥도 잘 살펴보면 벤담의 원형 감옥과 크게 다르지 않다.

벤담주의의 정신적 지주

1802년, 뒤몽은 벤담의 원고를 정리해 프랑스어로 《입법론》을 출간했다. 유럽의 여러 나라는 나폴레옹 전쟁의 영향으로 근대적 법전을 준

원형 감옥
쿠바 후벤투드 섬에 위치한 프레시디오 모델로(Presidio Modelo) 감옥의 내부. 소수의 감시자가 자신을 드러내지 않고 모든 수감자들을 감시할 수 있도록 고안한 벤담의 '원형 감옥' 구조를 따랐다.

비하고 있었다. 여러 가지 법 제도의 개혁안을 담은 《입법론》은 시대 요구를 아주 적절하게 반영한 것이었다. 벤담의 이름은 러시아, 에스파냐, 이탈리아, 그리스 등으로 널리 알려졌다. 심지어 어떤 나라에서는 벤담에게 법전 편찬을 요청하기도 했다. 벤담은 그제서야 자신의 명성에 만족했는지 사촌 동생에게 '죽을 날이 가까이 온 지금에서야 겨우 유명해졌군'이라며 편지를 썼다.

벤담은 사색하는 학자라기보다는 행동하는 지성에 가까웠다. 책도 활동하고 남는 시간을 이용해서 썼다. 그의 책들은 대부분 큰 틀만 벤담이 직접 쓰고 나머지 부분은 제자들이나 동료들이 정리했다. 밀이라는 뛰어난 제자가 필요했던 것도 바로 이런 이유에서였지 않았나 싶다.

말년의 벤담은 밀의 영향으로 점점 민주주의자가 되어 갔다. 벤담은 처음에는 최대 다수의 최대 행복을 실현하려면 군주제가 민주주의보다 더 효과적이라고 생각했던 듯하다. 하지만 시간이 갈수록 그는 군주도 다수의 이익보다는 자신의 쾌락에만 집착한다는 사실을 깨달았다. 따라서 진정한 개혁을 위해서는 권력이 민중에게 있어야 함을 역설했다. 그 방법으로는 보통선거, 비밀선거의 도입 등을 주장했다. 나아가, 군주제와 영국 국교의 철폐 등 매우 혁명적인 주장까지 했다. 그래서 그 당시 벤담주의는 곧 과격 급진파를 뜻하는 보통명사이기도 했다. 그는 런던을 떠나 시골 저택에 은둔하며 벤담주의의 정신적 지주로 활동했다. 당시 영국의 선거법, 경제 제한 철폐 등은 벤담주의의 영향을 많이 받았다.

작지만 큰 철학자

1832년, 벤담은 그가 노력했던 선거법 개정안이 의회에서 통과되었다는 소식을 들으며 만족한 듯 웃음을 머금고 자는 듯이 눈을 감았다. 여든네 살의 나이였다. 그의 시신은 유언에 따라 런던 유니버시티 칼리지에 해부 실습용으로 기부되었다(벤담의 유해는 아직도 유니버시티 칼리지에 보관되어 있다).

살아 있을 때 자신의 이상을 실현한 철학자는 매우 드물다. 벤담의 사상은 그가 살아 있을 때 이미 이루어지고 있었다. 이 점에서 벤담은 매우 성공한 철학자였다. 또 그의 제자 밀은 공리주의를 더욱 정교하게 다듬었고 그 사상은 현대 민주주의의 뿌리가 되었다. 그래서 우리는 공리주의 사상을 상식처럼 느끼곤 한다.

밀은 스승 벤담을 '위대한 철학자는 아니었지만 철학에서 위대한 개혁가이기는 했다'라고 평한다. 실제로 벤담은 아주 독창적인 사상을 연철학자는 아니었다. 그는 사색이라는 구름 속을 노닐던 철학을 살아 있는 인간 문제 속으로 가져왔다. 구체적인 삶의 문제 속에서 철학을 실현시킨 사람이었던 것이다. 칸트나 헤겔에 비하면 철학 역사에서 벤담의 위상은 그다지 큰 편은 아니다. 그러나 우리 생활에 미친 벤담의 영향은 오히려 이들보다 더 크다. 그런 점에서 벤담은 작지만 큰 철학자였다.

**철학
실험실**

'최대 다수'의 최대 행복인가, 최대 다수의 '최대 행복'인가?

벤담의 '최대 다수의 최대 행복'은 우리에게 상식처럼 들리는 말이다. 민주주의 사회란 모두를 위한 사회다. 그러니 최대한 많은 사람에게 최고의 행복을 줘야 함은 당연하지 않은가. 하지만 이 명언의 어느 부분을 강조하느냐에 따라 의미는 달라진다. '최대 다수'의 최대 행복이라면? 되도록 많은 사람들이 행복을 누리는 데 신경을 써야 한다는 뜻이다. 최대 다수의 '최대 행복'이라면? 누가 누리게 되건 사회 전체의 행복을 많이 늘리는 것이 중요하다는 의미다. 분배를 소중히 여기는 사람은 '최대 다수'에, 경제 성장을 앞세우는 사람들은 '최대 행복'에 무게를 둘 터다. 그렇다면 어느 쪽에 더 무게를 두어 이 말을 해석하고 싶은가? 입장을 밝히고 그 이유를 정리해 보라.

교육은 모든 것을 할 수 있다

존 스튜어트 밀John Stuart Mill, 1806~1873은 1806년 런던에서 제임스 밀
의 장남으로 태어났다. 제임스 밀은 경제와 역사 분야에서 꽤 알려진
학자이지만, 그보다는 존 스튜어트 밀의 아버지로 더 이름이 났다. 전
통적으로 영국의 엘리트층에서는 가정에서 조기교육이라 할 만한 것을
시키곤 했는데, 아버지 밀도 예외가 아니었다. 그가 아들에게 시킨 조
기 영재 교육은 요즘 사람들도 받아들이기 어려울 만큼 엄청났다. 아들
이 세 살 나던 해에 벌써 그리스어를 가르치기 시작하더니, 여덟 살에
는 어려운 고전들을 읽혔고 열세 살에 이르러서는 복잡한 경제학을 공
부하게 했단다. 현대의 심리학자들은 어린 밀이 지능 지수(IQ)가 180에
가까운 영재였으리라 추측하곤 한다.

아버지의 조기교육은 좀 심한 감이 없지 않지만, 결코 국 · 영 · 수 중심의 단순 암기식 교육 같은 것은 아니었다. 제임스 밀은 아들에게 책의 내용을 설명해 주거나 암기시키는 법이 없었다. 시간이 걸리더라도, 아들 스스로 고민하고 이해하게 했다. 그러곤 아침마다 하는 산책 중에 아들에게 읽은 책의 내용을 설명하게 하고 여기에 대해 질문을 던졌다. 밀의 회상에 따르면, 성격이 급한 아버지는 아들이 제대로 설명하지 못하거나 머뭇거리면 가끔 크게 화를 내기도 했지만, 대체로 자상하고 친절한 선생님이었다. 게다가 동생들에게 배운 내용을 가르치게 해서 자신이 공부한 내용을 스스로 정리해 보도록 했다. 아이의 수준에 맞추는 눈높이 교육은 아닐지라도, 탐구 학습과 발표식 수업을 통해 창의성과 논리력을 키워 준 셈이다.

밀은 아버지의 교육에 반감을 갖기는커녕, 오히려 넘치는 지적 호기심으로 스스로 알아서 공부하는 아이였다. 아버지는 학습 도우미에 지나지 않았다. '교육은 모든 것을 할 수 있다'라는 아버지의 신념처럼, 밀은 교육을 통해 지적으로 완벽한 아이로 거듭났다. 그는 세월이 흘러 유명해진 뒤에, 점점 학생 중심으로 흘러가는 당시의 교육에 대해 '싫은 일은 아무것도 못하는 인간들만을 기르고 있다'며 혹평한 적이 있다. 시대 최고의 영재였던 밀이 던진 이 말은, 어렵고 지겨운 것은 무조건 나쁘고 잘못되었다고 몰아붙이는 지금 우리의 교육 풍토에도 시사하는 바가 크다.

벤담주의 전도자

밀은 《자서전》에서 '나에게는 소년 시절이 없었다'고 말한다. 정말 그의 어린 시절에서는 아이 같은 모습을 찾기 어렵다. 그는 아버지의 배려로 거칠고 충동적인 또래 집단과 어울릴 기회를 갖지 못했다. 어릴 때부터 만나고 어울렸던 사람들은 주로 사회 유명 인사들이나 학자들이었다. 이 조숙한 아이는 일찍부터 아버지의 학술 원고를 편집하고 수정하더니, 열여섯 살 때 이미 신문에 글을 내는 등 자신의 사상적 견해를 내세울 정도가 되었다.

이 시기 밀에게 가장 큰 영향을 준 사람은 아버지가 존경하고 따르던 벤담이었다. 어린 밀은 벤담의 책을 자신의 문장으로 정리하고 편집해 출판하기까지 했다.

벤담의 견해는 '최대 다수의 최대 행복'이라는 말로 요약된다. 그에 따르면 윤리적 행동이란 신의 명령이나 옛 권위에 무조건 순종하는 것이 아니다. 사람에게 선이란 곧 쾌락이고 악은 고통이다. 윤리적으로 올바른 행동이란 자기 자신뿐 아니라 최대한 많은 사람들에게 쾌락을 준다. 반면, 옳지 못한 행동은 결과적으로 더 많은 사람들에게 고통을 가져온다.

당시 벤담주의는 급진주의로 통했다. 벤담은 차별 없이 모든 사람들을 쾌락을 추구하고 고통을 멀리하는 존재로 본다. 이는 왕실과 귀족들은 존엄하며 따라서 존중받아야 한다는 그 시대의 상식을 무시한 것이었다. 그뿐 아니다. 모든 사람들이 동등하게 쾌락을 좇을 권리를 지녔다는 주장은 왕정에 반대하고 민주주의를 강하게 옹호하는 것이기도 했다. 실제로 벤담이 내세운 사회 개혁안들은 보통선거, 비밀선거와 같이 당시로 보았을 때 대부분 파격적이었다.

그렇지만 벤담주의는 쾌락에서 어떤 것이 더 고상하고 저급한 행동인지에 대해서는 무관심했다. 단지 얼마나 많은 사람들에게 더 많은 쾌락을 주는지만을 잣대로 삼아 행위가 윤리적인지 아닌지를 판가름했다. 그래서 '돼지의 철학'이라는 비아냥거림을 듣기도 했다.

밀 부자는 벤담주의의 전도사처럼 그의 이론을 열렬히 지지하며 따랐다. 흔히 벤담주의는 많은 사람들의 이익을 우선한다고 해서 공리주의라 불리는데, 이 명칭도 열여섯 살 소년 밀이 주도한 공리주의자 협회라는 학습 모임을 통해 퍼져 나갔다. 밀은 벤담주의를 지지하는 신문의 창간에 적극적으로 개입하며 언론인으로서, 학자로서의 명성을 쌓아 갔다. 이미 열네 살 때 벤담의 동생이 초청해 프랑스에서 1년을 보내며 프랑스 혁명 후에 무르익은 대륙의 자유로운 분위기를 맛보았던 그는, 더욱더 벤담처럼 자유와 평등을 중요시하는 자유주의자가 되어 갔다.

감성의 지진아

밀은 자신의 말처럼 '또래들보다 약 반세기 정도 앞서 가는 삶'을 살고 있었다. 아버지의 추천으로 열일곱 나이에 동인도회사에서 책임 있는 직책으로 직장 생활을 시작했고 (그 뒤 그는 쉰 살이 넘을 때까지 동인도회사에 근무했다) 문필가로서도 상당한 명성을 얻었다. 1826년, 스무 살이

> **동인도회사**
> 17세기 초 영국·프랑스·네덜란드 등이 동양에 대한 독점 무역권을 부여받아 동인도에 설립한 회사들을 통칭하는 말.

된 그의 앞에 놓인 미래를 우리 식으로 표현한다면 '행정 고시에 합격한 관료의 출세 가도와 일류 문필가로서의 유명세'라고 할 수 있겠다.

그러나 사람에게는 누구나 살면서 밟아야 할 과정이 있는 법이다. 어릴 때 부모와 따뜻한 사랑을 나누고 친구들과 어울려 보내는 시간은 학원을 수십 개 다니는 것보다 더 유익하고 의미 있다. 이 과정을 통해 돈으로는 살 수 없는 살가운 감정, 풍부한 정서와 따뜻함을 배우기 때문이다. 밀에게는 이런 과정이 없었다. 그때까지 밀은 그저 잘 숙달된 사유 기계에 지나지 않았다. 그는 지적으로는 뛰어났지만 제대로 감정을 느끼지 못했을뿐더러 표현할 줄도 모르는 감성의 지진아나 다름없었다.

스무 살에 밀은 '심각한 정신적 위기'에 부딪히고 만다. 그는 사회적인 출세는 곧 행복이라고 믿으며 살아왔다. 그런 밀이, 자신이 원하는 모든 것이 어느 순간 완벽히 이루어진다 해도 과연 행복할 수 있을지를 심각하게 묻게 되었다. 마치 아무 생각 없이 열심히 공부하던 고3 학생이 갑자기 허탈감에 빠져 '대학엔 가서 뭐해요?'라고 묻는 것처럼 말이다. 밀에게 모든 것은 공허하고 의미가 없었다. 반년 가까이 조는 듯 답답하고 정열도 없이 쓸쓸한 슬픔에 시달렸지만 마땅한 돌파구를 찾지 못했다.

마침내 구름이 걷히듯 우울증에서 벗어나는 순간이 왔다. 어떤 글을 읽다가 슬픔에 겨워 눈물을 흘리는 자신을 발견한 것이다. 밀은 자신이 '결코 나무둥치나 돌덩이가 아니며, 여전히 내면의 감정이 살아 있음을 깨닫고' 정신적 위기에서 서서히 벗어나게 된다.

그 뒤 밀은 전과는 아주 달랐다. 이제 그는, 삶은 결코 논리와 이성적인 분석만으로 채워지지 않는다는 사실을 알았다. 감정과 정서의 소중함을 깨달았던 것이다.

배부른 돼지보다 배고픈 소크라테스를

이때부터 밀은 그토록 신봉하던 벤담주의에서 벗어나게 되었다. 여전히 그는, 선은 곧 쾌락이고 고통은 악이며 더 많은 사람에게 더 많은 쾌락을 주는 행위가 바람직하다고 믿는 공리주의자였다. 하지만 단순히 양적으로 더 많은 쾌락이 곧 행복은 아니라는 점을 분명히 했다. 쾌락에는 질적으로 더 높은 인간의 쾌락과 더 낮은 동물의 쾌락이 있다. 인간은 본성상 고귀한 것을 사랑하게 마련이다. 인간의 쾌락과 동물의 쾌락을 모두 경험한 사람이라면 아무리 큰 쾌감을 준다 해도 선뜻 동물의 쾌락을 선택하지는 않을 터다. 또한 인간은 정신적인 쾌락을 좇을수록 덕을 기르게 되어, 자신과 다른 사람들에게 모두 이익이 된다. 반면, 물질에 대한 욕심, 지배욕과 같은 동물의 쾌락은 얻으려 하면 할수록 다른 사람들에게 피해가 돌아간다. 따라서 질적으로 더 높은 인간의 쾌락이 그보다 못한 동물의 쾌락보다 훨씬 더 바람직하다. 결국, '만족한 돼지보다는 불만족한 사람이 더 낫고, 만족한 바보보다는 불만족한 소크라테스가 더 낫다'.

학자들은 밀의 공리주의를 단순히 쾌락의 양만을 추구했던 벤담의 공리주의와 비교하여 '질적 공리주의'라 부른다. 밀의 철학이 이같이 정리된 것은 그의 삶에서 훨씬 뒤의 일이지만, 적어도 이때부터 밀은 벤담과 거리를 두었던 듯하다. 그는 단순히 행복의 증가에만 신경 쓰지 않고 인간다운 품위를 갖춘 사람의 행복을 중요하게 여겼다.

1830년, 스물네 살의 밀은 자신의 철학처럼 품위 있는 사랑에 빠졌다. 상대는 애가 둘이나 있는 유부녀 핼리엇 테일러였다. 밀은 그녀를 '깊고 강한 감성의 소유자이며 예민하고 직관적인 지성을 갖추었으며 뛰어나게 명상적일뿐더러 시적 자질을 갖춘 여성'이라고 극찬했다. 남편이 있었음에도, 밀은 그녀를 깊이 사랑했다. 불륜이라 해도 할 말이 없을 듯한 이 삼각관계는 밀 가족들의 반대를 빼고는 어떤 추문도 낳지 않았다. 둘의 관계는 철저하게 정신적인 사랑이었다. 테일러 부인은 밀에게 좋은 친구였을뿐더러 훌륭한 학문적 파트너였다. 밀은 《자서전》에서 테일러 부인과의 만남을 '내 인생에서 가장 중요한 교제'라고 적었다. 둘의 정신적 사랑은 20년 넘게 계속되다가 핼리엇의 남편이 죽은 지 2년 뒤에 비로소 결혼으로 맺어졌다. 그러나 로맨틱한 연애는 비극으로 끝나야 더 아름다운가 보다. 아내 핼리엇이 결핵으로 먼저 세상을 떠나는 바람에 이 둘의 행복한 결혼 생활은 7년 만에 끝나고 말았다.

신이라도 당선되지 못할 것

1858년, 쉰두 살의 밀은 부인이 죽을 때까지 훌륭한 관료로서, 그리고 학자로서 흔들리지 않는 삶을 꾸려 갔다. 거의 모든 대학의 교재로 쓰였던 《경제학 원리》, 《논리학 체계》, 《공리주의》와 같은 유명한 저작들은 모두 건실한 사회인의 삶 속에서 태어났다. 역사적으로 중요한 철학 책들에 대해서는 해석을 둘러싸고 학자들 사이에 열띤 논쟁이 벌어지게 마련이다. 그럼에도 밀의 책을 놓고는 좀처럼 논란을 찾아보기 어렵다. 그만큼 밀의 글은 쉽고도 확실한 문장과 논리로 되어 있다.

그러나 밀은 사상의 구름에만 머무는 사유 기계가 아니었다. 그도 여느 영국의 공리주의자들처럼 사회 활동과 개혁에 열심히 뛰어들었다. 1865년, 그는 하원 의원 선거에 출마했다. 그런데 그가 내세웠던 선거 공약은 너무도 비현실적이었다. '당선되어도 지역구의 이익을 위해서 일하지 않겠다', '당선 뒤에도 소속 당의 의견에 무조건 복종하지는 않겠다', '선거 운동에 돈을 쓰지 않을 것이며, 선거 운동도 안 할 것이다' 라는 공약은 언론에서 '신이라도 이런 조건으로는 당선되지 못할 것이다'라는 비아냥거림을 들을 만했다. 그러나 놀랍게도 밀은 당당히 하원 의원에 당선되었다. 그의 정치적 인기와 명망이 어느 정도였는지를 알게 하는 대목이다.

정치인으로서의 밀은 젊은 시절만큼이나 급진적이었다. 여성 차별이 일반적이었던 세상에서 남녀평등을 강하게 부르짖었고, 노동자 계층의 권리와 평등을 당당하게 주장했다. 밀의 정치적 입장은 지금까지도 민주주의 입문서라고 평가받는 그의 《자유론》에 잘 드러나 있다.

밀은 개인의 자유를 제한하는 어떤 권력에도 강하게 반대했다. 다른 사람에게 피해를 주지 않는 한 모든 사람의 자유는 보장되어야 한다. 사회를 발전시키는 이들은 주어진 체제에 순응하는 사람들이 아니라 아웃사이더들이다. 그들은 때때로 너무나 급진적이어서 사회의 질서를 해치는 주장을 하는 듯 보일 수 있다. 하지만 사회의 발전은 이런 견해조차 자유롭게 말하고 토론할 수 있을 때에 이루어진다. 물론, 이러한 자유는 개인들이 충분히 교육받고 성숙한 도덕을 갖추었을 때에만 의미가 있다. 좋은 사회는 국민들을 교육하고 향상시키는 데 진지하게 참여하는 철학자들의 정부가 이끌 때 이루어진다.

존경할 만하나 평범한 영국인

급진주의자 밀의 삶은 결코 급진적이지도 혁명적이지도 않았다. 그는 민주 투사라기보다는 언론가로서, 사회 개혁적인 의회 정치가로서 평탄한 삶을 살았다. 밀의 주장에는 당시의 사회 변화를 거스르기보다 변화하는 시대정신을 반영하는 면이 더 많았다. 1873년, 밀은《곤충기》의 저자 파브르와 화창한 봄날 산책을 함께 했다. 며칠 뒤, 밀은 예순일곱 살의 나이로 편안하게 눈을 감았다. 그의 마지막 말은 '나는 많은 일을 했지'였단다.

독일의 철학자 니체는 밀을 '존경할 만하나 평범한 영국인'이라고 평했다. 처음에는 급진적이라 여겨졌던 밀의 주장들이 니체 시대에는 이미 상식으로 받아들여졌던 것이다. 지금 우리는 밀이 생각했던 자유를 민주주의의 기본 원리로 굳게 믿고 있다. 나아가 그의 주장처럼 단순한 쾌락이 아닌 인간다운 쾌락을 좇을 때, 더욱더 인간다운 삶을 누린다고 생각한다.

그러나 한 시대의 비판 정신이 사회에 받아들여져 상식으로 굳어졌을 때, 그 상식은 저항하기 어려운 편견이 되어 버리기도 한다. 예컨대, 밀이 자유를 주장한 밑바탕에는 모든 사람들이 도덕적으로 교육받고 교양을 갖추어야 한다는 전제가 깔려 있다. 전제를 무시한 채 무조건적인 평등과 자유만 주장한다면, 사회는 교양이 교양으로 대접받지 못하고 천박함이 천박함으로 느껴지지 않는 야만의 상태로 떨어질지 모른다. 현대 민주주의 사회에서 이런 편견과 천박스러움이 나타나고 있지 않은지 살펴볼 일이다. 이제는 상식처럼 느껴지는 밀 사상의 의미를 다시 생각해야 하는 이유는 여기에 있다.

밀의 《자유론》

" 여론에 따라 자유를 구속하는 것은 여론에 반해 자유를 구속하는 것만큼이나, 아니 그 이상으로 더 나쁘다. 전체 인류 가운데 단 한 사람이 다르게 생각한다고 해서, 그 사람을 침묵시켜서는 안 된다. 이는 어떤 한 사람이 자신과 견해와 다르다는 이유로 나머지 모든 사람에게 침묵을 강요하는 것만큼이나 허용될 수 없다. (중략) 그러나 사상에 대한 억압이 심각한 문제인 가장 주된 이유는, 그 의견에 찬성하는 이에 대해서건 반대하는 이에 대해서건, 그런 행위가 지금 세대뿐만 아니라 미래의 인류에게까지 강도질을 하는 것과 같은 패악을 끼치는 셈이 되기 때문이다. 만일 그 의견이 옳다면 억압은 오류를 밝히고 진리를 드러낼 기회를 박탈하는 것이 된다. 설령 그 견해가 잘못되었다 해도 마찬가지다. 억압하는 것은 틀린 의견과 옳은 의견을 대비시킴으로써 진리를 더 생생하고 분명하게 드러낼 수 있는 소중한 기회를 놓치는 결과를 낳을 뿐이다. "

– 《자유론》 2장 〈사상과 토론의 자유〉에서

신 앞에 선 단독자

키르케고르

정의와 진보에 환멸을 느끼다

영화 〈라이언 일병 구하기〉를 본 사람이라면, 충격적인 전투 장면에 넋을 잃었을 터다. 1944년 6월 6일의 노르망디 해안. 배에서 내리자마자 기다렸다는 듯이 쏟아지는 총탄, 필사적으로 전진하는 미군들……팔다리가 떨어져 나가고 비명 소리가 진동하는 상황은 섬뜩하기 그지없다.

만약 참전 용사들이 이 영화를 본다면 무엇을 느낄까? 승리한 쪽은 위험을 무릅쓰고 자유와 정의를 위해 싸웠다는 뿌듯함을 느낄지 모른다. 독일군이었던 사람들은 어떨까? 적군이었던 그들은 이 전투를, 그리고 자신들의 젊음을 송두리째 앗아 갔던 이 전쟁을 과연 어떻게 생각할까? 당시 그들 대부분은 조국을 위해 목숨 바쳐 싸워야 한다고 굳게 믿었을 것이다. 하지만 그들의 투쟁은 나치 독일의 세력 확장을 위한 수단에 지나지 않았다. 그들의 순결한 충성심은 결국 인류의 죄악일 뿐이었다. 많은 독일 군인들이 죽고 다쳤지만 그들의 희생을 숭고하게 여기는 이들은 거의 없다. 그들을 불쌍한 희생양 정도로 여길 뿐이다.

승리한 미군에게도 이 점은 크게 다르지 않다. 전투에서 죽은 이들에게 전쟁 영웅이라는 찬사가 무슨 의미가 있을까? 그들의 인생은 이미 망가지고 끝나 버렸다. 전쟁의 광기가 지나간 다음에 남는 것은 개인들이 짊어져야 할 상처뿐이다. 그들의 소중한 젊음은 거대한 이상을 위한 제물에 지나지 않았다.

1960년대 유럽 사람들은 인류를 전쟁의 재앙으로 몰아넣은 정의와 진보 같은 장밋빛 이념에 환멸을 느꼈다. 이념은 사람을 행복하게 만들지 못하며, 진정 중요한 것은 개인의 삶과 자유임을 깨달았다. 이 시기에는 개인의 체험과 자유를 강조하는 새로운 철학이 유행했다. 이것이 바로 실존주의이다. 그러면서 한 세기 전에 이미 개인의 의지와 선택의 중요성을 외친 유럽 변두리의 한 철학자가 주목받게 되었다. 이 사람이 바로 '신 앞에 선 단독자' 키르케고르S. A. Kierkegaard, 1813~1855이다.

신의 저주와 죄의 극복

'부유한 상인의 아들로 태어나 스스로 원해서(?) 실연을 당했고, 이름난 작가가 되었다가 사회의 지도층 인사들과 끊임없는 논쟁에 휘말리면서 과로로 쓰러져 사망했음'. 키르케고르의 삶에서 눈에 띄는 점만 뽑는

실존주의

개개인의 실존을 중시하는 철학적 입장을 말한다. 하지만 20세기에 들어와 실존철학이 인간의 개별적인 현실 존재를 가리키는 말로 사용된 뒤로 '현실 존재'를 줄여서 '실존'이라는 말로 쓰게 되었다.

다면 이렇게 간단하게 정리할 수 있겠다. 그의 삶은 엄청난 도덕적 갈등과 번뇌의 연속이었고 끝없는 자기반성으로 가득 차 있다. 이러한 삶에 가장 큰 영향을 끼친 사람은 아버지였다.

키르케고르는 1813년 덴마크 코펜하겐에서 자수성가한 상인의 7남매 중 막내아들로 태어났다. 이때 아버지의 나이는 57세, 어머니는 43세였다. 아버지는 매우 독실한 기독교 신자였다. 그는 키르케고르가 뒷날 '나에게는 어린 시절이 없었다'라고 할 만큼 아들에게 신앙에 따른 엄격한 교육을 시켰다.

아버지의 엄숙함은 자신의 죄의식 탓이기도 했다. 그는 평생 죄책감에 시달릴 만한 일을 두 가지 저질렀단다. 하나는 키르케고르의 어머니와 결혼한 일이다. 교회법은 재혼을 금지하고 있었는데, 이 결혼은 아버지에게는 두 번째였다. 그는 첫째 부인이 아이를 낳지 못하고 병으로 죽자, 자기 집 어린 하녀와 재혼했다. 그 하녀가 바로 키르케고르의 어머니였는데, 그녀는 아버지와 결혼한 뒤 두 달 만에 첫아이를 낳았단다. 교회법을 어기면서까지 결혼했던 상황, 그리고 두 달 만에 낳은 아기는 키르케고르의 아버지에게 지울 수 없는 죄책감을 남겼다.

다른 하나는, 젊은 시절 양치기를 할 때 추위와 배고픔에 못 이겨 하늘에다 대고 신을 저주했던 일이다. 아버지는 이 사건이 자신의 삶을 재앙으로 가득 채우고 말았다고 굳게 믿었다. 그는 무려 82세까지 살았다. 아버지는 긴 생애 동안 두 명의 부인이 죽고 8남매 중 여섯 명이 죽는 것을 차례로 바라보며 괴로워해야 했다. 그의 장수는 저주에 가까웠다.

나중에, 코펜하겐 대학 신학과 학생이던 스물두 살의 키르케고르는 아버지의 비밀을 전해 듣고 충격을 받았다. 그는 아버지를 원망하고 경멸하면서 방탕과 절망의 길로 빠져들었다. 키르케고르도 아버지의 잘못으로 인한 신의 저주가 자신의 집안과 삶에 깊이 뿌리박혀 있다고 확신했다. 그 뒤로 키르케고르의 삶에는 항상 '죄의 극복'이라는 과제가 그림자처럼 따라다녔다.

한 점 부끄럼 없는 사랑

키르케고르의 방황은 1837년 아버지의 죽음과 함께 끝났다. 키르케고르는 아버지에게 나중에 목사가 되겠노라고 약속했었다. 약속을 지키기 위해 키르케고르는 다시 건전한 생활인으로 돌아갔다. 이 무렵 열여섯 살 난 소녀 레기네 올센과 사랑에 빠졌다. 2년 뒤, 그는 목사 시험에 합격하고 올센과 약혼했다. 방탕했던 젊은이가 비로소 제대로 된 삶을 살게 된 것이다.

그러나 행복하고 안정된 삶 앞에서 키르케고르는 주저하며 물러서버린다. 자신의 집안 내력과 방탕했던 과거로 볼 때, 자기는 순결하고 명랑한 올센과 결혼할 자격이 없다고 판단한 탓이다. 파혼이란 여성에게 엄청난 상처를 주는 일이었다. 그래서 그는 최대한 책임을 자신에게 씌우기 위해 노력한다. 일부러 사람들이 모인 장소에서 자신이 굉장한 바람둥이인 양 떠벌리며 공개적으로 올센을 모욕하곤 했단다.

3년 뒤, '피나는 노력 끝에' 그는 올센과 파혼에 이른다. 이러고서도 그는 진정 그녀를 사랑했나 보다. 헤어진 뒤에도 그의 일기장은 올센에 대한 애정과 배려로 여전히 넘쳐 났다. 2년 뒤 그녀가 자신의 친구와 결혼했을 때, 키르케고르는 큰 충격을 받고 베를린으로 도피성 유학을 떠나 버린다.

스스로 실연당한 키르케고르의 행동은 기이해 보인다. 하지만 이것은 실존철학자로서 키르케고르의 특징을 분명히 보여 준다. 그는 남들의 평가에 휘둘리지 않았고, 생각 없이 눈앞의 행복을 움켜쥐지 않았다. 키르케고르는 자신의 의지와 결단으로 선택하는 도덕적인 삶을 중요하게 여겼다. 그래서 한 점 부끄럼 없이 자신이 가장 사랑하는 사람을 대하려 했던 거다.

신 앞에 선 단독자

파혼을 한 서른 살의 키르케고르는 고통을 잊기 위해 맹렬한 속도로 창작 활동에 빠져들었다. 불과 4년 남짓한 기간 동안 《이것이냐 저것이냐》, 《공포와 전율》, 《반복》, 《철학적 단편》, 《불안의 개념》 등 굵직한 책을 여러 권 세상에 내놓았다. 그의 글은 간명하고 대중적이며 알아듣기 쉬운 편이다. 키르케고르는 대부분 자기 삶의 체험을 바탕으로 글을 썼다. 이 점은 그가 처음 쓴 책인 《이것이냐 저것이냐》에서 분명히 나타난다. 그는 여기서 인간의 삶을 세 단계로 나누어 설명한다.

인간의 가장 기본적인 삶의 모습은 '미적 단계'이다. 이 단계에서 인간은 감각적 쾌락을 좇아 산다. 그러나 이것만으로 인간은 결코 행복해질 수 없다. 평생 하루 종일 컴퓨터 게임만 하며 지낸다면, 삶이 과연 행복할까? 이때 인간은 바라보고 즐기기만 할 뿐 자신을 바꾸려고 애쓰지 않고 책임도 지지 않는다. 감각적 쾌락만을 좇는 삶의 결과는 권

태와 절망뿐이다. 쾌락만으로 인간은 결코 행복해질 수 없다.

이 사실을 깨달은 사람은 두 번째 단계인 '윤리적 단계'에 따른 삶을 산다. 쾌락만을 좇아 살지 않고 인간으로서 지켜야 하는 가치와 윤리에 따라 생활한다는 뜻이다. 이때 인간은 비로소 선택하고 결단을 내리며 스스로 책임지는 삶을 산다. 그런데 불행히도 인간은 언젠가는 죽을 수밖에 없다. 아무리 도덕군자처럼 살아도 인간은 언젠가는 파멸하고 말리라는 불안에서 벗어날 수 없다. 윤리적 인간이 되려는 노력도 허무하게 느껴지고, 인간 존재마저 허무하게 느껴진다. 따라서 인간은 이 불안과 절망을 통해 다음 단계로 나아간다.

인간으로서 완전하고 참된 삶은 세 번째 단계인 '종교적 단계'에서 이루어진다. 스스로 신을 믿고 따르리라 결단을 내릴 때, 비로소 무력감과 허무함을 떨쳐 버린 완성된 삶을 살 수 있다.

한 단계에서 다른 단계의 삶으로 옮겨 가기 위해서는 자기 자신의 결단과 도약이 필요하다. 마치 부모님과 선생님이 아무리 공부하라고 다그쳐도, 정작 자신이 공부하려고 하지 않으면 소용없는 것과 똑같은 이치다. 키르케고르가 '개인의 주체성'을 강조한 까닭도 여기에 있다.

하지만 공부 못하는 학생들은 성적 나쁜 이유를 자기 아닌 데서 찾곤 한다. 마찬가지로, 사람들은 자신이 윤리적이고 주체적이지 못한 이유를 주변 사람들과 환경에서 찾으며 변명만 둘러댄다. 그래서 키르케고르는 사람들에게 '신 앞에 선 단독자'로 살라고 외친다. 신이 나의 모든 행동과 말을 보고 있다면 우리는 결코 나 외의 다른 것에 책임을 돌릴 수 없을 터다. 이런 기분으로 매 순간 최선을 다해 결단하고 노력하며 살라는 뜻이다.

거리의 소크라테스

1846년, 서른세 살의 키르케고르는 《철학적 단편에 대한 결론적·비학문적 후기》라는 책을 출간했다. 책의 제목이 암시하듯, 아마도 그는 이 책으로 저작 활동을 마무리하고 지방 목사가 되어 조용히 살려고 했던 듯싶다. 그렇지만 이 무렵, 그를 거리의 논쟁으로 내모는 사건이 일어났다. 지금으로 본다면 지하철 가판대에서 파는 삼류 신문에 가까운 〈코르사르〉라는 신문의 편집장이 그의 책 가운데 하나를 비열하게 비난했다. 키르케고르는 몹시 화가 나서 다른 일간지를 통해 그를 맹렬히 비난했다. 이 행동이 결국 더 큰 화를 불러왔다. 〈코르사르〉는 지속적으로 키르케고르를 '거리의 소크라테스'라고 조롱하며 비난하고 나섰다. 허리가 기형적으로 휘고 머리가 크고 더벅머리였던 그의 외모를 풍자한 만화까지 곁들여서 말이다. 이로써 일반 시민들은 키르케고르라고 하면 타락한 부랑아라는 이미지를 떠올리게 되었다. 키르케고르가 '대중은 늘 정의롭지 못하다'라고 하며 사람들을 혐오하기 시작한 것은 이 무렵이다.

게다가 1854년, 가장 유명하고 존경받는 목사의 한 사람이었던 뮌스터의 죽음은 그를 교회를 둘러싼 논쟁으로 몰아넣었다. 키르케고르는 독실한 기독교 신자이기는 했지만 교회에 대해서는 비판적이었다. 교회가 진정한 기독교 정신을 잃어버린 채 관습과 제도로 굳어 버렸다고 생각했던 까닭이다. 1850년, 그는 교회에 대한 비판을 담은 《기독교 훈련》이라는 책을 내놓는다. 책은 교회의 지도자 격인 뮌스터와 교회 지도부의 허위성을 공격하는 내용을 담고 있었다. 다행히도 키르케고르가 걱정했던 것만큼 큰 파장은 일어나지 않았다. 그런데 1854년 뮌스터가 세상을 떠나면서 문제가 생겼다. 교회 지도부에서 뮌스터를 극구 찬양하고 나서자, 키르케고르가 당장 반박하는 내용의 항의문을 신문에 실었던 것이다. 이때부터 교회와 그 사이에 격렬한 논쟁이 벌어졌다. 그는 자신의 생각을 담은 소책자를 직접 펴내는 데 모든 에너지와 재산을 쏟아부었다. 교회와의 격렬한 논쟁은 급기야 그를 죽음으로 몰아갔다. 1855년 10월 어느 날, 키르케고르는 교회와의 싸움에 기진맥진하여 거리에서 쓰러졌다. 그로부터 한 달 뒤, 그는 병원에서 42년의 짧은 삶을 마쳤다.

생각 없는 삶을 불태울 철학 폭탄

그는 마지막으로 '폭탄은 터져서 주위를 불태울 것이다'라는 말을 남겼단다. 이 말은 아마도 자신의 사상이 그만큼 획기적이고 폭발적이라는 의미인 듯하다. 이 폭탄은 당장 폭발하지는 않았지만 꾸준히 주위를 불태워 나갔다.

산업화 · 정보화된 세상은 사람들을 '대중'으로 만들고 도덕적 판단을 마비시켜 버린다. 남들만큼만 살아도 나는 충분히 행복하다. 유행을 좇는 10대 청소년같이 우리는 행복을 세상의 잣대 속에서 찾는다. 비싼 아파트와 멋진 차, 출세와 선진국이 된 조국 등, 때로 이를 위해 우리는 목숨을 걸기도 한다.

하지만 사회가 풍요롭다고 내 삶도 행복해지지는 않는다. 잘 만든 영화는 사람들을 즐겁게 한다. 하지만 평생 가는 행복을 안겨 주지는 못한다. 장밋빛 이상도 마찬가지다. 내가 깨어 있고 진실한 삶을 살지 않으면 다 소용없는 이야기다. 세상에 휩쓸리다 보면 어느 순간 나는 사라져 버리고 없다. 선진국일수록 왜 우울증 환자가 많고 자살율이 높은지 생각해 보라. 이런 의미에서 도덕적으로 늘 깨어 있으면서 스스로 결단을 내리라는 키르케고르의 외침은 우리들에게 뼈아픈 충고로 다가온다. 키르케고르는 생각 없는 삶을 불태울 철학 폭탄이다.

철학자의
뒤안길

죽음에 이르는 병

키르케고르는 인간 모두에게 '죽음에 이르는 병'에 걸려 있다고 말한다. 인간은 결코 이 병을 이겨 낼 수 없기에 절망하여 죽을 수밖에 없다. 병들어 있는 사람은 의사가 진단 내리기 전까지 자신이 건강하다고 착각하기 쉽다. 마찬가지로 인간은 자신이 절망 상태임을 좀처럼 깨닫지 못한다. 환자는 자신이 병들어 있음을 깨닫고 나서야 의사를 찾아가는 법이다. 마찬가지로, 자신이 얼마나 절망 속에 빠져 있는지를 제대로 알아야만 절망에서 빠져나올 길도 찾게 될 터다.

키르케고르는 사람들이 절망을 얼마나 깨닫고 있는지에 따라 절망의 정도를 나눈다. 가장 위험한 상태는 '자신이 절망에 빠져 있음을 알지 못하는 절망'이다. 이는 마치 알코올 중독자 같은 상황이다. 술꾼은 맨 정신으로 있을 때가 가장 괴롭다. 그래서 자신이 취해 있음을 잊기 위해 더욱더 퍼마신다. 평범한 사람들도 그렇다. 누구에게나 삶이 무의미하고 버겁게 느껴지는 때가 있게 마련이다. 그렇지만 이 순간에 삶에 대해 진지하게 물음을 던지는 사람이 얼마나 될까? 대개는 고민을 잊기 위해서 또 다른 즐거움에 눈을 돌릴 뿐이다.

그러나 이런 상태는 결코 오래가지 못한다. '현명한 충고와 처세술에 귀 기울이면서' 더 큰 쾌락과 안락함을 끊임없이 좇지만, 결국 절망감은 어김없이 다시 찾아들 터다. 늘어난 아파트 평수와 차의 배기량이 주는 행복감이 얼마나 빨리 증발해 버리는지 생각해 보라.

이보다 나은 절망은 '자신이 절망하고 있음을 깨닫는 절망'이다. 이 단계에 이른 자들은 삶의 허무함을 더 이상 바깥에서 찾지 않는다. 이들은 자신의 괴로움이 돈 없고 일이 풀리지 않아서가 아니라, 덧없고 무의미한 삶 자체에서 비롯됨을 깨달은 자들이다. 하지만 이 단계에 이른 사람들 역시 대부분은 절망 안에서 주저앉아 버린다.

그렇다면 어떻게 해야 절망에서 벗어날 수 있을까? 키르케고르는 신에 대한 믿음을 통해서만 가능하다고 말한다. "절망의 반대말은 희망이 아니라 신앙이다." 신은 죽어 사라져 버려 의미 없을 우리네 삶을 비로소 가치 있고 영원하게 만든다. 이 점에서 절망은 변증법적이다. 절망은 인생을 힘들게 만들지만, 그 때문에 비로소 거짓 생활을 진정한 삶으로 거듭나게 만들기도 한다. 고난이 인생을 무너뜨리기도 하지만, 그 의미를 깨우칠 때 삶이 더 깊어지는 것과 같은 이치다. 이처럼, 가장 높은 단계인 '절망하여 자기 자신이 되려는 절망'은 신이라는 절대적인 가치와 믿음을 통해 완성된다.

키르케고르는 '믿음은 절망에 대한 안전한 해독제'라고 말한다. 해독제는 자신이 독에 물들어 있음을 깨달을 때에야 비로소 눈에 들어온다. 내 삶을 절망에서 이끌어 낼 '믿음'은 어디 있을까? 기독교 신자인 키르케고르는 그 답을 신에 대한 믿음에서 찾았다. 그렇다면 나는 어디서 구원을 찾을 수 있을까?

28

전 세계 노동자여
단결하라!

마르크스

철학은 시대의 산물이다

하루 12시간 이상씩 고되게 일해도 입에 풀칠하기조차 어려웠다. 심지어 네 살배기 어린아이조차도 일을 해야 했다. 노동자의 평균 수명은 28세, 불결한 환경과 부실한 영양 탓에 아기들은 10명 중 9명꼴로 죽어 갔다. 아이들의 얼굴은 힘든 노동으로 노인처럼 주름졌다. 그들에게 희망이란 없었다. 그저 힘거운 삶을 견디어 내는 것뿐······.

19세기 말 산업화가 한창 진행되던 시절, 가장 문명화되었다던 영국의 노동자들의 삶을 그린 글이다. 식민지 무역과 산업의 발달로 엄청난 부를 누리던 영국. 그 뒷면에는 노동자들의 비참한 삶이 있었다. 부를 누리던 이들은 공장주, 무역상, 귀족 등 소수에 지나지 않았다. 심지어 그들도 행복하지는 못했다. 호화롭고 안락한 생활을 했지만, 대다수 가난한 사람들의 불타는 적개심은 온통 그들을 향해 있었다. 부자들은 노동자들이 폭동을 일으키지 않을지 두려워하며 불안한 나날을 보냈다.

이런 사회에서는 당연히 이런 물음이 터져 나올 수밖에 없다. '사회 구성원 누구도 행복하게 하지 못하는 풍요로움이 무슨 소용이 있을까?', '가진 자와 못 가진 자의 대립을 없애고 모두가 잘사는 방법은 없을까?' 이런 고민에 진지하게 응답한 철학자가 마르크스karl Marx, 1818~1883이다.

철학은 시대의 산물이다. 시대의 가장 근본적인 문제를 고민하는 사상이 한 시대의 철학일 수밖에 없다는 뜻이다. 내일 당장 직장에서 쫓겨날 처지인 사람에게 '이 꽃의 존재 이유는 무엇인가?'라는 물음은 어처구니없을뿐더러 우스꽝스럽기까지 하다. 그에게 닥친 시급한 문제는 꽃의 존재가 아니라 해고되지 않을 방법이다.

마찬가지로, 대부분 사람들이 비참하게 살아가는 사회에서 '아름다움이란 무엇인가?'와 같은 고상한 철학적 고민은 별 호소력이 없다. 왜 이런 가난과 사회 갈등이 생기는지, 어떻게 하면 이를 해결할지가 바로 그 시대에 맞는 철학의 고민거리이다. 바로 이 점에서 마르크스는 '시대의 철학자'였다. 그는 관념적이고 추상적인 철학적 논의 속에 머물기를 거부하고, 현실의 문제가 어디서 생겨나는지 적극적으로 밝히고 해결하려 했다. 그는 자신의 철학 이론을 무기로 삼아 모순에 찬 현실을 변혁하려 한 혁명가였다.

이념의 황소 머리

혁명을 꿈꾸는 이들은 경제적으로나 사회적으로 소외된 사람들인 경우가 많다. 그러나 혁명가 마르크스는 노동자도 농민도 아닌 부유한 유대인 법률가 집안 출신이다. 그는 1818년 라인 강 근처에 있는 트리어 시에서 태어나서 자랐다. 집안은 대대로 랍비(유대교에서 율법사에게 쓰는 존칭)를 배출해 온 명문가였고, 아버지도 상당히 교양 있는 사람이었단다.

평범하게 고등학교를 마친 그는 아버지 뜻에 따라 1835년, 열일곱 살에 본Bohn 대학 법학부에 입학했다. 정열적인 혁명가 마르크스의 면모는 대학 시절에 유감없이 드러났다. 그는 뛰어난 학생이었다. 어느 누구도 따라가지 못할 이해력으로 다양한 분야의 책을 미친 듯이 읽어 나갔다. 혁명가는 가슴도 뜨거운 법. 그의 대학 생활은 파란만장했다. 수많은 시詩로 격한 감정을 표현하는 것으로도 모자라 다른 학생과 결투를 벌이다가 부상을 입기도 했다. 고성방가 및 음주 혐의로 학생 감옥에 투옥되기까지 했단다. 사랑에 대한 열정도 남달랐는지 베스트팔렌 남작의 딸인 예니와 약혼까지 했다.

마르크스의 대학 생활은 누가 보더라도 모범적이지 않았다. 보다 못한 아버지는 '학자 차림으로 망나니짓을 하는 아들'을 다시 최고의 대학이었던 베를린 대학으로 보내 버린다. 마르크스는 베를린 대학에서 두 학기를 보냈는데, 여기서도 역시 모범생은 아니었다. 수업은 거의 듣지 않고 그나마 들은 수업도 법학보다는 철학이나 역사학 강의가 많았다.

이 시기에 그가 헤겔 사상에 깊이 빠져들었다는 점은 주목할 만하다. 헤겔의 사상은 신을 부정하고 인간의 자유를 강조했다는 점에서는 급진적이지만, 이성적인 법칙과 법률의 질서를 강조했다는 점에서는 보수적이다. 그래서 헤겔의 추종자들은, 헤겔 이론에서 사회변혁의 가능성을 찾으려 하는 청년 헤겔파와, 반대로 변혁으로부터 사회를 지키려는 노장 헤겔파로 나뉘었다. 마르크스는 청년 헤겔파에 속했고, 졸업할 무렵에는 이미 이 부류의 사람들 가운데 상당한 위치에 올라 있었다.

하지만 그는 여전히 학교 생활에 제대로 적응할 수 없었다. 1841년, 마르크스는 또다시 예나 대학으로 옮겨 갔다. 여기서 그는 수업을 단한 번도 듣지 않고 철학 박사 논문을 제출해 학위를 받았다. 수업을 전혀 듣지 않고도 박사 학위를 받았다는 점을 보면, 그가 얼마나 뛰어난 사람이었는지 미루어 짐작할 수 있겠다. 그는 수많은 책을 끊임없이 읽고 사색하면서 밤낮으로 토론했다. 냉철하면서 동시에 정열적인 마르크스의 면모 때문에, 청년 헤겔파 사람들은 그를 '이념의 황소 머리'라고 불렀다. 졸업 후 그는 대학교수가 되기를 원했지만 자리를 구할 수는 없었다. 청년 헤겔파의 철학을 위험하다고 여긴 독일 정부가 이들을 대학에서 쫓아내려고 했던 까닭이다. 마르크스는 결국 대학교수의 꿈을 포기하고 언론인의 길을 택하게 된다.

능력만큼 일하고 필요만큼 소비하는 사회

1842년, 스물네 살의 젊은 마르크스는 급진적인 〈라인 신문〉의 편집장이 되었다. 그는 언론인으로서도 소질이 있었다. 편집장을 맡자마자 판매 부수가 껑충 뛰었다. 이 신문이 인기를 끈 이유는 정부가 두려워 감히 하지 못했던 과격한 주장을 서슴없이 해 댔던 탓이다. 당연한 결과였겠지만, 격분한 국왕은 신문을 '라인 강의 창녀'라고까지 몰아세우며 폐간을 명했다. 그가 편집장을 맡은 지 1년 만이었다. 직접적인 원인은 모젤 지방 포도 재배 업자들의 궁핍한 생활을 다룬 기사였는데, 뒤에 학자들은 이 기사가 마르크스가 순수 철학과 정치 문제에서 경제 문제로, 다시 사회주의로 눈을 돌린 최초의 계기가 되었다고 평가한다. 이때 마르크스는 현실적인 경제 문제 해결에 헤겔의 관념론이 아무런 도움이 되지 않는다는 점을 깨달았고, 서서히 청년 헤겔파 동료들과 멀어졌다.

그러나 마르크스가 괴로워한 흔적은 발견되지 않는다. 오히려 젊은 마르크스는 자신의 표현대로라면 마침 '사랑으로 곤두박질치고 있었기 때문에' 오히려 한가해졌음을 다행으로 여기며 예니와 결혼식을 올렸다. 약혼한 지 7년 만이었다. 그리고 사회주의자들이 많이 모여 있던 프랑스 파리로 떠났다.

사회주의는 공산 사회의 실현을 목표로 한다. 공산 사회란, 모든 사회 구성원들이 함께 일하며 내 것과 네 것의 구분 없이 재산을 공유하는 사회이다. 나중에 마르크스는 이 사회의 특징을 '능력만큼 일하고 필요한 만큼 소비하는 사회'라고 명확히 한 바 있다. 많은 사상가들이 '빈익빈 부익부'로 요약되는 심각한 사회 갈등과 노동자·농민의 궁핍한 삶을 극복하는 대안으로 사회주의를 생각했다. 하지만 실현 가능한 것은 별로 없었다. 가진 자들의 재산을 빼앗아 가난한 노동자들에게 나누어 주자는 식의 극단적인 폭력성을 띠거나, 아니면 지나치게 관념적인 나머지 현실에서는 도저히 이루어질 수 없는 주장들이곤 했다.

그럼에도 마르크스는 사회주의자들과의 결합을 시도했다. 그런 노력 중 하나로 마르크스는 1843년, 파리에서 독일인 친구와 함께《독일·프랑스 연감》을 발간했다. 이 잡지는 결국 프랑스 쪽 협력자를 구하지 못했을뿐더러 상업적으로도 성공하지 못해서 창간호만 내고 폐간되고 만다. 나중에 마르크스는 유행하던 여러 사회주의 논의들을 '공상적 사회주의'라고 부르며 비판했다. 자본주의의 본질과 미래에 대한 이상을 밝히고 있지만, 뚜렷한 대안이 없음을 지적한 것이다. 그는 자신의 사상을 '과학적 사회주의'라고 불러 공상적 사회주의와 구분한다. 즉 그는 관념적이거나 추상적인 논의가 아닌, 사회에 대한 냉철한 분석에서 시작하여 공산 사회를 현실에서 이루는 구체적인 대안을 내놓으려고 했다.

《경제학·철학 수고》,《독일 이데올로기》등 이 무렵 마르크스가 쓴 책에서는 과학적 사회주의 이론이 구체적인 형태를 갖추기 시작했다. 먼저 그는 역사에 대한 헤겔의 관점에 주목한다. 헤겔은 역사를 '절대정신의 자기실현 과정'으로 규정했다. 우리가 모르고 있어도, 역사는 어떤 정신적인 힘에 의해 하나의 이상을 향해 부단히 나아가고 있다는 거다. 마르크스도 역사가 한 방향으로 끊임없이 발전해 간다는 주장을 받아들인다. 그가 생각하기에 그 발전의 종착점은 모두가 같이 일하고 똑같이 잘사는 공산 사회다.

하지만 그는 역사 발전의 원동력에 대해서는 헤겔과 전혀 다른 생각을 갖고 있었다. 역사를 변화시키는 것은 헤겔이 말한 절대정신이 아니라, 경제적·물질적인 발전이다. 맷돌이 봉건영주의 사회를 만들고 증기기관이 산업자본가의 사회를 가져오는 것이지, 우리가 알 수 없는 어떤 정신적인 힘이 역사를 만드는 것은 아니라는 지적이다. 그는 '철학은 이제 거꾸로 세워져야 한다'라고 주장했다. 정신적인 기준이 아닌 물질적이고 경제적인 기준에서 역사를 바라보아야 한다는 말이다. 이렇듯 역사를 물질의 관점에서 파악하기 때문에 마르크스는 유물론자唯物論者라 불린다.

또한, 마르크스는 인간도 물질적인 관점에서 바라보았다. 그에 따르면 인간의 본질은 정신이 아닌 '노동'에 있다. 인간은 노동을 통해 자신을 실현시켜 나가기 때문이다. 그럼에도 자본주의 산업사회는 노동을 비인간적인 것으로 만들어 인간을 소외시키고 있다. 예컨대 자기 땅에서 열심히 농사를 지은 농부는 자신의 노동으로 키운 작물에서 자부심을 느낀다. 그러나 노예는 다르다. 노예는 죽지 않기 위해 일하므로 노동은 그저 고통일 뿐이다. 산업사회는 사람들의 노동을 노예의 노동같이 만들어 버렸다. 노동자들이 생산한 물건은 대부분 그 자신의 능력으로는 살 수도 가질 수도 없다. 노동은 다만 생계를 위해 치러야 하는 고통일 뿐이다. 이런 뜻에서 인간은 노동에서 소외되어 있다.

나아가 산업사회는 사람과 사람의 관계도 소외시켜 버린다. 사람들은 다른 사람의 노동을 그 자체로 보지 않고 돈으로 사고팔 수 있는 상품으로만 여긴다. 이런 사회에서 사람은 결코 사람답게 살 수 없다. 마르크스는 이런 비인간화된 상황에서 벗어나는 유일한 길은 사유 재산을 없애는 것이라고 생각했다. 사람들이 다른 이들의 삶과 노동을 소유해야 하는 것이 아닌 '그 자체로 가치 있는 것'으로 바라볼 때 비로소 인간다운 사회는 가능해진다. 그리하여 마르크스는 다음과 같이 선언했다. "지금까지 철학자들은 세계를 서로 다르게 해석해 왔을 뿐이다. 이제 중요한 문제는 세계를 변화시키는 것이다."

엥겔스, 평생의 동반자

마르크스의 사회주의는 파리에서도 체제 전복을 노리는 위험한 사상으로 여겨지기 시작했다. 결국 1844년, 스물여섯 살의 이 혁명적 지식인은 파리에서 추방되고 만다. 그렇지만 마르크스는 파리에서의 짧은 체류를 통해 엥겔스라는 평생의 동지를 얻었다. 그는 마르크스를 위해 태어난 듯한 사람이었다. 엥겔스는 큰 방적 공장 사장의 아들이었다. 그래서 마르크스에게 자본주의 경제가 어떻게 움직이는지에 대한 실제적인 지식을 줄 수 있었다. 나아가 마르크스가 죽을 때까지 경제적인 도움을 아끼지 않았다. 또, 엥겔스는 마르크스가 죽은 뒤 그의 사상을 체계적으로 정리해 세상에 소개한 사람이기도 하다.

1847년, 이 두 사람을 비롯한 17명의 사회주의자들은 사상의 자유가 비교적 보장되어 있던 브뤼셀에서 공산주의자 동맹을 만들었다. 그즈음 완성된 원고가 '전 세계 노동자여 단결하라!'라는 유명한 문장으로 끝나는 《공산당 선언》이다. 여기서 마르크스는, 국가란 한 계급이 다른 계급을 억누르기 위한 착취의 도구라고 보고 모든 노동자가 단결하여 투쟁하라고 호소한다. 그런데 때마침 프랑스에서 기다리고 있었다는 듯 노동자들이 혁명(2월 혁명)을 일으켰다. 프랑스에서 일어난 혁명

> **엥겔스**
> (Friedrich Engels, 1820~1895) 독일의 경제학자·철학자·정치가. 마르크스의 이론적·실천적 활동을 경제적으로 지원했으며 마르크스주의 보급에 노력하였다.
>
> **2월 혁명**
> 1848년 2월, 프랑스에서 일어난 혁명. 왕정에 반대한 시민들이 봉기하여 결국 국왕 루이 필리프가 왕위에서 물러나 망명하고 제2공화국이 성립되었다. 전 유럽에 자유주의 혁명의 기운을 퍼뜨렸다.

의 기운은 독일에까지 영향을 미쳤다. 마르크스는 급히 조국 독일로 돌아가서 〈신 라인 신문〉을 발간했다. 혁명을 촉진하기 위해서였다. 그러나 혁명의 기미는 곧 가라앉아 버리고 마르크스는 또다시 추방되었다.

《자본론》, 과학적 사회주의의 탄생

갈 곳 없는 추방자는 이번에는 런던으로 향했다. 마르크스는 혁명의 불씨가 다시 일어나 곧 독일로 돌아갈 수 있으리라 생각했지만, 세상일은 그의 뜻대로 되지 않았다. 슬프게도 그는 죽을 때까지 영국에서 살 운명이었다.

런던 생활의 가장 큰 특징은 '너무 가난했다는 것'이었다. 마르크스는 항상 파산 직전에 놓여 있었으며, 가진 돈이 모두 떨어져 '못으로 벽에 박지 않은 모든 것을 전당포에 맡기는 지경'에 이르게 되었다. 파산을 막아 준 유일한 버팀목은 엥겔스였다. 그러나 그의 경제적 지원에도 한계가 있어서 마르크스의 막내딸이 죽었을 때는 관을 살 돈조차 없었단다. 이토록 어려운 상황에서도 마르크스는 도서관에 파묻혀 산업사회를 해부하고 자본주의를 철저하게 규명하는 작업에 몰두했다. 그 결과로 나온 것이 바로 《자본론》이다.

《자본론》은 전체 3권으로 이루어져 있으나, 마르크스가 직접 완성한 것은 제1권뿐이다. 나머지 2, 3권은 그가 죽은 뒤 엥겔스가 남은 원고를 정리해 발표한 것이다. 이 책에서 마르크스는 왜 자본주의가 반드시 몰락하고 공산 사회가 올 수밖에 없는지를 철학·경제학 이론을 바탕으로 체계적으로 분석하고 있다.

분노한 노동자들
마르크스는 궁핍한 삶에 내몰린 노동자들이 혁명을 일으켜 모두가 평등한 공산주의 사회를 만들 수 있다고 보
았다. • 케테 콜비츠(Kathe Kollwitz), 〈직조공의 행진〉(1897).

자본주의는 자유경쟁을 원칙으로 한다. 경쟁이 심해지면 강한 기업
만 살아남고 약한 기업은 망하게 마련이다. 그리고 강한 기업은 경쟁
자들이 하나씩 없어짐에 따라 점점 더 강해진다. 그러다 보면 나중에
는 제일 강한 기업 하나만 시장에 남을 것이다. 그런데 경쟁이 심해지
고 망하는 기업이 늘어날수록 이익은 점점 줄어든다. 많은 기업이 도산
함에 따라 실업자가 점점 늘어나면 물건을 살 수 있는 사람들도 적어진
다. 그러면 물건 자체도 팔리지 않게 된다. 기업이 줄어든 이익을 보충
하는 유일한 수단은 노동자들의 임금을 깎아서 생산 비용을 낮추는 것
이다. 그러나 임금이 떨어질수록 노동자들의 삶은 더욱더 궁핍해지고
물건을 살 능력도 더 떨어지기에 이익은 다시 더 줄어든다. 그럴수록

기업은 임금을 더 깎게 된다. 이렇게 악순환이 계속된다. 악순환은 파탄 상태에 이른 대다수 노동자들이 극소수로 줄어든 기업주들을 폭력 혁명으로 제거하여 모두가 평등한 공산주의 사회를 이루는 것으로 끝을 맺는다. 이같이 《자본론》은 가진 자와 못 가진 자의 대립을 통해 역사가 발전하며 끝내는 공산주의에 이른다는 마르크스의 역사관을 철학·경제학 이론을 통해 증명하고 있다. 이로써 마르크스의 과학적 사회주의는 말 그대로 '과학적'이 되었다.

20세기 가장 큰 영향력

유명한 사람이 고생한 이야기는 입에서 입으로 전해질 때마다 실제보다 과장되게 마련이다. 많은 자료에서 마르크스의 최후를 매우 비참하게 전하고 있다. 하지만 그것은 사실이 아니다. 1864년, 마흔여섯 살 때 마르크스는 부모의 유산을 상속받아 경제적인 안정을 되찾았다. 몇 년 뒤에는 등록금이 비싼 사립학교에 딸들을 진학시켰다는 기록도 보인다. 이런 사실로 미루어 볼 때 그의 말년은 알려진 바처럼 비참하지는 않았던 것 같다.

그가 《자본론》을 완성하지 못한 이유는 가난과 고통 때문이라기보다는 지칠 줄 모르는 이념을 향한 사회 활동 때문이었다. 현실의 모순을 해결하기 위해 제1인터내셔널 등 사회주의 운동을 열심히 하느라 책을 쓸 시간이 없었던 거다.

1883년, 마르크스는 폐암으로 사망했다. 죽을 당시의 마르크스는 사회의 혁명적 변화를 꿈꾸는 재야 철

> **제1인터내셔널**
> 정식 명칭은 국제 노동자 협회. 1864년 런던에서 마르크스의 지도 아래 만들어진 세계 최초의 국제적인 노동자 조직.

학자에 지나지 않았다. 그러나 죽은 지 50년도 안 되어 그는 20세기에 가장 큰 영향력을 미친 철학자가 되었다. 1917년 러시아 혁명으로 소련이라는 세계 최초

러시아 혁명
1917년 10월 러시아에서 일어난 프롤레타리아 혁명.

의 사회주의 국가가 나타난 이래 20세기 말까지 세계 인구의 3분의 1이 마르크스의 공산 사회를 향한 실험에 뛰어들었다. 그런가 하면 마르크스를 위험하게 여긴 나머지 3분의 2는 '반공'이라는 이름으로 맞섰다. 한 세기 동안 전 세계가 그로 인해 둘로 나뉘어 대립했던 셈이다.

마르크스주의를 중심으로 한 세기 동안 지속된 대립은 1990년대에 구소련 등 사회주의 국가들이 무너지면서 막을 내렸다. 그리하여 지금은 많은 사람들이 마르크스주의를 실패한 사상, 시대착오적인 사상으로 간단히 넘겨 버리곤 한다. 그러나 철학은 시대의 산물이다. 마르크스가 아니더라도, 다수가 소외되고 비참한 삶을 살아가는 사회에서는 반드시 누군가가 고민을 거듭하여 현실을 변화시키는 사상을 만들어 낼 터다.

우리가 사는 세상에는 마르크스가 살았던 19세기 말 노동자들만큼이나 비참한 삶을 꾸리는 이들이 여전히 많다. 빈익빈 부익부라는 자본주의 체제의 문제가 해결되지 않는 한, 마르크스의 사상도 여전히 의미 있다. 마르크스의 사상은 철학사에서 거의 유일하게 지식인이나 지배 계층이 아닌 소외된 사람들의 입장에서 세계를 바라보고 해석한 사상이었다. 폭력 혁명의 요소는 사라졌지만 진보나 혁신을 내세우는 수많은 마르크스주의적 사상들이 아직도 호소력을 갖는 이유가 여기에 있다.

철학
실험실

바람직한 국가 어젠다는?

마르크스는 《공산당 선언》에서 '가장 선진화된 나라에서는 다음과 같은 것들이 일반화될 것'이라고 말한다. 그가 생각하는 '선진국의 국가 어젠다'인 셈이다. 마르크스가 제시한 다음 항목 중에서 동의할 수 있는 것과 없는 것을 가려 보라. 그리고 왜 그렇게 생각하는지 설명해 보라.

1) 모든 토지를 몰수하고, 모든 지대地代를 국고에서 지급

2) 누진세의 세율을 높이는 것

3) 상속권의 전면 폐지

4) 망명자들과 반역자들의 재산 몰수

5) 시장을 국가가 독점, 국가 신용을 국립 은행에 집중시킴

6) 운송수단의 국유화

7) 국영 공장 확대, 공동 계획에 따른 토지 개간

8) 모두에게 평등한 노동 의무를 부과, 산업과 농업을 위한 군대 육성

9) 농업과 공업을 통합, 도시와 농촌 사이의 격차 해소

10) 모든 아동에 대한 사회적 무상 교육, 아동들의 공장 노동을 폐지. 교육 활동과 생산 노동의 결합

29

허무를 딛고 일어선 초인

니체

철학의 카피라이터

백 마디로도 힘든 말을 단어 하나로 감동적으로 표현하는 경우가 있다. 이럴 때 낱말 하나는 백 마디 말보다 훨씬 호소력 있다. 논리를 뛰어넘어 가슴에 곧바로 파고드는 까닭이다. 이런 말들은 아무나 쉽게 생각해 내지 못한다. 촌철살인寸鐵殺人의 말들은 재치와 지혜뿐 아니라, 오랜 경험과 사색이 쌓인 뒤에야 비로소 나온다.

니체Friedrich Nietzsche, 1844~1900는 수백 권의 책으로 설명해야 할 내용을 불과 몇 구절만으로 표현할 줄 아는 철학자다. 그의 글을 읽다 보면 길고 정교한 논리는 오히려 하찮게 여겨진다. 니체는 망치를 들고 철학을 하는 것처럼 짧고 강렬한 아포리즘으로 신앙이나 도덕처럼 우리가 당연

> **아포리즘**
> (Aphorism) 깊은 진리를 짧게 표현한 글. 금언, 격언, 잠언, 경구 등.

하게 받아들이는 가치들을 사정없이 부수어 버린다. 그러고 나선 자신의 책 제목처럼 인간적인, 너무나 인간적인, 억압되지 않고 건강하며 생동감 넘치는 삶의 방식을 새롭게 내놓는다.

아포리즘으로 가득 찬 그의 말들은 니체를 정확히 이해했다는 표현 자체가 멋쩍을 정도로 여러 가지로 해석될 수 있다. 심지어 서로 모순되기까지 한다. 그런데도 그의 글은 《성경》과 비슷한 감동을 준다. 전체를 읽지 않아도, 마음을 파고드는 경구들 하나하나만으로도 생활 속에 무뎌진 감수성과 생명력을 일깨운다는 뜻이다. 진정 니체는 짧은 몇 마디만으로도 큰 가르침을 전달하는 철학의 카피라이터라 할 만하다.

꼬마 목사님

니체는 1844년 독일 작센 주의 한 시골 마을 뢰켄에서 태어났다. 아버지는 목사였으며 어머니 역시 인근 마을 목사의 딸이었다. 따라서 집안 분위기는 무척 경건했다. 그가 태어난 지 다섯 해 만에 아버지가 숨을 거두고 연이어 어린 남동생도 병으로 죽었다. 그 바람에 니체는 완고한 할머니와 고모들, 어머니와 여동생 등 여자들에게 둘러싸여 자라게 되었다. 아버지가 세상을 떠나자, 니체 가족은 할머니의 뜻에 따라 나움부르크로 이사를 갔다. 이런 환경 변화가 어린 그에게 무척 부담스러웠나 보다. 아버지의 죽음 뒤 심해진 자식들에 대한 어머니의 집착뿐 아니라, 여자들 사이에서 나타나는 크고 작은 갈등은 니체를 힘들게 했다. 그의 사상에 줄곧 나타나는 강인함, 힘 같은 남성다움에 대한 동경은 불행했던 어린 시절에서 비롯된 듯싶다.

니체는 무척이나 경건하고 섬세한 아이였다. 그는 듣는 사람이 눈물을 흘릴 만큼 《성경》 구절을 감동적으로 읽어서 '꼬마 목사'라 불렸단다. 시와 음악에도 재능을 보여, 이미 열 살 무렵에 시와 짧은 곡들을 써내곤 했다. 하지만 이 섬세하고 자존심 강한 아이는 또래들 특유의 난폭하고 거친 세계에는 잘 적응하지 못했다. 그는 어렸을 때부터 벌써 고독과 사색을 즐겼던 것이다.

어린 니체는 공부도 꽤 잘해서, 열네 살 때는 유명한 슐포르타 학교에 장학생으로 들어갔다. 이곳에서도 그는 수학을 제외한 모든 분야에서 뛰어난 성적을 올렸다. 아쉽게도 그는 문제아는 아닐지라도 상담이 필요한, 사교성이 부족한 학생이었던 것 같다. 우리는 주변에서 종종 자존심이 너무 강해서 친구들과 잘 어울리지 못하고, 자신은 남들과 다른 고귀한 인간이라고 생각하는 고독한 학생들을 보곤 한다. 니체는 그런 부류였던 듯싶다. 니체는 항상 자신을 존경하고 높이 받드는 소수의 친구들과만 사귀었고 줄곧 시와 음악의 세계에 빠져 지냈다.

운명적 만남

1864년, 니체는 본 대학에 입학했다. 치기 넘치는 스무 살 나이에 걸맞게 니체는 한동안 맥주와 결투로 상징되는 독일의 낭만적인 대학 생활에 젖어 보려고 했다. 하지만 그는 항상 새로운 환경에 적응하는 데 서툴렀고 사람을 사귀는 데 익숙하지 못했다.

1865년, 니체는 유명한 문헌학자인 리츨을 좇아 라

> **리츨**
> (Albrecht Ritschl, 1822~1889)
> 프로테스탄트 신학자이자 자유주의 신학의 거두. 하느님의 나라를 지상에서 실현시키는 데 기독교의 사명이 있다고 강조했다.

이프치히 대학으로 옮겨 갔다. 그곳에서 고전을 다루고 연구하는 문헌학에 빠져 들었다. 또한, 이 시기에 그는 사상적으로 쇼펜하우어에게 매료되었다. 한 시골 서점에서 오래된 쇼펜하우어의 책, 《의지와 표상으로서의 세계》를 보고 어둡고 음울한 이 철학자에게서 강한 충격을 받았단다. 쇼펜하우어는 세상은 결코 합리적이지 않으며 맹목적인 삶의 의지가 지배할 뿐이라고 털어놓는다. 또한, 보통 사람들을 속물이라고 매도하고 자신과 같은 천재들은 유별나기에 사회적인 접촉을 끊고 산다고 주장했다. 이런 말들은 가뜩이나 고립적이고 자부심이 강했던 니체의 성격과 꼭 맞았다.

1867년, 니체는 군 복무를 위해 포병 기마대에 입대했다. 훈련 도중 말에서 떨어져 가슴에 중상을 입는 바람에 군 생활은 오래가지 못했다. 이루지 못한 것은 더 절실하게 마련이다. 니체의 사상에는 무사적 기질, 잔혹성, 엄격한 자기 규제와 인내 등 군대 냄새 풍기는 개념들이 자주 등장한다. 아마도 이 짧은 군 생활이 어린 시절부터 품어 온 남성다움에 대한 동경을 더욱 강하게 해 주었으리라.

제대 후 니체는 곧바로 라그치히 대학으로 돌아왔다. 그는 문헌학에 매우 뛰어난 재능을 보였다. 자료에 대한 엄밀한 분석과 설명을 요구하는 문헌학의 작업은 니체가 어릴 적부터 갖고 있었던 기독교 신앙을 의심하게 만들었다. 깊은 반성 없는 무조건적이고 감성적인 신앙은 정밀하고 냉철한 이성 앞에서 버티어 낼 수 없었다. 이즈음 니체는 어떤 모임에서 위대한 음악가 바그너와 운명적으로 만났다. 최고 권위를 누리던 아버지뻘 되는 위대한 음악가와 점점 명성을 얻어 가던 풋내기 문헌학도는 둘 다 쇼펜하우어 사상에 열광하고 있다는 점에서 깊은 유대감을 느졌다. 바그너와의 우정은 이후 니체의 삶에 커다란 영향을 미쳤다.

재기 넘치는 술주정, 《비극의 탄생》

1869년, 니체는 리츨의 강력한 추천에 힘입어 불과 스물다섯의 나이에 바젤 대학 문헌학 교수로 초빙되었다. 지금도 그렇지만, 이는 당시로서도 매우 파격적이었다. 이 젊은 문헌학자는 항상 많은 학생들을 몰고 다니는 인기 절정의 강사였을 뿐 아니라, 학자로서도 상당한 자질을 보였다. 다른 유명 대학에서 스카우트 제의가 들어왔지만 거절할 정도였다. 니체는 평범한 대학교수가 말년에야 이룰 수 있는 일들을 20대 중반에 거의 이루어 놓았단다. 이 시기 그의 삶은 구름 한 점 없이 행복했다. 게다가 인근 시골 별장에 바그너가 살고 있었는데, 이곳에는 언제든지 니체가 쓸 수 있는 방 두 개가 마련되어 있었다. 바그너 가족과 니체는 가족같이 친밀하게 지냈다.

이 행복의 시기가 지난 후, 니체는 '끝없이 비판받고 무관심 속에 소외되는 고난의 가시밭길'로 들어서게 된다. 이는 다른 누구의 탓도 아니었다. 니체가 용감하게 자원한 것이다. 1871년, 스물일곱 살에 발표한 《비극의 탄생》이 출발점이었다.

이 책은 그리스 비극의 기원을 밝히려는 문헌학적 저술이다. 그는 그리스 예술을 '아폴론적인 것'과 '디오니소스적인 것'으로 나누었다. 태양신 아폴론은 질서와 조화, 명석한 이성과 합리성을 상징한다. 반면, 포도주의 신 디오니소스는 자유분방함과 도취, 격정과 황홀감을 나타낸다. 원래 그리스 예술에는 아폴론적인 이성과 디오니소스적인 감성이 잘 조화되어 있었다. 그러나 합리성과 질서를 중요하게 생각했던 소크라테스 이후, 사람들은 디오니소스적인 측면을 무시하고 이를 죄악으로 여겼다. 냉철하고 건조한 이성만을 중시했을 뿐, 열정과 도취, 쾌락이 삶에 주는 생명력을 잃어버린 것이다. 니체는 논리적 사고와 합리성만을 강조할 때, 유럽 문명은 병들고 타락하게 되었다고 주장했다. 건강한 생명력을 회복하려면 잊혀 왔던 디오니소스적인 자유로움과 열정을 불러일으켜야 한다. 이렇게 해 줄 수 있는 것은 바로 예술, 그중에서도 특히 음악이다.

《비극의 탄생》은 젊은 문헌학자 니체의 명성을 하루아침에 밑바닥으로 떨어뜨려 버렸다. 주장 자체가 파격적이었을뿐더러 문헌학에서 요구하는 엄밀한 자료 분석과 비교를 하지 않은 탓이다. 스승 리츨조차도 이 책을 '재기 넘치는 술주정'이라고 깎아내렸다. 니체의 고전학 강의에 참석하는 학생 수도 열 명 이하로 줄었단다.

사실, 기질로 보면 니체는 엄격한 분석과 논리를 따르는 문헌학자보다는 감성적이고 정열적인 시인에 가까웠다. 그는 정치적으로나 사회적으로나 독립적인 직위를 원했기에 교수직을 맡고 있었지만, 내면으로는 문헌학적인 작업들을 그다지 좋아하지 않았다.

노예의 도덕을 따르는 주인

바젤 대학 교수가 된 직후 니체는 프로이센-프랑스 전쟁에 간호병으로 참전했다가 전염병에 걸려 두 달 만에 다시 제대하고 말았다. 그 뒤부터 건강 상태가 악화되기 시작했다. 1879년, 서른다섯의 나이로 교수직을 그만둘 때까지 니체의 건강은 빠른 속도로 나빠졌다. 특히 두통, 경련, 시력 감퇴가 두드러졌다. 니체 특유의 아포리즘이 나타난 시기도 이때이다. 눈이 아파 오래도록 책을 보거나 글을 쓸 수 없었다. 그뿐 아니라 건강을 위해 쾌적한 곳을 찾아 끊임없이 여행을 해야 했다. 그래서 긴 주장보다는 짤막한 경구 위주로 책을 쓸 수밖에 없었다.

몸이 아프고 괴로우면 남을 배려하는 마음도 줄어드는 법이다. 그는 '사람들이 모두 자신에게 화를 내고 있다'고 툴툴거렸다. 실제로는 아마도 자신이 다른 사람들에게 화를 내고 있었을 터다. 이즈음 니체는 그토록 의지하고 좋아했던 바그너와도 결별하고 만다. 여러 가지 미묘하고 개인적인 오해와 갈등이 있었지만, 가장 결정적인 계기는 바그너가 기독교 정신을 찬양하는 〈파르시팔〉이라는 오페라를 작곡했기 때문이다. '꼬마 목사'였던 니체는 성인이 된 뒤 기독교를 누구보다도 증오하는 사람으로 변해 버렸다. 그는 바그너가 '십자가 앞에 무릎을 꿇어 버렸다'며 맹렬하게 비난했다.

그에 따르면 겸손, 순종, 친절, 동정 등 우리가 품고 있는 '선함'에 대한 생각은 기독교에 의해 왜곡되었다. 이는 노예들이 갖추어야 할 도덕일 뿐이다. 주인의 도덕은 원하는 대로 하는 것이다. 주인은 밝고 당당하며 거침이 없고 냉혹하다. 주인은 명예를 소중히 여기며 무엇보다도 자신의 의지를 중요하게 여긴다.

그러나 주인이 된 사람들조차도 지금은 노예들의 도덕을 따르고 있다. 아무리 영리하고 강하다 할지라도 노예처럼 자신의 힘을 감추며 겸손하지 않은 인간은 악하고 도덕적이지 못한 인간으로 평가받는 탓이다. 도덕은 강자를 약자처럼 만들어 버렸다. 약한 자의 품성과 덕목이 강한 자의 것보다 더 우월하다고 여겨지게 되었다. '약자의 원한이 세계를 지배하고 있는 것처럼' 말이다.

모두를 노예로 만들어 버린 주범은 바로 예수 그리스도이다. 그는 불구자, 악한, 부끄러운 병을 앓는 자, 범죄자들을 모두 주인과 같은 인간으로 보고 사랑하라고 했다. 그 결과, 인류는 모든 기준을 열등한 인간에 맞추어 버리고 말았다. 인류에게 중요한 과제는 모든 사람을 배려하는 것이 아니라, 좀 더 뛰어나고 강한 인간을 길러 내는 것이다.

모두를 위한, 그러나 아무도 위하지 않는 책

바젤 대학 교수직을 그만둔 뒤, 니체는 방랑자처럼 줄곧 건강을 위해 쾌적한 곳을 찾아 여행을 계속했다. 루 안드레아스 살로메 등 몇몇 여인들에게 사랑을 느끼기도 했지만, 마치 '사막에서 온 사람이 세속의 옷을 걸치고 있는 것처럼 사람을 사귀는 데 서툴렀던' 니체는 자신의 감정을 표현하는 데에도 세련되지 못했다. 결혼을 생각하고 열심히 노력해 본 적도 있지만, 모든 시도는 결국 '철학자에게 결혼은 코미디이다'라는 유명한 말로 끝맺고 만다.

1885년, 그는 인류의 기념비적 저작이라고 할 만한 《차라투스트라는 이렇게 말했다》를 펴냈다. 차라투스트라는 고대 조로아스터교의 창시자인 조로아스터를 독일어 식으로 읽은 말이다. 이 책의 차라투스트라는 실제 조로아스터와는 별 상관이 없다. 요새 표현으로 한다면, 유명인의 이름만 빌린 일종의 패러디 작품이다.

> **조로아스터교**
> 불을 신성시하고 유일신을 믿던 고대 페르시아의 종교.

책에서 그는 '최후의 인간'과 '초인超人'을 대비시킨다. '최후의 인간'은 쾌락과 만족에 빠져 지내며 종족을 남기겠다는 생각조차 잊을 정도로 모든 창조력을 잃어버리고 하루하루 살아가는 사람들이다. 특별한 꿈과 비전 없이 텔레비전 등으로 소일하는 현대인들은 대부분 최후의 인간인 듯하다. 더 높아지려는 열망을 품지 않는다면 우리는 무가치한 삶을 살아간 한 사람으로 영원히 잊히고 말 터다.

반면, 초인은 지성과 긍지로 가득 찬 사람이며, 넘치는 생명력으로 끊임없이 스스로의 한계에 도전하며 더 높은 곳으로 자신을 끌어올리는 사람이다. 그는 투사와 같이 위험을 무릅쓰고 투쟁하며 자신의 운명을 개척한다. 그는 소심하지 않고 끝없이 위대함을 갈망한다. 주인의 도덕을 따르는 그에게는 선과 악조차 중요하지 않다. 인간은 동물과 초인 사이에 놓인 사다리이며, 인류의 역사는 초인의 탄생을 향한 역사이다.

니체는 《차라투스트라는 이렇게 말했다》에 '모두를 위한, 그러나 아무도 위하지 않는 책'이라는 소제목을 붙였다. 인류 전체를 위해서는 위대한 예언이지만 그 시대 사람들에게는 너무도 엄청난 내용이라 받아들여지지 못하리라는 뜻이다. 그는 이 책을 쓰고 매우 만족하여 독일어의 수준을 한 단계 끌어올렸다고 자부했다.

기대와는 달리 사회적 반응은 냉담했다. 선뜻 나서는 출판사가 없어 결국 자신이 직접 돈을 대어 책을 내야 했고, 그나마도 증정본을 빼고는 거의 팔리지 않았다. 그 뒤 그는 매우 빠른 속도로 《선악의 건너편》, 《도덕의 계보학》 등 여러 권의 책을 써 내려갔지만 마찬가지로 별다른 반응을 얻지 못했다. 그는 점점 더 우울과 고독 속으로 빠져들어갔다.

파국, 농락당하는 초인

1888년, 마흔네 살의 니체는 한 해 동안에만 여섯 권의 중요한 책을 써냈다. 이 작품들에서는 왠지 광기가 느껴진다. 《이 사람을 보라》에 그는 '나는 왜 이리 영리한가', '나는 왜 하나의 운명인가'라는 엄청난 소제목들을 붙였으며, 스스로를 인류 역사를 뒤바꿀 초인으로 부각시키고 있다.

1889년, 니체는 파국에 이른다. 광장에서 마부에게 매를 맞고 있는 말을 끌어안고 울다가 갑자기 졸도해 버렸다. 그는 마침내 미쳐 버렸고 1900년, 쉰여섯의 나이로 숨을 거둘 때까지 온전한 정신을 회복하지 못했다.

어머니가 돌아가신 뒤, 그의 누이동생 엘리자베트가 미친 니체를 돌보았는데, 이 누이는 니체를 유명하게 만들어 놓았다. 그녀는 신속하게 '니체 문헌 보관소'를 만든 뒤, 니체의 글을 체계적으로 모으고 편집하여 출판했다. 그녀는 니체의 글을 의도적으로 생략하거나 과장함으로써 시대가 요구하는 입맛에 맞추어 내놓았다. 비로소 니체는 유명해지기 시작했지만 정작 그 자신은 이 사실을 알 수 없었다. 현대의 니체 연구자들은 그의 책들이 누이동생 엘리자베트에 의해 상당수 의도적으로 왜곡되었다는 사실을 밝혀내고 있다.

엘리자베트는 말년에 히틀러를 '초인의 전형'으로 치켜세우기도 했다. 니체의 초인 사상은 인종차별주의와 엘리트에 의한 독재를 정당화해 주는 이론으로 오해받기도 했다. 그리고 '신은 죽었다'라는 니체의 유명한 말은 기독교 신자들이 그를 적으로 여기게 했고, 도덕에 대한 신랄한 비판은 그를 타락하고 비윤리적인 철학자로 만들었다.

하지만 그가 말하려 했던 것은 도덕의 파괴도, 인종 차별주의도 아니었다. 니체가 강조한 점은 오히려 사회적으로 주어진 규범에 주눅 들지 말고, 삶을 긍정하면서 주어진 운명을 꿋꿋하게 개척해 나가라는 것이었다. 그는 건강하지 못한 생애를 통해 오히려 건강한 삶이란 어떠해야 하는지를 적극적으로 모색하고 제시한 철학자였다. 그가 생명과 삶을 적극적으로 긍정한 생철학자로 평가 받는 이유다.

> **생철학**
>
> (生哲學) 계몽철학의 주지주의와 헤겔의 이성주의적 관점을 비판하고 비합리적인 것과 의지를 중시한 사상. 생철학자들은 '생(生)'이란 고정된 것이 아니라 항상 역동적으로 변화하는 것으로 이해하였다. 그러므로 이들은 직관적이며 비합리적인 방법을 통해 생의 의의나 가치 또는 본질을 찾으려 하였다.

철학자의 뒤안길

니체가 눈물을 흘릴 때

정신과 의사이자 작가인 얄롬은 《니체가 눈물을 흘릴 때》라는 재미있는 소설을 썼다. 루 살로메에게 실연당한 니체가 정신분석가 브로이어 박사에게 치료를 받는다는 설정이다. 니체와 브로이어는 상담을 통해 서로가 구원을 얻는다. 니체는 정신분석학에서, 브로이어 박사는 니체의 철학에서.

소설은 이야기 이상으로 많은 생각거리를 안긴다. 정신의학의 연구물 중에는 니체의 작품들을 광기의 표현 정도로 깎아내리는 것들이 제법 있다. 니체의 말들이 뭔가 심오해 보여도, 실은 정신분열과 과대망상, 그리고 매독의 증상일 뿐이라는 거다. 반면, 빅터 프랭클 같은 정신과 의사들은 철학으로 정신분석이 채우지 못하는 부분을 메운다. 올곧은 삶의 가치관과 비전을 말이다. 칸트의 표현을 빌린다면, "철학 없는 심리학은 맹목이고, 심리학 없는 철학은 공허하다."라고 말할 수 있지 않을까?

30

지식은 도구다

듀이

격식보다 실익을!

미국은 분명 '양반'들의 나라는 아니다. 미국인들은 뼈대 있는 가문의 사람이라면 지킬 것이 분명한 격식이나 예절을 곧잘 무시한다. 미국인들 사이에서는 어린 학생이 70대 노교수의 이름을 친구 부르듯 불러도 전혀 이상하지 않으며, 필요하다면 처음 보는 사람에게 자신의 생각을 직접 표현해도 실례가 되지 않는다. '격식보다는 실익을!' 미국적 사고방식을 한마디로 표현한다면 이렇게 정리할 수 있지 않을까.

실용성과 이익을 최고의 가치로 여기는 이들은 대부분 이기적이며 천박하다는 평가를 듣게 마련이다. 국가나 사회도 마찬가지다. 하지만 미국의 경우를 보면 반드시 그렇지도 않다. 미국은 세계에서 가장 문명화된 나라로 여겨진다. 최고의 경제력과 군사력 못지않게 민주주의가 가장 발전해 있을뿐더러 인권 상황도 안정되어 있다. 미국은 양반들의 나라는 아닐지라도 돈만 알고 정신과 문화는 없는 천박한 나라는 아닌 듯싶다. 실용적 가치를 중요하게 여기지만, 인간의 존엄성과 도덕성도 가슴속 깊이 새기고 있다.

황무지에서 시작된, 역사가 200여 년밖에 안 된 뿌리 없는 나라 미국이 어떻게 정신적 가치와 도덕성을 갖출 수 있었을까? 물론 그 기원은 처음 미국에 정착한 신앙심 깊은 청교도 이주민들의 철학까지 거슬러 올라간다. 또한, 청교도들의 경건함을 미국적 합리성이라 할 이익 추구 정신과 결합해 낸 미국 철학자들의 역할도 무시할 수 없다. 그 철학자들을 보통 실용주의자라고 부르는데, 존 듀이 John Dewey, 1859~1952는 그들의 대표 격이다. 듀이는 미국이 아직 세계의 변두리에 지나지 않던 남북 전쟁 직후에 태어나서, 두 번의 세계 대전을 거쳐 조국이 초강대국으로 떠오른 1950년대까지 살다 간 사람이다. 90여 년의 긴 생애 동안 듀이의 철학과 교육관은 미국 전체에 널리 영향을 미쳤고, 그의 말과 행동은 곧 미국의 국가철학이다시피 했다. 그는 지금까지도 '가장 미국적인 철학을 만든 미국의 철학자'로 평가받는다.

실용주의

19세기 후반 미국에서 일어난 실용주의는 영국 경험론의 전통을 이은 철학 사조로, 진리는 쓸모와 유용성을 바탕으로 해야 한다는 것을 주 내용으로 하고 있다.

남북 전쟁

1861년 미국에서 노예제도의 폐지를 주장하는 북부와, 존속을 주장하는 남부 사이에 일어난 내전.

책을 좋아하는 소심한 소년

듀이는 1859년 미국 동북부 버몬트 주의 작은 도시 벌링턴에서 태어났다. 아버지와 어머니는 모두 영국 이주민의 후예였다. 아버지는 원래 농부였는데 듀이를 낳을 무렵에는 식료품 상점을 운영하고 있었단다. 당시 미국의 동부 지방은 이주민 정착의 역사가 이미 100여 년을 넘어서고 있었다. 따라서 아직 개척 중이었던 서부를 '자랑스럽게 무시할 만큼' 안정된 상태였다. 그럼에도 벌링턴은 듀이 연구자들의 표현대로 무기력한 동부에 가까웠다. 이 도시는 결코 부유한 축에 들지 못했고 듀이의 집안 또한 그다지 여유 있는 편이 아니었다. 식료품 상인의 아들 듀이는 어린 시절부터 농장 일과 신문 배달, 목재 세는 일 등을 해야만 했다. 친구들도 마찬가지 형편이었는데, 듀이는 자신의 처지에 전혀 불만이 없었던 듯하다. 뒷날, 그는 삶을 배우는 데는 그 같은 환경이 이상적이라고 주장하기까지 했다. 생계의 일부를 떠맡으면서 일찍부터 책임감과 성실함을 기른다는 게 그 이유다. 이처럼 '책임을 통한 학습'을 강조하는 듀이의 교육관은 어린 시절의 경험에서 비롯되었다. 또한 그는 일하지 않고 책만 보는 책벌레들을 싫어했다. 진정한 학문과 삶의 가치는 사회 구성원으로서 노동을 나눌 때 얻어진다고 생각했기 때문이다.

듀이는 책 읽기를 무척 즐기는 소심한 소년이었다. 부모는 교육열이 무척 강한 사람들이어서 아들 넷을 모두 대학에 보냈다. 당시로서는 아주 드문 일이었단다. 듀이는 1875년 15세의 나이로 버몬트 대학에 입학할 수 있었다. 버몬트 대학은 그가 졸업하던 해 동창생이 18명에 불과할 만큼 규모가 작은 대학이었다. 이 조그만 대학에서 듀이는 철학에 대해 처음으로 관심을 가졌다. 그러나 넉넉하지 못한 가정 형편 탓에 공부를 계속할 수는 없었다. 졸업과 동시에 펜실베이니아 주로 가서 교사 생활을 해야 했다.

지식은 도구다

듀이는 성실하고 훌륭한 교사였다. 그럼에도 3년 만에 교직을 그만 두었다. 교사로서의 자질 못지않게 학문적 재질이 뛰어났고, 학구열도 높았던 까닭이다.

그는 철학자였던 세인트루이스 교육감의 도움으로 1882년 〈사변 철학〉이라는 잡지에 논문을 실었다. 이 일을 계기로 직업 철학자로서의 자신감을 갖게 된 듀이는, 당시 미국에서 유일하게 대학원 과정을 운영하던 존스 홉킨스 대학에 진학하려 했다.

하지만 그는 처음부터 인정받는 철학도는 아니었다. 두 번이나 장학금을 요청했다가 모두 거절당하고 큰어머니에게 500달러를 빌려 간신히 입학할 수 있었단다. 사실 그의 글은 실용주의자라는 말이 무색할 정도로 난해하고 모호한 것이 많다. 실력은 있는데 문장력과 표현력이 모자라 논술 고사에서 번번이 낭패를 보는 학생들이 있는데, 입시생 듀이도 아마 이런 부류였으리라.

그는 존스 홉킨스 대학에서 조지 실베스터 모리스 교수의 지도를 받았다. 당시 철학 교수는 대부분 목사였는데, 모리스는 몇 안 되는 목사 아닌 철학 교수였단다. 신헤겔주의의 대표적 학자였던 모리스 교수에게서 듀이는 헤겔의 철학을 배웠다. 그리고 세계와 지식은 고정되어 있지 않고 변화하고 진보한다는 헤겔의 이론에서 감명을 받았다.

모리스 교수는 듀이의 철학적 자질을 높이 평가했다. 철학사 강의를 그에게 맡겼을뿐더러, 미시간 대학

> **신헤겔주의**
>
> 1870~1920년대까지 영국과 미국에서 특히 두드러졌던 관념론 철학. 헤겔 철학의 영향을 받은 신헤겔주의는 유물론과 공리주의에 대한 반감을 철학적으로 표현했다.

으로 옮기면서는 그를 철학 강사로 데려가기도 했다. 듀이는 그 뒤 10년 동안 미시간 대학 교수로 일하게 된다. 미시간으로 옮겨 오면서 그는 비로소 유럽의 영향이 강하게 남아 있는 미국 동부의 시각에서 벗어났다. 광활한 대지의 무한한 가능성이 듀이로 하여금 그야말로 미국적인 생각을 펼치게 했던 것이다. 이제 듀이는 관념적인 사유에서 벗어나 실용성에 바탕을 둔 새로운 사상을 펼쳐 보이기 시작한다.

학자들은 지식을 위한 지식을 추구하는 경향이 있다. 하지만 듀이는 생활에 변화를 가져오지 못하는 지식은 의미가 없다고 여겼다. '지구가 태양 주위를 돈다'라는 주장은 그 자체로는 중요하지 않다. 이 주장의 실제 가치는 사실인지 아닌지가 아니라, '태양이 지구 주위를 돈다'라는 주장보다 더 이로운 결과를 낳느냐에 있다. 한마디로 지식은 일상생활에 도움을 주는 도구일 때에만 가치가 있다. 이처럼 지식을 그 자체로 추구하지 않고 생활에 도움이 되는 수단으로 여기는 듀이의 견해를 '도구주의'라고 부른다.

도구는 시간이 지나면서 개선되고 진보하게 마련이다. 지식이라는 도구도 마찬가지다. 절대적으로 참되고 변하지 않는 지식이란 없다. 지식은 끊임없이 변하고 진화한다. 따라서 절대적인 진리를 추구하는 철학자들의 노력은 무의미하다. 우리는 이런 헛된 노력을 버리고 생활에 더 유익한 더 나은 지식을 추구해야 한다. 이러한 듀이의 지식관은 과학 지식을 강조하는 그의 교육관에도 잘 나타나 있다.

듀이의 지식관은 윤리에 대한 견해에도 그대로 적용되었다. 철학자들은 오랜 세월 동안 선이란 무엇인지, 윤리적인 사람이란 과연 어떤 모습인지에 대해 고민해 왔다. 그러나 윤리가 그 자체로 중요한 것은 아니다. 진정 가치 있는 것은 윤리 자체에 대한 탐구보다는 오히려 사람들을 도덕적으로 행동하게 하고 사회를 발전시키는 것이다. 또 절대적으로 윤리적이고 선한 것이란 없다. 윤리란 시대 상황에 따라 변하게 마련이다. 따라서 중요한 것은 무엇이 윤리적인지를 밝혀내는 것이 아니라, 지성을 최대한 발휘하여 각각의 상황에서 나 자신과 사회를 발전시키는 윤리적 판단과 행동을 하는 것이다.

그에게 가장 큰 영향을 미쳤던 실용주의자 윌리엄 제임스는 자기보다 17세나 어린 듀이를 '사상적 영웅'으로 부를 정도로 극찬을 아끼지 않았다. 이 사상적 영웅은 한발 더 나아가 사상 밖에서까지 영웅이 되어 갔다. 그 첫발은 시카고 대학 학장 취임이었다.

학생은 태양이다

1894년 듀이는 시카고 대학에서 철학, 심리학, 교육학 세 학과를 합친 학부의 학장으로 취임했다. 이때부터 그는 자신의 사상을 세상에 적극적으로 펼치기 시작한다. 대표적인 인권 운동 단체인 헐 하우스Hull House에 가입해 과학 문명과 기술 진보로 생긴 여러 가지 문제를 해결하는 데 적극적으로 뛰어들었을 뿐 아니라, 현실에서 힘을 행사하기 위해 노조 지도자들과 연대하기도 했다.

이 시기, 듀이의 최고 관심사는 교육이었다. 그는 교육적 이상을 실현하는 수단으로 대학 안에 '실험학교Laboratory School'를 열었다. 흔히 듀이 학교라고 알려진 이 학교는, 우리로 친다면 사범대학 부속 초등학교 정도 되겠다. 당시 미국의 교육은 주입식 교육이었다. 학생은 가르침을 받는 사람이다. 그러니 교실에서 선생님들의 말을 일방적으로 받아들이면 된다고 믿었다. 하지만 듀이는 '아동 중심 교육'을 강조했다. 그가 생각하기에 교육에서 가장 중요한 것은 학생의 경험이다. 학생은 스스로 생각하고 활동하는 존재다. 진정 효과적인 교육은 학생들에게 지식을 일방적으로 외우게 하고 이해시키는 것이 아니라, 다양한 경험을 주고 이를 통해 학생이 스스로 깨닫게 하는 데 있다. 듀이의 교육관은 '학생은 태양이고 다른 것은 행성에 지나지 않는다'라는 표현 속에 잘 나타나 있다. 교육의 주체는 교사도 학교도 아닌, 스스로 경험을 통해 깨달아 가는 학생이다.

또한 듀이는 민주주의의 신봉자였다. 그는 개인과 사회의 발전은 구성원들 간의 의사소통을 통해 이루어진다고 믿었다. 그는 학교를 '(사회를) 가장 단순화한 현실'로 보았다. 학교는 아이들에게 사회생활에 필요한 의사소통 방법과 윤리적 가치를 체득하게 하여 민주 사회를 이룰 수 있게 하는 가장 중요한 수단이다. 교육을 통해 사회의 점진적 개혁을 시도했던 셈이다.

안타깝게도, 학생 17명과 교사 2명으로 이루어진 이 소규모 학교는 7년 만에 문을 닫고 만다. 진보와 개혁을 주장하는 사람들은 권력을 가진 사람들의 눈 밖에 나는 법이다. 보수적인 시카고 대학 당국은 듀이의 시도를 못마땅해했다. 듀이는 실험학교 때문에 생긴 갈등을 견디지 못해 시카고 대학을 떠나야 했다.

서양의 공자

1905년, 듀이는 컬럼비아 대학으로 자리를 옮겼다. 이즈음 듀이는 말 그대로 '미국을 대표하는 철학자'가 되어 있었다. 가장 권위 있는 철학 학술지로 꼽히는 〈철학 저널〉은 그가 컬럼비아 대학에서 은퇴할 때까지 25년 동안 한 회도 빠짐없이 그의 글을 실었단다.

그의 사상은 컬럼비아 사범대학으로 유학 온 외국 학생들에 의해 전 세계로 퍼져 나갔다. 듀이의 명성은 멀리 동양에까지 알려졌다. 듀이는 직접 일본의 도쿄 대학과 중국의 베이징 대학, 난징 대학에서 강의를 하기도 했다. 특히, 중국에서는 불과 몇 년 사이에 중국의 사회 문제에 대한 30여 편의 논문을 발표하여 '서양의 공자'라는 칭호를 얻기까지 했다. 그럼에도 듀이는 결코 명예욕에 사로잡힌 사람이 아니었다. 베이징 대학에서 주는 명예박사 학위는 기꺼이 받았지만, 당시 제국주의적 침략을 거듭하던 일본 정부가 학술 훈장을 주려 하자 그는 일본이 '민주적이지 않다'는 이유로 단호하게 거절했다. 명성이 절정에 이른 상황에서도 건전한 비판 정신을 잃지 않았던 것이다.

듀이는 철학자의 진정한 역할은 공허한 관념을 둘러싸고 논쟁을 벌이는 데 있는 것이 아니라, 사회를 개혁하는 데 있다고 생각했다. 이러한 신념에 따라 듀이는 자신이 필요한 사회 문제에는 언제든지 뛰어들었다. 70세를 바라보는 나이에도 터키와 멕시코를 방문하여 교육 제도를 연구하기도 했고, 은퇴를 2년 남기고는 소련에서 강의를 했다. 1930년, 71세의 나이로 그는 대학 강단에서 은퇴했다. 그 후로도 그의 정력적인 활동에는 변화가 없었다. 그가 남긴 저술은 목록만도 170쪽이 넘

지식은 도구다 듀이

을 만큼 엄청나다. 그중 대부분은 60세 이후에 쓴 것이다.

또한 듀이는 평생 자신이 주장했던 일하면서 배우는 자세를 잃지 않았다. 82세가 된 해에도 직접 닭을 길러 아침마다 달걀을 거두었다는 이야기는 유명하다. 이런 일화도 전해진다. 언젠가 듀이는 잠시 머물던 고급 별장촌에서 아침마다 손수 받아 낸 달걀을 이웃에 주곤 했단다. 별장의 귀부인들은 허름한 차림으로 자전거를 타고 달걀을 가져오는 노인을 하찮게 여겼단다. 나중에 그들은 그 허름한 노인이 자신들이 그토록 만나고 싶어 했던 세계적 철학자 존 듀이라는 사실을 알고 매우 놀랐다.

배려가 담긴 실용주의

1952년, 듀이는 92세의 긴 생애를 마치고 눈을 감았다. 그는 분명 '유용성의 강조'로 요약되는 '가장 미국적인 철학을 만들었던 미국의 철학자'였다.

미국은 이제 세계를 좌지우지하는 나라가 되었다. 미국의 가치관은 세계 곳곳으로 퍼져 나가고 있다. 우리나라도 IMF 사태 이후 미국의 물질 중심·성과 중심주의의 가치관을 더욱 적극적으로 받아들였다. 연봉제, 스톡 옵션 등이 대표적인 예이다. 미국식 제도들은 언뜻 보기에 돈의 잣대로 모든 것을 바라보는 듯하다. 우리는 물질주의의 밑에 깔린 또 다른 미국적 가치를 놓쳐서는 안 된다. 그것은 인간 지성에 대한 믿음과 약자에 대한 배려가 담긴 민주주의의 신념이다. 듀이는 실용성

> **스톡 옵션**
> 기업에서 임직원에게 일정 수량의 자사 주식을 매입할 수 있게 하여 나중에 임의대로 처분할 수 있도록 한 것.

을 내세우면서도 끊임없이 이 점을 강조했다. 인간에 대한 배려가 없는 실용주의는 천박한 졸부의 사상일 뿐이다. 그런데 세계화라는 이름 아래 널리 퍼지고 있는 미국적 사고는 이 사실을 빠뜨린 듯하다. 이미 실용성이 제1의 가치가 되어 버린 자본주의 사회에서 우리가 듀이의 실용주의를 다시 새롭게 공부해야 하는 까닭은 여기에 있다.

철학 실험실

학교 없는 사회는 가능한가?

듀이는 교육에서 노동의 중요성을 강조했다. '책임'을 익힐 수 있다는 점에서다. 그렇다면 아예 학교를 거치지 않고 바로 생업 현장에서 교육이 이루어지면 안 될까? 사실, 학교라는 제도는 생긴 지 100여 년밖에 되지 않았다. 인류 역사에서 대부분의 사람들은 아버지의 생업 현장, 가정에서 자연스레 기술과 도덕을 익혔다.

이반 일리히는 '학교 없는 사회'를 주장한다. 그에게 학교는 전혀 쓸모없는, 부작용만 낳는 기관일 뿐이다. 학교는 사람들을 체계적으로 노예로 길들인다. 학업성취도에 따라 계급이 주어지고, 여기에 순종하도록 교육받는다. 그런데 평가는 예나 지금이나 가진 것 많은 가정의 아이들이 유리할 수밖에 없다. 그러니 학교란 차별을 정당화하는 기관에 지나지 않는다. 명문 학교 졸업장은 계급이 사라진 사회에서 새로운 귀족계급을 나타내는 증명서처럼 쓰인다.

앨빈 토플러도 《부의 미래》에서 이렇게 말한다. 학교는 100마일로 달리는 변화라는 고속도로에서 10마일의 속도로 거치적거리는 존재일 뿐이라고. 세계 어느 나라에서나 학교 교육의 경쟁력은 도마 위에 올라 있다. 그렇다면 학교를 아예 해체하면 어떨까? 교육을 가정과 직장의 몫으로 돌리면 안 되는가?

(31)

현재 프랑스 왕은
대머리이다?

러셀

가슴이 뜨거운 철학자

태어날 때부터 자신은 불행하다고 믿었던 귀족 소년이 있었다. 소년은 심각할 정도로 우울해서 다섯 살이 되었을 때 이미 '세상사에 지치고 죄악에 억눌려~'라는 찬송가 가사에 가슴 뭉클해했다. 자신이 일흔 살까지 산다고 하면, 이제 겨우 인생의 14분의 1을 살았을 뿐이라는 사실에 절망할 정도였다. 삶의 무의미함 때문에 계속 고뇌하며 자살 충동에 시달리던 소년은 열한 살 무렵에 비로소 구원의 빛을 발견했다. 그것은 다름 아닌 '수학'이었다. 소년은 보통 사람이라면 쳐다보기조차 싫은 복잡한 수식에서 즐거움을 느꼈고, 수학을 좀 더 잘 알고 싶은 욕망으로 삶의 무거움을 견뎌 냈다. 소년은 이성적인 만큼 감성적이기도 했다. 열네 살 무렵에는 여성에 대한 강한 욕망으로 정신을 집중할 수

처음 읽는 서양 철학사

없었고, 하녀를 유혹했다 망신을 당하기까지 했다.

엽기적(?)으로까지 보이는 이 범상치 않은 소년은 20세기 사상계에 큰 영향을 끼쳤던 철학자 버트런드 러셀Bertrand Russell, 1872~1970이다. 그는 러셀의 패러독스로 잘 알려진 뛰어난 수학자였다. 또한 철학자로서 논리학을 통해 수학의 기초를 세우려 했을뿐더러, 거꾸로 수학적 방법을 논리학에 도입하여 기호논리학이라는 분야에 큰 공헌을 남겼다. 20세기 철학계에는 언어의 엄밀한 분석과 정의를 통해 신과 자유, 존재 등 철학의 전통적인 문제들을 풀어 보려는 분석철학(언어철학)이 크게 유행했다. 분석철학을 한 폭의 그림에 비유한다면, 러셀은 논리학과 언어 분석 작업을 통해 그림이 그려질 도화지를 펼친 사람으로 평가할 수 있다.

러셀은 학문적 엄밀함에 목숨 거는 차디찬 학자에 그치지 않았다. 이미 소년 시절에 나타난 생활의 이중성은 죽을 때까지 사라지지 않았다. 학문의 세계에서 그는 지극히 냉철한 이성의 소유자였지만, 일상의 삶은 돈키호테를 떠올리게 할 만큼 열정적이었다. 그는 평생 네 번 결혼했고 요란한 사회 활동 탓에 두 번이나 감옥에 갔혔다. 또, 많은 재산을 물려받았으나 가난한 이웃과 사회 기구를 후원하느라 버스표 한 장 사기 어려운 생활을 하기도 했다. 그런가 하면 이 가난한 전과사는 1950년 노벨 문학상을 받는 극적 반전을 보이기도 했다. 굵직한 사회적 쟁점이 있는 곳이면 어디서나 러셀의 이름이 등장했고, 그에 대한 찬사와 비난이 엇갈렸다. 러셀은 철학자라기보다는 사회 활동가, 문필가, 방송

> **러셀의 패러독스**
>
> 러셀이 1901년에 주장한 집합론의 모순을 말한다. 예를 들어 어느 시골 마을에 스스로 자신의 머리를 깎지 않는 모든 마을 사람들의 머리만 깎아 주는 한 이발사가 있다고 치자. 이 이발사는 자신의 머리를 어떻게 해야 할까? 만약 이발사가 자신의 머리를 깎는다면 그는 자기 자신의 머리를 깎는 사람이다. 그러므로 그는 자신의 머리를 깎을 수 없다. 만일 자기 자신의 머리를 깎지 않는다면 그는 그가 깎아 주어야 할 마을 사람들의 집합에 속한다. 결국 어느 경우든지 그는 어느 쪽에도 속할 수 없다.

인으로 더 많이 알려져 있기도 하다.

첫사랑같이 아찔한 수학

러셀은 1872년 영국의 유명한 귀족 가문에서 태어났다. 귀족이긴 했지만 그의 가문은 반골의 색채가 강했다. 멀게는 17세기 스튜어트 왕가에 반란을 일으켰다가 처형된 윌리엄 러셀 경이 그의 선조이고, 가깝게는 1832년, 왕권을 견제하는 민주적 선거법 개정을 추진한 존 러셀 경이 그의 할아버지이다. 집안 전통에 따라 정치계에 뛰어든 러셀의 아버지도 결코 무난한 정치인은 아니었다. 앞선 두 사람만큼의 비중은 없었지만, 그 또한 진보적인 언행으로 문제를 일으키곤 했다. 보수적인 영국 정치계에서 여성의 참정권을 적극 지지했을뿐더러, 당시에는 차마입에 담지 못할 민감한 문제였던 피임 허용을 지지했다가 구설수에 오르기도 했다. 집안을 보면 대개 그 사람의 성향을 짐작할 수 있는 법이다. 러셀의 가문 내력만 보더라도, 우리는 그의 극단적이고 진보적인 정치 사회적 언행이 하루아침에 이루어지지 않았음을 알 수 있다.

러셀은 부모 복이 없었다. 두 살 때 부모가 모두 질병으로 세상을 떠나는 바람에, 그는 형과 함께 할아버지 집에서 살아야 했다. 할아버지도 그로부터 2년 뒤에 사망해 러셀은 청교도적이고 엄격한 할머니의 보살핌 아래 자라게 되었다. 할머니 혼자 두 손자를 키워야 했지만, 명문 귀족 집안이었던 만큼 경제적으로는 풍족했단다.

그가 열두 살 무렵, 할머니는 손자에게 《성경》을 한 권 선물해 주었다. 책 안쪽에 '그대는 나쁜 짓을 하려고 군중을 따라 해서는 안 된다'

라는 성경 구절을 써 주었는데, 이것은 그가 평생 동안 간직한 신조가 되었다. 그는 이 구절대로 정의롭지 못한 일에는 결코 동의하지 않았다. 오히려 과감하게 나서서 잘못을 지적하곤 했다. 그런가 하면 그는 자신의 잘못을 인정하는 데에도 매우 솔직했다. 이런 태도는 말년에 쓴 《자서전》에 잘 나타나 있다(열네 살 때 있었던 하녀와의 관계도 자서전에서 솔직하게 밝힌 것이었다).

러셀은 당시 귀족 자제들이 그랬듯, 학교에 다니지 않고 대저택과 광활한 자연 풍경 속에서 필요한 것을 가정교사에게 배웠다. 주로 독일인이나 스위스인 가정교사를 채용했기에 그는 나중에 독일어를 유창하게 할 수 있었단다. 하지만 러셀은 결코 행복하지 않았다. 엄격한 할머니와 함께 한적하기 짝이 없는 시골에서만 지내느라 외롭고 우울했던 것이다. 그가 네 번이나 결혼할 정도로 여자에게 집착한 것은 어린 시절의 모성 결핍에 대한 보상 심리 때문인 듯도 하다.

우울한 일상에 돌파구를 마련해 준 건 형 프랭크였다. 프랭크는 러셀이 열한 살 무렵에 기하학을 가르쳐 주었다. 러셀은 뒷날 이때의 경험을 '첫사랑처럼 짜릿했다'라고 떠올리곤 했다. 자신의 표현대로라면 '조각처럼 차고 엄숙하며 …… 예술처럼 화려한 장식도 없으면서 숭고할 만큼 순수하고 완벽한 아름다움을 갖춘' 수학의 세계에 정신없이 빠져들었다.

수리철학의 문을 열다

1890년, 움직이는 수학 공식 같던 창백하고 호리호리한 열여덟 살

소년 러셀은 영국 최고의 명문인 케임브리지 대학 트리니티 칼리지에 장학생으로 입학했다. 이때 그를 심사했던 교수는 유명한 철학자 화이트헤드였다. 그는 러셀의 뛰어남을 첫눈에 알아보았다. 화이트헤드와 러셀의 만남은 말 그대로 역사적인 만남이었다. 스승과 제자는 20년 뒤, 《수학 원리》라는 책을 공동 저술하여 수학과 철학의 역사에 길이 남을 큰일을 저지른다.

그토록 원하던 수학을 공부하게 된 러셀은 한동안 천국에 온 듯한 행복을 느꼈다. 공부는 하면 할수록 관심 분야가 넓어지는 법이다. 처음 3년 동안 수학에 빠져 지내던 러셀은 졸업할 무렵에는 철학·정치 문제 등에도 관심을 갖게 되었다. 케임브리지의 뛰어난 벗들과 즐겁게 어울리면서 성격도 점차 사교적이고 발랄하게 바뀌어 갔다.

1893년, 청년 러셀은 스물두 살의 나이로 대학을 졸업했다. 졸업과 동시에 평생 동안 지속된 여성 편력이 시작되었다. 자신보다 다섯 살이나 많은 미국 여성과 결혼하겠다고 나선 것이다. 전통적인 영국 귀족인 러셀의 가족들은 미국인 여자와의 결혼을 당연히 반대했다. 1894년, 그의 할머니는 두 사람을 떼어 놓기 위해 러셀이 파리 주재 명예 외교관으로 임명되도록 힘을 썼다. 화려한 파리 생활도 러셀의 뜨거운 사랑을 식히지는 못했다. 마침내 두 사람은 모든 반대를 물리치고 결혼했다. 두 사람은 결혼 직후 3개월 동안 미국을 여행했는데, 이 여행은 러셀이 좀 더 큰 세계를 몸으로 느끼고 케임브리지라는 좁은 우물에서 벗어나는 계기가 되었다. 그의 관심은 이제 세계로 향했다. 때마침 트리니티 칼리지에서 상당한 금액의 연구비를 받았는데, 그는 이 돈으로 독일 베를린으로 이주하여 새로운 연구 활동을 시작했다.

1896년, 러셀은 독일 사회민주주의에 관한 최초의 저작을 내놓았다. 그 뒤 그는 학자적 삶을 넘어서 사회·정치적인 문제에 큰 관심을 갖고 현실에 뛰어들었다. 1907년과 1911년, 러셀은 두 차례에 걸쳐 의회 진출을 시도했다. 하지만 결과는 두 번 다 낙선이었다. 떨어진 이유를 보면 그의 솔직하고 타협을 모르는 성격을 다시금 확인할 수 있다. 첫 번째 선거에서는 당시로서는 매우 위험한 견해였던 여성의 참정권을 용감하게 주장했다가 유권자들의 반감을 샀다. 두 번째 선거에서는 자신이 교회에 나가지 않을 것임을 숨기지 않아 유권자들에게 불경한 사람이라는 인상을 주었단다.

사회민주주의

자본주의에서 사회주의로의 평화적이고 점진적인 사회 변화를 주장하는 정치 이념. 19세기 사회주의와 마르크스 및 엥겔스의 사상에 기반을 둔 사회민주주의는, 공산 사회 건설을 위한 혁명을 거부한다는 점에서 마르크스주의 기본 원리에서 벗어난 수정주의로 알려져 있다.

주세페 페아노

(Giuseppe Peano, 1858~1932) 이탈리아의 수학자. 기호논리학의 창시자이며 주로 기초 수학과 형식논리 언어의 향상에 관심을 두었다.

왕성한 사회 활동 중에도 러셀은 한편으로 냉철한 수학적, 철학적 연구를 꾸준히 진행했다. 1900년, 그는 파리에서 열린 국제 철학 회의에서 이탈리아의 기호논리학자 주세페 페아노를 만났다. 페아노는 수학을 논리학으로 환원할 수 있음을 역설했는데, 여기에서 러셀은 큰 영감을 얻었다.

몇 달 뒤, 러셀은 《수학의 원리들》이라는 저서를 내놓았다. 그 주된 내용은 '수학과 논리학은 동일하다'는 것이었다. 그리고 이후 10년 동안, 그는 수학은 순수한 논리적 전제들에서 나오며, 단지 논리적인 용어들로 정의 가능한 개념들만을 사용한다는 것을 보여 주기 위한 방대한 작업에 몰두했다. 화이트헤드의 도움을 받아 매년 8개월 동안 하루 14시간씩 작업한 끝에 마침내 1910년, 화이트헤드와의 공동 저작 형식으로 수학적 지식의 근본에 관한 기념비적인 저서를 내놓았다. 그 책이 바로 유명한 《수학 원리》이다. 이 책으로 말미암아 수리철학이라는 새로운 분야가 열렸으며, 기호논리학이 학문의 새로운 방법으로 정착되었다.

복잡한 수식으로 가득 찬, 이 두꺼운 3권짜리 책은 지금도 이해할 수 있는 독자가 세계에 100명 미만이라는 평가를 받을 만큼 어려운 책이다. 그래서 케임브리지 대학 출판부는 책이 팔리지 않아 손해 볼 것을 우려해 책을 찍으려 들지 않았다. 결국 이 책은 영국 왕립 학회에서 비용의 일부를 대 주고, 저자 둘이 각자 50파운드씩 부담한다고 약속하고 나서야 겨우 출판할 수 있었다. 역사에 남을 위대한 저서를 쓴 대가로 50파운드를 손해 보았던 셈이다. 하지만 이 책의 가치는 학자들 사이에서 곧 인정받게 되었고, 그는 서른다섯의 젊은 나이에 왕립 학회 회원으로 임명되었다. 아무튼 이때 러셀은 너무나 방대하고 엄청난 작업에 정신력을 소모한 나머지, 그 뒤로는 수학적인 저서를 거의 내지 못했다.

현재 프랑스 왕은 대머리이다

《수학 원리》의 명성에 힘입어 러셀은 트리니티 칼리지의 논리학 · 수학 담당 교수가 되었다. 하지만 그는 교수직에 오래 머무를 수 없었다. 바로 전쟁 때문이었다.

1914년에 제1차 세계 대전이 일어나자, 러셀은 이 전쟁을 한마디로 '미친 전쟁'으로 규정했다. 그가 보기에 이 전쟁은 누구에게도 이익이 되지 않는 무의미한 자존심 싸움에 불과했다. 그는 기관총, 전차 등 새롭게 개발되기 시작한 대량 살상 무기가 가져올 무서운 결과를 예견하고 전쟁을 막으려고 애썼다. 러셀은 적극적으로 전쟁 반대 운동에 나섰고, 징병에 대한 반대 입장을 분명히 했다. 그러나 전쟁의 광풍에 휩싸인 대부분 사람들은 러셀의 충고를 간단히 무시해 버렸다. 급기야 그는 대학에서 쫓겨났으며, 6개월간 감옥에 감금되었다. '독일 잠수함에 신호를 보낼 수 있다'는 이유로 모든 해변으로의 출입을 금지당하기도 했다.

그런 가운데서도 러셀은 순수 철학과 수학에 대한 연구를 계속했다. 감옥에서 그는, 세계와 언어는 각각 더 이상 나눌 수 없는 최소의 단위(원자)로 구성되어 있으며 이 두 세계는 서로 대응 관계에 놓여 있다는 내용의 '논리적 원자론'을 발전시켰다. 명제를 분석하여 철학의 전통적인 존재 문제를 해결하려는 '기술 이론'을 개발한 것도 이 무렵이었다. 이 두 이론은 분석철학계에 큰 영향을 끼쳤다.

'논리적 원자론'이란 우리가 사용하는 명제는 세계와 1 대 1로 대응하기에 의미를 갖는다는 이론이다. 즉, 언어는 명제라는 최소의 단위(원자)로 이루어져 있고, 이는 명제가 나타내는 최소의 사실(원자)과 1 대 1의 관계에 있다. 예컨대, '철수는 키가 크다'라는 명제는 실제로 '철수가 키가 크다'라는 사실을 나타내므로 의미 있다. 여기에서부터 비트겐슈타인을 비롯한 몇몇 분석철학자들은, 이와 같이 사실과 1 대 1의 대응 관계에 있는 주장들의 구조를 완벽하게 알아낸다면, 세상을 완전하게 이해할 수 있다는 견해를 세웠다. 이로써 철학의 관심은 한동안 언어에 대한 탐구 쪽으로 몰렸다.

'기술 이론'이란 다음과 같다. 때때로 주장의 주어가 우리로서는 있는지 없는지를 알 수 없는 대상인 경우가 있다. 예컨대, '신은 존재하지 않는다'라는 주장이 참인지 거짓인지를 우리는 알 수 없다. 어떤 철학자들은 '신이 존재하지 않는다'라는 말을 우리가 이해한다는 사실 자체가 이미 신이 있음을 나타낸다고 주장하기까지 한다. 하지만 이런 식으로 가다 보면, '둥근 사각형은 존재하지 않는다'라는 말은 상상하기조차 불가능한 둥근 사각형까지 있다는 기묘한 결론에 다다를 터다.

이러한 어려움을 러셀은 '기술 이론'이라는 독특한 이론으로 간단히 풀어 버린다. 언어를 분석해서 주장 속에 담긴 존재에 대한 기술을 드러냄으로써 기묘한 주장을 없애 버린 것이다. 그는 '현재 프랑스 왕은 대머리이다'라는 널리 알려진 예를 든다. 이 말은 사실, 첫째, '프랑스 왕이 있다', 둘째, '그는 대머리이다'라는 두 명제가 결합된 것이다. 여기서 첫 번째 주장은 대상의 존재를 나타낸다. 이것이 참이어야만 전체 명제가 의미 있을 수 있다. 그런데 현재 프랑스 왕은 없으므로 주장 전체는 거짓이다.

논리적 원자론과 기술 이론만큼이나 러셀은 두려움 모르는 사회 활동으로 이름을 날렸다. 그러나 쏟아지는 찬사만큼이나 비난 여론도 만만치 않았다. 이와 관련된 재미있는 이야기도 전해진다. 1920년, 러셀은 중국 베이징 대학에서 강의를 하고 있었다. 이때 그는 기관지염을 무척 심하게 앓은 적이 있는데, 그때 영국에서는 러셀이 죽었다는 헛소문이 돌았다. 러셀은 병이 다 나은 뒤 어떤 종교 신문에서 자신의 죽음을 보도한 기사를 보았다. 그 기사의 내용은 이랬다. '러셀의 죽음에 안도의 한숨을 내쉰다 해도, 하느님께서는 기꺼이 우리를 용서해 주시리라'.

한편, 그의 연애 활동도 중단이 없어서 수많은 염문설이 그의 주위를 맴돌았다. 소문만이 아니라 실제로도 그는 1921년, 마침내 이혼에 성공하여 두 번째 부인과 결혼했다.

자유분방함이 낳은 오해

이 두 번째 결혼으로 그는 첫아들을 얻었다. 아들의 교육을 위해 그는 자연스럽게 교육 문제로 관심을 돌리게 된다. 미국의 실용주의 철학자 듀이를 비롯해 많은 철학자들이 그랬듯, 러셀 또한 교육을 통한 사회 개혁을 꿈꾸었다. 그리하여 그는 형의 시골집을 빌려서 스무 명 남짓의 학생들을 가르치는 작은 실험학교를 열었다. 교육에 관심이 많은 두 번째 부인도 학교 운영에 적극적으로 나섰다.

'규율 속의 자유'를 내세운, 아름다운 자연에 둘러싸인 이 학교는 오래지 않아 문을 닫고 말았다. 가장 큰 이유는 학교를 운영할 돈이 충분하지 않았기 때문이다. 러셀 부부는 모자라는 돈을 수업료로 채우려 했다. 그러기 위해 소문을 듣고 몰려드는 문제 학생들을 많이 받아들였는데, 이것이 학교의 평판을 떨어뜨려 학교 운영을 더욱 어렵게 했다. 더욱이 성性과 도덕, 종교에 대한 러셀의 자유분방한 태도도 학교에 대한 왜곡된 평가를 낳는 데 한몫했다.

러셀의 실험학교에 대해서는 이런 이야기도 전해진다. 한번은 목사가 이 학교를 방문했다가 아이들이 벌거벗은 채로 운동장에서 뛰어놀고 있는 모습을 보았다. 그는 놀란 나머지 자기도 모르게 '하느님 맙소사!'라고 말했다. 그러자 한 아이가 다가와 당당하게 '하느님은 계시지 않아요'라고 대꾸했단다. 아마도 이 이야기는 러셀이 피임과 성교육을 과감히 옹호하는 데서 생긴 변태성욕자라는 악평과, 그에게 쏟아진 무

학생들과 함께 있는 러셀
교육 문제에도 관심이 많았던 러셀은 '비컨 힐(Beacon Hill) 학교'라는 실험학교를 세워 학생들에게 '규율 속의 자유'를 가르쳤다.

신론자라는 비난을 잘 섞어서 지어낸 것이 아닌가 싶다. 하지만 러셀은 결코 신의 존재를 부인하는 무신론자는 아니었다. 그가 종교 자체에 대해서 적대적이었다는 점은 사실이다. 그 이유는 종교가 자신과 신념이 다른 사람들을 증오하는 것을 정당화시키기 때문이라는 데 있었다.

인류를 위해 싸우는 투사

1931년, 형이 죽으면서 러셀이 집안의 백작 칭호를 상속받았다. 동시에 상당한 재산을 물려받았지만, 그가 운영하던 학교의 파탄을 막을 수는 없었다. 이 일로 교육에 대한 열의로 뭉쳤던 두 번째 부인과 마찰을 빚게 되었고, 결국 이혼에 이르게 된다. 이듬해 그는 세 번째 결혼을 했다. 그 뒤 러셀은 미국으로 건너가 시카고 대학, 캘리포니아 대학, 뉴욕 시립 대학 등에서 강의를 했다.

그 와중에 또다시 세계 대전이 일어났다. 이번에도 그는 인류를 파멸시키는 전쟁에 맞서 격렬하게 투쟁했다. 그러나 방향은 전쟁 자체를 반대하던 제1차 세계 대전 때와는 사뭇 달랐다. 이번에 그는 나치의 반인륜적인 정치사상을 비판하면서 연합군을 강력히 지지했다. 그에게 이번 전쟁은 '정의를 위한 투쟁'이었다. 연합군 측은 러셀을 유용한 정치 선전 수단으로 활용했다. 투옥되고 감시를 받았던 제1차 세계 대전 때와 달리, 러셀은 어디를 가나 환영받고 최고의 대접을 받았다. 그는 방송에 나가서 재치와 설득력 있는 말로 국민의 지지를 이끌어 내는 최고의 대중 문필가였다.

전쟁이 끝난 뒤에 시작된 냉전 체제에서도 러셀은 공산주의에 대한 반대 입장을 분명히 했다. 이것도 서방 국가들이 이용하기 좋은 카드였다. 꼭 이 때문은 아니었겠지만, 러셀은 학문적, 사회적 업적을 인정받아 전쟁이 끝난 1949년에 영국 최고의 영예인 메리트 훈장을 받았고, 1950년에는 노벨 문학상을 받았다. 상을 탄 데에는 그에게 호의적이던 서구 세계의 분위기도 무시할 수 없다. 그렇지만 러셀은 결코 권력에 길들여지는 사람이 아니었다. 다른 사람들 같으면 모든 일을 정리할 나이에 핵무기 개발을 적극적으로 반대하면서 또다시 정부의 탄압을 받았다. 핵무기가 가져올 인류의 재앙을 끊임없이 경고하였으며 핵무기 개발을 막기 위해 시민 불복종 운동을 펼친 탓에 그는 1962년, 아흔 살에 또 한 번 옥고를 치러야 했다.

중단을 모르는 사람

러셀은 죽을 때까지 중단이라는 것을 모르는 사람이었다. 연애도 마찬가지였다. 1952년, 여든 살에 그는 세 번째 부인과 이혼하고 마흔 살 연하의 여성과 네 번째 결혼을 감행했다. 70여 권의 저서 중 20권이 여든 살 이후에 나온 것일 정도로 저술 활동도 끊임없이 계속했으며, 1970년 아흔여덟 살의 나이로 눈을 감기 전까지 잔혹한 학살극이 될 것이 분명한 베트남 전쟁에 대한 반대 운동을 폈다. 옳지 않은 일에 끊임없이 문제를 제기하고 비판하는 철학자의 역할에 마지막까지 최선을 다한 것이다.

《자서전》에서 그는 자신의 삶을 사로잡았던 것은 '사랑에 대한 동경, 지적 욕구, 그리고 인류의 고통에 대한 참을 수 없는 연민'이었다고 고백한다. 파란만장했던 그의 삶은 이 세 가지로 요약될 수 있을 것 같다.

철학자의 생명은 건전한 비판 정신에 있다. 모두가 맹목적으로 한 방향으로 치달을지라도, 철학자는 판단력이 무뎌진 사회에 끊임없이 경종을 울리는 시대의 이성이어야 한다. 눈먼 다수가 원하는 것에 대해 그것이 옳지 않다고 주장하기는 쉬운 일이 아니다. 때로는 목숨을 걸어야 할 만큼 위험하기까지 하다. 이 점에서 러셀은 진정 용기 있는 시대의 철학자였다. 우리는 러셀에게서 냉철하게 고뇌하고 문제를 해결하기 위해 용감하게 나서는 학자로서의 태도를 배워야 한다.

러셀의 《나는 왜 기독교인이 아닌가》

66 '도덕적 분노'라고 말해지는 보복 감정은 잔인성에 다름 아니다. 범죄자에 대한 가학 행위는 결코 정당화될 수 없다. 섬세한 교육으로도 같은 효과를 낼 수 있다면, 당연히 그 방법이 우선되어야 한다. 그러나 만일 교도소가 죄수에게 무료로 좋은 교육을 제공할 만큼 인간적이라면 사람들이 거기 들어가려고 고의로 범죄를 저지를지 모른다. 당연히 감옥은 자유보다 즐거워서는 안 된다. 그렇다고 해서 감옥의 시설을 나쁘게 하는 것보다는, 자유를 지금보다 좀더 즐거운 것으로 만드는 것이 더 효과적인 처벌 방법이 될 수 있을 것이다. **99**

– 《나는 왜 기독교인이 아닌가》, 제3장 〈나는 이렇게 믿는다〉 중에서

32

말할 수 없는
것에 대한 침묵

비트겐슈타인

철학의 터미네이터

직업 중에는, 자신들의 일을 끝장내서 결국 그 직업 자체가 세상에서 사라지는 게 목표인 직업들이 있다. 예를 들어, 의사의 최종 목표는 모든 사람들이 병 없이 건강하게 사는 데 있다. 목표가 이루어진다면 세상에는 의사가 필요 없게 된다. 경찰도 마찬가지다. 경찰은 범죄가 사라진, 질서 있고 안전한 세상을 만들기 위해 노력하지만, 정작 이 꿈이 이루어지면 그들이 있어야 할 이유는 없다. 그럼에도 사람들은 모든 질병이 사라지면 의사가 앞으로 뭘 하면서 먹고살아야 할지, 범죄가 자취를 감추면 경찰은 뭘 해야 할지를 고민하지 않는다. 이러한 목표는 이루어질 가능성이 거의 없기 때문이다.

철학도 이런 직업들과 비슷한 데가 있다. 과학이 발전을 거듭하며 점점 첨단으로 치닫던 20세기 초, 일부 학자들은 철학을 과학에 밀려 더이상 할 일이 없어진 학문으로 여겼다. 이들의 눈에 철학은 더 이상 세계의 모습을 밝히고 인생의 참된 의미를 드러내는 학문이 아니었다. 이런 일들은 이제 물리학 같은 자연과학이나 심리학 같은 사회과학에 넘겨주어야 한다.

이들은 또한 신, 존재, 진리, 삶의 의미와 같은 철학의 고유한 과제들을 단지 우리의 생각이나 언어 습관 속에서 나타나는 오류 탓에 생긴 사이비 문제 정도로 보았다. 그렇다면 철학자들에게 남은 일이란 이런 오류들이 왜 생겨나는지를 밝혀서 철학적 문제들을 청소해 버리는 것뿐이다. 그것이 이루어진다면, 인류 역사를 화려하게 장식했던 철학은 효용을 다하고 사라져 버릴 터다. 철학자들은 결국 자신의 일을 끝장내는 것을 목표로 연구하는 사람들이 되어 버렸던 거다.

이 시기 철학자들 사이의 최대 관심사 중 하나는 우리가 쓰는 언어를 정교하게 하는 일이었다. 논리는 우리의 사고에서 가장 중요한 부분이다. 또한, 논리는 언어를 통해 이루어진다. 따라서 오류 없는 정교한 언어를 만든다면 결국 우리의 생각도 오류가 없이 완전하게 될 것이다. 독일의 철학자 프레게가 구체화한 이 같은 관심은 결국 오류 없는 완전한 언어, 즉 인공 언어 Artificial Language를 만들려는 움직임으로 나아갔다. 이제 철학의 종말은 눈앞에 다가온 듯 보였다.

비트겐슈타인 Ludwig Josef Johann Wittgenstein, 1889~1951 은 이러한 작업에 마침표를 찍은 사람으로 평가되었다. 당시 많은 사람들이 그렇게 믿었고, 비트겐슈타인도 자신이 철학을 끝장냈다고 생각하여 젊은 시절 홀가

프레게
(F. L. G. Frege, 1848~1925) 독일의 철학자. 논리학을 기초로 논리주의를 처음으로 주장하였다.

분하게 철학계를 떠났다. 그는 '철학의 터미네이터'였던 셈이다.

그러나 의사와 경찰의 목표가 그렇듯, 철학자들의 임무도 그렇게 쉽게 달성되는 것이 아니었다. 나중에 비트겐슈타인도 자기주장에 중대한 결함이 있음을 깨닫고 다시 철학계로 돌아왔다. 그가 해소했다고 믿었던 철학적 문제들에 대해서는 지금까지도 많은 논란이 벌어지고 있다.

현대 철학자 중 일부는 아직도 철학적 작업을 '논리와 언어의 오류에서 발생하는 문제들을 해소하는 것'이라 여긴다. 이들을 흔히 '분석철학자'라고 부른다. 비트겐슈타인은 분석철학이라는 새로운 학풍을 여는 데 가장 큰 기여를 한 철학자로 평가받는다.

완벽한 천재의 전형

비트겐슈타인이 죽은 뒤, 영국과 미국에서는 그의 삶을 소재로 한 소설이나 시, 희곡 등이 수십 편이나 쓰였단다. 만약 기네스북에 철학자들 가운데 가장 많이 예술 작품의 소재가 된 사람은 누구인지를 평가하는 항목이 있다면, 비트겐슈타인이 당당하게 1위를 차지했을 것이다 (우리나라에도 '비트겐슈타인'이라는 음악 그룹이 있지 않았던가!). 실제로 그는 드라마에나 나올 법한 극적인 삶을 살았다.

비트겐슈타인은 1889년, 오스트리아 빈에서 가장 부유한 철강 재벌의 여덟 자녀 중 막내로 태어났다. 그의 집안 사람들은 모두 천재성과 뛰어난 음악성을 지니고 있었는데, 막내인 꼬마 비트겐슈타인도 예외는 아니었다. 비트겐슈타인은 성년이 되었을 때 교향곡 전 악장을 통째로 외워서 휘파람으로 정확히 불어 내고 클라리넷도 수준급으로 연주할 만큼 음악에 조예가 깊었다.

그는 놀랍게도 빈의 명문가 자녀들이 다니는 문법학교와 인문계 고등학교(김나지움)에 진학하지 않았다. 그는 평범한 사람들이 진학하던 기술학교(우리의 기술 고등학교에 해당)에 입학했다. 어떤 사람들은 문법학교 공부를 따라가지 못할까 봐 걱정한 그의 부모가 비트겐슈타인을 기술학교에 보냈으리라 추측하곤 한다. 하지만 이는 아마도 사실이 아닌 듯하다. 독일어 문화권에서는 우리처럼 인문 교육보다 기술 교육을 낮게 보는 편견이 없다. 실업학교에 진학한 이유는 비트겐슈타인이 손으로 뭔가를 만드는 일과 기술에 남다른 관심을 보였기 때문일 거다.

그는 어린 시절 최신형 재봉틀을 스스로 조립할 정도로 공학 쪽에 남다른 자질을 보였다. 1906년에 란츠 실업학교를 졸업한 그는 베를린 공대에 진학했고, 이어서 1908년에 항공공학을 연구하기 위하여 영국 맨체스터로 유학을 떠났다. 1910년에는 제트 엔진에 대한 특허를 내기도 했다. 그렇지만 비트겐슈타인은 공학도로서 살아갈 운명은 아니었다. 그는 이미 여덟 살에 '왜 거짓말을 하는 것이 유리할 때에도 사람들은 정직해야만 할까?'라는 철학적인 주제를 고민했을 만큼 기질적으로 삶의 의미를 깊게 생각하는 성격이었단다.

항공공학에는 수학이 필수다. 그는 자연스럽게 수학에 관심을 갖게 되었다. 여기서 더 나아가 그는 수학의 철학적 기초에 대해서도 관심을 기울이게 되었다. 러셀의 《수학 원리》와 앞서 소개한 프레게의 문제의식을 접한 것도 이 무렵이다.

1912년, 스물세 살의 비트겐슈타인은 대담하게도 자신에게 철학적인 자질이 있는지를 알아보기 위해 예나 대학에 있던 프레게를 직접 찾아갔다. 프레게는 그에게 러셀에게 배우라고 충고했다. 이에 따라 그는 철학을 배우기 위해 러셀이 있는 케임브리지 대학에 입학했다. 러셀은 이 젊은이의 비범함을 첫눈에 알아보았다. 러셀은 친구에게 '비트겐슈타인을 알게 된 것은 인생에서 가장 강렬한 정신적 경험'이었다고 했으며, 그를 '완벽한 천재의 전형'으로 평가했다.

말할 수 없는 것에 대한 침묵

철학의 천재 중에는 오랜 연구와 수양으로 서서히 빛을 내는 사람도 있지만, 놀라운 두뇌와 기발한 논리로 순식간에 기존의 이론을 완전히 뒤집는 창의적인 이들도 있다. 비트겐슈타인은 후자 쪽 의미에서 천재였다. 비트겐슈타인이 공식적으로 철학을 공부한 것은 케임브리지 대학에서 러셀에게 배운 세 학기에 지나지 않는다. 그러나 러셀과 비트겐슈타인의 관계는 일반적인 스승과 제자 사이가 아니었다. 오히려 비트겐슈타인이 '러셀의 스승'처럼 여겨지는 측면도 있었다. 러셀은 논리학에 관한 비트겐슈타인의 생각에 되레 감명을 받았으며, 그에게서 영감을 얻곤 했다.

창의적인 천재 가운데에는 남달리 괴팍스러운 이들이 적지 않다. 베토벤은 작곡할 때면 무섭게 변덕을 부렸단다. 언젠가는 하인들이 그 성질에 질려 모두 도망가 버린 나머지, 하루 반이 넘게 굶은 적도 있단다. 비트겐슈타인도 이 점에서는 만만찮았다. 그는 철학적 자질만큼이나 괴팍스러운 성격도 눈에 띄는 사람이었다. 사람들은 그를 피했고,

제자들에게 관대했던 러셀도 비트겐슈타인 때문에 곧잘 마음이 상하곤 했다.

1913년, 비트겐슈타인은 주변의 만류를 뿌리치고 유럽의 변두리 노르웨이로 떠났다. 조용하고 경치 좋은 곳에 오두막을 짓고 은둔하며 철학적인 고민에 집중하고 싶었던 것이다.

그러나 이듬해인 1914년, 제1차 세계 대전이 터지자 그는 주저 없이 오스트리아-헝가리 제국 군대에 자원입대했다. 그가 전쟁에 나간 이유는 이념이나 민족 감정과는 전혀 상관없었다. 오히려 그를 전쟁터로 내몬 것은 20대 젊은이 특유의 감상적인 혈기였다. '죽음에 직면해 보는 경험'을 통해서 좀 더 나은 사람이 되고 싶었던 거다.

전쟁터에서의 비트겐슈타인은 결코 감상적이거나 나약한 젊은이가 아니었다. 그가 지닌 용기, 도전 정신, 강인함, 대담성, 초연함 등이 가장 분명하게 드러난 시기는 바로 군인 시절이었다. 비트겐슈타인은 특유의 까다로운 성격 때문에 동료들과 잘 어울리지는 못했지만, 언제나 가장 먼저 위험한 임무를 맡았고 침착하고 용감하게 행동했다. 그래서 여러 번 훈장을 받았다.

그러면서도 비트겐슈타인은 철학자로서의 초연함을 잃지 않았다. 1918년, 제국이 패하여 이탈리아 전선에서 포로가 되기까지 전쟁터에서 보낸 5년 동안, 그는 철학적 작업을 계속하여 한 권의 책을 써냈다. 이 책이 그 유명한 《논리철학 논고》다.

이 책은 매우 광범위한 주제를 압축적으로 다루고 있지만, 주된 관심은 당시 철학의 중요한 주제였던 '언어'였다. 그는 이 책에서 '그림 이론'이라고 불리는 주장을 내세웠다. 파리에서 일어난 교통사고에 관한 재판 기사가 그에게 영감을 주었단다. 재판에서는 사건 현장을 설명하기 위해서 모형 차와 인형 등이 동원되었다. 그런데 그 모형들을 가지고 사건을 설명할 수 있는 이유는 무엇일까? 그것은 각각의 모형들이 실제의 차와 사람 등에 대응하기 때문이다.

우리가 사용하는 언어도 이와 같다. 언어가 의미를 지니는 이유는 쓰이는 말들이 실제 상황들을 가리키고 있기 때문이다. 언어는 명제로 이루어져 있고, 세계는 가능한 상황들로 이루어져 있다. 그리고 명제들과 상황들은 각각 일대일로 대응하고 있으며, 똑같은 논리 구조로 되어 있다. 즉 언어는 세계를 그림처럼 그려 주고 있기 때문에 의미를 갖는다.

언어를 이런 식으로 본다면, 지금까지 철학자들이 해 왔던 신, 자아, 도덕의 근거 등에 대한 논의는 뜻 없는 말들에 지나지 않는다. 이런 말들이 의미하는 대상은 세상에 없다. 따라서 이런 논의들은 말이 안 되는 말을 끊임없이 내뱉는 것에 불과하다. 진정한 언어란 과학처럼 실제 세계를 설명해 주는 것이어야 한다.

그렇다고 신, 자아, 도덕 등의 문제가 무의미하다는 것은 아니다. 오히려 이런 것들은 우리 삶에 가장 중요한 고민거리다. 그러나 우리의 언어가 세상을 그리는 '그림'이라면, 이것들을 말로 표현하거나 설명하는 방법은 없다. 이런 문제들은 삶을 통해 끊임없이 드러나는 신비한 것들이지만, 언어로 표현할 수 있는 것 너머에 있다. 따라서 비트겐슈타인은, 우리는 이제 '말할 수 없는 것에 대해서는 침묵을 지켜야 한다'라고 선언한다. 이처럼 그는 철학자들이 고민했던 문제를 언어로는 말할 수 없을뿐더러 논리로도 해결할 수 없는, 논의 자체가 무의미한 것으로 정리해 버렸다.

체벌 교사로 얼룩진 이름

《논리철학 논고》를 쓴 뒤, 비트겐슈타인은 철학계로 돌아가지 않았다. 자신에게 더 이상 철학을 할 힘이 남아 있지 않을뿐더러, 철학의 모든 문제도 자신의 책으로 해결되었다는 것이 이유였다. 그리고 그는 초등학교 선생이 되기로 결심했다. 뿐만 아니라 철강 재벌 아버지에게서 물려받은 엄청난 재산도 형제들에게 모두 나누어 주었다.

안타깝게도, 순박한 사람들과 함께하며 적은 수입만으로도 내적인 삶을 풍부하게 가꾸려는 재벌의 아들이자 천재였던 비트겐슈타인의 소박한 꿈을 누구도 이해하지 못했다. 그의 누이는 비트겐슈타인의 사범대학 진학을 '나무상자를 여는 데 매우 정밀한 도구를 사용하는 격'이라며 뜯어말렸다. 하지만 그는 자원하여 가장 낙후되고 외진 시골의 초등학교 선생이 되었다.

그는 매우 열정적이고 유능한 시골 선생이었다. 마을의 증기기관을 맨손으로 고쳐 인기를 끌기도 했고, 철자법을 가르쳤던 경험을 바탕으로 초등학생을 위한 사전을 내기도 했다(이 사전은 《논리철학 논고》보다 훨씬 많이 팔렸다). 하지만 그는 학생들과 학부모들에게 미움과 원성을 사기도 했다. 학생들에 대한 기대치가 지나치게 높아 체벌도 서슴지 않았던 탓이란다. 학생들 대부분은 출세하고는 별 상관 없이 평생 농사를 지으며 살아갈 처지였다. 그러니 왜 공부를 못하면 매를 맞아야 하는지를 전혀 이해하지 못했다.

초등학교 선생으로 보낸 6년은 비트겐슈타인에게 가장 불행한 세월이었다. 특이한 성격 탓에 동료 교사들과 마찰이 심했고, 체벌 방식을 둘러싼 논란도 끊이지 않았다. 그를 더욱 우울하게 한 것은, 어느 출판사에서도 《논리철학 논고》를 출판하려고 하지 않는다는 점이었다. 역사상 위대한 철학 고전들 중에는 책을 내주는 곳이 없어 저자 자신이 돈을 털어 출판한 경우가 적지 않다(러셀의 《수학 원리》도 그렇다). 하지만 비트겐슈타인의 강한 자존심은 이것을 허락하지 않았다.

《논리철학 논고》는 우여곡절 끝에 러셀의 도움으로 1921년에야 영국에서 겨우 출판되었다. 출판이 되자마자, '참전 용사이자 현직 초등학교 선생이 펴낸 이 책'은 케임브리지 대학을 중심으로 당시 최고의 철학자들과 수학자들에게 큰 관심을 끌었다. 그의 이론은 점점 학술 논의의 중심으로 떠올랐지만, 그는 여전히 불행한 초등학교 선생일 뿐이었다.

1926년, 사소한 체벌이 문제가 되어 결국 비트겐슈타인은 교사직에서 물러났다. 그리고 수도원 정원사 보조 노릇을 하다가, 절친한 누이 마르가레테의 부탁으로 집을 설계해 주기도 했다. 극도로 절제되고 단순하여 논리학을 구현한 듯한 느낌을 주는 이 저택은 지금도 현대 건축사에서 의미 있는 작품으로 평가받고 있다.

거친 대지로 돌아가라

1929년, 마흔 살의 비트겐슈타인은 다시 철학을 하기 위해 케임브리지 대학으로 돌아갔다. 이미 유명세를 타기 시작한 《논리철학 논고》의 영향으로 학자들이 그의 복귀를 끊임없이 요청했을뿐더러, 비트겐슈타인 역시 이 책에서 자신이 내세운 주장에 문제가 있다고 생각했기 때문

비트겐슈타인이 설계한 저택
누이 마르가레테의 부탁으로 비트겐슈타인이 설계한 저택의 전경. 큰누이 헤르미네는 장식을 배제하고 정교하게 지은 이 건물을 '논리학을 구현한 저택'이라고 불렀다.

이다. 같은 해, 그는 《논리철학 논고》로 박사 학위를 받았다.

그 뒤 비트겐슈타인은 주로 대학에서 강의를 하거나 노르웨이에 있는 작은 오두막에서 사색을 하면서 시간을 보냈다. 대학에서 강의를 맡고 있는 동안 그의 생활은 검소하기 이를 데 없었다. 방에는 안락의자도 없었고, 벽도 그림 한 점 없이 황량했다. 옷차림도 대학교수 같지 않아서, 양복을 입고 넥타이를 매거나 모자를 쓴 모습은 상상조차 하기 어려웠다. 그는 식사도 극히 간단하게 해서 콘플레이크만 먹고 산다는 소문이 떠돌 정도였단다. 실제로 그는 먹는 것에는 전혀 관심이 없었단다. 그는 철학적 사색에 집중하기 위해서 모든 생활을 단순화시켰다.

그런데도 비트겐슈타인은 《논리철학 논고》와 몇 편의 짧은 글을 빼

무어

(George Edward Moore 1873
~1958) 러셀, 비트겐슈타인과
함께 케임브리지 학파를 대표
하는 영국의 철학자. 관념론을
비판하여 20세기 실재론의 선
구자가 되었다.

고는 생전에 낸 책이 거의 없다. 완전하지 않으면 나중에 후회하기 때문에 책을 출판할 수 없다는 것이 그의 신조였던 탓이다. 하지만 학생들 사이에서는 그의 강의를 받아 적은 《청색본》과 《갈색본》(노트 표지 색깔에 따라 이런 제목이 붙었다고 함)이 마치 불온 문서처럼 널리 읽히고 있었다. 그만큼 비트겐슈타인의 강의 내용에는 독특하고 매력적인 무엇이 있었다.

1939년, 그는 무어의 뒤를 이어 정교수로 취임했다. 그러나 1941년 제2차 세계 대전이 일어나자 곧 병원의 잡역부와 실험실 조수를 자원했다. 전쟁이 끝난 뒤에 비트겐슈타인은 케임브리지 대학으로 돌아왔지만, 그의 신경은 교수직을 계속하기 어려울 정도로 날카로워져 있었다. 포퍼와의 논쟁 중에 신경질적으로 부지깽이를 흔들어 위협하고 사라졌다는 '부지깽이 스캔들'도 이 무렵에 생긴 일이다. 1947년, '철학 교수라는 자리가 일종의 생매장된 존재처럼 느껴지자' 그는 교수직을 사임해 버린다. 그리고 혼자만의 생각에 집중할 수 있도록 아일랜드의 시골로 이사를 가서 조용히 은둔해 지내다가, 1951년 노르웨이에서 암으로 숨을 거두었다.

그가 죽은 뒤에야 비로소 《철학적 탐구》가 발간되었는데, 이 책은 또 한번 철학자들을 뒤흔들어 놓았다. 이 책은 전에 엄청난 영향을 미쳤던 그의 《논리철학 논고》에 대한 자기비판을 담고 있다.

이 책에 따르면, 언어는 《논리철학 논고》에서처럼 세상의 무엇을 가리킴으로써 의미를 갖는 것이 아니다. 예컨대, 어떤 사람이 '망치!'라고 말했을 때, 이 말은 망치를 지시하기 때문에 뜻을 갖는 것이 아니다. 이

처음 읽는 서양 철학사

말은 상황에 따라 '망치 좀 갖다줘!'라는 뜻으로도, '저기 망치가 있어!' 라는 뜻으로도 해석될 수 있다. 이처럼 언어가 의미 있는 이유는 무엇을 지칭하기 때문이 아니라, 게임의 법칙을 따르듯, 제각각 말이 사용되는 다양한 '삶의 양식' 속의 규칙을 따르기 때문이다.

그렇다면 언어와 그것이 가리키는 대상 사이의 명확한 관계를 밝혀서 오류가 없는 이상적인 언어를 만들려는 작업은 무의미하다. 철학이 할 수 있는 것이란 말들이 쓰이는 각각의 삶의 상황을 드러내고 보여 줌으로써 오류를 줄이는 일뿐이다. 우리는 이제 이상적인 언어를 만들려는 '사상누각'을 버리고 일상의 언어라는 '거친 대지'로 돌아와야 한다.

언어의 한계가 주는 겸손함

언어와 논리 분석에 주된 관심을 두는 20세기의 분석철학은, 오류가 없는 완벽한 언어를 찾아보려는 '이상 언어학파'와, 일상 언어의 쓰임새를 면밀히 검토하는 '일상 언어학파'로 나뉜다. 이 둘은 각각 비트겐슈타인의 《논리철학 논고》와 《철학적 탐구》에 뿌리를 두고 있다. 성격이 다른 두 학파가 모두 한 사람에게 뿌리를 두고 있는 셈이다.

언어를 정밀하게 분석하여 오류를 줄이려는 분석철학의 논의는 상당히 전문적인 논리학 기술을 요구하는 것이라, 철학을 전공하는 사람들도 이해하기 어렵다. 하지만 비트겐슈타인은 언젠가 자신의 책이 철저하게 윤리적인 것이라고 말한 적이 있다. 어찌 보면, 비트겐슈타인이 진정 말하고자 한 바는 언어의 본성이 아닌지도 모른다. 비트겐슈타인이 언어 분석을 통해 일관되게 보여 주었던 것은 우리의 언어와 사고가 지닌 한계였다. 생각할 수 없는 것과 말할 수 없는 것이 있음을 받아들이고 주어진 삶에 겸손하게 순응하는 자세, 비트겐슈타인이 강조하려 했던 것은 오히려 이 점이 아니었을까?

20세기 초 오스트리아 빈

오스트리아 빈은 슈트라우스의 왈츠, 매혹적인 카페, 아름다운 건물을 떠올리게 한다. 오스트리아-헝가리 제국의 수도였던 빈은 수많은 위인들의 고향이기도 하다. 비트겐슈타인은 빈에서 히틀러와 초등학교를 함께 다녔다. 철학자 포퍼와는 몇 블록 떨어진 거리에 살았다. (물론 둘은 서로를 몰랐다.) 프로이트도 20세기 초 빈에서 활동을 했고, 건축가 로스, 비평가 크라우스도 빈이 주된 활동 무대였다.
20세기 초에 빈이 이토록 많은 인물을 탄생시킨 이유는 무엇일까? 21세기 서울도 '천재들의 요람'이 될 수는 없을까?

33

판단 중지,
다시 생활 세계로

후설

천의 얼굴을 한 프로메테우스

'현상학'만큼 오해가 많은 학문도 드물다. 현상학은 식자들 사이에서 아주 자연스럽게 쓰이는 용어 중의 하나다. 수준 높은 글을 보면 '현상학적으로 볼 때'라든지, '그 영화는 현상학적인 접근법을 취한다'라는 식의 표현이 곧잘 나온다. 그럼에도 정작 '현상학이 무엇인가'라는 물음에 대해 자신 있게 대답하는 사람은 매우 드물다.

물리학은 물리에 관한 학문이고 생물학은 생물에 관한 학문이듯이, 현상학은 당연히 '현상에 관한 학문'인 듯 보인다. 눈에 드러난 현상을 있는 그대로 보고 탐구하는 학문 말이다. 하지만 현상학은 현상의 '본질'을 탐구하는 학문에 가깝다. 현상학에 대해 어렴풋이 정의를 내리자면, '인간의 의식 구조를 분석함으로써 현상에 대한 지식이 어떻게 형성되는지 밝히는 학문' 정도가 될 듯싶다.

이렇게 해도 현상학이 무엇을 하는 학문인지는 여전히 분명치 않다. 사실 현상학자들 사이에서조차 현상학에 대한 명확한 정의는 내려지지 않았다. 그래서인지, 흔히 비슷한 성향을 지닌 학자들의 무리를 가리켜 '~학파'라고 부르지만, 유독 '현상학파'라는 말은 없다. 단지 뭉뚱그려 '현상학 운동'이라는 표현을 쓸 따름이다. 그 이유는 현상학 자체가 체계적으로 확립된 이론이라기보다는, 끊임없이 계속되는 학술 운동 쪽에 더 가까운 탓이란다. 그래서 어떤 학자는 현상학을 가리켜 천千의 얼굴을 한 프로메테우스라고 표현하기도 한다. 여기에는 '현상학은 다양한 뜻을 지닐 뿐 아니라, 끊임없이 변하는 학문'이란 의미가 담겨 있다.

후설 Edmund Husserl, 1859~1938은 현상학을 하나의 학문으로 정착시킨 사람이다. 후설 이후에 현상학은 20세기를 주도한 철학 사조 가운데 하나로 자리 잡았다. 그의 생애와 사상을 따라가다 보면 현상학이라는 종잡기 힘든 학문을 좀 더 분명하게 알 수 있을 것이다.

지루한 삶 뒤의 치열한 고민

후설은 1859년 오스트리아의 프로스니츠(오늘날 체코의 프로스테요프)에서 양품점을 운영하는 유대인 부모 밑에서 태어났다. 후설의 생애는 재미없고 밋밋하기 그지없다. 보통 유명 인사의 삶에는 눈에 띄는 사건이 한두 개쯤 있게 마련이지만, 후설에게서는 그런 것을 찾으려야 찾을 수 없다. 그냥 간단하게 '2남 1녀 중 둘째로 태어나서, 초·중·고등학교와 대학을 졸업한 뒤, 교수가 되어 학자로 살다가 죽었다'라고 소개해도 충분할 정도다. 하지만 학자들이 대개 그렇듯, 후설의 지루해 보이는 생애 뒤에는 치열한 연구와 학문에 대한 끊임없는 고민이 있었다. 후설의 철학은, 70년이 넘는 그의 생애 동안 거의 혁명적이라고 할 만큼 많은 변화를 겪었다.

학창 시절의 후설은 전 과목에서 고루 뛰어난 우등생은 아니었다. 유독 수학에만 관심이 많은 좀 기이한 학생이었다고 전해진다. 아마도 지금 같으면 수학 특기생으로 명문대에 거뜬히 진학했을 터다.

1876년, 17세의 후설은 라이프치히 대학에 진학해 수학·물리학·천문학 등을 공부한다. 그리고 3년 뒤 최고의 수학자들이 모이던 베를린 대학으로 자리를 옮겼다. 여기서 그는 수리 철학에 매료되었다. 그는 수학 자체보다는 수학을 가능하게 하는 수에 대한 연구에 더 관심이 많았다.

그 당시는 '심리학주의'가 수학과 철학계를 주름잡던 시절이었다. 심리학주의란 '수학이나 논리의 법칙은 모두 심리학으로 바꾸어 설명할 수 있다'는 주장이다. 예를 들어 '$2+3=5$'와 같은 수학식도 결국 반복되는 경험과 습관을 추상화해 얻은 결론에 지나지 않는다. 그렇다면 모든 학문의 기초는 심리 현상을 분석함으로써 파악될 수 있다는 얘기다. 1891년에 발표된 후설의 저서 《산술의 철학》은 그가 이러한 심리학주의적 사고에 이끌리고 있었음을 잘 보여 준다.

> **수리 철학**
>
> 수학의 방법, 대상, 명제 등에 관한 철학적 고찰 및 연구를 하는 학문으로 실험 대신 전적으로 사유를 통해 정리하는 것이 그 특징이다. '수의 본질은 무엇인가?', '수학과 다른 학문과의 본질적인 차이는 무엇인가', '수학의 연구 대상은 존재의 세계 속에서 어떤 위치를 차지하는가' 등을 연구한다.

비판을 수용한 철학자

유명한 사상가들 중에는 고집불통이 참 많다. 세상을 자기 논리에 맞출지언정, 자신의 생각을 세상에 맞추려고 노력하지 않는다. 이 점에서 후설은 예외적인 인물이다. 독일의 수학자 프레게가 《산술의 철학》에 대해 비판적인 견해를 내놓자, 후설은 자기 사상의 오류를 인정하고 철저하게 전향해 버린다. 열등감에 젖은 사람은 똥고집만 세지만, 정말로 치열하고 진지하게 사는 사람은 남의 비판을 발전을 위한 조언으로 고맙게 받아들인다. 후설이 바로 그랬다. 그는 프레게가 지적한 심리학주의의 허점과 비판을 적극적으로 받아들였다.

프레게에 따르면, 심리학주의는 모든 진리를 확실하지 않게 만들어 버릴 위험이 있다. 이를테면 '2+3=5'가 경험과 습관을 단순히 추상화해서 얻은 법칙에 지나지 않는다면, '2+3'의 값이 누구에게나, 언제, 어디에서나 항상 '5'라는 사실은 입증할 수 없다. 사람마다 경험은 모두 다른 까닭이다.

따라서 프레게는 '수와 수학적 진리는 인간의 심리와 상관없이 객관적으로 존재하는 것'이라고 주장한다. 피타고라스의 정리는 수학책 밖에서도 참이다. 만물이 살아 숨 쉬는 자연에서도 똑같이 적용되며, 더 나아가 우주 어디에서건 참이다. 그렇다면 수와 수학적 진리는 우리 마음속에만 있는 것이 아니라 세상에 객관적으로 존재하는 것이다.

후설은 이러한 프레게의 비판을 겸허하게 받아들인다. 그리고 9년에 걸쳐 연구에 연구를 거듭한 끝에, 마침내 1900년에 《논리 연구》를 출간한다. 이듬해에는 《논리 연구》 제2편을 내는데, 여기서 처음으로 '현상학'이라는 용어가 등장한다.

하지만 후설은 프레게처럼 수학이나 논리가 만들어 낸 진리가 우리의 의식과 동떨어져 있다고 생각하지 않았다. 여기서 그는 '지향성'이라는 용어를 끌어들인다. 이것은 '우리의 의식이 항상 어떤 것에 쏠리고 있음'을 가리키는 말이다. 이제 비로소 현상학의 대상인 현상의 의미가 분명해진다. 현상이란 곧 '우리의 의식에 떠오르는 그대로의 사실'을 말한다.

우리가 파악하는 수학적 법칙이나 논리적 진리는 우리의 의식과 동떨어진 것이 아니라, 우리의 의식에 나타나는 한에서만 진리다. 그렇다면 우리의 의식이야말로 이러한 진리들이 언제나 진리라고 판단할 수 있는 근거다. 후설의 현상학은 바로 이러한 지식을 가능하게 하는 우리의 '의식 구조'를 연구하는 학문이다. 그리고 그의 현상학은 우리의 경험과 지식이 만들어지는 과정을 구조적으로 밝힌다는 점에서 경험에 앞선다. 후설의 현상학을 '선험적 현상학'이라고 부르는 이유다.

지식을 형성하는 것은 무엇인가

《논리 연구》로 유명세를 타기 시작한 후설은 1901년, 괴팅겐 대학의 교수로 초빙된다. 어찌 보면 학자로서 그의 태도는 세상 물정과 담 쌓고 철저히 추상적인 세계에만 빠져 지내는 철학 교수의 진형적인 모습이다. 그는 엄청난 집중력으로 지식을 형성하는 우리의 의식에 대한 연구라는, 극도로 추상적이고도 정교한 작업에 매달렸다.

1911년, 후설의 가장 대표적인 저서 《엄밀한 학學으로서의 철학》이 출간된다. 후설에게 철학이란, 모든 학문의 기초가 되는 가장 궁극적이고도 확실한 근거를 발견하는 학문이다. 그는 '현상학적 방법'을 동원하여 그 근거를 발견하려 했다. 이를 위해서 그는 일단 세상의 모든 현상에 대해 '판단 중지epoché'를 내린다. 그러고 나서 그는 지식을 형성하는 것이 무엇인지에 대해 물음을 던진다. 세상의 모든 현상에 대해 생각하기를 멈춘다면, 우리의 의식은 지식을 형성하는 의식 구조로 향할 수밖에 없다.

후설에 따르면 우리의 의식은 '노에시스noesis―노에마noema 상관관계'의 구조로 되어 있다. 그리스어로 '사유'란 뜻인 노에시스는 '생각하는 과정'을 말한다. 그리고 노에마는 그리스어로 '사유된 것'이란 뜻으로, '생각의 대상'을 가리킨다. 이 둘은 우리의 의식 속에서 밀접하게 붙어 있으며, 이 같은 구조에서 세상의 모든 지식이 생겨난다. 후설은 바로 이러한 순수 의식의 구조를 밝힘으로써 모든 학문을 엄밀하게 만들 수 있는 기초를 세우려 했다. 하지만 고도로 추상적인 후설의 작업은 더 이상 진행될 수 없었다. 1914년, 제1차 세계 대전이 일어나자 동료와 제자 중 상당수가 전쟁터로 떠나 버렸기 때문이다. 그의 뛰어난 제자들 중 몇몇은 영영 돌아오지 못했고, 개인적으로도 막내아들이 전사하는 아픔을 겪어야 했다.

오늘 수업은 정말 좋았어

1916년에 프라이부르크 대학의 교수로 취임한 후설은 69세로 은퇴할 때까지 이곳에 머물렀고, 하이데거를 제자로 맞기도 했다. 한때 후설의 조교였던 하이데거는 1928년에 후설이 은퇴할 때, 존경과 우애의 정표로 자신의 유명한 저서 《존재와 시간》을 후설에게 바친다. 하지만 하이데거는 후설보다 너무 커 버렸다. 후설은 하이데거를 학문적 후계자로 여기고 프라이부르크 대학의 교수 자리를 물려주었으나, 정작 《존재와 시간》에 드러난 하이데거의 관점은 후설과 너무도 달랐다.

○
하이데거의 관점
하이데거는 《존재와 시간》에서 역사와 실존 양면에 걸쳐 언어를 통해 인간 중심의 본질을 밝히려는 해석학의 입장을 빌려와, '해석학적 현상학'이란 방법론으로 논의를 전개했다. 그에 따르면, 인간의 의식은 시간의 제약을 받기 때문에 순수한 인식은 불가능하다.

아무튼 이 시기의 후설이 어떤 유형의 선생이었는지 잘 보여 주는 하이데거의 증언이 전해 오고 있다. 어느 날 대학원 강의를 마친 후설은 하이데거에게 '오늘 수업은 정말 좋았어'라며 기뻐했다. 학생들이 활기차게 참여했기 때문이라는 거였다. 하지만 실제로 그 시간에는 질문한 학생도, 토론한 학생도 없었다. 후설 혼자만 계속 중얼거렸을 뿐이다. 그는 철저하게 자신의 세계 속에 빠져 지내는 사람이었다.

퇴임 뒤에도 후설의 연구는 끝나지 않았다. 강연을 통해 자신의 사상을 전파했고, 일흔을 넘긴 나이에도 하루 10시간 이상 책상 앞에 앉아 집필에만 몰두할 만큼 연구에 열의를 보였다. 그가 남긴 유고는 알려진 것만도 4만 장이 넘는다. 하지만 나치 정권이 등장하자 유대인이었던 후설은 탄압받기 시작한다. 학자로서의 명성은 최고조에 달해, 유명한 학술 아카데미의 명예 회원으로 추천받았다. 그럼에도 나치는 이런 사실을 철저하게 무시했고, 급기야 강연과 출판을 금지하기에 이른다.

다시 생활 세계로

이런 와중에 후설은 77세 되던 해인 1936년《유럽 학문의 위기와 선험적 현상학 : 현상학적 철학 입문》을 발표한다. 여기서 그는 유럽이 정신적 위기를 겪게 된 것은 생활 세계를 잃어버렸기 때문이라고 말한다.

이때 생활 세계란 우리가 살아가는 구체적인 세상을 뜻한다. 과학 문명은 생활 세계를 하찮은 것으로 만들어 버렸다. 실제 삶보다는, 과학이라는 잣대로 측정하고 수치화한 자료를 더 소중하게 여기기 시작한 것이다. 다시 말해 과학 문명은 '과학으로 검증할 수 없는 것은 가치가 없다'고 평가했다.

하지만 과학이 만들어 낸 지식은 생활 세계를 수치화 · 법칙화한 것일 뿐, 생활 세계 전부가 될 수는 없다. 따라서 우리는 그런 지식을 추구하기 전에 그것이 우리의 삶, 곧 생활 세계에 어떤 의미를 주는지 생각해 봐야 한다. 그래야 대상을 과학의 잣대로만 판단함으로써 오히려 인간성을 짓밟는, 어처구니없는 잘못에서 벗어날 수 있다. 후설은 생활 세계에 대한 탐구를 통해 과학의 비인간성을 극복하려 했던 것이다. 점점 미쳐 가고 있던 세상에 대한 그의 저항은, 이처럼 평생을 혼자만의 세계에서 산 학자답게 실로 추상적인 것이었다.

《후설 전집》의 드라마틱한 탄생

1938년, 후설은 79세의 나이로 세상을 떠났다. 그의 생애는 시대와 상관없이 매우 평탄하고 안정적이었지만, 그의 원고들은 매우 드라마틱한 운명을 겪는다. 후설이 죽자 나치는 4만 장이 넘는 그의 원고를 모두 없애 버리려 했다. 하지만 다행스럽게도 이 원고는 후설을 연구하기 위해 방문한 어느 신부에 의해 극적으로 구출되었다. 이 원고들을 보관하기 위해 벨기에의 루뱅 대학에는 '후설 문서 보관소'가 설립되었고, 이 자료들을 기초로 1950년대부터 《후설 전집》이 발간되기 시작했다. 덕분에 현상학은 세계적으로 널리 퍼져 나가게 되었다.

후설이 끼친 영향은 실로 막대하다. 전문가들은 하이데거, 사르트르, 메를로 퐁티 등 20세기를 주름잡았던 철학자들에게서 후설의 영향을 쉽게 찾을 수 있다고 말한다. 하지만 그의 철학은 일반 대중에게도 시사하는 바가 크다.

현대 과학 문명은 '객관적인 것이 곧 진리'라고 여기는 경향이 있다. 수치를 측정하고 법칙을 밝혀 과학적인 증거를 들이대는 것이 무엇보다 정확하고 가치 있다고 여긴다. 이 과정에서 개인의 감정과 사고는 가치 없다며 버림받기 일쑤다.

이에 반해 후설은, 확실한 것은 객관적인 것이라기보다는 오히려 '인간 내면에 있는 정신'이라고 주장한다. 그는 인간을 객관적이고 수치화된 세상에 끼워 맞추려는 과학 문명에 맞서, 주체적인 이성과 인간성의 가치를 강조했다. 이 점에서 그는 시대를 앞서간 철학자였다.

> **메를로 퐁티**
> (Maurice Merleau-Ponty, 1908~1961) 프랑스의 철학자. 사르트르, 보부아르 등과 더불어 무신론적 실존주의의 대표적 이론가.

우리는 영혼을 느낄 수 있는가?

알프레드 히치콕의 영화 〈로프〉의 상영 시간은 80분이다. 하지만 관객들은 이보다 상영 시간을 더 길게 느낀다. 영화에는 어떤 이가 죽임을 당하고, 시체가 숨겨진 후 칵테일파티가 열리는 모든 과정이 담겨 있다. 관객들은 3시간이 넘게 걸리는 시간을 80분 안에 압축해서 느낀다. 어떤 과정도 생략되거나 줄어들지 않았는데도 말이다.

히치콕은 장면 곳곳에 시간의 흐름을 느끼게 하는 장치들을 심어 놓았다. 살인할 때는 벌건 대낮이었다가, 마지막 건배를 할 때는 창밖에 맨해튼 건물의 불빛이 반짝이는 식이다. 중간 중간 노을이 물드는 장면을 보여 주기도 한다.

우리의 두뇌에는 시간을 느끼는 특별한 부분이 없다. 뇌는 여러 가지 정보에 기대어 시간을 추측해 낼 뿐이다. 시간을 '조작'할 수 있는 이유다. 그렇다면 우리는 영혼을 느낄 수 있을까? 영혼도 시간과 같이 구체적인 감각으로 느낄 수 있는 대상이 아니다. 눈을 감고 모든 감각을 '괄호 안에 넣어 보자'. 그러면 나의 영혼이 느껴지는가? 느낄 수 없다면 나의 정신, 영혼이란 무엇인가?

존재를 둘러싼
거인들의 싸움

하이데거

태어나서 살다가 죽은 사람

하이데거Martin Heidegger, 1889~1976는 20세기의 가장 유명하고 영향력
있는 철학자다. 인터넷이나 서점을 조금만 뒤져 보면 그에 관한 자료를
얼마든지 찾을 수 있다. 우리나라에서도 하이데거는 2000년까지, 칸트
와 헤겔에 이어 세 번째로 많이 연구된 철학자란다. 하이데거 책이 그
토록 많이 나와 있음에도 정작 그의 삶에 대해 자세하게 소개한 책은
별로 없다.

생전에 하이데거가 강의할 때면, 보통 철학자들의 삶을 '누구는 몇
년에 태어나서 어디에서 살다가 몇 년에 죽었다'라는 식으로 간략하
게 줄여 버렸단다. 철학자에게는 사상이 곧 삶이라고 보았기에 철학자
의 소소한 일화나 이야깃거리는 그다지 중요하지 않다고 여겼던 탓이

다. 사실, 이 말은 하이데거 자신에게 가장 잘 들어맞는다. 제1, 2차 세계 대전과 냉전 등 엄청난 격변기를 보냈지만 그의 일생에는 별다른 사건이 없었다. 그는 대학 강단에 서거나 조용한 산장에 틀어박혀 사색하고 연구하는 일을 반복했을 따름이다. 굳이 그의 삶을 소개한다면, 그가 철학자를 소개했던 방식대로 '하이데거는 1889년 인구 4,000명가량의 작은 마을 메스키르히에서 태어나 프라이부르크 대학과 시골 산장에 틀어박혀 사색하고 연구하다가 1976년에 사망했다'라는 말로 충분하지 않을까?

존재를 둘러싼 거인들의 싸움

하이데거는 1889년, 성당지기였던 아버지와 농부의 딸인 어머니 사이에서 태어났다. 아버지는 성당지기 일 외에 술 창고를 지키는 일도 자주 했다는데, 이런 사실에 비추어 보면 하이데거는 매우 궁핍한 어린 시절을 보낸 듯싶다. 그는 학교에서 매우 뛰어난 학생이었지만, 공부를 계속할 만한 돈이 없었다. 다행히 그의 딱한 사정을 안 메스키르히 성당 신부가 장학금을 받도록 도와주었단다. 거기에는 졸업 후 신부가 될 공부를 계속한다는 조건이 붙어 있었다. 신부의 도움으로 하이데거는 1903년부터 1909년까지 콘스탄츠에 있는 김나지움에서 공부할 수 있었다. 하지만 신부가 되는 길은 건강상의 이유 때문에 포기할 수밖에 없었다. 그 뒤에도 신학에 대한 미련을 버리지 못해 프라이부르크 대학에서 2년 동안 신학 공부를 더 했는데, 건강 문제로 이마저 그만두어야 했다. 신학을 포기한 뒤 그는 1911년, 22세 때 비로소 철학의 길로 들어섰다.

하이데거는 김나지움 시절부터 철학에 관심이 많았다. 그가 철학에 깊은 관심을 갖게 된 결정적인 계기는 브렌타노의 《아리스토텔레스에게 있어서 존재자의 다양한 의미에 대하여》때문이었다.

우리의 관심을 끄는 것은 보고 만질 수 있는 꽃, 나무, 사람 등의 구체적인 존재자들이다. 철학에는 구체적인 존재자들이 아닌 '존재' 자체의 의미를 다루는 형이상학이라는 분야가 있다. 하이데거는 브렌타노의 책을 통해 형이상학의 세계에 빠져 들었다. 그가 나중에 플라톤의 말을 빌려 표현했듯, 이때 비로소 '존재를 둘러싼 거인들의 싸움'에 뛰어들게 되었던 것이다. 그는 브렌타노의 제자였던 후설의 사상에도 깊은 관심을 가졌다. 우여곡절 끝에 그는 1919년, 후설의 조교가 되어 그로부터 많은 영향을 받았다. 같은 해에 프라이부르크 대학의 사강사로 임명되기도 했다.

이 스승과 제자는 둘 다 성실한 학자였으나 성격은 아주 달랐던 듯싶다. 이 점은 강의 스타일에서 분명하게 드러난다. 후설이 자기 사색에만 몰두하는 스타일이었던 데 비해, 하이데거는 철저하게 학생 위주의 강의를 했다. 그는 매우 주도면밀하게 수업을 계획했을 뿐만 아니라, 학생 한 명 한 명에게 관심을 가졌으며, 학생들이 뚜렷한 문제의식을 갖고 토론에 참여하기를 끊임없이 권했다. 얼마나 학생들에게 심혈을 기울였던지, 강의가 끝난 지 10년 뒤에도 수업에 참여했던 학생 개개인의 성향과 관심사를 모두 기억해 낼 정도였단다. 인간을 다른 인간 존재와 '더불어 있는 존재'로 파악한 그의 생각이 잘 나타나는 대목이다.

그는 유명한 학자였지만 명예나 부귀영화에 별 관심이 없었다. 겉으로만 보면, 하이데거는 전혀 학자 같지 않고 농부처럼 보였단다. 전해지는 다음의 이야기는 그의 소박한 삶의 태도를 잘 보여 준다. 하루는 빈의 한 풋내기 철학자가 하이데거에 대한 강연을 했는데, 웬 시골 농부가 맨 앞줄에 앉아서 줄곧 알아듣겠다는 듯이 고개를 끄덕이더라는 거다. 빈의 철학자는 자신이 어려운 하이데거의 사상을 시골 농부가 이해할 만큼 쉽게 설명했다는 데 매우 흡족해했다. 그런데 나중에 알고 보니 그 시골 농부가 바로 하이데거였단다.

'있음'과 '없음'

하이데거는 명강의로 점점 더 이름을 얻었다. 그리하여 1923년에 마침내 마르부르크 대학의 부교수로 임명되었고, 1927년 38세에 그 유명한 《존재와 시간》을 펴냈다. 이 책으로 그는 말 그대로 '하루아침에 유명해졌다'.

《존재와 시간》에서 하이데거가 탐구하려고 했던 것은 바로 '존재' 자체이다. 존재를 밝히기 위해서 하이데거는 인간을 연구했다. 세상에는 돌, 꽃, 나무, 동물 등 수많은 '존재자'가 있다. 이런 것들은 그냥 존재하고 있을 뿐, 자신의 존재에 대해서 묻지 못한다. 하지만 인간은 다르다. 오로지 인간만이 존재에 대해, 즉 '있음'과 '없음'을 구별할 수 있으며 왜 자신이 존재하는지 의문을 품을 수 있다. 이런 뜻에서 하이데거는 인간은 존재의 의미가 드러나는 존재자, 즉 '현존재 Da-Sein'라고 보았다. 존재에 대해 밝히려면 바로 존재를 알고 있는 존재, 즉 현존재인 인간을 탐구해야 한다.

인간은 나무 한 그루, 돌덩이 하나, 개 한 마리가 존재하는 것과는 근본적으로 다른 방식으로 이 세계에 존재한다. 나무나 돌덩이, 동물들은 그냥 주어진 대로 있을 뿐이다. 하지만 인간은 시간 속에서 스스로 결단해 자신의 존재를 실현해 가며 산다. 이를 하이데거는 인간은 '스스로 자기 자신의 존재를 떠맡는다'라고 표현한다.

　그러나 모든 인간이 자신의 존재를 실현하며 살아가지는 않는다. 대부분 사람들은 자신의 가능성을 의식하지 못하고 다른 사람들이 하는 대로 따라 살아간다. 자신이 정말 원해서 대학에 가는 게 아니라 남들이 다 가니까 나도 가야 한다고 생각하고, 댄스 음악이 유행하니까 자기도 댄스 음악을 좋아하는 식으로 말이다. 이런 식의 삶을 하이데거는 '비본래적 삶'이라고 한다. 이 같은 비본래적 삶에서 벗어나기 위해서는 인간의 최종적인 가능성인 죽음을 직시해야 한다. 누구나 죽을 수밖에 없다. 그러나 인간은 바로 이것 때문에 '본래적 삶'을 살 수 있다.

　사람들은 언젠가는 죽을 수밖에 없다는 사실을 무의식중에 알고 있다. 그럼에도 대부분의 사람들은 죽음의 불안에서 벗어나기 위해 일상의 쾌락, 다른 이들과의 관계 등에 몰두하면서 계속 비본래적인 삶을 살아간다. 이에 대해 하이데거는 인간이 '시간의 흐름 속에서 언젠가는 죽음에 이르게 된다는 것을 자각하고 자신의 죽음을 직시할 때 비로소 본래적인 실존을 찾을 수 있다'라고 역설했다. 죽을 수밖에 없는 존재이기에, 그런 사실을 알고 있기에 인간은 삶의 매 순간 자신의 죽음을 생각해 볼 수 있다. 그렇게 미리 경험해 본 죽음이 지금 이 순간의 나의 삶을 반성하게 만들고 스스로 결단하여 새 삶을 기획하도록 만든다. 아직 오지 않은 나의 미래가 현재 나의 삶을 바꿔 놓는 것이다. 오직 인간에게만이 이처럼 있지도 않은 미래가 현실을 규정한다.

　이것이 《존재와 시간》의 주요 내용이다. 그러나 이것만으로는 이 책의 의미를 제대로 전달했다고 하기 어렵다. 《존재와 시간》은 전문 학자들조차 고개를 내저을 정도로 매우 어려운 책이다. 독일인들조차 '이 책의 독일어 번역본은 언제 나오는가'라고 농담할 정도다. '존재'라는 개념 자체가 아주 추상적일뿐더러, 하이데거가 존재를 설명하기 위해서 '존재'라는 말이 들어가는 복합어를 무려 100여 개나 만들어 쓰고 있기 때문이다. 그런데 《존재와 시간》은 미완성 작품이다. 인간 현존재에 대한 관심은 '존재'에 대한 설명을 위해 필요했을 뿐이며, '존재'의 의미를 밝히는 이 책의 본론은 결국 쓰이지 못했다.

은둔의 세월, '존재'에 빠지다

　《존재와 시간》으로 유명해진 하이데거는 1928년 후설의 후임으로 프라이부르크 대학으로 옮겼다. 그리고 1933년 나치의 명령에 따라 이 대학 총장으로 부임했다. 이 사실 때문에 하이데거는 지금까지도 '나치 협력자'라는 오명을 쓰고 있다. 하지만 그는 나치의 극단적인 민족주의에 찬성하지는 않았다. 여느 학자들과 마찬가지로 하이데거는 당시 정치·경제적인 상황을 통찰할 전문적인 눈이 없었다. 학자적인 순진함으로 나치 독일이 '죽음으로 향해 가는 인간 현존재의 영웅적인 인내를 실현하고 있다'고 믿었다. 즉, 나치의 국가사회주의가 무의미한 일상을 살아가는 사람들에게 실현해야 할 이상을 제시해 주어 삶의 진정한 의미를 찾게 해 주리라는 생각이었다. 이런 순진한 생각이 나치 정부와 들어맞았을 리 없다. 그는 유대인 반대 포스터를 대학 교내에 못 붙이게 하는 것을 시작으로 처음부터 끝까지 나치 정부와 실랑이를 벌이다. 급기야 1년 만에 사표를 내고 총장직에서 물러나고 만다. 그런데도 1945년, 전쟁이 끝난 뒤 연합군은 나치에 협력했다는 혐의로 하이데거의 공식적인 강연을 금지했다.

강의 금지 조치는 동료 교수들과 학생들의 끈질긴 탄원 덕분에 1951년에 해제되었다. 그러나 하이데거는 이로부터 한 학기 뒤에 명예롭게 은퇴했다. 그는 몇 번에 걸친 베를린 대학의 초빙에도 응하지 않고 펠트베르크에 있던 산장에 은둔했다. 그는 산장에서 구름과 숲을 벗 삼아 고도로 집중적인 탐구를 계속했다. 이때 완성된 하이데거의 저작들은 너무나 함축적이고 시적인 비유들로 가득 차 있어 어떤 학자들은 '도저히 이해할 수 없는 것'이라고 평가하기도 한다. 말년의 하이데거의 사상은 노자의 무위자연이나 불교의 해탈과 비슷해 보이기까지 한다. 근래에 밝혀진 사실에 따르면 하이데거는 은퇴하기 직전, 일본에서 온 유학생들과 함께 노자의 《도덕경》 번역에 착수한 적이 있었단다. 비록 완성하지는 못했지만, 이것은 그의 존재 탐구의 목적이 동양적인 깨달음과 맞닿아 있지는 않은지 상상하게 만든다.

오랜 은둔 생활 끝에 하이데거는 1976년 5월 26일, 심장마비로 세상을 떠났다. 장례식은 그의 유언대로 고향인 메스키르히에서 조촐하게 치러졌다. 20세기 사상사에 가장 깊고 넓은 영향을 끼친 철학자였지만, 정작 자신은 그가 다른 철학자들의 삶을 평가할 때 썼던 표현대로 단순히 '태어나서 살다가 죽은 사람'으로 남기를 원했다.

> **무위자연**
> (無爲自然) 사람의 힘이 더해지지 않은 자연 그대로의 상태.

'존재'만 연구한 사람

○
해석학
문헌의 올바른 이해를 중심 과
제로 삼는 학문. 해석학은 르네
상스 시기에 그리스 고전에 대
한 문헌학적인 연구와 《성경》
의 통일된 해석을 위한 하나의
기술로 여겨졌다. 그러다 슐라
이어마허에 이르러 학문적인
틀을 갖추었으며, 하이데거와
그의 제자인 가다머에 와서 더
욱 심화, 발전되어 '해석학적 철
학'이 성립되었다.

고등학교 도덕 · 윤리 교과서에는 하이데거를 '실존
철학자'로 소개한다. 물론 대중에 휩쓸리지 않고 자신
의 결단에 따르는 진정한 삶을 강조했다는 점에서 그
는 실존철학자다. 보는 이에 따라 그는 현상학자나 해
석학자로도 불린다. 또, 국가라는 전체를 위해 개인의
희생을 강요하는 '전체주의의 원조'로 비난받는가 하면, 정반대로 국가
권력에 맞서 자유와 평등을 주장하는 '신좌파' 이론가의 한 사람으로
여겨지기도 한다.

하이데거에 대한 다양한 해석은 그의 사상의 깊이가 어느 정도인지
를 보여 주는 증거이다. 정작 하이데거는 '존재'밖에 연구한 것이 없다.
그는 가장 깊은 근원에 대해 물음을 던짐으로써 가장 넓게 영향을 끼친
셈이다.

우리는 대부분의 시간을 일상적인 것들에만 마음을 두고 산다. 한 친
구가 '삶의 의미란 무엇일까?', '이 모든 것의 의미는 무엇일까?'라는
물음을 던질 때, 그 친구를 '철학자 같다'고 놀리며 이상하게 여길지도
모르겠다. 그러나 어떻게 보면 쓸모없어 보이는 이런 질문들이 오히려
일상에 대한 관심보다 더 유용하다. 원리를 이해하면 답을 외운 친구보
다 문제를 더 잘 풀 수 있다. 마찬가지로, 제대로 된 삶과 세상을 고민
하며 방향을 세운 사람은 무작정 세상을 따라 사는 이들보다 더 알찬
삶을 보낸다. 일상과 너무나 동떨어져서 쓸모없어 보이는 하이데거의
존재 탐구는 우리에게 진정 유익한 물음이다.

철학자의
뒤안길

독일 철학자답다?

'독일 교수 출신' 철학자들은 여느 나라의 철학자들과 분명하게 다른 스타일을 보인다. 철학의 역사에서 직업이 '철학자'였던 사람들은 많지 않다 (소크라테스도 원래는 석공이었고, 아리스토텔레스도 왕의 가정교사 등등의 직업을 함께 가졌음을 유념해 보라). 그러나 칸트 이후로 독일 철학자들은 '철학 교수'라는 직업을 갖고 철학에만 매달릴 수 있었다. 그래서 그네들의 철학은 대단히 정교하다. 생각을 철학 고민에만 집중할 수 있는 까닭이다. 반면, 그만큼 세상 물정에도 어둡다. 그래서 '독일 철학자답다'는 표현에는 '생각이 대단히 정교하다', '내용이 무지하게 어렵다', '세상 물정에 어둡다'라는 의미가 묻어 있다.

사상계의 제임스 딘

사르트르

문화 코드 '사르트르'

1960~70년대에 청년기를 보낸 지식인들에게 사르트르 Jean-Paul
Sartre, 1905~1980 는 단순한 철학자가 아니다. 흘러간 옛 노래가 가슴을 뭉
클하게 하듯, 그네들에게 사르트르는 젊은 시절을 떠올리게 하는 '문화
코드'다. 그는 사상계의 '제임스 딘'이라고 할 만한 인물로, 구속받기를
싫어했고 자신과 사람들을 얽매려는 모든 것에 온몸으로 저항했다. 그
는 파격적인 계약 결혼을 하기도 했고, 자신의 저서조차 따로 보관하지
않을 정도로 재산에 무관심했으며, 한편으로는 죄책감 없이 쾌락을 누
릴 줄 아는 인물이었다.

제2차 세계 대전이라는 집단적 폭력을 경험한 1960~70년대 젊은
이들에게 자유와 평화는 무엇과도 바꿀 수 없는 최상의 가치였다. 히피

들이 등장한 시기도 이 무렵이다. 모든 억압적 권력에 맞서며 개인의 자유를 외치던 사르트르는 이들의 우상이 되기에 충분했다. 사르트르가 죽은 지 30여 년이 지난 지금, 그의 영향력은 분명 예전 같지 않다. 하지만 여전히 그는 '자유와 평화를 위해 싸웠던 행동하는 지성'으로 사람들 기억 속에 남아 있다. 광기 어린 집단 폭력과 억압이 문제 될 때면 늘 투사로서 지식인의 역할을 강조하는 사르트르의 글이 인용되곤 하는 이유다.

히피

기성의 사회 통념·제도·가치관을 부정하고 인간성 회복, 자연에의 귀의를 주장하며 완전한 자유를 추구한 젊은이들 무리. 1966년 미국 서해안 샌프란시스코를 중심으로 생겨나, 그 뒤 미국 대도시 곳곳은 물론 파리나 런던 등의 청년층에 파급되면서 일시적인 유행이 아닌 하나의 문화양식으로 자리 잡게 되었다.

자신밖에 믿을 사람이 없었던 아이

사르트르는 1905년 프랑스 파리에서 태어났다. 아버지는 해군 장교였고 어머니는 노벨상 수상자인 슈바이처의 사촌으로 자존심 강한 여인이었다. 하지만 그의 아버지는 사르트르가 두 살 때 베트남에서 열병으로 죽었기에, 처음부터 그에게는 아버지가 없던 것이나 다름없었다. 그 뒤 그는 어머니와 함께 외할아버지 집에서 머물게 되었다.

어느 모로 보나 사르트르의 어린 시절은 불행했다고밖에 할 수 없다. 그는 어릴 때부터 어머니를 따라 고서점에 가서 독일어 책을 읽고 수백 쪽의 이야기를 쓸 정도로 천재적이면서도 감수성이 풍부했다. 그런 사르트르의 눈에는 자신이 처한 상황이 무척이나 특이하고 복잡한 깃으로 비쳤다.

먼저 아버지가 없다는 사실은 그에게 자유를 주었다. 부권으로 대표되는 엄격한 질서와 규범의 압력이 덜했던 거다. 또한 그는 종교로부터도 자유로웠다. 기독교도였던 외할아버지, 독실한 가톨릭 신자였던 어머니, 그리고 신을 믿지 않았던 외할머니 사이에서 자란 그에게 종교는 반드시 믿어야 하는 것이 아니었다. 게다가 책을 좋아하고 항상 경건한 자세로 살았던 외할아버지는 사르트르에게 학문적 삶에 대한 동경을 키워 주었다.

어린 사르트르에게 이런 상황은 운명이 내려 준 은혜였지만, 동시에 언제든지 빼앗길 수 있는 불안한 것이기도 했다. 그는 항상 자신을 집안의 잉여 존재로 여겼다. 아버지 없이 외할아버지 댁에 얹혀 있는 상황에서, 그는 자신이 존중받아야 할 필연적인 이유가 없다고 생각했다. 자신은 주변의 기대에 잘 따르고 착하고 귀염성 있게 행동할 때만 사랑받을 이유가 있다고 여겼다. 물론, 그는 집안에서 사랑받는 착하고 귀여운 어린아이였다. 뒷날 사르트르 자신은 이 모든 게 사랑받기 위한 생활 연기에 불과했다고 고백한다.

그러던 중 그에게 커다란 위기가 닥쳐왔다. 눈에 이상이 생겨 점점 사시가 되어 갔던 것이다. 주변의 귀여움을 샀던 천사 같던 외모는 점점 추하고 보기 싫게 변했다. 그는 이제 노력해도 사랑을 얻을 수는 없다고 믿기 시작했다. 사르트르는 일곱 살에 이미 '나 자신밖에 믿을 사람이 없다'며 마음을 다잡곤 했다.

그의 어린 시절은 자서전인 《말》을 통해서만 알 수 있다. 그래서인지 어린 사르트르의 고뇌는 다분히 각색된 느낌이 든다. 어찌되었든, 사르트르의 어린 시절은 그의 전 생애를 요약해서 보여 주는 듯하다. 그는 평생 규범과 질서에서 자유롭기를 원했고 무신론자였으며 삶의 목적을 글을 쓰는 데 두었다. 항상 불안과 고뇌에 시달려야 했지만, 사르트르는 이런 상황을 자유롭기 위해서 짊어져야 할 운명으로 받아들였다. 이는 어린 사르트르가 처했던 모습 그대로다.

평범한 천재

1916년, 어머니가 재혼하자 사르트르는 새아버지 곁에서 '생애에서 가장 불행한 3~4년'을 보냈다. 물론 그가 특별히 구박을 받았다거나 미움을 샀다는 증거는 없지만, 이 예민한 소년은 아마도 자신의 존재감이 더욱더 희미해진다고 여겼을 듯싶다.

1919년, 사르트르는 파리의 고등학교에 진학했다. 이와 동시에 집안의 연극에서 벗어나는 해방감을 느꼈다. 그리고 1924년에는 열아홉 살의 나이로 파리 고등 사범학교에 진학했다. 이름만으로 보면 이 학교는 교사 양성 기관일 뿐이다. 하지만 실제로 이 학교는 당시 인문학의 최고 수재들이 모이는 곳이었다. 메를로 퐁티, 레이몽 아롱, 레비스트로스 등 한 시대 최고의 지성들이 모두 사르트르와 같이 학교를 다녔다.

대체로 사르트르를 다룬 전기들은 이 시기의 그를 '지성적인 혁명가로서 그 어떤 감정이나 가치, 또 어떤 도덕 속에서도 만족을 느끼지 못하는 사람'이라고 멋있게 그리고 있다. 또한 사르트르의 작가적 재능도 그때 이미 학생들 사이에 널리 알려져 있었다. 하지만 당시 그의 모습은 자유와 반항이 특징인 여느 20대 수재 대학생의 모습과 크게 다르지 않다. 항상 사색에 잠겨 있고 오직 글을 쓰기 위해 살았지만, 그렇다고 해서 서재에만 파묻혀 지냈던 것도

> **레이몽 아롱**
> (Raymond Aron, 1905~1983) 프랑스의 정치 · 사회학자. 사르트르와 함께 잡지 〈현대〉를 창간했다.
>
> **레비스트로스**
> (Claude Lévi-Strauss, 1908 ~1991) 프랑스의 인류학자.

아니다. 사르트르는 논쟁할 때를 빼고는 사람들과도 잘 어울렸다.

시몬 드 보부아르와 만난 것도 이 무렵이다. 이 둘은 나중에 계약 결혼에 이르게 된다. 이들의 계약 결혼은 한번 살아 보고 결혼하자는 식의 동거와는 확연히 다르다. 이들은 처음부터 정식 결혼을 할 생각이 없었다. 자유를 추구했던 두 사람에게, 인습의 굴레와 주변의 눈에 얽매여 어쩌지 못하고 서로를 구속하는 결혼은 전혀 어울리지 않았다. 결혼했기에 억지로 같이 사는 생활은 결혼이라기보다 억압과 구속일 따름이다. 두 사람은 자신들의 선택에 따라 언제나 신뢰와 애정으로 결합되어 있어야만 진정한 결혼 상태에 있다고 여겼다. 서로의 영역을 존중하면서도 가식 없이 신실한 애정으로 함께 있는 상태 말이다. 둘의 관계는 '따로 또 같이'라는 표현이 잘 어울릴 듯싶다. 그들은 사르트르의 입대를 앞두고 루브르 박물관 앞 벤치에서 결혼 계약을 맺었다. 처음의 계약 기간은 2년이었지만, 둘 사이의 계약은 평생 동안 지속되었다.

실존은 본질에 앞선다

1928년, 고등 사범학교를 졸업한 사르트르는 철학 교수 및 교사 자격시험에 응시했지만 보기 좋게 떨어지고 만다. 사르트르는 그 이유를 자신의 답안이 너무 독창적이었기 때문이라고 추측했다. 이듬해 시험에서 1등으로 합격했으니, 그의 추측이 아주 틀리지만은 않았나 보다.

보부아르의 눈에 비친 사르트르는 완전한 자유인이었다. 직업인으로서, 결혼한 가장으로서 규칙과 관습에 얽매이는 생활은 사르트르에게 어울리지 않았다. 하지만 철학 교수 및 교사 자격시험에 통과한 뒤 그를 기다리고 있었던 것은 '군 복무, 그리고 지방 학교의 선생이 되기 위해 여행과 자유, 젊음에 작별 인사를 하는 일'이었다. 그는 제대한 뒤 일상에 얽매이기 싫어 멀리 일본의 프랑스어 교사 자리를 지원했지만 뜻대로 되지 않았다.

1931년, 사르트르는 프랑스 북부의 항구 도시 르 아브르에 있는 고등학교에 철학 교사로 부임했다. 이때부터 일상인으로서의 지루한 생활이 이어졌다. 철학자인 후설과 하이데거를 연구하기 위해 독일에 머물렀던 짧은 기간을 빼고는, 자유인 사르트르는 1938년까지 고등학교 교사라는 소시민으로 살았다. 그가 이때의 경험을 바탕으로 쓴 소설이 바로 《구토》다.

《구토》의 주인공 로캉탱은 어느 날 바다에 돌을 던지는 아이들 흉내를 내려고 돌을 집다가 구역질을 한다. 그 뒤 그는 마로니에 나무 뿌리를 보고도 구토를 하는 등 여러 사물들 앞에서 토기를 느끼지만 이유를 알지 못한다.

사르트르는 다양한 구토 경험을 통해 세상 모든 존재의 본모습을 보이려 했다. 세상의 모든 것들은 따지고 보면 진정 있어야 할 이유가 없다. 그냥 있을 뿐이다. 아무 목적 없이 세상에 던져져 있다는 느낌과 무의미에서 오는 허무감, 주인공이 구토를 하는 원인이다.

그러나 사르트르는 인간이 놓인 극단적인 허무의 현실을 완전한 긍정으로 탈바꿈시켰다. 1943년에 발표한 《존재와 무》에서, 이유 없이 세상에 던져져 목적 없이 살아가는 우리 인간은 오히려 그 때문에 스스로 존재의 의미를 만들어 나가는 창조적 존재로 거듭난다.

우리가 만드는 모든 도구에는 나름의 본질이 있다. 예를 들면, 톱의 본질은 썰기 위한 것이다. 이런 본질을 이루기 위해 우리는 톱을 만든다. 썰지 못하는 톱은 톱이 아니다. 사르트르의 용어를 빌리자면, 사물에서 '본질은 실존에 앞선다'.

하지만 인간은 반대다. 인간에게는 본질이 없다. 인간은 세상에 그냥 던져져 있을 뿐이다. 또한 다른 사물과 달리, 자신이 아무 이유 없이 세상에 존재하고 있다는 사실을 깨달을 수도 있다. 이 극단적인 허무를 깨닫는 순간 인간은 비로소 진정한 자유를 펼칠 수 있다. 자신에 대해 원래부터 결정되어 있는 것은 아무것도 없기 때문에, 나를 본질적으로 구속하는 것은 없다. 따라서 나는 스스로 선택하고 행동하며 책임짐으로써 자신의 존재 이유를 스스로 만들어 갈 뿐이다. 인간은 스스로 삶의 의미를 만들어 가는 창조적 존재이다. 유명한 '실존은 본질에 앞선다'라는 말은 이런 뜻이다.

한편으로 자유는 부담스럽기도 하다. 자유로운 사람은 스스로 결정하고 책임져야 하기에 늘 고민과 불안에 싸여 있다. 따라서 사람들은 종종 자신의 자유를 스스로 포기하려 한다. 군인·공무원 등 사회가 주는 역할에 안주하며 무한한 자유가 주는 책임에서 벗어나려 하거나, 종교가 제시하는 삶의 의미를 좇음으로써 스스로 삶을 결단해야 하는 불안에서 벗어나려 한다. 사르트르는 이를 '자기기만'으로 본다.

진정한 인간, 완전히 자유로운 인간은 다른 것에서 자신의 의미를 찾지 않는다. 주변과 상황을 핑계 대지 않고 항상 주체적으로 살기에 긍정적이며 도전적이다. 진정한 인간 실존은 이런 모습이어야 한다.

앙가주망

사르트르의 관심은 항상 개인에게 있었다. '나 자신으로 사는 삶', 사르트르 사상의 진정한 핵심은 여기에 있다. 다른 사람과의 관계와 그들에 대한 배려는 나 자신의 삶에 비하면 부차적일 뿐이다. 그렇지만 모든 사람이 자기 자신으로 살기를 원한다면, 도덕은 설 자리가 없어진다. 사회를 유지시키기 위해 자신을 접고 주어진 길에 순응하게 하는 도덕은 구성원들의 '자유 요구' 앞에서는 버텨 낼 도리가 없다.

제2차 세계 대전은 사르트르의 관심을 다른 사람과 사회로 돌려놓았다. 전쟁이라는 집단적 폭력 앞에서 그는 '앙가주망Engagement', 곧 참여의 중요성을 깨달았다. 인간은 본질적으로 자유롭다. 하지만 자유를 억누르는 세력과 집단이 있는 한, 인간은 결코 완전하게 자유로울 수 없다. 따라서 그는 인간의 자유를 억누르는 모든 세력에 대항해 싸우리라 결심한다.

1940년, 전쟁으로 다시 징집된 그는 전투 한번 제대로 못 해 보고 전쟁 포로가 되고 만다. 그러나 포로수용소에서 장애가 있는 것으로 꾸며이내 풀려났다. 파리로 돌아온 그는 다시 교편을 잡는 한편, 은밀하게 레지스탕스에 참여했다. 그가 택한 방법은 글쓰기였다. 지하 조직의 전단을 만들고, 《파리 떼》와 같이 저항 메시지가 강한 대중적 희곡을 본격적으로 쓰기 시작했다.

전쟁이 끝난 뒤에도 그는 '인간 자유의 투사'로 남았다. 《구토》와 《존재와 무》로 작가적 명성을 얻은 그는 이제 글만 쓰면서도 생계를 꾸릴 수 있었다. 그래

> **레지스탕스**
> 점령군이나 침략자에 대한 저항 운동. 특히 제2차 세계 대전 중 점령군 독일군에 대한 프랑스의 저항 운동을 가리킨다.

서 마침내 마흔 살이 되던 1945년, 교직을 그만두었다. 그리고 〈현대〉라는 진보적 잡지를 만들고, 민주혁명연합이라는 단체를 꾸리는 등 적극적으로 정치 현실에 뛰어들었다.

가진 자와 못 가진 자의 대립이 극심하던 1950년대에, 그를 자연스럽게 끌어당긴 쪽은 공산주의였다. 공산주의자들은 가진 자들이 못 가진 자들을 착취하며 억압하고 있다는 전제 아래 세상을 바라보고 해석한다. 이들은 못 가진 자들이 가진 자들을 폭력으로 쫓아내고 자신들의 정권을 세울 때에만 비로소 인간의 완전한 해방이 이루어진다고 보았다.

자유의 투사였던 사르트르도 마르크스 이론에 동감하고 적극적으로 참여했다. 하지만 사회는 역사의 법칙에 따라 점차 평등한 쪽으로 나아가며 인간 개개인은 이를 위한 도구라고 보는 마르크스주의와, 인간의 자유는 무엇에 대해서도 수단이 될 수 없다고 믿는 사르트르의 실존주의는 처음부터 공존하기 어려웠다. 결국 1956년, 공산주의 종주국이었던 소련이 부당하게 체코를 침략하자 사르트르는 공산주의와 결별을 선언했다.

그 뒤로도 사르트르는 인간의 자유를 억압하는 모든 것에 대해서 끊임없이 투쟁했다. 알제리 전쟁, 미국의 베트남 참전, 드골 독재 정권을 무너뜨린 프랑스의 68 혁명 등 굵직한 역사적 투쟁의 중심에 항상 그가 있었다. 심지어 1970년대에는 시인 김지하가 독재 정권에 맞서다가 반공법 위반으로 구속되자, 그를 석

알제리 전쟁
1954년부터 8년간에 걸쳐 프랑스와 벌인 알제리 독립전쟁.

68 혁명
1968년 미국과 유럽 등지에서 학생을 중심으로 일어난 대규모 시위. 이들은 권위주의를 비판하고 베트남전 등 전쟁에 반대하는 시위를 벌였다.

김지하
1975년 8월, 중앙정보부(지금의 국가정보원)는 시인 김지하를 국가보안법 위반 혐의로 체포하고, 이른바 '자필 진술서'를 작성하도록 하여 '김지하는 공산주의자'라고 국내외에 선전했다. 이 사실을 알게 된 김지하는 '양심 선언'을 집필, 비밀리에 밖으로 내보내 진실을 밝혔다. 이 '양심 선언'은 사르트르, 촘스키 등 세계 지식인들의 지지 서명을 받아 그해 8월 15일에 전 세계에 발표되었다.

거리의 사르트르
1970년, 정부의 판매 금지 조치에 맞서 직접 거리에서 〈인민의 대의〉 신문을 팔고 있는 사르트르와 보부아르.
사르트르는 자유를 위해 투쟁하던 '행동하는 지성'이었다. • ⓒ toile-libre.org

방시키기 위해 노력하기도 했다. 그는 항상 인간의 자유를 위해 투쟁하던 '행동하는 지성'이었다.

행동하는 지성인

1980년, 사르트르는 75세의 나이로 눈을 감았다. 2만 5,000명이 모인 장례식에서 평생 연인이자 동지였던 보부아르는 그의 관에 한 송이 장미를 건넸다.

철학은 유행에 민감한 학문이다. 사르트르가 죽은 지 30여 년이 넘은 지금, 1960~70년대의 문학 청년들의 마음을 사로잡았던 그에 대한 관심과 열정은 물론 예전 같지 않다. 프랑스 내에서도 '사르트르는 철학자로서는 메를로 퐁티에 못 미치고 작가로서는 알베르 카뮈에 뒤지며, 역사적 판단에서는 레이몽 아롱에 밀린다'라는 평가가 일반적이다. 따지고 보면 그의 사상 또한 그다지 독창적이지 않다. 개인의 주체성과 결단에 대한 강조는 서양 철학의 오랜 전통이기도 하다.

하지만 부담스러운 자유로부터 도망치지 말고 스스로 결단하며 당당하게 맞서라는 사르트르의 외침은 누구라도 새겨들어야 할 삶의 진리다. 불의를 눈앞에 두고도 꼬리를 내리며 '상황 때문에 어쩔 수 없다'라는 식의 변명만 늘어놓는 우리 소시민들에게는 더욱 그렇다.

원전 속으로

사르트르의 《지식인을 위한 변명》

❝ 지식인이란 자기 내부와 사회의 구체적 진실에 대한 탐구와 지배자의 이데올로기 사이에 대립이 있음을 깨달은 사람이다. (중략)
지식인이 자신의 작업에서 피해야만 할 가장 큰 위험은 다음과 같다. 하나는 너무 조급히 일반화하려는 자세다. (중략) 지식인은 '일반화된 인간이란 존재하지 않는다'는 사실을 깨달아야 한다. 동시에 그는 자신이 아직 일반화된 인간이 아니라는 사실을 깨닫고, 일반화된 인간이란 '이루어 나가야 할' 존재라는 점을 알아야 한다.
(중략) 사이비 지식인은 진정한 지식인처럼 '아니다'라고 말하지 않는다. 그는 '아니다. 하지만……', 또는 '나도 잘 안다. 하지만, 그래도……'라고 말할 뿐이다. ❞

– 《지식인을 위한 변명》 중에서

36

정치를 복원하라

한나 아렌트

그녀는 왜 전체주의에 매달렸을까?

열네 살에 이미 칸트의 《순수이성비판》을 읽은 여학생이 있었다. 그녀는 칼 야스퍼스의 《세계관의 심리학》에 감명을 받았으며, 고대 그리스의 책들에 깊이 빠져 친구들과 독서 토론 동아리를 꾸리기도 했다. 평화로운 시기였다면 그녀는 아마도 서가를 거닐며 평생을 보내는 고전학자의 삶을 살았을 것이다.

하지만 두 번의 세계 대전은 그녀의 인생을 뒤흔들어 놓았다. 유대인이라는 이유로 유럽에서 쫓겨났고, 15년 가까이 국적國籍도 없이 세상을 떠돌아야 했다. 학자 기질이 넘쳤던 그녀는 자신의 처지에 주눅 들지 않았다. 대신 자신을 불행하게 만든 시대를 철저하게 분석했다. 민족과 역사를 위한다는 이유로 사람들을 증오로 몰아놓고 개인의 삶을 나락으로 떨어뜨린 사상, 전체주의totalitarianism는 그녀가 평생 매달렸던 연구 과제였다. 그녀의 이름은 한나 아렌트Hannah Arendt, 1906~1975다.

숨겨진 철학의 제왕과의 만남

한나 아렌트는 1906년, 프로이센의 땅인 하노버의 유대인 가정에서 태어났다. 그녀는 어린 시절을 칸트가 살았던 도시, 쾨니히스베르크에서 보냈다. 외동딸이던 아렌트는 사회 문제에 관심이 많은 어머니 덕분에 수준 높은 교육을 받았다. 그녀는 자존심도 무척 셌나 보다.

열다섯 살 무렵, 아렌트는 학교에서 말을 함부로 하기로 유명한 젊은 교사와 부딪혔다. 모욕감을 이기지 못한 그녀는 학생들을 설득하여 수업 거부에 나섰다. 당황한 학교는 아렌트를 퇴학시켰다. 하지만 이대로 물러설 그녀가 아니었다. 아렌트는 베를린 대학에서 청강생 자격으로 여러 강의를 들으며 홀로 공부했다. 1924년, 그녀는 또래보다 1년 빨리 고등학교 졸업 시험(아비투어)에 합격했다. 그녀는 다니던 학교로 돌아가 자신의 합격 사실을 선생님들과 친구들에게 과시했다. 학교의 분위기는 무척 머쓱했을 듯싶다. 이렇듯 한나 아렌트의 복수(?) 방법은 세련되고 집요했다.

그해에 아렌트는 "철학과 신학, 그리스 어를 배우기 위해" 마르부르크 대학에 입학했다. 그 곳에는 학생들 사이에서 '숨겨진 철학의 제왕', '메스키르히에서 온 마법사'라는 별명으로 통했던 하이데거가 교수로 있었다. 그 무렵, 서른 살 즈음의 젊은 하이데거는 자신의 주저_{主著}인《존재와 시간》을 쓰고 있었다. 열여덟 살 여대생은 아들 둘이 있던 이 철학의 대가와 깊은 사랑에 빠진다. 하이데거는 후에 이 시절을 "가장 자극적이고 가장 침착하며 가장 파란만장했던 시기"라고 떠올리곤 했다.

하지만 이들의 사랑은 맺어질 수 없는 것이었다. 4년간의 연애 끝에, 아렌트는 후설이 있는 프라이부르크 대학으로 떠났다. 곧이어 그녀는 하이데거의 추천으로 칼 야스퍼스가 있는 하이델베르크 대학에서 그의 지도 아래 박사학위를 받았다. 박사논문의 주제는 〈아우구스티누스에게 있어서의 사랑〉이었다. 당시 야스퍼스는 《철학》 3부작을 쓰고 있었다. 아렌트는 20세기 가장 영향력이 컸던 철학자 두 사람에게서 그들의 대표 저작을 쓰던 시기에 지도를 받았다. 이 점은 아렌트가 사상의 큰 나무로 자라날 수 있는 밑거름이 되었을 터다.

이때까지만 해도 한나 아렌트는 학자로서의 삶을 살 운명이었다. 문필가로 알려진 첫 남편 귄터 슈테른과 결혼한 것도 이 무렵이다. 그러나 혼란한 시대는 아렌트의 삶을 이내 위기 상황으로 몰아넣었다.

전체주의의 기원

1933년, 마침내 나치가 권력을 잡았다. 유대인이던 아렌트는 옥죄어오는 위협을 피해 프랑스 파리로 옮겨 갔다. 그곳에서 아렌트는 팔레스타인에서 새 삶을 살려는 유대인 청년들을 교육시키는 기관에서 일했다. 1937년, 나치는 그녀의 독일 국적을 빼앗아 버렸다. 이때부터 그녀는 미국 시민권을 얻은 1951년까지 어느 나라 사람도 아닌 채로 살아가야 했다.

1940년, 나치는 프랑스를 점령했다. 유럽은 더 이상 아렌트에게 안전한 곳이 아니었다. 파리에서 첫 남편과 이혼한 그녀는 두 번째 배우자이자 평생을 함께한 하인리히 블뤼허와 미국으로 망명 길에 오른다. 수용소 감금과 석방, 여행증명서 위조 등등 목숨을 건 모험으로 가득한 탈출이었다.

미국 생활에서 어느 정도 안정을 되찾자, 아렌트는 왜 가장 문명화된 유럽에서 히틀러와 나치 같은 야만적인 권력이 태어날 수 있었는지를 깊이 고민했다. 그 결과 나온 책이 《전체주의의 기원》이다. '전체주의'는 1920년대에 이탈리아의 파시스트들이 처음 썼던 용어라고 한다. 이 단어는 '개인들의 이기심을 넘어 국민의 통합을 이룬다'는 긍정적인 의미를 담고 있었다. 즉 나보다 우리가, 우리보다 사회 전체가 중요하다는 생각이다.

자본주의에서는 개인의 이익과 행복이 가장 중요하다. 때문에 돈이 되지 않는 사회 활동이나 공동체를 위한 노력은 시간 낭비처럼 여겨지곤 한다. 경제가 잘 돌아갈 때는 사람들이 자신의 행복만 쫓아도 별 문제가 없어 보인다. 그러나 경기가 안 좋고 살기 힘들어지면 사람들은 불안과 혼란에 휩싸일 테다. 자신들의 삶을 의지할 공동체도 이웃 관계도 이미 무너져 버린 탓이다.

이럴 때 사람들은 원망 속에서 '누구 때문에' 이렇게 살기 힘들어졌는지를 따져 묻는다. 그리고 누군가가 나서서 어려움에 빠진 자신들을 이끌어 '구원'해 주길 원한다. 전체주의자들은 분명한 답을 원하는 사람들에게 명쾌한 해답을 던져 주었다. "우리가 불행에 처한 이유는 유대인들 때문이다. 독일 민족은 원래 위대하다. 그대들이 어려움에서 빠져 나오려면 우리 지도자, 히틀러를 중심으로 뭉쳐야 한다. 그는 어려움을 이겨 낼 '과학적인 법칙'으로 우리를 이끌 것이다. 히틀러의 지도에 따라 민족의 영광을 되찾자!"

그렇지만 세상살이는 이토록 간명한 몇 마디 말로 설명될 만큼 단순하지 않다. 그래서 전체주의자들은 사실을 감추고 비튼다. 사람들에게 알아야 할 것은 감추고 보여 주고 싶은 것만 들이미는 식이다. 전체주의자들이 선전을 무척 중요하게 여기는 이유다.

정권을 잡고 나면, 전체주의자들은 아예 자신들의 생각과 어긋난 사실들을 없애 버리려 한다. 유대인 강제 수용소는 전체주의가 어디까지 나아갈 수 있는지를 보여 주는 사례다. 전체주의가 뿌리를 내린 곳에서는 개인의 생명과 자유는 하찮아진다. 사회가 쫓는 이상만이 중요해지며, 자신의 행복을 외치는 이들은 경멸당할 뿐이다. 모두가 똑같은 생각을 하도록 강요받으며 개성과 창의성은 죄악처럼 여겨진다. 한마디로 전체주의는 개인의 존엄성을 말살하려는 움직임이다.

《전체주의의 기원》에서 아렌트는 마찬가지의 논리로 스탈린의 독재가 지배하던 소련 사회도 분석해 낸다. 1951년에 펴낸 이 책으로 그녀는 미국 정치학계에서 가장 주목받는 학자로 떠올랐다. 당시는 미국과 소련이 으르렁거리며 냉전cold war을 벌이던 시기였다. 미국 정부로서는 소련을 비판하기에 아렌트의 주장만큼 요긴한 사상은 없었을 것이다. 이 시기 아렌트가 '학계의 스타'로 떠올랐던 데는 이런 정치직인 배경도 있었다. 그해 정식으로 미국 시민권을 얻은 그녀는 이제 여러 기관과 대학에서 서로 모셔가려 경쟁하는 '귀하신 몸'이 되어 있었다.

정치를 복원하라

1958년, 한나 아렌트는 《인간의 조건》을 펴낸다. 이 책에서 그녀는 인간의 행위를 '노동labor', '작업work', '행위action'로 나누어 설명한다. 노동은 먹고살기 위해 하는 일이다. 작업은 우리의 삶에 의미를 주는 활동이다. 예술 작품을 만들거나 아름다운 가구를 만드는 것 등을 예로 들 수 있겠다.

한나 아렌트는 무엇보다 '행위'를 중요하게 여긴다. 행위란 다른 사람에게 말과 몸짓으로 영향을 끼치고 설득하려는 노력이다. 이는 오직 인간만이 할 수 있다. 사람들의 생각은 모두 다르다. 이를 인정하고 다른 이들과 대화를 나누며 생각을 맞추어 가는 '행위'를 통해서, 우리는 공동체를 바람직한 방향으로 이끌어 갈 수 있다.

반면, 전체주의자들은 서로 다른 목소리들을 없앤 채 하나의 주장으로 모두를 지배하려 한다. 상대가 나와 다름을 인정하지 않고 대화의 노력을 포기할 때 인간 세상은 짐승과 야만으로 떨어져 버린다. 이런 비극을 막으려면 무엇보다 정치를 회복해야 한다.

하지만 정치는 이제 서로의 이해관계를 조정하는 일 정도로 여겨질 뿐이다. 아렌트에 따르면 진정한 정치는 '타협의 기술'이 아니다. 고대 그리스 시대에 정치란 각자의 이익을 내려놓은 채, 공동체와 우리 삶에 훌륭한 것이 무엇인지를 놓고 의견을 나누는 과정이었다. 바람직한 세상을 만들려면, '자유로운' 시민들이 토론을 통해 전체를 위해 바람직한 것이 무엇인지를 끊임없이 찾아가는 공적 영역public realm을 늘려 나가야 한다.

한나 아렌트는 《인간의 조건》으로 정치학자로서 높은 명성을 얻었다. 그녀는 이제 소녀 시절에 꿈꾸었던 학자로서의 삶을 이어가게 될지도 몰랐다. 그러나 전체주의의 그림자가 가시지 않았던 시대는 그녀의 삶에 또 다른 분란을 가져다주었다.

악의 평범성

1961년, 이스라엘의 비밀경찰조직 모사드는 나치 전범이었던 아이히만을 아르헨티나에서 체포하였다. 그는 제2차 세계 대전 당시 유대인 학살을 주도했던 자였다. 그에 대한 재판은 예루살렘에서 열렸다. 아렌트는 〈뉴요커〉의 특파원 자격으로 이 재판을 지켜보았다. 그때 받은 인상과 분석을 모아 낸 책이 《예루살렘의 아이히만》이다.

1963년에 낸 이 책에서 그녀는 아이히만의 모습에 큰 충격을 받았다고 고백한다. 재판정에 선 아이히만은 뿔 달린 악마가 아니었다. 오히려 그는 평범한 소시민에 가까웠다. 이런 사람이 어떻게 수많은 유대인을 죽음으로 몰아넣을 수 있을까?

> "그는 자기가 하는 일이 어떤 일인지 전혀 알지 못했다. 아예 아무 생각이 없음, 이는 결코 어리석음과 같지 않다. 이것이 그가 시대의 가장 악랄한 범죄자 중 한 사람이 된 이유였다."

즉, '생각 없음'이야말로 인류에 대한 범죄의 가장 큰 이유였다. 한나 아렌트는 결코 아이히만을 두둔할 뜻이 없었다. 그녀는 자기 행동에 무슨 의미가 있는지, 어떤 결과를 낳는지 생각하지 않을 때 전체주의라는 악마의 유혹에 떨어진다는 점을 경고했을 뿐이다. 그녀는 생각 없음이 범죄의 원인이 된다는 점을 '악의 평범성Banality of Evil'이라는 유명한 표현으로 정리했다. 하지만 유대인 공동체의 생각은 달랐다. 그들은 아렌트를 향해 "유대 민족에 대한 애정을 잃어버린 자"라며 격렬한 비판을 쏟아 냈다.

아이히만은 '악마'여야 맞다. 만약, 생각 없다는 이유로 이토록 엄청난 범죄를 저지를 수 있다면, 평범한 사람 누구라도 이런 짓을 할 수 있지 않겠는가! 그렇다면 히틀러와 여느 사람들을 구분 짓는 특징은 무엇인가? 일상인들은 생각을 많이 했기에 범죄에 빠져들지 않았는가? 이 물음에 고개를 끄덕이기는 쉽지 않다.

사람들은 누가 악의 화신인지를 알기 원한다. 그래야 자기 스스로를 그런 부류가 아닌 괜찮은 사람으로 '인정'할 수 있기 때문이다. 그렇지만 이런 생각이야말로 자기 문제를 남 탓으로 바꾸기 위해 희생양을 찾는 '전체주의적 발상' 아닌가? 논란은 좀처럼 수그러들지 않았다.

행동하는 삶에서 사색하는 삶으로

길게 보면 아이히만을 둘러싼 격렬한 논쟁은 아렌트가 치러야 할 유명세에 가까웠다. 그녀는 말년으로 갈수록 점점 더 높은 명성을 얻었다. 지금도 그녀는 '루소 이후 가장 중요한 정치철학자'로 평가받는다. 아렌트는 1959년에 레싱상, 1967년에 프로이트상, 1975년에 소니그상 등 학자로서 받을 수 있는 최고의 상을 여러 차례 받았고, 1972년과

1974년에는 최고 명예로 꼽히는 영국 기포드 강연에 최초의 여성 연사로 두 번이나 초청받기도 했다. 그녀에게는 자녀가 없었지만, 평생의 동반자이자 사상의 동지였던 남편 하인리히 블뤼허와 행복한 인생을 살았다. 1975년, 그녀는 친구들을 접대하던 중에 심장마비로 숨을 거두었다.

말년에 그녀의 관심은 '행동하는 삶vita activa'에서 벗어나 '사색하는 삶vita contemplativa'으로 옮겨갔다. 그녀는 《정신적 삶》이라는 제목의 책을 매듭짓는 데 온 힘을 기울였다. 안타깝게도, '생각thinking', '의지willing', '판단judging'의 의미와 가치를 탐색한 이 책은 끝내 완성되지 못했다. 아마도 전쟁이 아니었다면 그녀는 삶의 초창기부터 이 주제들에 매달렸을 것이다. 어찌 보면, 사색하는 삶을 꿈꾸었던 그녀는 전체주의가 가져온 세상의 소용돌이로부터 마지막까지 자유롭지 못했던 듯싶다.

1972년, 말년의 아렌트에게 어느 학자가 당돌하게 물었다. "당신의 정체가 도대체 뭐요?" 아렌트는 이렇게 답했다. "좌익은 나를 보수주의자라고 하고, 보수주의자들은 종종 저를 좌익, 혹은 이단자라고 하는 것 같기는 합니다. 그것 말고 또 다른 이름으로 부를지도 모르겠군요."

한나 아렌트의 책은 읽기가 쉽지 않다. 깊은 인상을 주는 구절들로 가득하지만 그녀가 정작 주장하려는 바가 무엇인지 다가오지 않는 경우도 많다. 어찌 보면, 한나 아렌트가 진정 말하고자 했던 바는 그런 '모호함'일지도 모르겠다. 자기 생각대로 상내를 재난하며 상대에게 내 주장을 강요하지 말 것. 상대방에게서 생각을 이끌어 내어 대화하게 만들 것. 아렌트는 이익 추구가 삶의 목적인 듯 여겨지는 세상에서 '좋은 삶의 가능성'에 대해 고민하게 한 철학자였다.

37

모든 물음은 가치가 있다

하버마스

지기 위해 논쟁하는 사람

논쟁의 진정한 의미는 남을 굴복시키는 데 있지 않다. 논쟁을 할 때는 상대의 설득을 진심으로 받아들이는 능력과 자세가 더 중요하다. 물론 명쾌한 논리로 상대를 입도 뻥끗 못하게 만들 수도 있다. 그러나 그 결과는 결코 바람직하지 않다. 상대방은 수긍한다기보다 짓눌려 있을 뿐이다. 뭔가 억울하다는 느낌, 분노는 더욱 커지다가 언젠가 폭발하여 다시금 갈등을 일으킬 것이 분명하다.

이 점에서, 하버마스 Jürgen Habermas, 1929~는 진정 뛰어난 논쟁가다. 그는 아직 살아 있는데도 이미 철학사에 버젓이 들어 있는 거물급 철학자로, 지난 50여 년 동안 무려 30여 권의 책을 냈고 수많은 논쟁을 벌였다. 포퍼, 가다머와 같은 최고의 학자들과 벌였던 숱한 토론은 시대의 핵심을 꿰뚫는 '세기의 논쟁'이라 할 만하다.

그러나 하버마스는 항상 '수용의 대가'로서의 자세를 잃지 않았다. 그는 철학, 과학, 사회학, 심리학, 교육학, 언어학, 언론학, 문학, 심리학, 정치학 등을 넘나드는 방대한 지식과 정교한 논리로 무장하고 있지만, 상대의 주장이 정당하다면 주저 없이 인정하곤 했다. 너무 긍정적으로 토론에 임하는 나머지 '자신이 받아들이고 싶은 사상가하고만 논쟁을 한다'는 오해를 살 정도였다.

하버마스의 태도는 자신의 철학과 정확히 일치한다. 그는 억압과 지배 없는 사회, 해방된 인류를 꿈꾼다. 그리고 자유로운 대화와 의사소통으로 그런 세상을 이룰 수 있다고 믿는다. 뛰어난 철학자는 자신의 품성 속에서 세계를 변혁할 원리를 찾아낸다. 하버마스가 바로 그렇다.

철학과 정치는 별개

하버마스는 1929년 독일 뒤셀도르프에서 태어났다. 그 뒤 굼머스바흐라는 조그만 도시로 이사를 와, 공무원이었던 아버지 밑에서 비교적 부유하게 자랐다. 자신의 회상대로라면 그는 무난한 어린 시절을 보냈던 것 같다.

제2차 세계 대전이 전 세계를 전쟁의 구렁텅이로 몰아넣을 무렵, 그는 예민한 청소년기를 보냈다. 하버마스는 열다섯 살에, 당시 또래들처럼 히틀러 소년단에 들어갔다. 하지만 전쟁이 끝나고 난 뒤, 뉘른베르크 나치 전범재판에 대한 기록영화들을 보면서 큰 충격을 받았다. 당시 일어났던 엄청난 죄악을 알지도 못했고, 여기에 적극적으로 저항하지도 않았다는 사실에 괴로워했다. 그때서야 비로소 그는 정치와 현실에 대해 문제의식을 갖게 되었다.

1949년, 스무 살에 괴팅겐 대학에 입학한 하버마스는 스위스 취리히 대학을 거쳐 1954년 본 대학에서 박사 학위를 받았다. 대학생 시절, 하버마스는 정치에 그다지 관심을 갖지 않았다. '독일은 모든 것 위에!'를 외치며, 연합군이 해체한 군대를 다시 모아야 한다는 극우 집단에 반감을 가졌지만, 그렇다고 행동으로 옮긴 적은 없었다.

독일 대학은 예나 지금이나 보수적이기로 유명하다. 독일 교수들의 연구를 보고 있자면, 가끔 달나라에서 살고 있는 사람들이 아닌가 하는 느낌이 들곤 한다. 시대 변화에 별 영향을 받지 않고 자신만의 전문 영역을 열심히 파고든다는 뜻이다. 그래서인지 혼란한 전후 독일 상황에서도 하버마스가 받은 철학 교육은 지극히 전통적이었다. '철학적 신념과 정치적 문제의식은 전혀 별개였다.' 하버마스가 자신의 대학 시절을 회고하면서 한 말이다.

세상에서 가장 어두운 책

박사 학위 논문을 끝낼 무렵, 그는 하이데거가 1935년에 쓴《형이상학 서설》을 읽고 충격을 받았다. 나치의 지배가 한창일 때 출간되었는데도, 가장 영향력이 컸던 철학자의 책 속에는 '독일 대학 교수답게' 시대에 대한 문제의식이나 비판이 한 줄도 없었다.

반대로 호르크하이머와 아도르노가 같이 쓴《계몽의 변증법》은, 학위를 받은 뒤 신문사 기자로 일하던 청년 하버마스에게 희망의 빛으로

처음 읽는 서양 철학사

다가왔다. 사회적 문제의식에 불타던 그에게 철학으로 현실을 진단하고 해결책을 찾으려는 두 철학자의 노력은 지극히 매력적이었다.

호르크하이머와 아도르노는 '비판 이론' 또는 '프랑크푸르트학파'라고 부르는 학풍의 제1세대들이다. 이들은 《계몽의 변증법》에서 다음과 같이 주장했다. 인간의 이성은 인류를 야만에서 해방시키고 발전시킨 듯하지만, 사실은 재앙으로 떨어뜨렸을 뿐이다. 히틀러와 같은 독재자, 제1, 2차 세계 대전과 같은 엄청난 재앙은 결국 과학 문명이 낳은 결과다. 그럴듯한 명분과 고상한 말을 내세우지만 이성으로 무장한 인류가 저지르는 폭력은 그 어떤 야만인의 행위보다 가혹하고 잔인하다.

자연은 이제 인간이 마음대로 이용해도 되는 대상이 되어 버렸다. 나아가 과학이라는 잣대가 다른 모든 가치보다 중요해지면서, 사람을 평가할 때도 얼마나 도덕적이고 인간적인지보다, 무슨 능력이 얼마나 있고 어떤 쓸모가 있는지가 더 중요하게 되었다. 사람들 스스로도 상대를 이용과 억압의 대상으로 여기게 되었다는 뜻이다.

이처럼 비판 이론은 산업자본주의 사회의 여러 문제들의 원인을 인간의 이성, 곧 합리성의 근본적인 결함에서 찾는다. 하버마스는 뒤에 《계몽의 변증법》을 '세상에서 가장 어두운 책'이라 평가했다. 청년 시절에 그는 이 책 속에서 사회 비판 기능으로서의 철학에 대한 새로운 가능성을 발견했던 것이다.

제1세대에게 버림받은 제2세대 거장

1954년, 그는 비판 이론의 본고장인 프랑크푸르트 사회 연구소의 연구 조교로 취직했다. 하버마스가 비판 이론의 제2세대 거장으로 태어나는 순간이었다. 그는 이곳에서 수년 동안 교수 자격 논문을 준비하여, 1961년에 〈공론公論의 구조 변환〉이라는 제목으로 아도르노에게 제출했다. 하지만 놀랍게도 이 뛰어난 글은 심사에서 탈락되고 말았다.

호사가들은 '제1세대 거장이 제2세대 거장을 버린 사건'이라고 떠벌리지만, 어찌 보면 이는 당연한 결과였다. 비판 이론가들은 이성을 매우 비관적인 눈으로 바라본다. 그럼에도 하버마스는 정반대로 합리성에서 인류 문제의 유일한 해결책을 찾았다.

그가 쓴《이론과 실천》과《인식과 관심》에는 그의 생각이 더욱 분명하게 나타나 있다. 일단 그는 프랑크푸르트학파의 학자들처럼 과학 문명과 자본주의에 대해 비판적인 생각을 펼친다.

자연과학은 우리 생활의 일부일 뿐이다. 그러나 물질문명은 과학적 판단을 절대적인 것으로 만들어 버렸다. 그 결과, 수치로 판단할 수 없고 무엇에 유용한지를 알 수 없는 것들은 가치를 인정받지 못한다. 그래서 종교나 도덕규범, 인간관계 등은 과학적 잣대 앞에서 맥을 쓰지 못하게 되었다.

게다가 과학은 객관적이어야 한다는 명목 아래 사물을 연구하듯 사람을 연구 대상으로 세우고 관찰하려 한다. 그러나 사람들 사이의 관계는 결코 객관적일 수 없다. 나와 상대방이 끊임없이 서로 영향을 미치는 가운데 진정한 이해가 이루어지는 까닭이다.

유행하던 마르크스주의 역시 전통적인 가치를 무너뜨리기는 마찬가지였다. 그들은 도덕규범을 가진 자가 못 가진 자를 억압하는 수단으로 여겼다. 설사 물질적인 풍요와 평등이 이루어진다 해도, 이런 이론들이 판치는 세상에서 인간은 결코 자유로울 수 없다. 물질적인 문제만 해결될 뿐, 서로가 서로를 이용 대상으로 바라보고 억압하는 상황은 여전히 계속될 터다.

하버마스는 단순히 빈곤만 사라진 상황을 인간의 진정한 해방으로 보지 않았다. 억압이 사라지고 자유로운 토론과 대화가 가능해야만 비로소 해방된 사회다. 이미 절대 가난이 사라진 1960년대 유럽에서 비판 이론이 사회적 대안으로 큰 인기를 끌었던 이유다.

하버마스는 제1세대 거장들과 결정적으로 다른 견해를 폈다. 그는 이런 해방된 사회는 이성을 통한 논쟁과 가르침, 곧 계몽을 통해서만 이루어진다고 보았다. 비판 이론가들이 비난을 퍼붓던 인간의 합리성을 끝까지 포기하지 않았던 것이다. 그는 물질문명의 여러 문제들은 이성 자체의 결함에서라기보다, 아직 이성이 충분히 실현되지 않은 탓에 생긴 것으로 보았다.

부르주아 반동 지식인

아도르노에게 버림받은 하버마스는 마르부르크 대학에 가서야 비로소 교수 자격을 얻을 수 있었다. 그보다 앞선 1961년, 가다머는 그때까지 교수 자격 논문도 통과 못한 서른두 살의 그를 하이델베르크 대학으로 초빙해 갔다. 가다머나 하버마스 모두 열린 마음으로 유명한 철학자들이다. 역시 대가는 대가를 알아보는 법이다. 가다머는 그를 초빙할 수밖에 없는 이유를 '한 학파의 견해가 일방적으로 지배하는 상황을 피하기 위해서'라고 했단다. 과연 그다운 발상이라 할 만하다.

마조히즘
(Masochism) 육체적 또는 정신
적으로 학대를 받고 고통을 받
음으로써 성적 만족을 느끼는
병적인 심리 상태.

하버마스는 1964년, 친정 격인 프랑크푸르트 대학
의 철학·사회학 정교수가 되어 돌아왔다. 이로써 그
는 비판 이론의 공식적인 후계자로 인정받았다. 그의
교수로서의 활동은 1971년까지 계속되었다.

1971년, 하버마스는 돌연 프랑크푸르트 대학 교수직을 던져 버리고,
슈타른베르크 호숫가에 있는 막스플랑크 연구소로 자리를 옮겼다. 그
가 대학을 떠난 데에는 1960년대 말부터 격렬해진 학생 운동 세력과의
갈등이 배경이 되었다.

하버마스는 지금까지 어떤 폭력에 대해서도 비판을 서슴지 않았다.
그는 학생들의 폭력적인 시위를 마조히즘이라 비난하고, 학생 운동을
좌파 파시즘이라고 맹렬하게 공격했다. 그는 이내 극렬 학생 운동권들
의 적이 되었다. 이들에게 '부르주아 반동 지성인'으로 매도당하는 현
실에서, 하버마스는 더 이상 대학에 머물며 학생들과 입씨름하고 싶지
않았다. 그때부터 하버마스는 연구소에 파묻혀 10여 년간 오직 연구와
저술에만 몰두했다. 그의 '의사소통 행위 이론'은 이런 오랜 세월의 사
색과 탐구를 거쳐 탄생했다.

의사소통의 합리성

그는 억압 없는 해방된 사회를 위해 이상적인 언어 모델에 주목했다.
언어도 하나의 행위다. 예를 들어, '내일 그곳에 갈게'라는 말은 그렇게
하겠다는 행동의 약속을 담고 있다. 이 약속이 지켜지는 이유는 서로가
상대의 말을 알아듣고 그 말이 진실임을 인정하기 때문이다. 하버마스

는 이런 일상의 언어생활에서 인류의 해방을 향한 열쇠를 발견한다. 그는 합리성을 단순히 논리적 사고가 아닌, 사람들 사이의 대화와 토론에서 찾는다. '의사소통의 합리성'이라는 새로운 이성의 잣대를 세운 것이다.

절대적인 진리는 항상 억압을 낳는다. 이를 받아들이지 않는 이들을 짓누르고 위협할 수밖에 없는 상황을 낳는 까닭이다. 하지만 진정한 진리는 대화와 합의 속에서 나온다. 열린 마음으로 상대를 대하고 서로를 받아들일 수 있다면, 우리는 토론 가운데서 최선의 결론을 맺을 수 있다.

그는 올바른 대화의 기준으로, 서로 무슨 뜻인지 이해할 수 있고, 그 내용이 참이어야 하며, 상대방이 성실히 지킬 것을 믿을 수 있고, 말하는 사람들의 관계가 평등하고 수평적이어야 함을 든다. 이렇게 이루어진 토론에서 우리는 서로가 합리적이라고 인정하는 최선의 결론을 얻을 수 있다. 이렇지 못한 대화는 폭력일 뿐이다. 그는 대화 속에서 이성의 새로운 역할을 찾는 독창적인 철학의 장을 열었다. 나아가 하버마스가 추구한 대화의 윤리, 곧 '담론 윤리학'은 현대 민주 사회에 도덕과 근거를 제시해 주는 이론으로 각광받게 되었다.

모든 물음은 가치가 있다

하버마스는 1982년 프랑크푸르트 대학에 복직했다가 1996년에 은퇴했다. 아흔의 나이에도 그는 여전히 활발히 활동하고 있다. 미국의 이라크 침공, 인권 탄압 등 민감한 이슈가 생기면 신문에는 어김없이 하버마스의 논평이 실리곤 한다. 우리나라의 김지하, 송두율 등 비판적 지식인의 처신이 문제가 되었을 때도 그는 가만히 있지 않았다.

　　살아 있는 이 철학의 거장에 대해 나는 잊지 못할 추억이 있다. 1996년, 하버마스가 한국을 찾았을 때 나는 그의 강의를 직접 들은 적이 있다. 백발인 거구의 노철학자는 사실 장애인이다. 윗입술이 날 때부터 갈라져 있는 구순열이라 그의 발음은 알아듣기가 아주 힘들다. 하지만 그의 친절하고 자상한 태도는 그가 제시하는 '의사소통의 합리성'을 몸으로 느끼게 하고도 남았다. 시간에 쫓긴 진행자가 청중이 쏟아 놓은 수없이 많은 질문을 정리해서 몇 가지만 묻겠다고 하자, 하버마스는 '모든 물음은 저마다 가치가 있다'라며 일일이 답변을 해 주었다. 그것도 물음이 분명치 않으면 질문자에게 몇 번이고 되물으면서 말이다.

　　사오정, 삼팔선이 일상화된 세상이다. 쓸모없어지면 바로 버림받는 사회에 우리는 살고 있다. 끊임없이 분쟁이 일고 어디를 보아도 싸움판이다. 잔인한 세상에서 하버마스는 우리에게 희망을 준다. 힘으로 상대를 짓누른다고 해서 문제가 해결되지는 않는다. 인간은 누구나 합리적인 이성을 갖고 있다. 아무리 어려운 문제도 진지하게 대화를 나누면 해결하지 못할 일이 없다. 설사 그렇지 못하더라도 우리가 기댈 수 있는 해결책은 대화뿐이다. 하버마스는 인간의 이성에 다시 한번 기대를 건다. 하버마스의 기대가 헛되지 않기를 진심으로 바란다.

합리적 의사소통 진단법

하버마스는 다음과 같이 올바른 대화의 기준을 세웠다. 첫째, 서로 무슨 뜻인지 이해할 수 있다. 둘째, 그 내용은 참이어야 한다. 셋째, 상대방이 성실히 지키리라 믿을 수 있어야 한다. 넷째, 대화하는 사람들 사이의 관계가 평등하고 수평적이어야 한다.

이 기준에 따라, 내가 갈등을 일으키는 사람과의 대화를 검토해 보자. 과연 나는 '합리적 의사소통'을 할 수 있는 상황에 있는가? 무엇이 문제인가? 어떻게 하면 의사소통의 합리성을 회복할 수 있을까?

38

문명의 비밀코드-
광기, 성, 병원, 감옥

미셸 푸코

도서관은 내 집

미셸 푸코Michel Paul Foucault, 1926~1984는 사르트르 이후 프랑스 철학자 가운데 두드러지는 인물이다. 푸코의 인기는 우리나라에서도 대단해서 그의 저작은 하나도 빠짐없이 번역되어 나와 있다.

철학자들은 모든 시대를 설명해 주는 거대하고 추상적인 이론을 꿈꾼다. 하지만 푸코는 거꾸로 한 시대나 개별적인 사건에 주목했다. 그가 살아 있는 동안 가장 많은 시간을 보낸 곳은 도서관이었다. 도서관에서 수많은 실증적인 자료를 발굴하고 분석하여, 시대나 사건을 해명할 수 있는 이론을 정립해 나갔던 것이다. 이처럼 그는 역사상 매우 독특한 철학자에 속한다.

광기와 정상 사이

푸코의 어린 시절 이야기를 듣고 있으면 스산한 느낌이 든다. 입시에 쫓기는 우리네 학생들과 별로 다르지 않아서다. 객관적으로 볼 때 그의 성장 환경은 결코 불행하지 않았다. 가정도 화목하고 단란했다. 아버지는 잘나가는 의사였고, 외가 쪽도 의사 집안이라 더 이상 돈을 벌 필요가 없을 만큼 잘살았단다.

프랑스는 영국과 함께 학벌 따지기로 유명했던 나라다. 지금은 모든 대학이 평준화되어 일류 대학이 따로 없지만, 예전에는 좋은 대학에 들어가기 위한 입시 경쟁이 굉장히 치열했다. 푸코는 입시에 찌든 우리 학생들 같은 어린 시절을 보냈다. 좋은 학교에 가려고 전학을 하고, 철학 시험을 위해 과외까지 받았다.

그는 친구들과 어울리지 않고 온종일 공부만 하는 고독한 아이였다. 성적은 골고루 우수했지만 그중에서도 역사를 특히 잘했단다. 여기에는 몽사베르 신부라는 역사 선생의 영향이 컸다. 몽사베르는 이투성이에 커다란 책보를 싸 들고 다니는 엽기적인 선생이었지만, 무척 박식하고 똑똑한 사람이었다. 푸코는 그에게 수많은 책을 빌려 보며 역사에 푹 빠져 학창 시절을 보냈다.

푸코의 생활은 최고의 수재들이 모이는 고등 사범학교 진학에 맞춰져 있었다. 1945년, 그는 입시를 위해 자신이 태어나고 자란 작은 도시 푸아티에를 떠나 파리로 갔다. 최고의 합격률을 자랑하는 앙리 4세 고등학교로 전학하기 위해서였다. 이 거칠고 이상하며 극도로 내성적인 젊은 촌뜨기는 한 해를 재수한 끝에 1947년 마침내 고등 사범학교에 합격하고 만다.

고등 사범학교는 사르트르, 메를로 퐁티 등 프랑스 최고의 지성들이 거쳐 간 학교로 잘 알려져 있다. 학생들 가운데는 자부심과 젊은이 특유의 치기가 넘치는 괴짜들이 많았다. 푸코도 예외는 아니었다. 그는 꼭 싸움닭 같았다. 하루 종일 고독하게 지내다가 친구들에게 야유를 보낼 때만 말을 하고, 남들과 어울려야 하는 식사 시간에는 누구든 공격하고 아무하고나 논쟁을 벌였다. 심지어 강의실에서 칼로 자살을 시도하기까지 했다. 이 정도면 괴짜라기보다는 정신병자에 가까울 듯싶다.

사이코 같은 행동도 수재들에게는 '천재의 행동'으로 정당화되는 법, 푸코 역시 그랬다. 그는 고등 사범학교에서 가장 뛰어난 그룹에 들었다. 또한, 끊임없이 읽으며 자료를 꼼꼼하게 정리하고 사색하는 성실한 공부 자세로 이름난 학생이기도 했다.

1951년, 한 번의 실패 끝에 그는 교수 자격시험에 합격했다. 시험을 위한 시범 강연을 위해 주어진 주제는 '인간의 성性 본능'이었단다. 심리학에도 관심이 많아서 이듬해에는 정신병리학으로 학위를 받았고, 이를 위해 병원과 감옥에서 심리 검사 조수로 일했다. 푸코의 학창 시절에는 나중에 그의 철학적 작업에 쓰인 주요 소재들이 모두 등장한다. 조금 뒤에 살펴보겠지만, 광기, 성, 병원, 감옥은 그가 철학적 분석에 사용했던 핵심 개념들이다.

광기의 역사

1955년, 푸코는 스웨덴 웁살라에 있는 프랑스 문화원 원장 자리를 얻었다. 웁살라 대학 강사를 겸한 자리였는데, 푸코 자신의 표현대로라면 '스스로를 유폐시킨' 결과였다. 이 말을 듣는 순간 차디찬 북유럽 도시에 홀로 던져진 광기의 사내를 떠올릴지도 모르겠다. 푸코의 이곳 생활은 전혀 그렇지 않았다. 그는 매우 열성적이고 유능한 관료였다. 강의는 인기 만점인 데다가, 상관의 눈에 들 정도로 문화원 운영도 성공적으로 해냈다.

게다가 사생활 역시, 철학도 하면 떠오르게 마련인 어두운 얼굴의 금욕적인 사색가와는 거리가 있었다. 그는 멋진 재규어 자동차를 몰고 다녔고 술자리에도 곧잘 어울렸다. 푸코가 문화원에서 주로 했던 일은 외국인을 위한 프랑스어 강좌였다. 이 점에서 보면, 당시 그의 이미지는 우리가 흔히 마주치는 외국어 원어민 강사들과 크게 다를 것 같지 않다. 예민하고 날카로웠던 학생도 사회생활을 거치면 부드럽고 세련되게 마련이다. 푸코가 그랬다. 한참 뒤이지만 클레르몽페랑 대학에서 교수로 있을 때, 그는 학생들 사이에서 세련된 멋쟁이로 통했다. 냉소적이고 공격적인 모습은 여전했지만 밝고 적극적인 성격에다 차림새도 말끔해지는 등 어느덧 성공이 어울리는 사람으로 바뀌어 있었던 거다. 그는 이렇듯 지극히 현실적인 사람이었는데, 그래서인지 철학적 작업의 소재도 매우 구체적이다.

스웨덴 시절의 가장 큰 성과는 박사 학위 논문인《광기의 역사》를 완성한 일이다. 그는 '광기'라는 구체적인 소재를 통해 당시 서구인들이 갖고 있던 지배적인 생각을 분석하고 해부했다.

푸코는 역사를 철저하게 분석하여 실증적인 문헌을 들이대며 철학을 하는 사람이었다. 그에 따르면, 르네상스 시기의 광기란 이성과 동떨어진 개념이 아니었다. 귀신 들린 사람의 이미지에서 느껴지듯, 신비롭고 이성으로 얻지 못하는 그 무엇을 주는 신성한 것으로 여겨졌다. 그러다가 17~18세기에 들어오면서 광기는 반사회적인 범죄로 여겨졌다. 미친 사람들은 거지, 범죄자, 게으름뱅이와 함께 감금당했고 처벌받았다. 푸코는 그 이유를 노동력을 중시했던 당시의 직업관에서 찾는다. 노동하지 않는 사람은 곧 죄인으로 여겨졌다. 광기도 이런 측면에서 교정해야 할 죄악이 되어 버렸다. 그러다가 18세기 후반의 산업 발달로 일손이 달리자, 더 이상 광인을 범죄자나 거지와 같은 부류로 취급하지 않게 된다. 광인을 제외한 사람들은 일을 시키기 위해 석방되었던 것이다. 이제 수용소에는 광인들만 남았고 광기는 비로소 치료받아야 할 질병으로 여겨졌다.

하지만 모든 광기를 질병이라고 할 수는 없다. 고야나 고흐, 니체에게서 보듯, 광기는 이성을 뛰어넘는 혜안을 주기도 한다. 광기를 배제한 우리의 문명은 이성 혼자서 독백하는 것과 같다. 이성적인 것이 곧 최선이고 바람직하다는 보장은 어디에도 없다. 광기를 이성적으로 설명하고 통제하기에 앞서, 우리는 광기 앞에서 우리의 이성을 설명하려는 노력을 해야 한다. 푸코는 광기와 같은 소소한 소재들의 분석을 바탕으로 우리의 사유 구조를 드러내고 그 한계를 밝히려 했다.

고야
(Francisco de Goya, 1746~1828) 에스파냐의 화가.

고흐
(Vincent van Gogh, 1853~1890) 네덜란드의 화가. 인상파의 영향을 받아 강렬한 색채와 격정적인 필치로 독특한 화풍을 확립했다.

모닝 빵처럼 팔려 나간 책, 《말과 사물》

《광기의 역사》는 '스웨덴의 밤중에 시작하여 폴란

드적 자유의 완고한 대낮에 끝난' 1,000여 쪽에 이르는 엄청난 대작이다. 명저들이 흔히 그렇듯, 이 책도 처음부터 그 가치를 인정받지는 못했다. 그는 《광기의 역사》를 스웨덴에서 박사 학위 논문으로 낼 생각이었지만, 정작 이를 검토한 교수는 '기교에 치우친 문학 작품'이 설마 학위 논문이라고는 생각하지 못했단다. 따라서 이 논문은 제출조차 되지 못했다. 그는 프랑스의 소르본 대학에 와서야 비로소 이 책으로 학위를 받을 수 있었다.

푸코는 폴란드 바르샤바의 프랑스 대사관 문화 참사관, 독일 함부르크의 프랑스 문화원장, 그 뒤 프랑스로 와서 클레르몽페랑 대학의 심리학과 교수로 몇 년을 지내다가 다시 브라질로 가는 떠돌이 생활을 계속했다. 그는 관료로서든 학자로서든 대단한 능력을 인정받았는데, 《말과 사물》은 이 바쁜 시절에 나온 저서다.

푸코는 '두더지 같은 시선으로' 엄청난 역사 자료들을 분석한다. 그렇게 일상을 시시콜콜하게 파고들어 한 시대의 지식을 형성하는 큰 틀을 드러내곤 했다. 당시는 사르트르의 실존주의와 인간의 이성을 중시하는 현상학 운동이 크게 유행하던 때였다. 지식이란 이성적인 인간 주체에 의해 만들어진다는 믿음이 확고하던 시기였다. 하지만 푸코는 구조주의에 가까운 견해를 폈다. 곧 지식은 개개인의 이성보다는 한 사회를 지배하는 인식 구조를 통해서 만들어진다는 거다.

푸코의 견해를 풀어서 설명해 보겠다. 길거리를 벌거벗고 다니는 사람은 정신병자로 몰리기 십상이다. 하지만 모두가 벌거벗은 공중목욕탕에서는 옷을 입고 들어오는 사람이 정신병자다. 예전에 어떤 재벌 총수는 천천히 식사하는 것을 참지 못했다. 시간은 곧 금이니, 그보다 더

늦게 수저를 내려놓는 이는 욕을 바가지로 먹을 것을 각오해야 했다. 그러나 서구인의 만찬에서 이렇게 먹었다가는 야만인으로 몰릴 게 뻔하다. 이처럼 상식은 어떤 '장場'에 있느냐에 따라 상대적이다.

지식도 그렇다. 신앙이 지배했던 중세 사회에는 전후 관계를 따져 정확한 수치를 들이대는 과학적 해석이 오히려 납득하기 힘든 설명이었다. 그때에는 《성경》에 비춘 해석이 진리로 여겨졌다. 하지만 요새처럼 자연과학이 지배하는 시대에 신의 뜻에 기대어 만사를 풀려 한다면 비웃음만 사게 될 터다.

이처럼 각각의 시대에는 우리네 앎을 만드는 거대한 인식의 틀이 있다. 이를 푸코는 '에피스테메épistémé'라 한다. 푸코는 고고학자들이 유적을 발굴하듯, 수많은 구체적인 문헌 자료들을 통해 각 시대를 지배하는 인식의 틀, 곧 에피스테메의 모습을 밝히려 했다.

벨라스케스가 그린 〈시녀들〉이라는 그림을 분석하며 시작되는 이 두껍고 난해한 《말과 사물》은 르네상스부터 근대까지의 시대별 에피스테메를 드러내 보여 주었다. 이 책은 엄청난 성공을 거두어서 '마치 모닝빵처럼 팔려 나갔다'. 휴양지에서조차 《말과 사물》을 들고 다니는 사람들을 쉽게 찾아볼 수 있었단다.

《감시와 처벌》, 그리고 권력

1970년, 푸코는 마침내 프랑스 지식인의 최고봉으로 여겨지는 콜레주 드 프랑스의 교수가 되었다. 68 혁명으로 상징되는 자유와 개혁의 물결이 강하게 일고 있던 시절이었다. 그는 사르트르와 더불어 가장 진

〈시녀들〉
푸코는 그의 책《말과 사물》앞머리에서 벨라스케스의 작품 〈시녀들〉을 면밀히 해석하며 자신의 논지를 펼쳐나간다. 마르가리타 공주를 중심에 놓고, 그녀를 지켜보는 왕과 왕비의 모습을 거울 속에 그려넣은 이 그림을 통해, 푸코는 '대상과 재현의 문제'를 읽어낸다. • 디에고 벨라스케스(Diego Velasquez), 〈시녀들〉(1599).

보적이며 활동적인 지식인으로 여겨졌다. 푸코는 평생 어떤 정치적 이념도 내세우지 않았지만, 정치적 반대자, 노동자, 죄수, 이민자, 동성애자(푸코 자신도 동성애자였다) 등 항상 핍박받는 이들 편에 섰다. 1970년에서 1984년 사이에 푸코가 참여했거나 서명한 저항 활동은 일일이 세기도 힘들 정도다.

《감시와 처벌》은 이런 가운데 나왔다. 이전과 마찬가지로 푸코는 치밀한 사료 분석을 통해 감옥의 역사를 분석하고 드러냈다. 그가 감옥을 분석한 의도는 점점 치밀해지고 강해지는 권력의 모습을 해부하듯 생생하게 드러내는 데 있었다.

과거의 권력은 잔인한 공개 처형을 통해 자신의 힘을 과시하여 대중을 통제하려 했다. 하지만 이런 식의 권력 행사는 그만큼 큰 저항을 불러올 여지가 있다. 게다가 공개 처형처럼 극악한 방법을 쓰는 국가는 구성원을 잘 통제하지 못하는 사회라고 보아도 좋다. 중국이나 북한에서는 지금도 이런 방법을 쓴다. 이들 국가가 미국이나 프랑스처럼 인권이 발달한 나라보다 개개인에 대한 정보를 더 많이 파악하고 효율적으로 관리한다고 믿기는 어렵다.

현대의 권력은 눈에 띄지 않을 정도로 섬세하게 개개인의 행동을 통제하고 규제한다. 그 방법은 바로 '규율과 지도'이다. 예를 들어, 우리는 학교에서 세세한 규율에 따라 수업 시간의 예절, 복장, 태도 등을 지도받는다. 그리고 각각의 내용은 기록되고 관리된다. 모든 행동은 세밀하게 규정된 규칙에 따라 나뉘며, 그러면서 우리는 자신도 모르는 사이에 권력에 복종하도록 길들여진다. 즉, 권력은 저항을 불러일으키지 않을 정도의 강도로 개인을 서서히 통제해 나간다.

게다가 권력의 통제는 점점 더 효율적이 되어 간다. 푸코는 벤담이 제안한 감옥 설계 방법인 '일망 감시 체제Pan-option'에 주목했다(25장 참고). 예전의 감옥은 죄수들은 한데 모여 있고 간수는 따로 떨어져 있는 형태였다. 이러한 감옥에서는 죄수들이 공모하여 폭동을 일으킬 가능성이 높았다. 하지만 일망 감시 체제에서는, 간수는 가운데 있는 홀에 있다. 그리고 벽에 붙은 방 하나마다 따로따로 갇혀 있는 죄수들을 한눈에 감시한다.

점점 더 발달하고 있는 정보 통신 기술은 권력에 일망 감시 체제와 같은 효과적인 감시 체계를 선물해 주었다. 권력자가 한눈에 모두를 감시하며 규율이라는 이름으로 사람들 행동 하나하나를 통제하게 되었다. 푸코의 관심은 이제 권력의 문제로 옮겨 갔다. 그리고 그는 지식과 권력이 어떻게 연결되고 작용되는지를 밝히는 데 몰두하였다.

푸코는 '개구리 안개'?

1976년부터 쓰기 시작한 《성性의 역사》도 이런 관심의 연장선 위에 있다. 그는 성이라는 소재로 지식과 상식이 만들어지고 권력이 작용하는 모습을 드러내려 했다. 하지만 이 작업은 완성되지 못했다. 1984년, 푸코는 자신의 아파트에서 쓰러져 병원에 옮겨졌으나 곧 숨을 거두고 만다. 사인은 에이즈로 인한 합병증이었다. 하버마스 등 동시대의 지성들이 아직도 살아 있음을 볼 때 58세라는 그의 생애는 너무 짧았다.

푸코는 관념의 세계를 공허하게 헤매는 여느 철학자들과는 무척 달랐다. 그는 치밀한 사료 수집과 역사 분석으로 한 시대나 사회의 세계관을 드러내는 새로운 철학 방법론을 펼쳐 보였다. 하지만 생전에 그의 강의를 들었던 미국 학생들은 그를 'frog fog'라고 비아냥거리곤 했다. 'frog fog'는 '프랑스France의 푸코Foucault'라는 말을 발음에 빗대어 비꼰 것이다. 그의 글이 문학적 수사와 알 듯 모를 듯한 역사 자료로 치장된 나머지 모호하고 이해하기 어렵다는 뜻이란다.

푸코가 살아 있던 당시부터 이미 그가 인용한 역사적 사료가 과연 객관적이고 정확한지에 대한 비판이 끊이지 않았다. 또한, 유려한 문학적 표현은 수많은 오독과 오해를 낳았다. 현실에 기초한 자료, 섬세한 분석에서 이끌어 낸 이론은 가장 과학적이고 사실적이라고 생각되기 쉽다. 하지만, 반대로 편견에 치우친 것일 가능성도 높다. 모래의 모습을 잘 분석한다고 해서 모래사장의 모습을 가장 잘 설명할 수 있는 것은 아니다. 푸코의 철학적 방법론이 재미 이상의 큰 반향을 불러일으키지 못하는 이유는 여기서 찾을 수 있지 않을까?

철학
실험실

이 시대의 에피스테메는?

조지 오웰의 《1984》는 1990년 이전까지만 해도 '반공 소설'로 읽혔다. 조지 오웰
도 과거 소련 같은 사회주의 국가를 자신의 작품 모델로 삼았다. 하지만 지금에 와서
《1984》는 '정보화 사회 비판'으로 읽힌다. '빅 브라더'는 점점 개인을 옥죄는 정보
통신 기술로 해석된다.

작품의 해석이 왜 이리 극적으로 바뀌었을까? 시대가 달라진 탓이다. 신사임당은 과
거 이상적 여성상으로 여겨졌지만, 지금에 와서는 그이를 여필종부女必從夫에 집착한
봉건적 여인으로 깎아내리는 사람들도 있다. 이 또한 시대가 달라진 탓이다.

푸코는 한 시대에 널리 퍼진 세계관을 '에피스테메'라는 말로 정리한다. 푸코 용어로
말해 보자. 우리 시대의 에피스테메는 어떤 구조로 되어 있는가? 이는 1900년대 에
피스테메와 어떻게 다른가? 우리 시대 에피스테메를 설명하는 400자 남짓의 글을
써 보자. 감이 안 잡히는 사람은 이정우 교수의 《객관적 선험철학 시론》을 참고해도
좋겠다.

39

열린 사회를 꿈꾼
비판적 합리주의자

포퍼

한 세기를 경험하다

천재와 미인 중에는 빨리 죽는 사람이 많단다. 하지만 천수를 누리며 오래 산 사람도 적지 않다. 철학자 칼 포퍼 Karl Raimund Popper, 1902~1994도 그렇다. 포퍼는 1902년 오스트리아 빈에서 태어나 1994년 영국 런던 근교의 시골 마을에서 숨을 거두었다. 20세기 거의 전부를 살다 간 셈이다. 긴 생애 동안 그는 엄청난 과학 발전의 시대이자 탐욕과 독선이 빚어낸 전쟁으로 얼룩진 20세기 전체를 바라보았다. 철학자의 임무가 세계를 큰 눈으로 바라보고 근본 문제를 진단하여 바람직한 대안과 세계관을 제시하는 것이라면, 포퍼는 대단한 행운아였다. 한 세기 전부를 체험 속에서 진단하고 이것이 검증되는 모든 과정을 지켜볼 수 있었던 까닭이다.

그가 20세기 초반에 내린 과학과 사회에 대한 진단은 정확했다. 또, 그것이 세계를 더 좋게 만드는 데 기여했음은 누구도 부인하지 못한다. 그러나 개인으로서의 포퍼의 삶은 고난과 역경으로 가득 차 있었다. 20세기에 태어나지 않았다면 겪지 않았어도 될 고통으로 말이다.

어디든 책이 꽂혀 있는 집

포퍼가 태어난 1902년에 빈은 오스트리아-헝가리 제국의 수도였다. 아버지는 개종한 유대계 법률가로, 빈 사회에서 상당한 지위에 있던 사람이었다. 그의 아버지는 무척 학구적이어서 그리스·로마 고전을 독일어로 옮기는 것이 취미였다. 자선사업에도 적극적으로 참여했단다. 포퍼는 부엌을 빼고는 어디든 책이 꽂혀 있는 집안(무려 만 권이 넘는 장서가 있었다!)에서 아버지의 장서들을 탐독하며 안락한 유년 시절을 보냈다. 포퍼는 그보다 50년 전에만 태어났어도 유복하고 편안하게 세상을 살다 갈 팔자였을 터다.

그러나 1914년, 제1차 세계 대전이 일어나자 세상은 한순간에 바뀌었다. 물자가 부족해졌고, 다른 사상과 민족에 대해 관대했던 제국의 이념은 흐려졌다. 빈곤층이 늘어나면서 부의 대부분을 차지하고 있던 유대인에 대한 증오도 커 갔다. 포퍼 집안은 이미 유대교에서 기독교로 개종한 상태였지만, 그들을 같은 제국 시민으로 보는 사람들은 많지 않았다. 유대인이란 사실이 저주 같던 시기, 유대계였던 포퍼는 '어떻게 해도 탈퇴할 수 없는 클럽에 가입한 것 같은 상황'이었다. 1945년, 제2차 세계 대전이 끝나고 그가 마흔 살이 넘었을 때까지도 유대인에 대한 박해는 그의 삶을 줄곧 일그러뜨렸다.

　1918년, 제국이 패전하고 오스트리아 공화국이 선포되자 포퍼 집안의 가세는 완전히 기울었다. 엄청난 인플레이션으로 아버지의 재산이 하루아침에 날아가 버린 거다. 포퍼는 고등학교 졸업 시험도 보지 못한 채 학교를 그만둘 수밖에 없었다. 그 뒤 열여덟 살 때에는 아버지에게 짐이 되기 싫어서 군대 막사 같은 학생 기숙사로 거처를 옮겼다. 빈약한 체구에 체력도 약했지만 생계를 위해 막노동을 하기도 했다. 그럼에도 타고난 학구열만은 버리지 못했다. 빈 대학의 청강생 자격으로 아인슈타인의 강연을 들은 것은 이 무렵이다.

　당시 젊은 지식인들이 흔히 그랬듯, 포퍼도 마르크스주의에 큰 관심을 가졌다. 특히 그는 마르크스가 《자본론》에서 보여 준 명쾌한 자본주의 분석과 급진적 사회 개혁론에 깊이 빠져들었다. 마르크스는 사회에 만연한 고통과 불평등의 근본 원인을 가진 자들이 못 가진 자들을 착취하는 탓으로 본다. 정부는 권력과 돈을 움켜쥔 소수, 즉 부르주아들이 다수의 인민들을 착취하기 위한 도구일 뿐이다. 그렇다면 가난한 노동자와 농민들, 즉 프롤레타리아들이 힘을 합쳐 일어나 부르주아들을 폭력으로 쫓아내야 한다. 그래야만 모두가 평등하고 인간다운 세상이 이루어질 수 있다.

　하지만 포퍼는 시위 도중에 한 학생이 경찰 총에 맞아 죽는 것을 보고 고민 끝에 생각을 바꾸었다. 아무리 좋은 목표와 명분이라 해도 개인을 역사의 희생양으로 무가치하게 파멸시키는 이념이라면 올바를 수 없다고 결론 내린 것이다.

　포퍼는 항상 전체보다는 개인을, 화려한 청사진에 기댄 혁명보다는 다수의 동의에 기초한 점진적인 개혁을 중요하게 여겼다. 젊은 시절, 정의로운 이념과 명분을 내세우는 전쟁과 혼란이 오히려 사람들을 불의와 고통 속으로 몰아넣을 수 있음을 스스로 체험한 결과였다.

불완전해야 완전하다

불안한 시대 상황과 생계에 대한 걱정 속에서도 포퍼는 학업에 대한 뜻을 굽히지 않았다. 먹고살기 위해 목수 도제 수업을 받으면서도, 대학 입학 자격시험을 치르고 빈 대학에 정식으로 입학했다. 쇤베르크의 '개인 음악 연주 협회'에 가입하고, 작곡가 베베른과 친분을 쌓은 것은 이 무렵이다. 상류사회에서의 관습과 하층민으로서의 생계 걱정이 일상에서 교차하는 불안한 시기였다.

4년 뒤, 포퍼는 빈 대학에서 박사 학위를 받았다. 이듬해에는 중등학교 수학 및 물리학 교사 자격을 얻어 1930년에는 고등학교 교사로 자리를 잡았다. 그가 교단에 선 1930년의 세상은 온통 파국으로 치닫는 듯 보였다. 미국의 증권시장은 붕괴되었고, 독일의 실업자 수는 500만을 넘어섰다. 더욱더 심해지는 유대인에 대한 반감이 포퍼의 목줄을 죄어 왔다. 과학철학의 역사를 바꾸어 놓았다고 평가받는《탐구의 논리》는 바로 이 시기에 쓰였다.

《탐구의 논리》가 완성될 무렵, 빈의 거리는 벌써 나치 완장을 두른 젊은이들이 점하고 있었다. 그러던 어느 날, 포퍼는 그 젊은이들 가운데 한 명과 대화를 나누면서 큰 충격을 받았다. 젊은이는 포퍼에게 비웃음을 흘리며 이렇게 말했다.

나치에 환호하는 사람들
포퍼가 《탐구의 논리》를 쓰던 1930년대, 빈의 거리는 나치 완장을 두른 젊은이들이 점령하고 있었다. • 1938
년 빈에서 촬영된 사진 ⓒ 독일연방문서보관소

"나하고 논쟁하고 싶다고? 난 논쟁 따위는 하지 않아. 대신 총을 갈
기지."

포퍼의 철학은 자기 이념에 대한 확신에 가득 차 반성할 줄 모르는
이 젊은이에게 제기하는 반론 같은 느낌을 준다. 무엇이 과학적인지 아
닌지를 다루는 《탐구의 논리》도 여기서 크게 벗어나지 않는다. 포퍼에
따르면, 이론은 반증 가능성이 있을 때 진정 과학적이다. 즉 어떤 주장
이 틀릴 수 있음을 객관적으로 증명할 수 있을 때에만 과학적이라 할
수 있다.

예컨대 천문학자들은 혜성의 움직임을 예측하기 위한 가설을 제안
한다. 점성술사도 마찬가지로 나름의 논리를 내세워 혜성의 움직임을
예상한다. 그러나 사람들은 천문학을 '과학'으로 보지만, 점성술은 '미

신'으로 여긴다. 둘 다 정교한 이론 체계를 갖추고 있고(제대로 된 점성술 사가 되기는 천문학 박사가 되기만큼이나 어렵다), 별의 움직임을 상당 수준 까지 정확히 맞힐 수 있다. 게다가 별점이 맞는 경우도 꽤 많다. 반대로, 직접 별을 관찰해 본 사람이라면 천문학의 예측이 실현되는 것을 경험하기란 생각보다 쉽지 않음을 알 것이다. 그런데도 왜 천문학은 과학이고 점성술은 미신에 불과할까?

포퍼의 반증 가능성은 이를 설명해 준다. 미신, 또는 사이비 과학은 예측이 틀리는 경우나 맞는 경우나 객관적인 토론과 설명이 불가능하다. 혜성의 움직임이 예측과 어긋났을 경우를 예로 들어 보자. 점성술 사들이 곰자리의 기운이 처녀자리보다 강해져서 그렇게 됐다고 설명한다면, 여기에 대해서는 토론을 해 봐야 납득할 만한 결론이 나오지 않는다. 천문학은 그렇지 않다. 과학자들이 태양 인력의 영향을 고려하지 못한 계산 결과라고 이야기한다면, 다른 증거를 들이밀며 반론을 펴는 등 객관적인 토론을 할 수 있다.

따라서 과학은 절대적인 진리를 내놓기에 객관적이고 믿을 만한 것이 아니다. 오히려 틀릴 수 있고(반증이 가능하고), 또한 그 사실을 받아들일 수 있기에 계속 성장·발전하며 좀 더 올바른 진리를 향해 나아간다. 인간 능력의 한계를 솔직히 인정하며 다른 사람들과의 부단한 토론과 이성적인 반증이 가능한 가운데서 과학은 성립된다.

열린 사회와 그 적들

1934년 첫 출간된 《탐구의 논리》는 지식인들 사이에서 적지 않은 관심을 불러일으켰다. 1959년 이 책이 《과학적 발견의 논리》라는 제목으로 영미권에서 출간되었을 때의 폭발적인 인기에 비하면 새 발의 피였지만 말이다. 당시 유대계 사람들에게는 대학에 진출하여 학자로서 활동할 수 있는 길이 막혀 있었다. 게다가 나치의 탄압도 점점 더 심해져, 독일에 합병된 오스트리아에서 그는 더 이상 버티기 힘들었다. 마침내 1937년, 서른다섯 살의 포퍼는 '달나라 다음으로 먼 곳'으로 여겨지던 뉴질랜드 크라이스트처치에 있는 캔터베리 대학의 교수직을 얻어서 떠났다.

그에게 교수직 추천장을 써 준 이들은 아인슈타인, 러셀, 무어, 카르납 등 당대 최고의 스타급 학자들이다. 연구물이라고는 저서 한 권 정도밖에 없던 젊은 고등학교 선생에게 거물급 학자들이 선뜻 추천서를 써 주었던 점을 보면, 포퍼의 잠재력이 얼마나 높이 평가받았는지 짐작할 만하다.

포퍼는 이곳에서 제2차 세계 대전이 끝날 때까지 지냈다. 미처 탈출하지 못해 오스트리아에 남은 친지들은 대부분 온전치 못했다. 외가 쪽 친척 16명이 홀로코스트 때 목숨을 잃었단다. 달나라 다음으로 먼 곳에 있던 그가 할 수 있는 일이란 비참한 현실에 대항하여 글을 쓰는 것밖에 없었다. 《열린 사회와 그 적들》과 《역사주의의 빈곤》은 그런 노력의 결과였다.

'열린 사회'는 '닫힌 사회'와 대비되는 개념이다. 닫힌 사회에 사회의 도덕과 법률은 마치 자연법칙과 같이 절대적이어서 비판이 불가능하다. 그리고 닫힌 사회 역사란 법칙에 따라 어떤 목표를 향해 발전한다는 역사주의에 기초해

홀로코스트
제2차 세계 대전 중 독일이 자행한 유대인 학살.

있다. 국가는 우리가 어떻게 해야만 역사가 올바른 방향으로 나아가는 지를 알고 있다. 일상생활에 빠져 지내는 개인들은 그렇지 못하다. 오직 국가만이 무엇이 옳고 그른지를 판단할 수 있기에, 국가는 개인들의 삶을 일일이 간섭하고 통제한다. 또한, 대화보다 힘의 우위에 의한 폭력과 제재가 효과적인 설득 수단이라 믿는다.

닫힌 사회와 달리 열린 사회에서는 도덕과 법률을 필요에 따라 언제든 변경되는 약속 같은 것으로 본다. 또한 열린 사회는 역사를 정해진 방향에 따라 발전해 가는 것으로 보지 않는다. 역사는 사람들 사이의 수많은 토론과 시행착오를 통해 점차 개선될 수 있다. 경험 부족 탓에 많은 혼란과 실수가 일어날 터다. 그럼에도, 열린 사회 사람들은 토론을 통한 세세한 조정들을 통해 오류를 점차 제거하며 사회가 발전한다고 믿는다.

열린 사회는 개인들이 이성적으로 판단하고 비판에 귀 기울인다는 믿음에 기초한다. 인간은 모두 불완전하다. 그러나 바로 그 점 때문에 인류는 발전한다. 불완전하기에 내가 틀리고 당신이 옳을 수도 있으며, 노력에 의해 우리는 진리에 좀 더 가까이 접근할 수 있다고 믿는다. 그래서 서로의 뜻과 자유를 존중하는 사회제도가 필요하게 된다. 자유와 평등은 이런 믿음 속에서 성장해 나간다.

또한, 열린 사회는 닫힌 사회와 같이 이상과 계획에 따라 개인들을 억누르고 희생시키면서 사회 전체를 개선하려는 시도에 반대한다. 열린 사회는 '점진적 사회공학'을 추구한다. 개인들이 이성에 따라 스스로 판단하며 사회의 지배적인 견해에 반대 의견을 낼 수 있는 자유가 있을 때 사회는 비로소 점진적으로 발전해 간다.

처음 읽는 서양 철학사

파시즘, 마르크스주의 등 온갖 거창한 이론들이 장밋빛 이상에 심취해 인류를 파멸로 몰아넣고 있던 시대에, 포퍼의 주장은 분명 전체주의자들의 폭력에 맞서는 합리적인 이론이었다.

포퍼는 열린 사회의 적?

1946년, 전쟁이 끝나자 포퍼는 영국 시민권을 얻고 런던 경제 대학의 교수로 초빙되어 유럽으로 돌아왔다. 그는 1969년 퇴임할 때까지 계속 이 대학의 교수로 있으면서,《탐구의 논리》와《열린 사회와 그 적들》의 저자이자 당대 최고의 지성으로 존경받았다.

전쟁이 끝난 뒤 다시 소련, 중국을 비롯한 사회주의 국가라는 '닫힌 사회'가 등장하여 자본주의 국가들과 맞서게 되었다. 그러자《열린 사회와 그 적들》이 그들에 대한 비판서로 널리 읽히기 시작했다. 포퍼의 명성은 점점 더 높아져 갔다. 이 왜소한 체구의 오스트리아 출신 망명자는 예순세 살에 영국 여왕에게서 기사 작위를 받았다. 국가 원수들이 영국을 방문할 때면 으레 그를 만나고 싶어 했고, 그를 자신의 나라로 초대하기를 원했다.

아흔 살이 넘는 생애와 '열린'의 어감 탓에 포퍼 하면 부드럽고 자상한 노인의 이미지를 떠올릴지 모르겠지만, 실제로 그는 자기주장에 대한 반대를 받아들이지 못하는 불같은 성격이었단다. 어떤 학자가 "《열린 사회와 그 적들》은 '열린 사회의 적'에 의해 쓰여졌다"라고 비꼴 정도였다. 그는 논쟁을 위한 싸움닭 같았다. 수업 시간에 학생이 질문을 잘못했다가는 망신을 당하기 일쑤였는데, 상대가 상당한 석학일 경우에도 예외가 아니었다. 20세기 최고의 철학자로 꼽히는 비트겐슈타인이 그와 논쟁을 벌이던 중에 부지깽이를 휘두를 만큼 흥분했다는 이야기는 아주 유명하다. 비트겐슈타인도 한성격 하는 사람이었지만 포퍼도 못지않았으니, 둘 사이의 싸움은 어찌 보면 당연한 듯도 싶다.

그러나 포퍼의 과격함은 학문의 장에서만 그랬다. 일상에서 포퍼는 늘 따뜻하고 부드러운 사람이었다. 친구도 많았고 그가 학생들을 좋아했던 것만큼이나 학생들도 그를 사랑했단다. 연구를 위해 외딴 곳에 집을 얻어 아내와 은둔하며 지냈지만, 말년의 포퍼는 가족과 여행을 떠나고 손자와 함께 아이스크림을 즐기는 등 여느 행복한 노인과 크게 다르지 않았다.

영예로운 은퇴

1994년, 포퍼의 죽음이 보도되었을 때, '아직도 포퍼가 살아 있었어?'라며 의아해했던 사람들이 의외로 많다(나도 그중 한 명이었다). 그도 그럴 것이 《열린 사회와 그 적들》과 《탐구의 논리》는 이미 1950년대부터 고전의 반열에 오른 책이었기 때문이다.

20세기의 가장 대표적인 철학자로 꼽히는 포퍼의 명성은 시간이 갈수록 점점 사그라지는 느낌이다. 그렇다 해서 포퍼의 설득력이 떨어진 것은 아니다. 열린 사회의 가장 대표적인 적이었던 전체주의와 마르크스주의는 그의 생전에 이미 몰락했으며, '반증 가능성'과 '점진적 사회공학'의 이념은 이제 우리에게는 상식에 속한다. 따라서 그의 철학에 대해서는 '쇠퇴한다'라는 표현보다 '임무를 다해 영예롭게 은퇴하고 있다'라는 표현이 더 적합할 듯싶다.

물론 포퍼에 대한 반론도 만만치 않다. 열린 사회에 대한 주장이 현실에 존재하는 닫힌 사회들에 오히려 도움만 주고 있다는 비판이 그것이다. 현실에서는 모든 일이 합리적 대화로만 해결되지 않는다. 따라서 약자들이 강자의 권력과 기득권에 맞서 자기주장을 합리적으로 내세워 점진적으로 사회를 개선한다는 것은 말처럼 쉬운 일이 아니다. 포퍼가 자본가들의 옹호자로 평가받는 것은 이 때문이다.

포퍼의 《열린 사회와 그 적들》

❝ 열린 사회에서는 사람들이 대부분 사회적으로 높아지기 위해, 다른 이들의 지위를 차지하기 위해 투쟁한다. 반면, 하나의 생명체 안에서는 계급투쟁과 같은 것이 없다. 유기체의 세포나 조직이 영양분을 얻기 위해 경쟁할 때는 있다. 하지만 다리가 머리가 되고자 하거나, 몸의 한 부분이 배가 되려 하지는 않는다. 하나의 생명체 속에는 열린 사회의 가장 중요한 특징인 구성원 사이의 지위 다툼이 없다.

반면, 닫힌 사회에서는 구성원 간의 다툼이 많지 않다. 사회 계급 등, 닫힌 사회의 제도는 신성불가침한 영역이다. 유기체 이론은 여기에 잘 들어맞는다. 그러므로 우리 사회를 유기체—하나의 생명처럼 보려는 시도는 거의 다 부족주의로 되돌아가자고 하는 선언과 같다. 열린 사회는 하나의 생명체 같은 모습이 없으므로 내가 '추상적 사회'라 부르는 모습으로 바꾸어 갈 것이다. 열린 사회는 구체적이거나 실제적인 인간 집단이 갖는 특성을 많이 잃어버릴 것이다. ❞

–《열린 사회와 그 적들》 중에서

이해는 역사적이다

가다머

그건 내가 잘 모르는 것

가다머Hans-Georg Gadamer, 1900~2002는 학생들의 질문에 답변할 때면 언제나 '그건 내가 잘 모르는 것'이라는 말을 먼저 했단다. 그는 우호적이고 개방적이며 관대했을 뿐 아니라, 더 알고 싶어 하는 태도를 지니고 있었다. 여든 살이 넘어 세계적인 명성을 얻었을 때도, 당시에는 피라미 대학 강사에 지나지 않았던 로티의 강의를 열심히 청강했다는 일화는 유명하다.

가다머는 20세기의 가장 중요한 철학자 가운데 한 사람이다. 그리고 그가 쓴《진리와 방법》역시 현대 해석학의 기초를 다진 저술로 높이 평가받고 있다. 그는 언젠가 한 잡지와의 인터뷰에서, '철학은 올바른 질문을 던지는 일'이라고 설명한 적이 있다. 정답을 바라지 않고 던지는 질문은 더욱 깊고 넓은 사고를 이끌어 내는 법이다. 우리네 인생에는 정답이 없다. 그렇다면 삶에 대해 설명하는 철학에서도 절대적으로 옳은 진리와 답변이란 별 의미가 없겠다. 끊임없이 다양한 의미를 드러내고 음미하며 평가하는 가운데 삶과 세상에 대한 이해의 폭을 넓혀 가는 것, 그것이 가다머가 해석학을 통해 진정 이루려 했던 일이다. 이 점에서 가다머는 우리네 삶에 정답 없는 열린 질문을 던진 철학자라 하겠다.

하이데거 쇼크

가다머는 100년을 넘게 산 독일 철학자로 잘 알려져 있다. 그는 제1차 세계 대전, 히틀러의 등장, 제2차 세계 대전과 냉전 체제, 독일의 분단과 통일, 유럽 통합 등 격동의 20세기를 유럽 한복판에서 겪었다. 그렇기에 가다머의 삶에 뭔가 드라마틱한 장면이 있으리라 짐작할지 모르겠다. 아쉽게도, 그의 삶은 심심하기 그지없었다. 독일에서는 대학 제도가 이미 수백 년 전에 뿌리내려서인지, 철학자들 대부분은 별다른 변화 없이 학자의 삶을 살다가 죽음을 맞이하곤 했다. 세상이 어떻게 바뀌건 간에, 자신의 자리에서 연구하고 사색하고 토론하며 살다가 세상을 떠났다. 가다머도 그렇게 살다 죽었다.

그런데 그가 처음부터 철학자가 될 마음이었던 것은 아니다. 자신의 회고에 따르면, 1918년 브레슬라우 대학에 입학해서야 철학 책이란 것을 처음 보았는데(그때 본 책이 칸트의 《순수이성비판》이다), 그마저도 이해하지 못해 애를 먹었단다. 대신 가다머는 문학 · 역사 · 음악 · 심리학 등 여러 분야에 관심이 많았다. 그의 다양한 상식은 어지간한 사람의 전문 지식과 맞먹는 수준이었다. 그는 청년 시절부터 쌓아 온 폭넓은 인문적 소양 덕택에, 평생 동안 정치나 시사 문제에서 심오한 철학 이론에 이르기까지 여러 분야에 대해 수많은 글을 쓸 수 있었다.

1922년, 가다머는 정교수로 발령받은 아버지를 따라 마르부르크 대학으로 옮겨 갔다. 그리고 스물세 살의 나이로 〈플라톤 대화에서의 기쁨의 본질〉이라는 논문으로 고전학 박사 학위를 받았다. 수천 년 된 자료의 의미를 탐구하는 고전학은 머리보다 엉덩이가 중요한 연구 분야다. 천재성보다는 얼마나 성실하게 옛날 책들을 뒤졌느냐에 따라 결실이 달라지는 학문이라는 뜻이다. 그의 논문은 최우수 평점을 받았다. 이 사실은 그의 성실성을 입증해 주는 것이기도 하다.

이듬해, 가다머는 하이데거의 명성을 듣고 그를 만나기 위해 프라이부르크 대학으로 갔다. 당시 하이데거는 후설의 조교에 지나지 않았는데도, 이미 독일 철학의 숨은 왕자로 유명세를 타고 있었다. 실제로도 그는 나중에 세계 철학사에 한 획을 그은 '20세기에 가장 큰 영향을 끼친 철학자'로 평가받는다.

하이데거는 흔히 '존재의 철학자'라고 불린다. 우리 문명의 코드인 과학적 사고는 인간의 잣대로 세상의 존재들을 해석하고 평가하려 한다. 따라서 세상 존재들은 이성적으로 얼마나 잘 파악될 수 있느냐에 따라 객관성과 엄밀성이 결정되며, 여기에 따라 가치가 매겨진다. 하지만 하이데거는 인간이 아닌 세상 존재 그 자체에 더 가치를 둔다. 세상은 우리가 어떻게 평가하건 간에 이미 그 의미를 지니고 있다. 우리가 정신을 통해 세상을 파악하는 것이 아니라, 세상의 가치가 우리의 정신을 통해 드러나는 것이다.

하이데거와의 만남에서, 가다머는 독창적인 그의 사상에 큰 충격을 받는 동시에 엄청난 열등감을 느꼈다. 플라톤을 빼고는 아무것도 배운 것이 없으면서도 자기만족에 빠져 지냈던 자신의 모습을 반성하게 된 거다. 따라서 하이데거의 우월함에 눌려 질식한 것만 같아 도피처로 고대 그리스 철학의 연구에 더욱더 몰두했다. 그러나 고전학에 대한 연구는 우리의 생각이나 사상보다 텍스트의 진실성과 의미에 더 무게를 둔다는 점에서 하이데거 철학과 일치하는 면이 있었다. 그는 연구를 거듭할수록 하이데거 철학의 매력에 깊이 빠져들었고, 마침내 스물아홉 살에 하이데거의 지도로 〈플라톤의 변증법적 윤리학〉이라는 제목의 교수 자격 논문을 제출했다. 이로써 그의 긴 학창 시절은 끝났다.

강의의 난이도 Gad1, Gad2

교수 자격을 얻었는데도 가다머는 대학에서 쉽게 자리를 잡지 못했다. 나치 정권은 비협조적이라는 애매한 이유로 교수 임용에서 그를 번번이 탈락시키곤 했다. 그렇다고 그가 반나치를 부르짖는 투사였던 것은 아니다. 그는 인류 역사상 가장 악랄했던 정권에 대해 학자적 방식으로 나름의 저항을 했을 뿐이다. 현실 문제에 대해 의견을 물었을 때 '나는 최소한 2,000년 이상 된 책들만 읽고 있기 때문에……'라고 논점을 피해 간다든지, 박사 학위 논문 제목에 '철학자는 자기 시대 이념에 동의하지 않는다' 등등의 문구를 넣는 식이었다. 다행히도 권력자들은 가다머의 수준 높은 비아냥거림을 이해하지 못했는지, 그를 감옥에 처넣거나 독일에서 몰아내지는 않았다.

그는 '정치 복권 교육소'에서 형식적인 교육을 받고 나서야 비로소 교수직을 얻었다. 아마도 그가 받은 교육은 권력에 저항하지 않겠다는 일종의 서약 정도의 의미였던 듯하다. 그래서인지 제2차 세계 대전이 끝난 뒤 가다머를 비난하는 사람은 아무도 없었다.

1937년, 가다머는 서른일곱의 나이로 마르부르크 대학의 교수가 되었다. 그 당시 가다머는 생각에 깊이 빠진 채 학생들은 쳐다보지도 않고 혼자 중얼거리듯 강의하는 것으로 유명했다. 철학은 설익을수록 어렵고 고집이 센 경향이 있다. 명쾌한 스타일리스트로 유명했던 그도 풋내기 교수 시절에는 독일 철학자들 특유의 난해함에서 벗어나지 못했다. 따라서 동료들은 학문의 난이도를 판단할 때 'Gad(Gadamer의 약자)'라는 말을 붙여 말하곤 했는데, 예를 들면 Gad1은 어려운 학문, Gad2는 그보다 더 어려운 학문이라는 식이었다. 그만큼 가다머의 강의는 알아듣기 어렵고 난해했단다.

진리와 방법

철저하게 비정치적이었던 가다머는 나치에 이용 가치가 높은 상품이었다. 부도덕한 기업이 이미지 세탁을 노리고 문화 예술 공연에 많은 돈을 대 주는 경우가 종종 있다. 마찬가지로, 독재 정권은 그의 학식을 자신들의 도덕성에 대한 방패막이로 삼으려 했다. 가다머는 유럽 여러 나라를 돌아다니며 독일 철학의 우수성을 알리는 학술 대회에 참석해야 했다. 그는 자신이 이용당했다는 사실을 잘 알고 있었지만 저항할 수는 없었다고 고백한다. 게다가 학술 대회 자체는 죄악이 아니다. 그 것을 정치적으로 이용하는 집단이 문제일 뿐이다.

제2차 세계 대전이 끝난 뒤에도, 그의 비정치성은 통치자들에게 이용당했다. 1938년, 가다머는 소련 군정 아래에 있던 라이프치히 대학의 교수가 되었고, 전쟁이 끝난 뒤에는 2년간 같은 대학의 총장을 역임했다. 하지만 정치적인 잣대로 학생과 교수를 뽑아야 했던 업무가 가다머의 적성에 맞았을 리는 없다. 따라서 1947년에 연합군 치하에 있던 프랑크푸르트 대학에서 교수직 제안이 오자, 그는 흔쾌히 응했다. 1949년, 하이델베르크 대학에 자리를 잡을 때까지 경력상으로나 정치적으로나 가다머의 방황은 계속되었다. 뒷날 그는 마음고생이 많던 이 시절을 '내 인생의 막간극'이었다고 담담히 회고했다.

가다머는 1968년 은퇴할 때까지 하이델베르크 대학에 머물렀다. 20세기 사상사에 결정적인 영향을 미쳤던 《진리와 방법》도 이 시기에 나왔다. 그가 《진리와 방법》을 쓰기 시작한 것은 1948년이었지만, 출판이 된 것은 1960년이었다. 그는 '좋은 책은 최소한 9년간 숙성시켜야 한다'라는 말을 농담처럼 하곤 했는데, 자신의 말처럼 이 책은 충분한 사색과 검토를 거친 끝에 탄생했다. 이 책은 철학적 해석학의 기반을 닦은 중요한 저작으로 평가받는다.

해석학은 자연과학의 방법론에 맞서 제안된 정신과학의 탐구 방법이다. 자연과학은 객관성과 엄밀성을 가장 중요한 잣대로 삼는다. 하지만 사람의 삶은 이같은 자연과학의 잣대로만 평가될 수 없다. 예를 들어, 우리는 〈황산벌〉 같은 영화를 보면서 과학적 방법

〈황산벌〉
2003년 개봉된 이준익 감독의 코미디 영화. 660년 벌어졌던 신라와 백제 사이의 황산벌 전투를 희극적으로 재구성하여 한국 현대사를 풍자했다.

에 따라 언제 전쟁이 일어났고, 어떻게 전개되었으며, 그때 병사들은 무슨 옷을 입고 있었는지 객관적으로 고증할 수 있다.

그러나 이런 것들은 호기심이나 지식의 대상일 수는 있어도 우리 삶에 별다른 영향을 미치지 못한다. 황산벌 싸움이라는 역사적 사실은 오히려 하찮은 것이다. 우리에게 좀 더 중요한 것은 황산벌 싸움이 지닌 '의미'다. 이 사건이 사회와 나의 삶에 무슨 의미가 있으며, 어떤 영향을 미쳤는가 하는 문제가 1,300여 년 뒤 세상을 사는 우리에게는 훨씬 더 중요하다.

문제는, 역사적 사건의 의미는 역사적 사실과 달리 객관적일 수 없다는 점이다. 황산벌 싸움이라는 사건이 한국 전쟁이라는 비극을 겪은 사람과 그렇지 않은 사람에게 같은 의미로 다가갈 리는 없다. 결국 사람들은 자신이 어떤 상황에 놓여 있고, 어떤 시대에 속해 있는가에 따라 하나의 사건을 다른 의미로 받아들인다. 가다머가 '이해는 역사적'이라고 한 말은 바로 이런 뜻이다.

게다가 우리는 결코 세상을 객관적으로 바라보지 못한다. 우리는 항상 선입견을 통해 세상을 바라본다. 우리는 자신이 속해 있는 문화를 배경으로 세상일을 해석할 수밖에 없다. 예를 들어, 변기를 세워 놓은 것뿐인 뒤샹의 〈샘(Fountain)〉이라는 작품이 충격적으로 다가오는 이유는, 역설적으로 일상에서 변기가 낯익은 것이기 때문이다. 변기가 뭔지 모르는 원시인들은 결코 작품의 의미를 알 수 없다.

이 점에서 대상의 의미를 다루는 정신과학의 연구 방법은 자연과학과 같을 수 없다. 자연과학이 관찰을 통해 하나의 법칙을 만들어 다양한 의미를 하나의 설

뒤샹
(Marcel Duchamp, 1887~1968)
초 현실주의 등 현대 미술에 큰
영향을 끼친 프랑스의 미술가.

명 원리로 단순화해 나가는 과정이라면, 정신과학은 거꾸로 한 사물 뒤에 숨어 있는 무수한 의미들을 끊임없이 드러내는 작업이다. 이처럼 가다머는 인간의 이해 과정을 설명함으로써 인간의 정신문화가 과학적 방법에 귀속될 수 없음을 보이려 했다. 《진리와 방법》은 과학적 엄밀성이 정신과학의 모든 가치를 대신할 수 있다는 근대적 믿음에 엄청난 충격을 주었다.

배움의 즐거움

예순여덟의 나이로 은퇴한 뒤에도, 가다머는 학자로서 활발한 활동을 했다. 여든한 살 때 데리다와 유명한 논쟁을 벌이기도 했고, 백 살이 넘은 나이에도 예비 대학생들을 위한 교양 교육 프로그램을 만드는 데 많은 노력을 기울였다.

가다머는 2002년에 백두 살의 나이로 숨을 거두었다. 생전에 자신의 전집 출간을 보는 행운을 누리는 학자는 많지 않다.

장수한 가다머는 자신의 전집을 직접 교정 보는 영광까지 누렸다(그의 전집은 1995년에 출간되었다).

가다머는 자신의 자서전이나 마찬가지였던 《철학적 수업 시대》에서 배움에는 끝이 없음을 강조했다. 자신의 부족함을 인정하고 끊임없이 대화하고 반성하여 철학적 깨달음을 얻는 삶은 지적이면서도 유쾌하다. 그러나 이는 충고하기는 쉬워도 자신이 하기는 어려운 인생훈이다. 유능한 상담자는 충고하고 강요하

가다머와 데리다의 논쟁

가다머와 데리다는 1981년 1월에 있었던 괴테 인스티튜트에서의 강연에서 처음으로 의견 대립을 보였다. 데리다는 해체주의를 주장한 프랑스 철학자로, 해체주의란 모든 이론과 정의, 단어 개념, 문법 구조 등에 대한 치밀한 분석을 통해 모순과 허점을 규명해내는 사유체계와 연구 방법을 말한다. 이때 가다머는 데리다와 해체주의는 모든 것을 상대화시키고, 긍정적인 대안을 생산하지 못한다고 비판했다.

기보다 직접 모범을 보이는 법이다. 가다머는 한 세기가 넘는 긴 삶을 통해 자기 사상을 몸소 실천해 보여 준 철학자였다.

철학
실험실

무엇에 쓰는 물건인고?

인문과학에는 '이해'가 '사실'보다 중요하다. 예를 들어 보자. 3450년, 미래의 고고학자가 사라진 서울의 한 건물 잔해를 발굴하고 있다. 고고학자는 이상한 그릇을 찾아냈다. 하얀색 도자기로 된 그릇에 한가운데는 구멍이 나 있다. 위쪽에는 물을 넣는 관의 흔적이 보였다. 주변에는 타원형으로 된 뚜껑과 용도를 알 수 없는 모양의 물건이 발견되었다.

이것은 무엇일까? 3450년의 고고학자는 고민 끝에 이를 '왕족을 위한 화분'이라고 결론 내렸다. 아주 깨끗한 데다가 물을 주는 관의 흔적이 매우 정교했던 까닭이었다. 가운데 난 구멍은 나무 심을 흙을 넣는 공간일 테고.

사실, 1,500년 뒤 고고학자가 본 이 물건은 우리가 쓰는 '변기'였다. 이처럼 인문학 탐구에서 배경 지식이 없을 때, 이해는 산으로 가버린다.

하지만 배경 지식은 편견이 되기도 한다. 사실, 변기를 고급 화분으로 쓸 수도 있지 않은가? 뒤샹은 변기를 뒤집는 것만으로도 예술작품을 만들었다. 낯선 물건을 보았다면 용도를 묻기 전에 '무엇에 쓰는 물건인고?' 하고 스스로 되물어 보자. 사물의 새로운 용도와 만나게 될지 모른다.

고대·중세 철학

소크라테스 이전의 자연 철학자들

01 철학의 아버지 • **탈레스** 기원전 624?~기원전 546

"만물의 근원은 물이다." 눈에 보이는 사물을 넘어 세계의 본질을 탐구했다.

02 어두운 철학자 • **헤라클레이토스** 기원전 540?~기원전 480?

"같은 강물에 두 번 발 담글 수는 없다." 세상의 모든 것은 끊임없이 변하고 움직인다고 보았다.

02 변방의 사색가 • **파르메니데스** 기원전 515?~기원전 445?

"있는 것은 있고, 없는 것은 없다." 세상의 운동과 변화는 있을 수 없으며 세계는 하나의 존재일 뿐이라고 보았다.

그리스 철학의 전성기를 이끈 철학자들

03 지혜를 낳는 산파 • **소크라테스** 기원전 470?~기원전 399

"나는 내가 아무것도 모른다는 사실만을 알 뿐이다." 끊임없이 질문을 던지는 방법으로 지혜를 구하고자 했던 서양 철학의 선구자.

447

04 사물의 불변하는 본질을 좇다 • **플라톤** 기원전 427?~기원전 347
세상의 모든 사물 너머에 '객관적이고 불변하며 완전한 본질'이 있다고 보는 이
데아론을 펼쳤으며, '올바름'의 이데아를 알고 있는 철학자가 통치하는 국가를
이상적인 국가로 보았다.
대표 저서 《소크라테스의 변명》《국가》《향연》《법률》

05 세계의 목적을 묻다 • **아리스토텔레스** 기원전 384~기원전 322
고대 그리스 철학을 체계적으로 정리하고 비판했다. 변화와 완성이라는 관점에
서 세상을 설명하려 했다.
대표 저서 《형이상학》《니코마코스 윤리학》《정치학》

헬레니즘—로마 시대의 철학자들

06 금욕적 쾌락주의자 • **에피쿠로스** 기원전 341~기원전 270
"빵과 물만 있다면 신도 부럽지 않다." 철학을 함으로써 불필요한 욕망을 없애고
소박하게 산다면, 어떤 욕망에도 흔들리지 않으며 고통도 없는 상태인 '아타락
시아'에 이를 수 있다고 보았다.

07 노예에서 철학자로 • **에픽테토스** 55~135?
"죽음까지도 이성적으로 받아들이는 법을 배워라." 해방 노예 출신의 스토아 철
학자. 세네카, 마르쿠스 아우렐리우스 황제와 함께 스토아 철학을 빛낸 3인으로
추앙받는다.

08 철학자 황제 • **마르쿠스 아우렐리우스** 121~180
"우주적 이성에 따라 일어나는 일은 결코 나쁜 일일 리 없다." 로마 제국의 황제
를 지낸 스토아 철학자. '우주적 이성(로고스)'의 깊은 뜻을 깨달아 부동심을 지
켜야 한다는 스토아 철학의 가르침을 실천했다.
대표 저서 《명상록》

448

기독교 사상의 기초를 마련한 철학자들

09 교회의 사상적 토대를 마련하다 • **아우구스티누스** 354~430

"악이란 없으며 선의 결핍에 지나지 않는다." 기독교가 세계 종교로 거듭나는 데
이론적 기초를 제공한 교부철학자.

대표 저서 《고백록》《신국론》

10 논리와 이성으로 신을 증명하다 • **토마스 아퀴나스** 1225?~1274

"들은 것이 진리인지 아닌지를 가리는 능력은 모든 인간의 이성 속에 들어 있
다." 논리와 이성적 설득으로 신을 증명하고 찬양할 수 있으리라고 보았다.

대표 저서 《신학 대전》

근세 철학

15-16세기 근대 초기의 철학자

11 냉철한 정치철학자 • **마키아벨리** 1469~1527

"군주는 때때로 짐승이 되어야 한다." 군주의 행동에서 중요한 것은 선한 의지가
아니라 좋은 결과이며 국가를 지키려면 때로는 폭력적인 수단을 동원해야 할 필
요가 있다고 보았다.

대표 저서 《군주론》《로마사론》

17-18세기 이성과 과학의 시대를 이끈 철학자들

⑫ 이성과 과학의 시대를 열다 • **프랜시스 베이컨** 1561~1626

성경과 교회의 권위에 따르던 중세의 학문 풍토를 벗어나 관찰과 실험을 중요시하는 과학적 탐구의 시대를 열었다.

대표 저서 《신기관》

⑬ 평화를 사랑한 야수 • **토머스 홉스** 1588~1679

'만인에 대한 만인의 투쟁 상태'가 인간 사회의 본래 모습이라고 보고, 사회의 안전과 평화를 위해 강력하고 절대적인 국가 권력이 필요하다고 보았다.

대표 저서 《리바이어던》《철학의 원리들》

⑭ 합리론의 시초 • **데카르트** 1596~1650

"나는 생각한다. 그러므로 존재한다." 이성과 합리성에 바탕하며 서양 근대 문명의 뿌리가 된 '합리론'을 낳았다.

대표 저서 《방법 서설》《성찰》

⑮ 다락방의 합리론자 • **스피노자** 1632~1677

인격신을 인정하지 않고, 우리가 살고 있는 세계 자체가 이성이며 정신이고 곧 신이라고 보는 범신론을 펼쳤다.

대표 저서 《지성 개선론》《에티카》《데카르트 철학의 원리》《신학 정치론》

⑯ 합리주의의 절정 • **라이프니츠** 1646~1716

수학의 미적분을 발견했고 계산기를 발명하는 등 다양한 학문 분야에서 업적을 남겼다. 이성과 냉철한 논리로 세상을 설명하고 해석하려는 합리주의의 절정을 이룬 학자로 평가받는다.

(17) 절대 왕권에 반대하다 • **로크** 1632~1704

"인간의 정신은 빈 서판과 같다." 계몽주의 사상과 경험론의 기초를 제공한 영국의 철학자이자 정치사상가. 근대 민주주의의 기초를 놓았다.

대표 저서 《관용에 관한 에세이》《정부론》《인간오성론》

(18) 낙천적인 회의론자 • **흄** 1711~1776

"철학자가 되어라. 그러나 철학 가운데서도 여전히 인간이어라!" 종교나 철학 이론에 기대지 않고 인간이 가장 확실하게 알 수 있는 관찰과 경험을 통해서 지식과 도덕을 새롭게 세우고자 했다.

대표 저서 《인간 본성론》《영국사》

18세기 계몽주의 시대를 이끈 철학자들

(19) 18세기를 지배한 계몽사상가 • **볼테르** 1694~1778

철학자, 역사가, 문학가이자 프랑스 계몽주의 운동의 선구자. 이성적·합리적 사고를 바탕으로, 타락한 교회와 부조리한 권력을 신랄하게 풍자했으며 자유와 민주적 제도를 옹호했다.

대표 저서 《찰스 7세의 역사》《러시아사》《프랑스사》《캉디드》《철학 서간》

(20) 프랑스 혁명의 도화선 • **루소** 1712~1778

"자연으로 돌아가라." 문명 등장 이전을 인간이 자유롭고 행복하게 살 수 있던 이상적인 시대로 보고, 자연 상태를 회복할 것을 주장했다. 국민주권, 저항권 등 개념을 제시하여 프랑스 혁명에 영향을 주었다.

대표 저서 〈인간 불평등 기원론〉《에밀》《사회 계약론》《참회록》

비판 철학의 창시자 • 칸트 1724~1804

"생각하면 할수록 그 두 가지 것은 나의 심정을 경탄과 경외심으로 가득 채운다. 즉, 내 머리 위에 별이 빛나는 하늘과 내 마음속의 도덕 법칙." 합리론과 경험론을 비판적으로 종합함으로써 비판 철학을 창시했다.

대표 저서 《순수이성비판》《실천이성비판》《판단력비판》

근·현대 철학

19세기 철학자들

철학의 거인 • 헤겔 1770~1831

"역사란 절대정신의 자기실현 과정이다." 모든 현실과 역사의 전개 과정을 변증법으로 파악하여 독자적인 이론을 펼쳤으며 독일 관념론을 완성했다.

대표 저서 《정신 현상학》《논리학》《엔치클로페디》《법철학》

염세적 생철학자 • 쇼펜하우어 1788~1860

세계는 결코 이성적이거나 합리적이지 않으며, 비합리적이고 맹목적인 의지에 의해 움직일 뿐이라고 주장했다.

대표 저서 《의지와 표상으로서의 세계》《부록과 보유》

실증주의의 창시자 • 콩트 1798~1857

추상적인 말이나 생각, 종교에 기대지 않고 사회와 삶의 원리를 실증적으로 해명하고자 했다.

대표 저서 《실증 정치학 체제》

㉕ 공리주의의 창시자 • **벤담** 1748~1832

'최대 다수의 최대 행복'으로 표현되는 공리주의의 원리를 체계적으로 펼쳤으며 보통선거, 비밀선거의 도입 등을 주장했다.

대표 저서 《정부론 단편》《도덕과 입법의 원리 입문》《입법론》

㉖ 질적 공리주의자 • **밀** 1806~1873

"만족한 돼지보다는 불만족한 사람이 낫고, 만족한 바보보다는 불만족한 소크라테스가 낫다." 쾌락의 질적 차이에 주목하여 벤담의 공리주의 사상을 보완, 정립했다.

대표 저서 《자유론》《경제학 원리》《논리학 체계》《공리주의》

㉗ 신 앞에 선 단독자 • **키르케고르** 1813~1855

이성을 강조하는 합리주의, 실증주의에 대한 비판에서 출발하여 개인의 체험과 자유, 주관성을 강조한 실존주의 사상의 선구자로 평가받는다.

대표 저서 《이것이냐 저것이냐》《공포와 전율》《반복》《불안의 개념》

㉘ 과학적 사회주의자 • **마르크스** 1818~1883

"지금까지 철학자들은 세계를 서로 다르게 해석해 왔을 뿐이다. 이제 중요한 문제는 세계를 변화시키는 것이다." '능력만큼 일하고 필요만큼 소비하는' 공산 사회 건설을 목표로 사유 재산 철폐를 주장했다.

대표 저서 《경제학·철학 수고》《독일 이데올로기》《공산당 선언》《자본론》

㉙ 망치를 든 철학자 • **니체** 1844~1900

"신은 죽었다." 운명을 개척하는 인간의 적극적인 의지를 강조했다.

대표 저서 《차라투스트라는 이렇게 말했다》

20세기 철학자들

30 실용주의의 대표자 • **듀이** 1859~1952

"지식은 도구다." 진리는 쓸모와 유용성을 바탕으로 해야 한다고 보는 실용주의
의 선구자.

31 20세기의 지성 • **러셀** 1872~1970

프레게와 함께 수리철학, 기호논리학을 정립했으며 분석철학의 기초를 마련했다.

대표 저서 《수학 원리》

32 분석철학의 스타 • **비트겐슈타인** 1889~1951

"말할 수 없는 것에 대해서는 침묵해야 한다." 논리와 언어의 오류에서 발생하는
문제들을 해결하려는 분석철학을 정립했다.

대표 저서 《논리철학 논고》《철학적 탐구》

33 지식의 형성 구조를 묻다 • **후설** 1859~1938

인간의 의식 구조를 분석함으로써 현상에 대한 지식이 어떻게 형성되는지를 밝
히는 현상학의 토대를 마련했다.

대표 저서 《산술의 철학》《논리 연구》《엄밀한 학으로서의 철학》

34 존재의 철학자 • **하이데거** 1889~1976

"인간은 스스로 자기 자신의 존재를 떠맡는다." 존재에 대해 밝히기 위해 존재를
드러내는 존재자, 즉 현존재인 인간을 탐구해야 한다고 보았다.

대표 저서 《존재와 시간》

35 행동하는 지성 • **사르트르** 1905~1980

"실존은 본질에 앞선다." 인간을 스스로 삶의 의미를 만들어 가는 창조적 존재로
보았으며, 자유를 옹호하며 활발한 현실참여 운동을 펼쳤다.

대표 저서 《구토》《존재와 무》

36 전체주의에 맞서다 • **한나 아렌트** 1906~1975
1, 2차 세계 대전 등 세계사적 사건을 두루 겪으며 전체주의를 통렬히 비판했다.
사회적 악과 폭력의 본질을 고찰했으며 '루소 이후 가장 중요한 정치철학자'로
평가받는다.
대표 저서 《전체주의의 기원》《인간의 조건》《예루살렘의 아이히만》

37 소통의 철학자 • **하버마스** 1929~
"모든 물음은 저마다 가치가 있다." 대화와 토론을 통한 '의사소통의 합리성'이
인간의 해방을 가져온다고 보았다.
대표 저서 《이론과 실천》《인식과 관심》

38 프랑스 현대사상의 중심 • **미셀 푸코** 1926~1984
"광기를 배제한 우리의 문명은 이성 혼자서 독백하는 것과 같다." 한 시대나 사
회를 지배하는 중심 세계관과 권력의 구조를 분석·고찰했다
대표 저서 《광기의 역사》《말과 사물》《감시와 처벌》《성의 역사》

39 열린 사회를 꿈꾸다 • **포퍼** 1902~1994
반증 가능한 이론이 진정한 과학적 이론이라고 보았던 비판적 합리주의자.
대표 저서 《탐구의 논리》《열린 사회와 그 적들》

40 진리의 방법을 묻다 • **가다머** 1900~2002
"철학은 올바른 질문을 던지는 일이다." 현대 해석학의 기초를 다진 철학자.
대표 저서 《진리와 방법》

처음 읽는 서양 철학사(개정증보판)

초판   1쇄 발행 2007년 11월 20일(웅진지식하우스)
개정증보판 1쇄 발행 2017년 2월 17일
         8쇄 발행 2024년 1월 5일

지은이 안광복
발행인 김형보
편집 최윤경, 강태영, 임재희, 홍민기, 박찬재
마케팅 이연실, 이다영, 송신아 **디자인** 송은비 **경영지원** 최윤영

발행처 어크로스출판그룹(주)
출판신고 2018년 12월 20일 제 2018-000339호
주소 서울시 마포구 양화로10길 50 마이빌딩 3층
전화 070-5080-4037(편집) 070-8724-5877(영업) **팩스** 02-6085-7676
이메일 across@acrossbook.com **홈페이지** www.acrossbook.com

ISBN 979-11-6056-011-4 03160

만든 사람들
편집 박민지 **교정** 최윤경 **표지디자인** 오필민 **본문디자인** 성인기획